范世平／著

大陸觀光客來台對兩岸關係影響的政治經濟分析

A Political-Economic Analysis on the Impact of the Mainland Chinese Tourists Traveling to Taiwan on the Cross-Strait Relations

自序

　　本書為筆者近年來針對大陸觀光客來台旅遊議題，相關研究成果之總結，其中部分內容曾發表於列名TSSCI（Taiwan Social Science Citation Index，國科會台灣社會科學引文索引資料庫）之學術期刊與其他國內專業學術刊物，而在審酌時空變化與增加最新資料後修正編纂而成，並且也加入了更多的學理論證與研究心得。

　　筆者從1999年開始藉由政治經濟學來研究中國大陸的旅遊政策與產業，迄今已經整整十年了。這十年，我從一個博士班的研究生到忝為在大學任教的老師；任教的學校從台北到金門又回到台北；所處的系所從觀光到中國大陸以致於今天的政治；研究的議題從被大家認為是冷門而非主流到現在成為熱門。

　　這十年來筆者的變化很大，但卻又似乎不離其宗，就是努力將政治學與觀光學這兩個學門進行科際間的整合，不敢說是成功，但的確發現這兩個領域的人們都能日益瞭解與欣賞對方；就像筆者一直堅持的看法，陸客來台絕不是觀光議題而是政治議題，許多人如果還以為「觀光是觀光，政治是政治」，或是只研究觀光而不去過問政治，恐怕會錯估情勢與淪為見樹不見林。

　　個人因為研究中國大陸的入境旅遊政策而獲得博士學位，又因為探討大陸的出境旅遊而有幸升等為副教授，原本以為相關領域的研究已經趨近完整，所以開始探索主權財富基金與華僑政策等新興課題。然而隨著兩岸關係的迅速改善，陸客來台的議題又從2008年開始紅火起來，因此決定在既有的基礎上進行後續之深入研究。

　　我很慶幸能夠親自參與從陸客來台之初到現在全面開放的種種變化，在第二章我運用了包括全球化、混合經濟、旅遊經援、軟實力、政治社會化、民主化等理論，試圖找尋此一變遷的原因與軌跡；第三章則探討了開放陸客來台的發展過程，由於此與中國大陸的出境旅遊發展具有密切關係，因此本章首先針對大陸出境旅遊的發展與現況進行探討，其次是探究陸客來台的發展歷程與現況；第四章是針對陸客來台的相關法令變遷進行分析，這包括兩個層面，一是大陸的規定，由於此與大陸出國旅遊法令有相當密切的關聯性，因此一併加以討論與比較，另一方面則是我國有關陸客來台的法令；第五章則是探討全面開放陸客來台的種種影響，這包括大陸對於陸客來台政策的決策模式，以及從不同面向探究陸客來台對於兩岸關係的影響，其中特別針對陸客對於台灣自由、民主與法治的體驗情況進行深入分析。

　　能夠以觀光相關研究的成果，回到最熟悉與喜愛的政治系所，我覺得自己真的是幸運而幸福的，因為我可以在不同的兩個學門間遨遊，並且獲得養分，而這對於兩個學門的學者來說恐怕都是難得的經驗。我認為，宏觀的政治如果不去瞭解企業的需求，無法提供企業獲利的環境與條件，則這個政府將難以繼續執政；而微觀的企業管理，如果無法瞭解宏觀的政治經濟發展，該產業的產、官、學界無法主導政策的發展，則這個產業與企業將永遠只是政策下游的接受者。

　　希望這本書能夠對於陸客來台發展迄今的相關政策進行檢視，更希望能夠拋磚引玉，有助於增加後續更多的相關研究。感謝我的父母長期以來的支持，內人惠君的體諒包容與鼎力相助，永祺與永萱是我在寫作過程中的開心果。感謝師大政治所博、碩士班同學博達、秀菁、鈺旋、文正與盈儒等的協助校稿，以及一

路支持我的學術界先進與長官。我感謝上蒼，讓我能從事自己喜愛的研究工作，因此我會繼續努力，這本書絕不是結束，而是另一個開始。

范世平　誌於師大誠大樓研究室
2009年10月

目　次

自　序 i

第一章　緒論 1

　　第一節　研究動機與目的 1

　　第二節　文獻回顧與評析 4

　　第三節　研究方法 30

　　第四節　研究範圍與限制 32

　　第五節　研究程序與章節安排 33

　　第六節　名詞詮釋 34

第二章　研究途徑 37

　　第一節　陸客來台旅遊發生的背景與原因：
　　　　　　全球化理論 39

　　第二節　兩岸政府對於陸客來台之態度與
　　　　　　管理方式：混合經濟理論 52

　　第三節　陸客來台對於台灣政治與經濟的影響：
　　　　　　旅遊經援理論 58

　　第四節　陸客來台對於台灣政治與經濟的影響：
　　　　　　軟實力理論 70

　　第五節　陸客來台對於兩岸政治的影響：
　　　　　　政治社會化理論 72

第六節 陸客來台對於大陸政治的影響：
民主化理論 77

第 三 章 開放陸客來台的發展過程 95

第一節 中國大陸的出境旅遊的發展過程與現況.....95

第二節 陸客來台旅遊的發展背景 113

第三節 國民黨再次執政後陸客來台之發展..........129

第 四 章 開放陸客來台的相關法令變遷 149

第一節 中國大陸法令體系與出國旅遊相關法令...149

第二節 中國大陸赴台旅遊相關法令 180

第三節 我國對於陸客來台旅遊相關法令..............205

第 五 章 全面開放陸客來台後之影響 245

第一節 朝混合經濟發展下的中國大陸開放
陸客來台決策模式 245

第二節 開放陸客來台旅遊的影響與問題..............249

第三節 陸客來台對台灣宣揚民主與促進
中國大陸民主化之影響 290

第 六 章 結論 313

第一節 理論的回顧與總結 313

第二節 研究發現與未來發展評估 332

第三節 後續研究建議 345

參考書目 347

附　錄 361

　　一、大陸地區人民來台從事觀光活動許可辦法 ... 363

　　二、大陸地區人民申請來台從事觀光活動
　　　　作業規定 381

　　三、中國公民出國旅遊管理辦法 391

　　四、出境旅遊領隊人員管理辦法 399

　　五、大陸居民赴台灣地區旅遊管理辦法 403

　　六、大陸居民赴台灣地區旅遊領隊人員
　　　　管理辦法 406

表 目 次

表 1-1　中國大陸出境旅遊相關文獻一覽表.............................11

表 1-2　陸客來台旅遊相關文獻一覽表.................................20

表 1-3　中國大陸民主化相關文獻一覽表.............................27

表 2-1　旅遊業對於國際收支之比較表.................................60

表 2-2　1997 至 2007 年全球各地區旅遊就業人數增長
　　　　預測表...64

表 2-3　經濟成長階段比較表...88

表 2-4　三次產業發展特性比較表.....................................89

表 2-5　中國大陸國內生產總值依三種產業分類表.................91

表 2-6　中國大陸民眾就業人數依三種產業分類表.................92

表 2-7　中國大陸各行業 2007 年職工年收入平均工資
　　　　排名表...93

表 3-1　中國大陸開放自費組團出境旅遊國家統計表.............96

表 3-2　中國大陸出境旅遊人數統計表.................................99

表 3-3　2007 年各國出境旅遊花費統計表 100

表 3-4　中國大陸民眾赴東南亞旅遊人數統計表.................105

表 3-5　中國大陸民眾赴香港旅遊人數統計表 108

表 3-6　1988 至 2008 年台灣民眾至中國大陸旅遊人數
　　　　統計表..114

表 3-7　2002-2008 年開放陸客來台旅遊人數統計表.............115

表 3-8　中國大陸入境旅遊外匯收入統計表 116

表 3-9　中國大陸與台灣入境旅遊人數比較表 117

表 3-10　亞太國家入境旅遊人數與創匯比較表 118

表 3-11　「第一類」陸客來台旅遊人數統計表 136

表 4-1　中國大陸法令體系比較表 150

表 4-2　中國大陸出國旅遊相關法令整理表 154

表 4-3　陸客赴港澳自由行開放城市一覽表 157

表 4-4　中國大陸「出國旅遊辦法」對於旅遊業者罰則
　　　　整理表 173

表 4-5　中國大陸旅行社質量保證金制度發展一覽表 176

表 4-6　中國大陸對於陸客赴台旅遊相關法令整理表 181

表 4-7　中國大陸出國與赴台旅遊相關法令比較表 203

表 4-8　陸客經小三通進行旅遊之我國相關法令整理表 205

表 4-9　經由小三通進入金馬地區陸客人數統計表 212

表 4-10　陸客來台我國相關法令整理表 216

表 4-11　陸客來台旅遊團體人數最低限制比較表 224

表 4-12　「大陸人民來台觀光辦法」第十八條修改前後
　　　　比較表 226

表 4-13　中國大陸三類民眾來台旅遊送件所需資料整理表 229

表 4-14　「大陸人民來台觀光辦法」規範陸客來台旅遊
　　　　申請程序整理表 232

表 4-15　政府授權民間業者團體處理陸客來台事務比較表 235

表 4-16　陸客來台旅遊脫團處理程序整理表 242

表 5-1　2008～2009 年日本觀光客來台人數統計表 286

表 5-2　2008～2009 年大陸專業人士來台參訪人數統計表...289

表 6-1　陸客來台旅遊政策發展整理表.................................314

表 6-2　2007 年中國大陸各省市人均 GDP 前十名排序表.....333

表 6-3　觀光客輸出量與出入境管制矩陣表............................335

圖　目　次

圖 1-1　研究流程圖...33

圖 2-1　陸客來台政策之分析架構圖.......................................38

圖 5-1　中國大陸對於陸客來台相關政策之決策體系圖........247

圖 5-2　企業投資策略之決策過程圖......................................269

圖 5-3　積聚國家財富階段政府與企業關係圖........................270

圖 5-4　投資種類分析圖..272

圖 5-5　波特的產業國際競爭力「菱形圖」..........................274

第一章　緒論

本章將從總體面的角度，分別針對本書之研究動機與目的、文獻回顧與評析、研究方法、研究範圍與限制、研究程序與章節安排、名詞詮釋等內容，進行探討。

第一節　研究動機與目的

以下僅就本研究之相關背景與初衷，以及希望達成之具體成果提出說明：

壹、研究動機

從90年代開始中國大陸隨著經濟發展與民眾生活獲得改善，除對於休閒活動日益重視外，過去以來的國內旅遊已難以滿足民眾所需，故出境旅遊成長快速。雖然2003年因SARS疫情造成全球旅遊產業低迷，但大陸出境旅遊人數仍比前一年增加21.8%而達到2,022萬人次；2008年更一舉達到4,584萬人次的新高紀錄，[1]並成為全球第五大出國旅遊花費國。因此根據聯合國世界旅遊組織（World Tourism Organization，WTO）的預測，至2020年每年將有將近1億名觀光客出國。[2]

---

[1] 國家旅遊局，「2007 年中國旅遊業統計公報」，中國旅遊網，2008 年 9 月 10 日，請參考 http://www.cnta.gov.cn/html/2008-9/2008-9-10-11-35-98624.html。

[2] 張廣瑞、魏小安、劉德謙主編，**2000-2002 年中國旅遊發展分析與預測**（北京：社會科學文獻出版社，2002 年），頁 90。

　　當中國大陸已經成為當前全球成長最快速而最具發展潛力的新興旅遊市場，並且從以入境旅遊為主的觀光客「輸入國」，迅速轉變為出境旅遊的觀光客「輸出國」。而大陸觀光客的輸出，除了可以為旅遊地所在國家帶來鉅額外匯外亦可增加消費，因此各國為求經濟發展多採歡迎態度，並希望大陸加大開放幅度，其中特別是開發中國家。而大陸也深知觀光客已成為其外交工作上之政治籌碼因此加以運用，成為所謂的「旅遊外交」（tourism-based diplomacy）。

　　對於台灣來說，中國大陸的出境旅遊的發展也產生了相當重大的影響。當1978年台灣開放民眾赴大陸探親後，赴大陸旅遊人數就居高不下，甚至成為台灣出境旅遊人數最多的地區。但長期以來卻是呈現一種單向的發展，也就是在國家安全的考慮下，大陸民眾來台旅遊受到嚴格限制。然而隨著台灣旅遊產業出現低迷，加上大陸出境旅遊成長快速，使得台灣業者開始要求政府放寬大陸民眾來台旅遊的限制。2000年民主進步黨在總統大選中擊敗了執政長達50年的國民黨，使得台海兩岸局勢出現劇烈變化。2002年民進黨政府提出了開放大陸觀光客（以下簡稱為陸客）的政策，但由於當時兩岸在統獨立場出現嚴重分歧，因此大陸對於台灣開放陸客來台的政策於採取消極的抵制態度。直到2005年4、5月間，當時台灣的在野政黨主席接連訪問大陸後，北京當局為展現善意，大陸國家旅遊局才正式宣布開放民眾來台旅遊。然而實際上大陸仍是對於陸客來台採取「開而不放」的態度，直到2008年國民黨再度執政，停滯長達近十年的海峽交流基金會（以下簡稱海基會）與海峽兩岸關係協會（以下簡稱海協會）協商終於在6月11日恢復，兩岸在簽署了「海峽兩岸關於大陸居民赴台旅遊協議」後，陸客首發的「踩線團」才在7月4日來台，因此這一政策

轉折具有濃厚的政治意味，此為本研究的主要目的。另一方面，相關法令的變化也反映出其中政策變遷的意義，此亦為本研究探討的重點。當陸客來台後，從經濟層面來說，可以替台灣帶來相當明顯助益，而就政治層面來說，這些觀光客透過實際體會台灣的政治文化，是否也會產生不同的感受與省思，特別是兩岸同文同種，台灣民主化的成功經驗是否也會影響陸客，具有探究的價值。此外，陸客來台對於兩岸社會關係來說也具有特殊的意義，因為自此之後正式從單向的「台客赴陸」，轉變為雙向的「陸客來台」，因此陸客對於兩岸社會都產生了直接的衝擊與影響。

貳、研究目的

本研究希望透過不同角度的分析，得到下列之成果：

一、藉由全球化理論、混合經濟理論，來詮釋大陸方面有關陸客來台旅遊政策與法令的基本內涵、發展過程、實施成效與未來影響。

二、藉由全球化理論、混合經濟理論，探討我國開放大陸民眾來台旅遊之政策發展與法令遞嬗。

三、透過全球化理論、旅遊經援理論，探討大陸透過赴台旅遊發展「旅遊統戰」的實施過程、政策成效、決策體系與未來發展，並評估此一開放對於台灣的經濟與社會影響。

四、藉由全球化理論、民主化理論與政治社會化理論，詮釋大陸民眾參與赴台旅遊對於大陸政治民主化的可能影響方式、效果、限制與發展。

五、藉由軟實力理論來瞭解開放大陸民眾來台旅遊後，對於兩岸關係之影響。

第二節　文獻回顧與評析

　　以下僅就與本研究相關之文獻與研究成果進行回顧，並且針對本研究提出評析：

壹、文獻回顧

　　與本研究內容具有直接關聯性之學術研究議題包括：對於中國大陸出境旅遊發展之研究、陸客來台相關之研究與大陸民主化的探討，以下就相關之學術文獻加以說明：

一、中國大陸出境旅遊發展之相關研究

　　就旅遊相關研究而言，不論國內外長期以來均依托在企業管理領域，相關研究者也多以消費者行為、行銷模式、觀光意向、產品開發等為主，對於宏觀面之旅遊政策、旅遊法令、產業發展等議題並未受到應有之重視。基本上，當前對於大陸出境旅遊的相關研究多以公共政策研究為主，基本上可以分別從台灣、國際與大陸等三個區塊進行切入，請參考表1-1：

（一）台灣對於大陸出境旅遊的相關研究

　　台灣旅遊學界之研究多以本地為主，雖然兩岸之間旅遊互動頻繁，但針對中國大陸之研究成果卻相當有限，由於大陸出境旅遊發展時間較短，因此特別針對此議題之探討也就略顯不足。范世平、吳武忠在部分章節探討了大陸出境旅遊的發展過程、發展現況與有關法令，並且分析了香港在1997年回歸大陸之後，大陸

出境旅遊對於香港低迷不振經濟的幫助，但篇幅相當有限。[3]范世平、王士維從政策分析的角度出發，探討大陸出境旅遊政策的內部與國際制訂因素、政策之決策機制與過程、政策之具體內容與實施情況，以及該政策對於大陸政治、經濟、社會與台灣的影響；此外，亦探討了大陸出境旅遊的有關法令，但並未涉及來台旅遊部分。[4]

　　基本上，上述之著作多是現況的描述，而缺乏理論之驗證。范世平則進行了與前述「概括性」研究較為不同的深入性探討，認為大陸從90年代開始出境旅遊就快速發展，2002年旅遊花費居全球第七而達131億美金，對其他國家之經濟與就業幫助甚大，故成為外交上重要籌碼，形成所謂的「旅遊外交」；藉由「全球化」、「旅遊經援」與「混合經濟」等三項理論進行分析；范世平認為這種「以經促政」模式，除符合近年來大陸所謂的「大國外交」與「和平崛起」思維外，對於其增進伙伴關係、拉攏東協歐盟、強化睦鄰友好、塑造大國形象與維持第三世界領導權上均效果明顯；然而旅遊外交雖以旅遊為訴求，但國家旅遊局所扮演角色卻相當有限，真正決策者仍屬於外交部門。[5]另一方面，范世平亦從中國大陸出境旅遊對其民主化的可能影響進行探究，並藉由「全球化」、「民主化」與「政治社會化」三個理論面向來加以切入與解釋；事實上從90年代以來，大陸出境旅遊快速發展，2003年雖逢SARS疫情肆虐，但出境旅遊人數仍高達2,022萬人

---

[3] 范世平、吳武忠，**中國大陸觀光旅遊總論**（台北：揚智圖書公司，2004年），頁178-199。

[4] 請參考范世平、王士維，**中國大陸出境旅遊政策**（台北：秀威資訊科技公司，2005年）。

[5] 范世平，「中國大陸旅遊外交政策之研究：以出境旅遊發展為例」，**中國大陸研究**，第48卷第2期（2005年6月），頁61-97。

次，比前一年增長21.8%，成為全球成長最快速的客源國；在全球化浪潮下，大陸民眾終於也能和先進國家民眾一般的出國旅遊，直接感受迥異的政治生活方式，這種政治社會化的途徑，包括與當地民眾的互動、參與當地民眾生活、與當地政府的接觸、與導遊人員的互動、接收當地新聞媒體、參觀具政治意義的景點與實際參與政治活動等，這勢必會衝擊大陸民眾過去以來的政治認知，長期來看更有助於大陸民主化的發展，而成為全球化下的一種和平演變；尤其目前參與出境旅遊者多為中產階級，符合西方民主化理論的推論，但另一方面，這些中產階級在政治上具有相當的保守性，多為改革開放後的既得利益者，他們藉由出境旅遊嘗試到從未有過的享受與尊嚴，加上出境旅遊目的地之民主示範效應有限，以及大陸推動民族主義與愛國主義教育，政府並進行管制與損害控管，因此短期內反而會傾向支持中共政權以維持社會穩定，甚至與新權威主義的思維不謀而合。[6]此外，范世平藉由「全球化」與「混合經濟」等兩項理論，探討了中國大陸出境旅遊政策之發展過程，其中可以分為80年代港、澳、泰之出境探親階段、90年代出境旅遊試點階段與21世紀出境旅遊正式開展階段；當前大陸出境旅遊相關法令之內涵方面，首先在「政府干預主義」下掌控出境旅遊活動的基本模式，其次是藉由「政府干預」與「混合經濟」模式進行旅遊業者的管理，以及在「混合經濟」精神下進行出境旅遊消費者權利的保障，最後是邊境旅遊成為另類出國旅遊模式；而大陸出境旅遊政策與法令變遷之意義，首先是在「全球化」與「區域化」的相互影響下邊境旅遊發展快速並自成體系，其次是在「政府干預主義」的式微下出境旅遊成

---

[6]　范世平，「中國大陸出境旅遊對於民主化可能影響之研究」，**遠景基金會季刊**，第9卷第1期（2008年1月），頁161-201。

為外商覬覦之對象，第三是在「全球化」人才流動的情況下台灣旅遊從業人員逐漸參與大陸出境旅遊，第四是在「混合經濟」的發展下使得大陸入境與出境旅遊逐漸脫鉤，第五是消費者權益維護的管道日趨多元，第六是大陸出境管制逐漸放鬆有助於出境旅遊的發展；而大陸出境旅遊政策與法令在實施之後所發生的問題中，首先是變相出境旅遊造成管制漏洞，其次是非法脫隊成為發展的最大爭議，第三是出境旅遊觀光客形象欠佳此非法律所能控制，第四是出境旅遊法令仍有大幅變動空間，第五是出境旅遊自由行有擴大之勢，第六是自費旅遊日益增加。[7]

（二）國際對於大陸出境旅遊的相關研究

在國外著作方面，對於大陸出境旅遊的專書探討仍然明顯不足，相關著作仍以大陸入境旅遊為主，例如格（Frank M. Go）與傑金斯（Carson L. Jenkins）、奧科斯（Tim Oakes），僅對於大陸出境旅遊的發展過程、現況與數據有所概略說明，但缺乏深入分析。[8]

張（Hanqin Qiu Zhang）則分析近年來中國大陸出境旅遊至香港的趨勢。根據世界旅遊組織的預測估計，大陸的出境旅遊人數將成為世界第四大國。在2000年，陸客占了入境香港旅遊總人數的29%，由於此一市場對於香港旅遊業的重要性相當顯著，因此作者一方面試圖找出大陸出境旅遊與市場表現的發展趨勢，以及香港與亞太地區旅遊產業的政策方向；另一方面，則是探討大陸

---

[7] 請參考范世平，**大陸出境旅遊與兩岸關係之政治分析**（台北，秀威資訊科技公司，2006年）。

[8] Frank M. Go and Carson L. Jenkins, *Tourism and Economic Development in Asia and Australasia* (London: Pinter,1997), pp.103-122. Tim Oakes, *Tourism and Modernity in China* (New York: Routledge, 1998), pp.3-55.

的社會、經濟與政治等因素，對於其出境旅遊市場的影響。[9]曲
（Hailin Qu）與藍（Sophia Lam）則是藉由量化研究的方法探討
陸客至香港旅遊需求的外在因素，他們蒐集了12年來（1984～
1995年）的大陸觀光客人數、大陸的人均可支配收入、香港及大
陸的顧客消費指數、港幣與人民幣之間的匯率、陸客前往香港的
簽證准許比例等7個統計數據，用來建構陸客觀光需求的模型，並
透過這7個外在因素來作為建構此模型的選項。結果顯示，影響陸
客至香港旅遊需求的最大因素，是大陸的人均可支配收入與簽證
規定的放寬，因此當人均可支配收入提高與陸客簽證更為便利，
則陸客前往香港旅遊的需求就會相對提高。[10]

　　周（Li Zhou）認為陸客出境旅遊人數的迅速成長，一方面可
能是1996年末，大陸政府鬆綁了出境旅遊及出境商業的匯率政
策，從而化解了出境旅遊的既有困境；另一方面，陸客經常被吸
引至與他們有顯著差異的國家，因此旅遊目的地之吸引力被視為
第二重要助因。此外，作者描繪了陸客主要的特徵，並找出大陸
出境旅遊市場成長的可能阻礙，其認為大陸市場最迫切需要解決
的是「自由化」的問題。[11]郭、金、提摩西（Yingzhi Guo、
Samuel Seongseop Kim、Dallen J. Timothy）對於陸客出境旅遊的
需求進行了徹底的調查，他們發現陸客出境旅遊事實上是被公共
政策、經濟、社會等議題所影響，其中特別是陸客的來源地、大

[9] Hanqin Qiu Zhang, "The Emergence of the Mainland Chinese Outbound Travel Market and its Implications for Tourism Marketing", *Journal of Vacation Marketing*, vol.8, no.1 (2002), pp.7-12.

[10] Hailin Qu and Sophia Lam, "A Travel Demand Model for Mainland Chinese Tourists to Hong Kong", *Tourism Management*, vol.18, issue 8 (1997), pp.593-597.

[11] Li Zhou, "The China Outbound Market: An Evaluation of Key Constraints and Opportunities", *Journal of Vacation Marketing*, vol.4, no.2 (1998), pp.109-119.

陸旅遊部門所制定的出境旅遊政策與政府部門的資格審查寬鬆程度，影響最為明顯。[12]

凱、伯格與歐拉蕊（Liping A. Cai、Carl Boger與Joseph O'Leary）透過被抽樣對象的社會與經濟特徵，來瞭解陸客出境至新加坡、馬來西亞、泰國等三國旅遊的關係與特性，並且比較陸客前往亞太與亞太以外地區旅遊的差異；透過相關的統計過程，作者建構出陸客前往新加坡、馬來西亞、泰國（作者將其簡稱為SMT）旅遊市場的量變曲線（profile）。[13]另一方面，前述三位學者同樣透過被抽樣對象的社會與經濟特徵，來瞭解陸客出境至美國旅遊間的關係與特性；並且將此研究結果與陸客至9個亞太區域國家及西歐等國的旅遊行為進行比較，以瞭解陸客至美國市場與至其他市場間的差異性。[14]金、凱與江（Woo Gon Kim、Liping A.Cai、Kwangsuk Jung）除了描述性的探討外，使用了多種分析方法，針對前往南韓參與賭博與非賭博的兩種大陸籍度假者進行調查，並統計出賭場經濟的特徵與旅遊習慣模式，而透過精闢的圖表來呈現相關數據；該研究之成果可以充分提供市場與旅遊相關的企業參考，以充分瞭解與區別在陸客中，賭博與非賭博兩種

[12] Yingzhi Guo, Samuel Seongseop Kim and Dallen J.Timothy, "Development Characteristics and Implications of Mainland Chinese Outbound Tourism", *Asia Pacific Journal of Tourism Research*, vol.12, issue 4 (2007), pp.313-332.

[13] Liping A.Cai, Carl Boger and Joseph O'Leary, "The Chinese Travelers to Singapore, Malaysia, and Thailand: A unique Chinese Outbound Market", *Asia Pacific Journal of Tourism Research*, vol.3, issue 2 (1999), pp.2-13.

[14] Liping A.Cai, Carl Boger and Joseph O'Leary, "Chinese Travellers to the United States—An Emerging Market", *Journal of Vacation Marketing*, vol.6, no.2 (2000), pp.131-144.

不同消費群體的特質。[15]柴（Pui Phin Chai）則針對陸客至澳洲旅遊的現象進行研究，其發現陸客的人數成長非常劇烈而不規則，自1984至1995年逐年增加30%。1995年時有42,600個陸客至澳洲旅遊，比起1994年增加了44%，而該年的陸客超過了澳洲一整年入境觀光客的1%；該研究認為陸客大量增加的原因首先是中產階級的增加，其次是大陸政府自1991年對於出境旅遊政策的鬆綁；而陸客至澳洲旅遊的客群中多為年紀較長者，且專業性人士多於普通民眾，至於陸客與其他的觀光客相較停留在澳洲的時間較長，但開銷較其他觀光客少，即使是購物亦是如此。[16]

（三）大陸對於大陸出境旅遊的相關研究

至於中國大陸對於出境旅遊的研究則相當低調，似乎由於出境旅遊牽涉到人員流動的敏感議題，因此不但論述甚少且政府公布的數字與資料均相當有限，目前比較有系統的研究分析是屬於「中國社會科學院旅遊研究中心」的張廣瑞、魏小安與劉德謙等，[17]其每年針對出境旅遊市場的數量增長、政策規範、消費行為、問題爭端與發展趨勢等議題進行探究，並發表所謂「旅遊綠皮書」，但性質上接近政府部門的資料彙整；徐汎則比較深入的

[15] Woo Gon Kim, Liping A. Cai and Kwangsuk Jung, "A Profile of the Chinese Casino Vacationer to South Korea", *Journal of Hospitality Marketing and Management*, vol.11, issue 2 & 3 (2004), pp.65-79.

[16] Pui Phin Chai , "China's Economy and Tourism in Australia", presented for the International Conference on China and the Asia Pacific Economy (Brisbane: 14-16 July 1996).

[17] 張廣瑞、魏小安、劉德謙主編，**2000-2002 年中國旅遊發展分析與預測**，頁 78-98。張廣瑞、魏小安、劉德謙主編，**2001-2003 年中國旅遊發展分析與預測**（北京：社會科學文獻出版社，2002 年），頁 71-95。張廣瑞、魏小安、劉德謙主編，**2002-2004 年中國旅遊發展分析與預測**（北京：社會科學文獻出版社，2003 年），頁 77-95。

介紹大陸出境旅遊市場的發展歷程、市場結構、行銷模式、發展前景、出境觀光客特徵、各省市出境旅遊情況、旅遊目的地現況等，但其內容也多屬於介紹性質的教科書性質，缺乏深入的詮釋與分析。[18]

表 1-1　中國大陸出境旅遊相關文獻一覽表

	作者 出版時間 研究方法	書名（篇名） 出版社（刊名）	重要研究發現
台灣的相關研究	范世平、吳武忠 2004 年 文件分析法	中國大陸觀光旅遊總論 （揚智圖書公司）	1. 大陸出境旅遊的發展過程、發展現況與有關法令。 2. 香港在 1997 年回歸後，大陸出境旅遊對於香港經濟的幫助甚大。
	范世平、王士維 2005 年 文件分析法	中國大陸出境旅遊政策 （秀威資訊科技公司）	1. 大陸出境旅遊政策的內部與國際制訂因素、政策之決策機制與過程、政策之具體內容與實施情況。 2. 該政策對於大陸政治、經濟、社會與台灣的影響均甚大。
	范世平 2005 年 文件分析法	中國大陸旅遊外交政策之研究：以出境旅遊發展為例 （中國大陸研究）	1. 大陸出境旅遊成為外交上重要籌碼，形成所謂的「旅遊外交」。 2. 國家旅遊局所扮演角色卻有限，真正決策者仍屬外交部門。

---

[18] 徐汎，**中國旅遊市場概論**（北京：中國旅遊出版社，2004 年），頁 229-328。

台灣的相關研究	范世平	中國大陸出境旅遊對於民主化可能影響之研究（遠景基金會季刊）	1. 大陸民眾透過出國旅遊，直接感受迥異的政治生活方式，成為政治社會化的途徑之一。 2. 長期來看有助於大陸民主化的發展，而成為全球化下的一種和平演變。
	2008 年		
	文件分析法		
	范世平	大陸出境旅遊與兩岸關係之政治分析（秀威資訊科技公司）	1. 大陸在「政府干預主義」下掌控出境旅遊活動的基本模式。 2. 大陸藉由「政府干預」與「混合經濟」模式進行旅遊業者的管理。 3. 大陸在「混合經濟」精神下進行出境旅遊消費者權利的保障。
	2006 年		
	文件分析法		
國際的相關研究	格（Frank M. Go）與傑金斯（Carson L.Jenkins）	Tourism and Economic Development in Asia and Australasia（Pinter）	針對大陸出境旅遊的發展過程、現況與數據的概略性說明
	1997 年		
	文件分析法		
	奧科斯（Tim Oakes）	Tourism and Modernity in China（Routledge）	針對大陸出境旅遊的發展過程、現況與數據的概略性說明
	1998 年		
	文件分析法		
	張（Hanqin Qiu Zhang）	The Emergence of the Mainland Chinese Outbound Travel Market and its	1. 探討大陸出境旅遊對於香港旅遊業的影響。 2. 找出大陸出境旅遊與市場表現的發展趨勢，以
	2002 年		

		Implications for Tourism Marketing（Journal of Vacation Marketing）	及香港與亞太地區旅遊產業的政策方向。 3. 大陸的社會、經濟與政治等因素，對於其出境旅遊市場的影響。
國際的相關研究	文件分析法		
	曲（Hailin Qu）與藍（Sophia Lam）	A travel demand model for Mainland Chinese tourists to Hong Kong（Tourism Management）	探討大陸觀光客人數、大陸的人均可支配收入、香港及大陸的顧客消費指數、港幣與人民幣之間的匯率、陸客前往香港的簽證准許比例等 7 個變項，對於陸客至香港旅遊需求的影響
	1997 年		
	統計分析法		
	周（Li Zhou）	The China Outbound Market: An Evaluation of Key Constraints and Opportunities（Journal of Vacation Marketing）	1. 陸客出境旅遊人數的迅速成長，一方面是 1996 年大陸鬆綁了出境旅遊及匯率管制政策；另一方面，陸客經常被吸引至與他們有顯著差異的國家。 2. 大陸出境旅遊市場最迫切需要解決的是「自由化」的問題。
	1998 年		
	文件分析法		
	郭、金、提摩西（Yingzhi Guo、Samuel Seongseop Kim、Dallen J.Timothy）	Development Characteristics and Implications of Mainland Chinese Outbound Tourism（Asia Pacific Journal of Tourism Research）	陸客出境旅遊事實上是被公共政策、經濟、社會等議題所影響，其中特別是陸客的來源地、大陸旅遊部門所制定的出境旅遊政策與政府部門的資格審查
	2007 年		
	文件分析法		

國際的相關研究	凱、伯格與歐拉蕊（Liping A. Cai、Carl Boger 與 Joseph O'Leary） 1999 年 統計分析法	The Chinese Travelers to Singapore, Malaysia, and Thailand: A unique Chinese Outbound Market（Asia Pacific Journal of Tourism Research）	1. 透過被抽樣對象的社會與經濟特徵，來瞭解陸客出境至新加坡、馬來西亞、泰國旅遊間的關係與特性。 2. 比較陸客前往亞太與亞太以外地區旅遊的差異。
	凱、伯格與歐拉蕊（Liping A. Cai、Carl Boger 與 Joseph O'Leary） 2000 年 統計分析法	Chinese Travellers to the United States — An Emerging Market（Journal of Vacation Marketing）	1. 透過被抽樣對象的社會與經濟特徵，來瞭解陸客出境至美國旅遊間的關係與特性。 2. 將此研究結果與陸客至 9 個亞太區域國家及西歐等國的旅遊進行比較，以瞭解陸客至美國市場與至其他市場的差異性。
	金、凱與江（Woo Gon Kim、Liping A.Cai、Kwangsuk Jung） 2004 年 統計分析法	A Profile of the Chinese Casino Vacationer to South Korea(Journal of Hospitality Marketing and Management)	針對前往南韓賭博與非賭博的兩種大陸籍度假者進行調查，並統計出賭場經濟的特徵與旅遊習慣模式
	柴（Pui Phin Chai） 1996 年	China's Economy and Tourism in Australia（Paper presented at the International Conference on China and the Asia Pacific Economy）	1. 陸客前往澳洲的人數成長劇烈但不規則。其大量增加的原因是中產階級的增加，以及大陸政府自 1991 年對於出境旅遊政策的鬆綁。 2. 陸客至澳洲旅遊的客群中多為年紀較長者，且

			專業性人士多於普通民眾,停留時間較長,但開銷較少。
大陸的相關研究	張廣瑞、魏小安與劉德謙	2000-2002 年中國旅遊發展分析與預測(社會科學文獻出版社)	分析大陸出境旅遊市場的數量增長、政策規範、消費行為、問題爭端與發展趨勢等議題
	2002 年		
	文件分析法		
	徐汎	中國旅遊市場概論(中國旅遊出版社)	介紹大陸出境旅遊市場的發展歷程、市場結構、行銷模式、發展前景、出境觀光客特徵、各省市出境旅遊情況、旅遊目的地現況等
	2004 年		
	文件分析法		

資料來源:筆者自行整理

二、陸客來台旅遊之相關研究

由於陸客來台是從2002年開始發展,迄今時間甚為短暫,因此相關的研究成果較為有限,且多以台灣地區的研究為主,基本上可以區分為以下二種模式,請參考表1-2:

(一)陸客來台與兩岸旅遊交流

游(Larry Yu)針對中國大陸與台灣這兩個過去是統一但因內戰而如今政權分立的國家,雙方政治與旅遊的關係進行探討。該文認為旅遊是一種「低度政治性」的活動,有助於兩地人民與政府間進行初步的和解,作者認為兩岸之間的旅遊發展,可以充分支持Butler與Mao兩位學者所提出的「變革過程」(Revolutionary Process)發展模型。作者並且探討了1997年香港回歸中國大陸後,對於海峽兩岸觀光發展的影響。基本上,該文認為台灣與大

陸間旅遊發展未來所面臨的最大阻礙與影響，應該是雙方政府在政治層面關係所面臨的變化。[19]

（二）陸客來台消費滿意程度之研究

包括林鴻偉、林國賢與容繼業、陳怡如等均從管理學的領域探討陸客來台旅遊之消費模式，其中林鴻偉透過問卷調查來探討陸客來台的基本型態與模式，台灣的觀光形象對於陸客所形成的滿意程度，以及未來陸客願意再度造訪台灣的動機；基本上陸客來台多為團體旅遊，由於必須「團進團出」因此旅遊活動內容缺乏自主性，活動內容以環島旅遊模式居多，陸客來台的滿意程度均較高，且未來若有機會多數陸客也願意再度來到台灣旅遊。[20]林國賢亦透過問卷來瞭解陸客來台旅遊的態度與動機，基本上陸客由於從小教育的因素，對於台灣的旅遊資源多有深入瞭解，特別是阿里山與日月潭，加上兩岸長期以來的對峙而大陸民眾來台不易，因此陸客來台旅遊的動機相當強烈。[21]而陳光華、容繼業、陳怡如則針對以團體旅遊為模式的陸客，藉由問卷調查方式瞭解其來台旅遊的滿意度，以及未來陸客願意再度造訪台灣的意願；基本上從我國開放「第二類」陸客來台，多數對於台灣的旅遊資源、服務模式均感到滿意。[22]

---

[19] Larry Yu, "Travel between Politically Divided China and Taiwan", *Asia Pacific Journal of Tourism Research*, vol.2, issue 1 (1997), pp.19-30.

[20] 請參考林鴻偉，「大陸來台旅客之旅遊參與型態、觀光形象滿意度與重遊意願關係之研究」，世新大學觀光事業研究所碩士論文（2002 年）。

[21] 請參考林國賢，「大陸民眾來台旅遊態度與動機之研究」，朝陽科技大學休閒事業管理研究所碩士論文，（2003 年）。

[22] 陳光華、容繼業、陳怡如，「大陸地區來台觀光團體旅遊滿意度與重遊意願之研究」，**觀光研究學報**，第 10 卷第 2 期（2004 年），頁 95-110。

（三）陸客來台相關法令與政策的研究

　　江東銘在其著作中從旅行社的運作角度，簡要介紹大陸民眾來台入出境與簽證之相關規定，[23]陳嘉隆也從旅行社經營與管理的實務角度出發，介紹了陸客來台之接待程序。[24]

　　范世平則探討了陸客來台旅遊之發展背景，特別是當兩岸旅遊交流自80年代末便快速開展，但長期以來均為台灣民眾單方面前往大陸旅遊，形成嚴重的失衡發展，加上近年來台灣入境旅遊增長有限與大陸蓬勃的出境旅遊，因此政府也逐步開放陸客來台旅遊；此外，探討了開放陸客來台旅遊政策之發展過程與法令架構，基本上在2005年時對於陸客來台旅遊的相關法令中，對於陸客的限制相當多，針對陸客脫團的規定較為嚴謹，而台灣業者要從事接待陸客業務的資格也甚為嚴格，但另一方面陸客的消費者權利是受到充分保障的；因此從陸客來台旅遊之相關法令顯示，開放的幅度仍然有限，但隨著未來的全面性開放與兩岸直航，勢必對於台灣旅遊產業與兩岸關係形成重大影響。[25]范世平另一篇著作，則是從全球化與混合經濟理論來探究台灣開放陸客來台旅遊之相關法制變遷，其中可區分為專業人士參訪、小三通與觀光旅遊等三種模式，但由於開放幅度相當有限因此呈現「官方熱、民間冷」的情況，加上若干限制有歧視陸客之嫌與大陸對此政策的冷處理態度，以及大陸未將台灣列為自費出國旅遊目的地與脫隊頻傳，凡此種種形成惡性循環，因此成效十分有限；未來在開

[23] 江東銘，旅行業管理與經營（台北：五南圖書公司，2002 年），頁 78-118。

[24] 陳嘉隆，旅行業經營與管理（台北：自印，2004 年），頁 339-359。

[25] 范世平，「開放大陸民眾來台旅遊法令規範之研究」，展望與探索，第 3 卷第 12 期（2005 年 12 月），頁 76-95。

放陸客來台有兩個發展方向，一是全面開放「第一類」觀光客來台，另一則是兩岸直接通航，基本上從全球化的理論出發開放陸客來台是符合其中「過程論」之觀點，而「混合經濟」將是最有利於台灣的管理模式。[26]范世平的另一篇著作，則探討2008年3月馬英九先生當選總統後，不但使得台灣完成了第二次的政黨輪替，更恢復停滯8年的兩岸協商，而陸客也終於在7月4日得以來台，基本上中共對陸客來台政策之基本態度，首先是在胡錦濤主導下採取積極主動的態勢，並對於馬政府的要求給予正面回應，其次是海基與海協雖為談判機制但國共平台並未弱化；至於陸客來台所出現的政治經濟問題，首先是陸客人數讓台灣民眾甚為失望甚至使得馬政府遭致批評，其中若干技術問題有待突破，至於有無政治因素則值得關注，而大陸則是充分掌握了發展的主導權，但是短期對於台灣的經濟貢獻則是較為有限；至於未來陸客全面來台所可能產生的政治經濟影響，在經濟方面是台灣對於大陸的經濟依賴勢必更加嚴重，而台灣各縣市觀光收益則呈現不平衡的發展，政治方面則可能影響我國的國家安全與治安，由於中共仍然不改其一貫的統戰思維，使得台灣各縣市政府因吸引陸客的多寡而陷入集體焦慮，至於社會方面由於陸客的諸多不文明現象，將可能與台灣民眾產生文化上的摩擦，而在旅遊產業方面，旅遊資源與服務不佳反而成為負面宣傳，大陸旅遊業一條龍的經營模式與陸資入台則可能造成台灣業者的衝擊，甚至陸客來台過多也可能形成其他國際觀光客的排擠效應，至於台灣業者對於陸客所採取的低價策略雖有短暫利益卻是殺雞取卵。[27]

[26] 范世平，「開放中國大陸民眾來台旅遊法制遞嬗與影響之研究」，**遠景基金會季刊**，第 7 卷第 2 期（2006 年 3 月），頁 217-267。
[27] 范世平，「開放大陸觀光客來台對當前兩岸關係發展之研究」，**展望與探索**，第 7 卷第 1 期（2009 年 1 月），頁 60-74。

　　范世平與陳建民則探討大陸擴大開放陸客前來金門旅遊的相關政策，以及其背後所代表胡錦濤對台政策的改變。事實上從2001年元旦開始我國就開放大陸地區人民以旅行名義前來金門、馬祖，然而由於兩岸對於「一個中國」的看法迥異，大陸當時堅持必須在「體現一國內部事務」的原則下商談，而我國無法接受，因此談判無法開展。我方在「可操之在我」的前提下，陸客以小三通模式前來金馬是由我方片面開放，而並未與大陸方面進行磋商。故大陸所採取的是消極抵制的態度，而不願意積極配合，這使得雖然金馬地區廣開大門但真正前來旅遊者數量甚少。在金馬地區人士的大力奔走下，2004年9月中共福建省副省長王美香首度宣布將儘快實施開放福建地區居民到金門、馬祖旅遊，該年12月7日果然正式開放。此一發展模式首先有利於金馬地區的旅遊發展，其次是「金廈兩馬旅遊圈」隱然成行，第三則是因台灣尚未開放陸客因此代表中共將金馬與台灣進行區隔；此一開放政策與胡錦濤於2004年9月在中共十六屆四中全會所提出的關於對台工作的四點意見：要始終堅持「一個中國」原則；要大力促進兩岸的經濟文化交流；要深入貫徹「寄希望於台灣人民」的方針；要團結兩岸同胞共同推進中華民族的復興，有相當密切的關係。[28]

　　范世平亦從中國大陸的角度出發，探討2006年大陸所發布的「大陸居民赴台灣地區旅遊管理辦法」（以下簡稱「赴台旅遊管理辦法」）之內容，由於2002年我國宣布開放陸客來台旅遊，未經兩岸協商，故此一措施為我方單方面開放，而大陸並不承認。但2005年大陸開始由被動轉為主動，2006年更發布此一法令。該辦法就法律意義而言，一方面屬於位階較低之「部門規章」，另

---

[28] 范世平、陳建民，「從大陸擴大開放民眾來金旅遊看胡錦濤對台政策之嬗變」，**中共研究**，第40卷第6期（2006年6月），頁77-91。

一方面則顯示赴台旅遊規範已經自成體系。而就該辦法之條文內容而言，包括以下重要意涵：赴台旅遊係以團體旅遊為原則並必須搭配領隊；採取特許經營模式與配額規定，而大陸組團社仍被國營大型旅行社所壟斷，至於台商旅行社則無法成為大陸組團社；赴台旅遊採取嚴格管制方式，大陸對台灣旅行社進行直接的掌控；嚴防陸客滯留不歸但欠缺罰則。至於該辦法發布後之影響包括：大陸已將旅遊外交轉變為對台旅遊統戰、海峽兩岸旅遊交流協會（以下簡稱海旅會）已開始正式運作、發布之形式意義高於實質意義、陸資進入台灣旅遊產業將難以避免、大陸深知台灣旅行業者難為談判對手、台灣導遊的競爭優勢必須提昇等。[29]

表 1-2　陸客來台旅遊相關文獻一覽表

	作者 出版時間 研究方法	書名（篇名） 出版社（刊名）	重要研究發現
陸客來台與兩岸旅遊交流	游 （Larry Yu） 1997 年 文件分析法	Travel between Politically Divided China and Taiwan (Asia Pacific Journal of Tourism Research)	1. 旅遊是一種「低度政治性」的活動，有助兩岸人民與政府進行和解。 2. 台灣與大陸旅遊發展未來所面臨的最大阻礙，是雙方政府在政治層面關係的變化。
陸客來台消費滿意程度之研究	林鴻偉 2002 年	大陸來台旅客之旅遊參與型態、觀光形象滿意度與重遊意願關係之研究	1. 陸客來台多為團體旅遊，因此旅遊活動內容缺乏自性。 2. 活動內容以環島旅遊模式居多。

[29] 范世平，「中國大陸發布大陸居民赴台灣地區旅遊管理辦法影響之研究」，展望與探索，第 4 卷第 7 期（2006 年 7 月），頁 76-92。

陸客來台消費滿意程度之研究	問卷調查法	（世新大學觀光事業研究所碩士論文）	3. 陸客來台的滿意程度均較高。 4. 未來多數願意再度來台旅遊。
	林國賢 2003 年 問卷調查法	大陸民眾來台旅遊態度與動機之研究 （朝陽科技大學休閒事業管理研究所碩士論文）	1. 陸客來台旅遊的動機相當強烈。 2. 未來多數願意再度來台旅遊。
	陳光華 容繼業 陳怡如 2004 年 問卷調查法	大陸地區來台觀光團體旅遊滿意度與重遊意願之研究 （觀光研究學報）	多數大陸觀光客對於台灣的旅遊資源、服務模式感到滿意
陸客來台相關法令與政策的研究	江東銘 2002 年 文件分析法	旅行業管理與經營 （五南圖書公司）	針對大陸出境旅遊的發展過程、現況與數據進行概略性說明
	陳嘉隆 2004 年 文件分析法	旅行業經營與管理 （自印）	針對大陸出境旅遊的發展過程、現況與數據進行概略性說明
	范世平 2005 年 文件分析法	開放大陸民眾來台旅遊法令規範之研究 （展望與探索）	1. 我國對於陸客來台旅遊的相關法令中，對於陸客的限制相當多。 2. 我國對於因應陸客脫團的規定較為嚴謹。 3. 台灣業者若要從事接待陸客業務的資格相當嚴格。 4. 基本上陸客的消費者權利受到充分保障。

陸客來台相關法令與政策的研究	范世平	開放中國大陸民眾來台旅遊法制遞嬗與影響之研究（遠景基金會季刊）	1. 由於開放陸客幅度相當有限因此呈現「官方熱、民間冷」的情況。 2. 若干限制有歧視陸客之虞。 3. 大陸對此政策採取冷處理態度。
	2006 年		
	文件分析法		
	范世平	開放大陸觀光客來台對當前兩岸關係發展之研究（展望與探索）	1. 中共對陸客來台政策，在胡錦濤主導下採取積極主動的態勢。 2. 陸客人數讓台灣民眾失望，甚至使得馬政府遭致批評。 3. 大陸充分掌握發展的主導權。
	2009 年		
	文件分析法		
	范世平 陳建民	從大陸擴大開放民眾來金旅遊看胡錦濤對台政策之嬗變（中共研究）	1. 2001 年陸客以小三通前來金馬旅遊是由我方片面開放，並未與大陸進行磋商，故大陸採取消極抵制的態度。 2. 2004 年大陸轉為積極，此與「胡四點」的發布有關。
	2006 年		
	文件分析法		
	范世平	中國大陸發布大陸居民赴台灣地區旅遊管理辦法影響之研究（展望與探索）	1. 大陸發布此一管理辦法，顯示赴台旅遊規範已經自成體系。 2. 赴台旅遊係以團體旅遊為原則並必須搭配領隊。 3. 發布之形式意義高於實質意義。
	2006 年		
	文件分析法		

資料來源：筆者自行整理

三、中國大陸民主化之相關研究

對於中國大陸民主化的研究，可說是汗牛充棟，而對此議題之研究途徑亦相當多元，分別敘述如下，並請參考表1-3：

（一）歷史文化研究

黎安友（Andrew Nathan）透過歷史與文化的角度，探討中國大陸民主化的可能性。他回溯清末1895年馬關條約簽訂以來的歷次自強與民主運動，發現在中國傳統文化、官僚主義與近代馬克斯主義的影響下，中國大陸對於民主的觀念與西方不同，民眾只有名義上的權利而無實權，憲法更流於形式，而媒體為國家服務，列寧式政黨也不允許其他競爭者。他認為大陸並非不會成為民主的國家，但在發展的方向上卻可能與西方迥異，而且過程將相當長久而呈現不穩定，因為必須打破許多舊有的觀念，並且要經過長期的掙扎才能建構出新的政治制度。[30]

（二）政治運動研究

此研究藉由單一政治事件或政治運動來探究中國大陸民主化之發展，如康榮透過1986年12月至1987年1月所發生之民主運動來探究大陸民主化之可能性，作者特別將此次民運稱之為「一二九新民主運動」，研究主軸針對該運動發生的背景與過程中，當時知識份子的啟蒙角色與西方民主思想之影響；[31]陳進廣則根據

---

[30] 請參考 Andrew J. Nathan, *Chinese Democracy* (New York: Alfred A. Knopf Inc., 1985).

[31] 請參考康榮，「中國大陸民主化運動之研究：一二九新民主運動的個案研究」，政治大學東亞研究所碩士論文（1989年）。

「衝突理論」探究八九民運時衝突形成的過程、衝突處理的決策模式、中共當局與抗議學生的對談過程、再發生衝突之可能性等四大議題，並藉此預測未來民運活動的走向與對於大陸民主化的直接影響。[32]

（三）政治結構研究

　　此一研究著眼於中國大陸政治結構之改變與民主化的關聯，例如閻淮從大陸之政權結構、幹部結構與政治改革等面向，探討大陸民主化的可能性；[33]董天傑則從中共建政以來所強調的「多黨合作制」與「政治協商制度」來切入，探討八大民主黨派對於民主化的可能影響；[34]裴敏欣（Minxin Pei）認為在改革開放之後「內發的制度性變遷」產生了民主化的潛能，包括完善法治建設、全國人大制度與鄉村實驗性草根自治；[35]黎安友則認為在改革開放後對於憲法條文修改之諸多提案，如授予全國人大更多權力、鼓勵人大進行選舉、貫徹全國人大憲政監督權與司法獨立，都提供了發展民主憲政的可能性。[36]而在大陸學者方面則大多透過中共特殊意識形態的角度來詮釋所謂的民主，強調在現有的政

---

[32] 請參考陳進廣，八九民運與中國民主化的省思（台北：致良出版社，1993年）。

[33] 請參考閻淮，**中共政治結構與民主化論綱**（台北：行政院大陸委員會，1991年）。

[34] 請參考董天傑，「中國大陸多黨合作制與民主化的研究」，中國文化大學中國大陸研究所碩士論文（2000年）。

[35] 請參考裴敏欣（Minxin Pei），「匍匐前行的中國民主」，田宏茂、朱雲漢、Larry Diamond、Marc Plattner主編，**新興民主的機遇與挑戰**（台北：業強出版社，1997年），頁374-398。

[36] 請參考黎安友（Andrew Nathan），「中國立憲主義者的選擇」，田宏茂、朱雲漢、Larry Diamond、Marc Plattner主編，**新興民主的機遇與挑戰**，頁399-431。

治架構下「完善民主」，例如陳荷夫強調三大民主支柱，即人民代表大會制度、政治協商制度與民族區域自治制度，但也加上了人權與憲法保障、政治決策民主化、人民監督制度等接近西方民主思維的論述；[37]李景鵬雖從政治發展的理論出發，但亦僅從完善人大、政協與選舉等三大政治制度變革來論述民主建設。[38]

（四）基層民主研究

此類研究強調藉由中國大陸基層民主的開展來逐步催生其民主政治，林智勝、郎士進、李凡均認為透過地方性之民主選舉，特別是農村地區在村民自治原則下所舉辦之村民委員會直選，可以使民眾接觸與學習民主，假以時日此一由下而上模式將可以奠定大陸民主政治發展的基礎；而包括完善鄉鎮人大制度的「鄉鎮民主」與城市社區居民委員會直接選舉之「社區民主」，對於民主化的影響都非常深遠。[39]

（五）菁英策略互動研究

王嘉州藉由「菁英策略互動論」來探討中國大陸民主化的可能性，包括從中共政權「反對菁英爭取民主的努力」與「中共執政菁英的改變」兩大面向來分析大陸民主化之發展，另一方面探究大陸政治鬥爭中「改革派」之角色。作者認為大陸的政體性質

---

[37] 請參考陳荷夫，**論中國民主政治**（北京：社會科學文獻出版社，1995年）。

[38] 請參考李景鵬，**中國政治發展的理論研究綱要**（哈爾濱：黑龍江人民出版社，2003年）。

[39] 請參考林智勝，「大陸民主化機制之研究：以村民自治為例」，東華大學大陸研究所碩士論文（2001年）。郎士進，「民主化與大陸基層自治制度發展之研究」，中興大學國際政治研究所碩士論文（2004年）。李凡，**中國基層民主發展報告**（北京：東方出版社，2002年）。

介於「競爭性的威權政體」與「封閉性的霸道政體」之間，而短期內並無民主化的可能，原因在於政治反對勢力仍無足夠力量促使中共之統治階層作出改變。[40]

（六）派系政治研究

派系問題一直是中國大陸政治研究的重要議題，曾拓穎探究派系鬥爭對於大陸民主化的影響，他認為派系為求發展會以聯合社會力量為籌碼，使民主化在派系衝突的過程中逐步進行，例如鄧小平利用1978年的北京之春運動來對抗保守派；1986年學潮也是肇因於保守派與改革派的鬥爭，改革派的胡耀邦下台；八九民運亦是如此，結果也是改革派的趙紫陽下台，而鄧小平藉由這些運動不但解決派系間的爭鬥，也使其政治地位超然於派系而獨霸一尊。[41]

（七）經濟發展研究

許多研究認為當大陸經濟在發展到一定程度後，將提供民主化的基礎。吳挺毓認為在改革開放後，民營經濟與私營企業的快速發展，使得中產階級迅速增加，進而有利於多元政治與民主化；[42]楊仲源與黎安友也提出類似看法，認為大陸經濟改革勢必對於民主化產生影響，也成為民主化的發展契機。[43]

---

[40] 請參考王嘉州，「台灣民主化與大陸民主前景：從菁英策略互動之觀點分析」，政治大學東亞研究所碩士論文（1997年）。

[41] 請參考曾拓穎，「派系政治與中國大陸政治民主化之關聯：1976至1989」，政治大學東亞研究所碩士論文（2004年）。

[42] 請參考吳挺毓，「中國大陸私營經濟發展之政治影響」，中國文化大學中國大陸研究所碩士論文（1996年）。

[43] 請參考楊仲源，「中共經濟改革對大陸民主化之影響」，政治大學政治研究所碩士論文（1992年）。Andrew J.Nathan, *China's Transition* (New York: Columbia University Press, 1997).

表 1-3 中國大陸民主化相關文獻一覽表

	作者 出版時間 研究方法	書名（篇名） 出版社（刊名）	重要研究發現
歷史文化研究	黎安友 （Andrew J.Nathan） 1985 年 文件分析法	Chinese Democracy (Alfred A.Knopf Inc.)	1. 在中國傳統文化、官僚主義與近代馬克斯主義的影響下，大陸對於民主的觀念與西方不同。 2. 大陸並非不會成為民主的國家，但在發展的方向上卻可能與西方迥異，而且過程將相當長久而呈現不穩定。
政治運動研究	康榮 1989 年 文件分析法	中國大陸民主化運動之研究：一二九新民主運動的個案研究（政治大學東亞研究所碩士論文）	探討「一二九新民主運動」發生的背景與過程中，當時知識份子的啓蒙角色與西方民主思想之影響
	陳進廣 1993 年 文件分析法	八九民運與中國民主化的省思（致良出版社）	根據「衝突理論」探究八九民運時衝突形成的過程、衝突處理的決策模式、中共與抗議學生的對談過程、再發生衝突之可能性等議題
政治結構研究	閻淮 1991 年 文件分析法	中共政治結構與民主化論綱（行政院大陸委員會）	從大陸之政權結構、幹部結構與政治改革等面向，探討大陸民主化的可能性
	董天傑 2000 年 文件分析法	中國大陸多黨合作制與民主化的研究（中國文化大學中國大陸研究所碩士論文）	從中共建政以來所強調的「多黨合作制」與「政治協商制度」來切入，探討八大民主黨派對於民主化的可能影響
	裴敏欣 （Andrew Nathan）	新興民主的機遇與挑戰（業強出版社）	在改革開放之後「內發的制度性變遷」，產生了大陸民主化的潛能，包括完善法治建設、

	1997 年		全國人大制度與鄉村實驗性草根自治等
政治結構研究	文件分析法		
	黎安友（Andrew Nathan）1997 年	新興民主的機遇與挑戰（業強出版社）	大陸在改革開放後對於憲法條文修改之諸多提案，都提供了發展民主憲政的可能性
	文件分析法		
	陳荷夫 1995 年	論中國民主政治（社會科學文獻出版社）	作者認為大陸有三大民主支柱，即人民代表大會、政治協商與民族區域自治
	文件分析法		
	李景鵬 2003 年	中國政治發展的理論研究綱要（黑龍江人民出版社）	從完善人大、政協與選舉等三大政治制度，來建構大陸的民主建設
	文件分析法		
基層民主研究	林智勝 2001 年	大陸民主化機制之研究：以村民自治為例（東華大學大陸研究所碩士論文）	透過村民委員會直選，可以使民眾接觸與學習民主，假以時日此一由下而上模式將可以奠定大陸民主政治發展的基礎
	文件分析法		
	李凡 2002 年	中國基層民主發展報告（東方出版社）	完善鄉鎮人大制度的「鄉鎮民主」與城市社區居民委員會直接選舉之「社區民主」，對於大陸民主化的影響非常深遠
	文件分析法		
菁英互動研究	王嘉州 1997 年	台灣民主化與大陸民主前景：從菁英策略互動之觀點分析（政治大學東亞研究所碩士論文）	1. 藉由「菁英策略互動論」來探討大陸民主化的可能性，包括從中共政權「反對菁英爭取民主的努力」與「中共執政菁英的改變」兩大面向來分析大陸民主化之發展。2. 探究大陸政治鬥爭中「改革派」之角色。
	文件分析法		
	曾拓穎	派系政治與中國大陸政治民主化之關聯：1976 至 1989	1. 派系為求發展會以聯合社會力量為籌碼，使民主化在派系衝突的過程中逐步進行，

派系政治研究	2004 年	（政治大學東亞研究所碩士論文）	例如鄧小平利用 1978 年的北京之春運動來對抗保守派；1986 年學潮也是肇因於保守派與改革派的鬥爭；八九民運亦是如此。
	文件分析法		2. 鄧小平藉由這些運動不但解決派系間的爭鬥，也使其政治地位獨霸一尊。
經濟發展研究	吳挺毓	中國大陸私營經濟發展之政治影響（中國文化大學中國大陸研究所碩士論文）	在改革開放後，民營經濟與私營企業的快速發展，使得中產階級迅速增加，進而有利於多元政治與民主化
	1996 年		
	文件分析法		
	楊仲源	中共經濟改革對大陸民主化之影響（政治大學政治研究所碩士論文）	大陸經濟改革勢必對於民主化產生影響，也成為民主化的發展契機
	1992 年		
	文件分析法		

資料來源：筆者自行整理

貳、文獻評析

　　由於陸客來台的發展期間相當短暫，大幅開放是在2008年，因此相關研究目前在國內外仍然相當之有限，多數是以台灣的著作為主，至於大陸的著作則多屬於政令宣傳的性質，所以參考價值有限。因此，上述台灣地區針對陸客來台的相關著作，特別是有關法令與政策的論述，對本研究都有直接的幫助。

　　另一方面，由於陸客來台仍屬於大陸出境旅遊的一環，因此相關著作對於本研究有關陸客來台的背景介紹，仍有一定程度的幫助，特別是大陸出境旅遊的相關法令與政策。

　　至於有關中國大陸民主化的相關研究，由於本書在有關陸客來台對於兩岸關係的影響方面，特別著重於政治層面的影響，尤其是對於大陸未來民主化發展的意義，因此相關研究具有相當的參考價值。

第三節　研究方法

　　對於典範（paradigm）的認識上，根據抽象程度的高低依序可以分成本體論（ontology）、認識論（epistemology）與方法論（methodology）三個層次，本研究採取「定性研究」（qualitative research），首先，在本體論方面依循了唯名論的觀點，強調個別事物的存在性與異質性，而不認同所謂「通質」與「共相」的唯實論，也不接受量化研究在自然科學邏輯下，所強調人類社會穩定性與永恆不變性的實證典範觀點，而強調人類社會的變動性與多重性；而在認識論上則強調主觀主義與交互論的立場，而反對客觀主義與二元論的思維；至於方法論則是透過嚴謹之思考邏輯，對於相關文獻進行分析，並藉由思辯詮釋的方式探究與批判社會現象。因此在研究設計上，著重於嚴謹文字的推理與非線性之循環模式，強調結構性之研究策略，以達成質性研究所強調的主觀意義分享與價值判斷之研究結果。

　　而在研究方法（method）方面，也就是研究資料蒐集的技術上，透過「非實驗性方法」（non-experimental method）之「文件分析法」（document method）來蒐集與整理豐富資料，也就是圖書館式的「次級資料」（secondary data）蒐集與歸納整理。基本上，次級資料研究不同於原始資料研究(primary research)，原始資料強調研究者透過與被研究對象的實際接觸來獲得所需要的資

料，這包括量化研究之問卷調查，以及質性研究之深度訪談、焦點團體訪談、參與觀察等，當資料蒐集完後再進行資料之分析。而次級資料誠如史都華（David W.Steward）所述，包括有政府部門的報告、企業界之研究、文件紀錄資料庫、企業組織資料與圖書館中之書籍期刊等，由於蒐集原始資料時通常需要昂貴的成本，因此次級資料分析就被認為是較為有效及可行的方法，故史都華認為除非確實必須以新的資料才能解答之研究問題，否則應多採用既存之次級資料。基本上，一個完整的次級資料能夠增加在原始資料研究上的有效性，因此，次級資料分析能為原始資料之研究工具提供方法上的參考，彼此也具有互補的效果。但在蒐集次級資料時必需經過仔細的評估，或依據可靠性與時效性之不同水準來進行加權。在進行資料評估時，必須掌握以下六大問題：研究之目的為何；誰是資料蒐集者；實際搜尋到的資料是什麼；蒐集資料的時間為何；資料是透過何種管道取得；所取得的資料與其他資料是否一致。[44]另一方面，本研究將各種蒐集而來的資料進行有系統的探究詮釋，並透過比較研究法將兩個或多個同類事物，依照同一標準來對比研究，以尋找出其異同之處。

　　由於本研究是探究陸客來台旅遊之政策與法令，因此在採用政府公開發布之次級資料時，是以我國與大陸所發布之數據為主，然而為求資料之準確性與周延性，本研究亦蒐集許多國際組織之不同來源數據以進行比對，包括世界旅遊組織、世界旅行暨旅遊理事會（World Travel and Tourism Council，WTTC）等機構之相關資料。

---

[44] David W. Stewart, *Secondary Research: Information Sources and Methods* (Newbury Park: Sage Publications, 1993), pp.1-40.

第四節 研究範圍與限制

壹、研究範圍

　　本研究之範圍可以區分成空間與時間兩大部分，在空間範圍方面，本書指涉的中國大陸是指中華人民共和國政府所有效管轄的地區，因此所論及到有關「中國」、「中國大陸」、「中共」、「大陸」等名詞之意義，均不包含蒙古共和國，亦不包含香港與澳門兩個特別行政區，以及中華民國政府所有效管轄之台、澎、金、馬地區。雖然香港與澳門已於1997與1999年回歸大陸，大陸對外亦聲稱具有台灣地區之完整主權，但根據目前中共官方的統計資料顯示，台灣、香港與澳門均不列入中國大陸的統計範圍內。因此本研究所探討的所謂「出境旅遊」（outbound tourism），是指中國大陸民眾前往其他「國家」或「地區」所進行之旅遊活動，這其中除包含前往其他國家之「出國旅遊」外，另指前往香港與澳門地區之「港澳旅遊」，以及前往台灣地區之「赴台旅遊」。至於在時間範圍方面，由於大陸是從1983年開始開放廣東省居民前往香港進行探親旅行，此為出境旅遊之濫觴，因此本研究亦針對1983年之後之相關發展進行探討。

貳、研究限制

　　我國開放大陸民眾來台旅遊迄今僅數年，因此國內外學術論述相當有限，必須藉由大量之報紙、網路新聞等近期資料進行分析。由於報紙與網路新聞之學術性及嚴謹性較低，雖然本研究已經善盡查證之能事，但必定仍有疏漏之處，此亦為本研究難以突

破之限制。此外，本研究在針對陸客來台對於其民主發展可能性的探討上，若能採取經驗性研究，透過發放問卷所獲得之一手資料進行統計分析，可藉此瞭解陸客對於台灣民主政治的看法。惟目前來台陸客在行前均被告知儘量低調而勿隨便發表意見，因此對於一般之問卷填寫均有抗拒反應，隨團之大陸領隊亦會加以阻攔，更遑論問卷內容涉及敏感之政治議題；此外，若貿然發放問卷，恐會對於當前陸客來台造成負面效果，甚至影響兩岸關係的發展，所以本研究僅能根據所蒐集之次級資料進行分析，其中不免有個人主觀性之詮釋，此為研究上之限制。

第五節　研究程序與章節安排

本研究之流程圖述明如下：

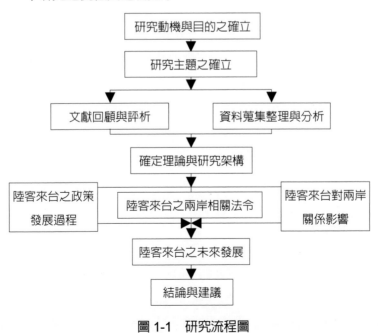

圖 1-1　研究流程圖

　　在研究之鋪陳上如圖1-1所示，首先是確立研究之動機、目的與欲探討之主題，並依據研究主題進行資料之蒐集整理，以及有關文獻之回顧與評析，因此上述過程屬於前置性之作業，其目的在於提供後續深入探究之所需。

　　第二部分是探討本研究之研究架構，將分別從全球化理論、混合經濟理論、旅遊經援理論、民主化理論、政治社會化理論與軟實力理論來說明。其次，依據上述研究架構分析陸客來台旅遊相關政策的發展過程、陸客來台旅遊的兩岸相關法令變遷與陸客來台旅遊對於兩岸關係的影響等面向進行探討。

　　最後根據上述之研究結果提出總結與未來發展之評估，以及後續相關研究之建議。基本上，本研究之章節鋪陳如下：

第一章　緒論
第二章　研究途徑
第三章　開放陸客來台的發展過程
第四章　開放陸客來台的相關法令變遷
第五章　全面開放陸客來台後的影響
第六章　結論

第六節　名詞詮釋

壹、中國大陸

　　目前對於中華人民共和國政府所有效管轄的地區，在台灣有被稱之為「中國」、「中國大陸」、「中共」、「大陸」等不同名詞，本研究採取中國大陸，或簡稱為大陸，主要原因是本研究

參考大量之我國法令，而根據現行之「台灣地區與大陸地區人民關係條例」第二條之規定「本條例用詞，定義如下：一、台灣地區：指台灣、澎湖、金門、馬祖及政府統治權所及之其他地區。二、大陸地區：指台灣地區以外之中華民國領土」，在現行法令並未修改的情況下，本研究依據「台灣地區與大陸地區人民關係條例」所規定之稱謂，而無任何預設之政治立場。

貳、旅遊（tourism）

旅遊一詞英文稱為tour，其來自於拉丁語tornus，直接翻譯的意思是圓規，因此也代表前去他地而會返回出發點的一種旅行，目前所採用的tourism，根據「牛津大辭典」的記載最早被採用於1811年，所代表的是一種社會現象，即旅行所達到娛樂目的之各項活動。[45]基本上來說，旅遊與觀光是屬於同義字，若干台灣學者認為觀光一詞源自中國，在易經第二十卦六四爻中提到「觀國之光，利用賓於王」，而元初名相耶律楚材也曾作詩「黎民歡仰德，萬國喜觀光」；[46]日本幕府時代，將接待外賓的迎賓館稱之「觀光閣」，昭和初年在鐵道省之下設立「國際觀光局」，並正式將tourism一詞翻譯成日文漢字中的「觀光」。但目前台灣社會一般是旅遊與觀光兩詞相互使用，例如國立台北護理學院設有旅遊健康研究所、國立高雄餐旅學院設有旅遊管理研究所、南華大學設有旅遊事業管理研究所等，即使政府機關之名稱亦多使用旅

---

[45] 陳思倫、宋秉明、林連聰，**觀光學概論**（台北：國立空中大學，1998年），頁6。

[46] 李秋鳳，**論台灣觀光事業的經濟效益**（台北：震古出版社，1978年），頁2。

遊一詞，例如宜蘭縣政府之工商旅遊局、台中縣政府之交通旅遊局、台東縣政府之旅遊局、花蓮縣政府之觀光旅遊局等。

　　然而大陸地區則多用旅遊一詞，對於觀光的看法則認為其範圍比旅遊為小，只是以娛樂與休閒為目的之一種遊山玩水行為，所以大陸學術界一般在進行分類時就會產生「觀光旅遊」一詞。

　　筆者認為這兩個名詞並無任何優劣的價值判斷問題，只要海峽兩岸的社會都能使用方便與相互理解，應無矛盾之處，由於誠如前述旅遊一詞已廣為兩岸所用，因此本研究以採用旅遊一詞為主，採用觀光一詞為輔。

　　基本上，旅遊具有狹義與廣義兩種解釋，就狹義而言是指人們基於工作以外之目的而離開其日常生活居住地，自願性質的朝向預定目的地移動，進行非營利性的活動，目的在於觀賞自然與人文景觀，是停留不超過一年而仍須返回原居住地的一種休閒娛樂活動；至於廣義則包含商務、學術與文化等活動，本研究所採取的是廣義的詮釋。

　　另一方面，對於參與旅遊活動之人員，大陸多將其稱之為「旅遊者」，而台灣則稱之為「觀光客」，但由於旅遊是服務產業，在「來者是客」的尊重前提下，旅遊者的說法似乎欠缺此一意涵，因此大陸社會近年來也開始使用觀光客的說法，旅遊者一詞則多見於官方文書或法令，故本研究除在援引大陸法令條文時會採用旅遊者一詞外，其他論述部分則多採用觀光客一詞。

第二章　研究途徑

　　所謂研究途徑（approach），是指研究者對於研究對象在進行研究時，所採取之出發點、著眼點、入手處，以便進行各種觀察、分類與分析。以政治學研究而言，可分為「取向研究途徑」與「概念研究途徑」兩大類，就前者而言，是指研究取材時的方向，透過此方向來進行資料蒐集以獲致最佳之研究效果；而後者則是指對於政治現象特質之認識，透過某一學術理論來分析與詮釋政治問題。[1]

　　在「取向研究途徑」方面，本研究所採取的是政治學界所慣用之「歷史研究途徑」、「法律研究途徑」與「制度研究途徑」，首先在歷史研究途徑方面，其強調某一制度過去以來發展過程與演變之重要性，因此本研究藉此方向蒐集陸客來台旅遊之緣起、演變與發展過程之各種資料；其次，法律研究途徑所著重的是各種制度之法律議題，因此本研究針對兩岸對於陸客來台旅遊之相關法令，進行取材並深入探究；基本上，上述兩大途徑之研究成果分別展現在本書之第三與第四章。至於制度研究途徑其出發點，則是以動態的角度探討政府部門間的結構與權力運作，並特別重視制度與人民間的關係，因此本研究藉此方向蒐集相關資料並進行分析，這包括：台灣與大陸開放陸客來台旅遊之決策過程；各單位間之權力運作；上述制度變遷對於兩岸人民與社會之影響，特別是對於大陸民主化之影響，基本上「制度研究途徑」的研究結果見諸於本書之第五章。

---

[1] 朱浤源，撰寫博碩士論文實戰手冊（台北：正中書局，2004 年），頁 160-182。

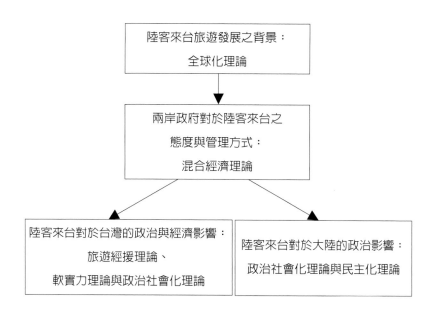

圖 2-1　陸客來台政策之分析架構圖

資料來源：筆者自行繪製

　　而在「概念研究途徑」方面，本研究在不同章節應用了包括全球化理論、混合經濟理論、旅遊經援理論、軟實力理論、政治社會化理論、民主化理論，來分析詮釋開放陸客來台旅遊之相關議題，分別闡述如下。

　　基本上，「全球化理論」可以解釋陸客來台旅遊發生的背景與原因；「混合經濟理論」可以探討兩岸政府對於陸客來台政策的態度與管理方式。至於「旅遊經援理論」、「軟實力理論」與「政治社會化理論」則可以說明陸客對於台灣所能產生的政治與經濟效果，其中透過「旅遊經援理論」分析陸客對台灣的經濟幫助，藉由「軟實力理論」探討台灣對於陸客所展現的民主價值與

優勢，並以「政治社會化理論」分析陸客對於台灣的統戰影響。此外，陸客來台對於大陸所能產生的政治效果，則依據「政治社會化理論」探究陸客來台後對其心理的影響，透過「民主化理論」來詮釋陸客回國後對於大陸民主化發展的可能性。

第一節　陸客來台旅遊發生的背景與原因：全球化理論

加拿大傳播學者麥克盧漢（Marshall Mcluhan）在60年代初期提出了「地球村」（global village）的概念，[2]此為全球化理論之濫觴，但當時並未獲得迴響；80年代末期蘇聯與東歐的共產政權崩潰，中國大陸也正式走向改革開放的道路，使得冷戰時期政治上的對立與藩籬徹底打破，隨之而來是經濟與人員流動的快速增加，特別是跨國公司與世界貿易組織的發展，使得90年代「全球化」（globalization）一躍成為熱門名詞，就在同一時間大陸也從過去所謂的「鐵幕」走向出境旅遊的開展；另一方面也在全球化發展之壓力下，台灣對於開放陸客來台旅遊的政策，亦從完全禁止到逐步開放。

然而當前對於全球化的定義與看法卻有所不同，有對全球化發展極度樂觀，認為民族國家將被市場所完全取代的「誇大論」看法，這以福山（Francis Fukuyama）、大前研一（Kenichi Ohmae）等新自由主義者為代表，[3]但是這種單向度的「極端全球

---

[2]　請參考 Marshall Mcluhan, *Understanding Media* (London: Rouledge, 2001).

[3]　請參考 Francis Fukuyama, *The End of History and the Last Man* (London: Hamish Hamilton, 1992)與 Kenichi Ohmae, *The End of Nation State: The Rise of Regional Economies* (New York: The Free Press, 1995)，除了新自由主義者外，若干新馬克斯主義者也持相同論點。

主義者」（hyperglobalizers）觀點卻也造成另一部分「懷疑論」
（sceptics）人士的反對，包括湯普森（Grahame Thompson）、赫
斯特（Paul Hirst）與韋斯 （Linda Weiss），[4]強調所謂全球化只
是國際化，國家依舊是經濟的主要管理者，並認為誇大論者的國
家終結論帶有強烈的意識形態偏見。第三種說法，則是以英國學
者紀登司（Anthony Giddens）、德國學者貝克（Ulrich Beck）與
美國學者羅伯遜（Roland Robertson）等人的「過程論」
（transformationalists）觀點，[5]他們對於全球化的核心思維或許不
盡相同，但均認為全球化是社會變遷的過程，是推動社會政治、
經濟快速改變的中心力量，並且可能藉此重塑世界秩序，而國際
與國內事務也將更難以分野；[6]此外，過程論者強調「多角度」的
全球化，著重全球化的動態性、漸進性與不可抗拒性。

　　本研究採取過程論的看法，1987年7月15日在前總統蔣經國先
生主導下政府宣布台灣地區解除戒嚴，同年10月15日在基於人道
考量與改善兩岸關係的前提下，行政院發布「台灣地區人民出境
前往大陸探親規定」，11月12日正式開放國人赴大陸進行探親、
探病與奔喪。這項開放不但使得因國共內戰而完全斷絕的兩岸交
流得以開展外，對於台灣旅遊業發展更具有歷史性的意義，因為

---

[4] 請參考 Paul Hirst and Grahame Thompson, *Globalization in Question: The International Economy and the Possibilities of Governance* (London: Polity Press ,1996); Linda Weiss, *The Myth of the Powerless State* (New York: Cornell University Press, 1998).

[5] 請參考 Anthony Giddens, *The Consequences of Modernity* (London: Polity Press, 1990); Ulirich Beck, What is Globalization? (London: Polity Press, 2000); Roland Robertson, *Globalization: Social Theory and Global Culture* (London: Sage, 1992).

[6] David Held, Anthony McGrew, David Goldblatt and Jonathan Perraton, *Global Transformations: Politics, Economics and Culture* (London: Polity Press, 1999), p.7.

自此之後大陸成為台灣最重要的出境旅遊地區，而且兩岸之間的
旅遊交流也日益緊密。1988年時台灣民眾前往大陸旅遊的人數為
43萬人次，2008年已經達到517萬人次，[7]但是2008年陸客來台卻
僅8萬9千餘人。

　　因此，直至2008年陸客才得以正式來台，這使得兩岸旅遊有
20年呈現極度不平衡的發展。基本上，從90年代以來，不論是台
灣前往大陸旅遊的不斷增長，或是大陸本身出境旅遊的蓬勃發
展，都充分體現了全球化下的跨國移動熱潮，但陸客來台卻是反
其道而行，成為一種極度的反差現象。

　　陸客之所以遲遲無法來台，就台灣來說首推國家安全的因素，
擔心陸客來台會進行情報蒐集，或是因滯留不歸造成治安上的隱
憂。對於大陸來說，也擔心如此可能會使得陸客遭致台灣的和平演
變，或者被台灣情治機關所吸收利用；事實上大陸雖然從1978年開
始進行改革開放，但直到1990年才開放自費出境旅遊，在這12年的
發展過程中，民眾的要求與外國政府的壓力，都在大陸當局確保國
家安全、防止和平演變、遏止外匯流失等義正嚴詞訴求下一一排
除，直到90年代開始全球化浪潮逐漸興起，加上大陸的改革開放並
未因為八九民運而退卻時，出境旅遊才得以展開。

　　誠如賀爾德（David Held）等人所言「全球化形式中最為普遍
的就是人員的遷移」，[8]從「過程論」的全球化角度來看，當兩岸
從互不往來到經貿關係密切，2008年時台灣出口大陸達1,033億美

[7]　國家旅遊局，「2008 年 1-12 月主要城市接待情況」，國家旅遊局網站，
　　2009 年 3 月 18 日，請參考 http://www.cnta.gov.cn/html/2009-2/2009-2-13-
　　16-9-05036.html。
[8]　David Held, Anthony G. McGrew, David Goldblatt and Jonathan Perraton,
　　Global Transformations : Politics, Economics and Culture, p.283.

金，自大陸進口達258億美金，[9]對大陸投資達18.99億美元，[10]大陸成為台灣最大貿易伙伴、最大出口市場、第二大進口市場、最大貿易順差來源、對外投資最大地區；[11]同樣的，2008年時台灣成為大陸的第七大貿易伙伴，[12]占總進出口貿易的5.2%，台灣是大陸第九大出口市場、第五大進口市場、最大貿易逆差來源、[13]第九大外資投資國，這使得兩岸人員往來與旅遊障礙重重的現象，與此一全球化下的經貿發展背道而馳。

　　誠如鮑曼（Zygmunt Bauman）所言，「全球性的自由移動代表著提昇、進步與成功，而靜止不動則散發著頹廢、失敗與落伍的惡臭」，「人們的抱負通常是以流動性、自由選擇居住地、旅遊與開拓視野來加以展現；而人生的恐懼則是禁錮、缺乏變化、不能去其他人都能前往的地方」，因此「被迫固守一地而無法移往他處，是最讓人難以忍受、殘酷與可憎的情況」，「被禁止移動是一種軟弱無能與痛苦的最重要象徵」。[14]故兩岸政府若仍不

---

[9]　台港澳司，「兩岸貿易統計表」，中國商務部網站，2009 年 3 月 20 日，請參考 http://tga.mofcom.gov.cn/aarticle/jingmaotongji/redht/200902/20090206026859.html。

[10]　新聞辦，「2008 年 1-12 月全國吸收外商直接投資情況」，中國商務部網站，2009 年 3 月 20 日，請參考 http://www.mofcom.gov.cn/aarticle/tongjiziliao/v/200902/20090206021530.html。

[11]　經濟部，「中華民國進出口貿易國家（地區）名次表」，經濟部網站，2009 年 3 月 20 日，請參考 http://cus93.trade.gov.tw/bftweb/FSC3/FSC3040R.ASP?rptName=FSC3040R&typ=A&BYEAR=200801&EYEAR=200812&USER_ID=&intType=1。

[12]　僅次於歐盟、美國、日本、東盟、香港、韓國。

[13]　綜合司，「前十位貿易伙伴」，中國商務部網站，2009 年 3 月 20 日，請參考 http://zhs.mofcom.gov.cn/aarticle/Nocategory/200812/20081205963739.html。

[14]　Zygmunt Bauman, *Globalization: The Human Consequences* (London: Polity Press, 1998), pp.121-122.

開放陸客來台，不但難以因應民眾對於全球移動的需求，更代表兩岸均無法真正而完整的與全球化接軌。

因此，全球化是「因」，其促進兩岸政府都必須開放來台旅遊，而來台旅遊是「果」；但是另一方面來台旅遊的發展，其最終也將使得兩岸都能夠更全面性、更「由下而上」的進行全球化。因此，全球化與來台旅遊的關係，實際上一種「互為因果」的辯證關係。事實上，1949年中共建政後國民政府播遷來台，兩岸在冷戰對峙的情勢下完全斷絕聯繫，數百萬來台之大陸籍人士也無法返回。直到1978年大陸進行改革開放，加上台灣的民主化，使得兩岸交流逐漸展開，在全球化的氛圍下旅遊交流不但是最早進行的方式也是最重要的渠道，但當時只是台灣民眾單方面的前往大陸旅遊，隨著兩岸關係的持續發展，此一單向開放態勢也出現轉變。誠如藍方特（Marie-Françoise Lanfant）等人強調「國際旅遊（international tourism）已經成為一種全球現象與難以避免的國際事實」，[15]因此兩岸均開放陸客來台，是符合全球化「普世價值」之一的「人員自由流動」概念，而兩岸若仍拒絕陸客來台旅遊，則代表兩岸要完全走向全球化似乎仍有障礙。

科恩（Robin Cohen）與肯尼迪（Paul Kennedy）對於全球化特徵提出了六點詮釋，[16]包括：時空概念的變化、文化互動的增長、面臨共同的問題、聯繫與依存的增加、跨國行為體的發展、全方位的結合與互動，本研究將其分別應用在陸客來台旅遊政策等各章節的解釋上，敘述如下：

---

[15] Marie-Françoise Lanfant, John B. Allcock and Edward M. Bruner, *International Tourism: Identity and Change* (London: Sage, 1995), p.25.

[16] Robin Cohen and Paul Kennedy, *Global Sociology* (London: Macmillan Press Ltd., 2000),p.24.

壹、時空概念的變化

　　由於人類間快速的流動與交流，導致時間與空間的巨大改變，羅伯遜稱此為「世界的壓縮」（compression）。[17]賀爾德等人也認為「全球化改變了時空的過程，使不同區域的人類活動連接在一起」，因此跨越邊界的活動開始「有規則」的展開，尤其隨著運輸體系的發展，人口在全球流動的速度不斷提高。[18]這其中噴射客機扮演了劃時代角色，因為國與國之間成為一日生活圈，交通費用也大幅降低，使得跨國旅遊的時空距離明顯縮短，如此也提供了陸客來台旅遊的有利條件。根據賀爾德等人的觀察，從西元1500年以前的「前現代時期」（premodern）到1760年的「現代早期」（early modern），個人旅遊與遷移的速度都非常慢，而從1760到1945年的「現代時期」（modern）個人旅遊與遷移的速度雖然屬於中等但不斷增快，而從1945年以後的「當代時期」（contemporary），隨著交通工具的發展，個人旅遊與遷移的速度便非常快速。[19]因此鮑曼曾認為，福山所宣告的「歷史終結」或許仍然太早，但「地理終結」卻已到來，地球物理邊界的觀點越來越不重要。[20]

　　兩岸在冷戰時期不但敵對，更有如兩個世界般的遙遠，但隨著兩岸經貿與人員流動的密切，加上航空工具的發達，已經徹底

[17] Roland Robertson, *Globalization: Social Theory and Global Culture*, p.8.

[18] David Held, Anthony McGrew, David Goldblatt and Jonathan Perraton, *Global Transformations: Politics, Economics and Culture*, p.15.

[19] David Held, Anthony McGrew, David Goldblatt and Jonathan Perraton, *Global Transformations: Politics, Economics and Culture*, p.308.

[20] Zygmunt Bauman, *Globalization: The Human Consequences*, p.12.

改變兩岸的時空概念。目前對於兩岸民眾來說，隨著直航班機的班次與航點增加，在不需要經過香港或澳門轉機的情況下，兩岸已經完全達到所謂的「一日生活圈」。

貳、文化互動的增長

全球化的特徵之一是不同文化之間的互動機會與頻率增加，誠如賀爾德等人認為「旅遊業是文化全球化最明顯的形式之一」，[21]藉由跨國旅遊的發展，觀光客可以透過實際的親身體驗，來領略不同文化的特殊性，才能夠尊重、包容與欣賞不同文化，這有利於不同國家與民族之間的文化互動與交流，以避免如杭廷頓（Samuel P. Huntington）所預言「文明衝突」的發生。[22]而這種旅遊感受與過去透過書籍、電影、電視等方式相較，其影響更為直接而強烈，陸客來台之後，在感受台灣文化的同時，當然也包括了政治文化，特別是自由民主的政治文化。另一方面，科恩與肯尼迪強調「世界觀光客本身就代表著全球化」，[23]因為觀光客不但只是去領略別人的文化，自己本身也是文化的傳遞者。利用全球化對於異質文化理解與包容的特質，陸客來台既是吸收台灣文化，也是向台灣輸出不同型態之文化，並展現大陸面對兩岸交流的信心與決心，以形塑有利於兩岸關係發展的氛圍與氣

---

[21] David Held, Anthony McGrew, David Goldblatt and Jonathan Perraton, *Global Transformations: Politics, Economics and Culture*, p.360.

[22] 請參考 Samuel P .Huntington, *The Clash of Civilizations and the Remaking of World Order* (New York: Simon and Schuster, 1996). Jeanne E. Gullahorn, "An Extension of the U-curve Hypothesis", *Journal of Social Issues*, vol.19 (1963), pp.33-47. Kalervo Oberg, "Cultural Shock: Adjustment to New Cultural Environments", *Practical Anthropology*, vol.7 (1960), pp.177-182.

[23] Robin Cohen and Paul Kennedy, *Global Sociology*, p.216.

候。因此,透過陸客來台旅遊,可以讓他們瞭解台灣真正的社會文化與民主價值,避免被大陸官方傳媒所誤導,也可讓台灣民眾親身瞭解大陸民眾的思維,如此將有助於兩岸文化互動的增長與彼此瞭解。

參、面臨共同的問題

在全球化下,許多問題不再只是侷限於某一國家,其可能向外擴散而使全世界人類都受到影響,或者各國都有相同之問題而必須共同關注,例如在1968年強調「非物質化」的「後物質主義」(post materialist)文化價值帶動下,「環保主義」(environmentalism)開始盛行,雖然窮國與富國的出發點不盡相同,但透過全球性的聯繫,「環境正義」(environmental justice)的觀念開始廣泛傳遞。[24]

而就跨國旅遊來說,涉及兩個全球共同議題,首先,在全球化下的國家主權雖然依舊存在,但其自主性正受到不斷的限制,特別在面對經濟自由化與社會開放的壓力時最為明顯;此外誠如前述,當「全球性自由移動」已成為全球化的普世價值時,如鮑曼所言,隨著技術導致時空距離的消失,將許多人從地域的束縛中解放,「這代表著史無前例的自由,享受前所未有的遠距離移動經驗與能力」。[25]因此,中國大陸開放陸客來台旅遊,所彰顯的是大陸已經順應全球化的主權觀,對於人民之社會開放要求予以正面回應,而非過去般的限制與漠視。另一方面對台灣來說,

---

[24] Joan Martinez-Alier, "Environmental Justice (Local and Global)", in Fredric Jameson and Masao Miyoshi eds., *The Cultures of Globalization* (Durham: Duke University Press, 1998), pp.314-319.

[25] Zygmunt Bauman, *Globalization: The Human Consequences*, pp.12-18.

當「全球性自由移動」已成為跨國旅遊的思想基礎與世界公民所
關注的焦點時，當大陸隨著改革開放與經濟起飛後，人民已能享
受更多移動自由，甚至其他國家均能去而唯獨台灣不能行時，台
灣也必須順應此一發展情勢而無法多作限制。

肆、聯繫與依存的增加

在全球化進程中，不同國家間人們聯繫依存之程度與機會大
幅增加，誠如科司特（Manuel Castells）認為，隨著跨國交流與互
動的緊密，人與人之間形成一種「網絡社會」（network
society），這些網絡衝破了固有疆域，使得社會向外擴散而與其
他社會結合，[26]這就如楊格（Gillian Young）所言「全球化意義的
最重要條件，就是社會關係空間的規模在全球擴大，這不僅是指
物理空間，而是指全球性的社會空間」。[27]根據弗里德曼
（Janathan Friedman）的觀察，羅伯遜所談的「世界壓縮」，除了
強調時空距離的縮短外，另外一層意義就是「全球互賴的增加，
與互賴意識的增強」，[28]而在後冷戰時期的全球化進程中，不同
國家間的聯繫與依存程度大幅增加，國際關係學者基歐漢
（Robert O. Keohane）與奈伊（Joseph S. Nye）也提出所謂「複合
互賴」（complex interdependence）之觀點，強調在國際關係與跨

---

[26] Manuel Castells, *The Rise of the Network Society* (Oxford: Blackwell, 1996), p.469.

[27] Gillian Young, *International Relations in a Global Age: A Conceptual Challenge* (London: Polity Press, 1999), p.97.

[28] Janathan Friedman, *Culture Identity and Global Process* (London: Sage, 1994), p.196.

國互動日益密切與複雜的情況下，各種行為者間都會受到彼此行動的影響，而且彼此的需求與依賴也將有增無減。[29]

　　從政治層面來說，國家之間相互影響日益深遠，許多觀點也在彼此間激盪與衝突，當民主、自由、憲政、法治、人權成為人類共同信仰的價值時，中國大陸在全球化的浪潮下也受到影響；而就其他國家來說，一個穩定而堅持改革開放，並且逐漸走向民主、自由、法治的中國，是符合其他國家的最大利益。特別在80年代末期蘇聯與東歐等社會主義國家——走向民主，使得大陸在面對民主化問題時的壓力有增無減，因此就西方民主國家來說，透過出境旅遊可以成為對於大陸進行和平演變與有助於其民主化的渠道，對於陸客來台來說亦是有此效果。

　　而就經濟層面來說，過去20多年，台灣民眾大量前往大陸旅遊，輸入了鉅額外匯與增進當地就業，如今在此複合互賴與聯繫依存之架構下，似乎正是大陸觀光客來台旅遊以提供相同「回饋」的時機。特別是從2008年開始爆發的全球金融風暴後，美國首當其衝，接著全球都籠罩在經濟不景氣的陰霾中，台灣也難以倖免於難，唯獨大陸經濟仍維持發展之勢。因此當台灣面臨經濟發展與增進就業的壓力時，無法繼續容忍只有台灣民眾前往大陸旅遊，而讓大陸大量賺取外匯與創造就業，卻無法在大陸經濟崛起後釋出觀光客以提供台灣的「經濟援助」。因此，在全球化的互賴浪潮下，大陸必須在聯繫與依存的架構下，讓台灣分享大陸崛起後的成果。

---

[29] Robert O. Keohane and Joseph S. Nye, *Power and Interdependence* (New York: Harper Collins, 1989), pp.23-28.

伍、跨國行為體的發展

從70年代開始，隨著區域經濟整合與國際合作事務的增加，國際關係學者就開始懷疑傳統現實主義的主張，其中基歐漢與奈伊所提出之「複合互賴」觀點首先強調「非國家行為者」（non-state actors）將逐漸取代國家主權行為者，而在國際體系與實際國際政治操作中扮演重要的角色，這包括了國際政府組織（International Governmental Organization，IGO）、國際非政府組織（International Non-Governmental Organization，NGO）、跨國公司、公民團體、個人等；其次，軍事武力不再是關鍵因素，取而代之的是經濟；此外，議題之間沒有位階的高低，過去政治議題高高在上的情況已經改變。[30]

根據世界旅遊組織統計，1990年全球旅遊業收入為2,641億美元，預計2010年時將達到67,710億美元，[31]誠如辛格勒（M. Thea Sinclair）與柴桂（Asrat Tsegaye）所說「旅遊業目前已是全球第三大產業，僅次於石油與汽車業」，[32]因此旅遊經濟議題的重要性與日俱增，旅遊非國家行為者與跨國行為體的重要性不言可喻。以跨國公司而言，旅遊產業中的國際民航、國際旅行社、國際連鎖飯店集團等，其跨國性經營與服務對於觀光客提供了便

[30] Robert O. Keohane and Joseph S. Nye, *Power and Interdependence*, pp.23-28.

[31] World Tourism Organization, *Tourism Highlights Edition 2003* (Spain: World Tourism Organization, 2003), p.1. World Tourism Organization, *Tourism Highlights Edition 2004* (Spain: World Tourism Organization, 2004), p.1.

[32] M. Thea Sinclair and Asrat Tsegaye, "International Tourism and Export Instability", in Clement A. Tisdell ed., *The Economics of Tourism* (U.K.: Edward Elgar Pub., 2000), pp.253-270.

利，因此誠如弗里德曼所說「旅遊產業是世界上最大的跨國經濟活動之一」。[33]至於旅遊業的IGO，聯合國轄下的世界旅遊組織是最具代表性者，其對於輔導開發中國家發展旅遊產業功效卓著；東南亞國協的「10+3旅遊部長級會議」，對提昇區域旅遊發展亦產生正面效果。而旅遊業的NGO，以全球性的旅遊組織來說，例如世界旅遊暨旅行理事會、國際會議局與觀光局聯盟（International Association of Convention and Visitor Bureau，IACVB）等；全球性之旅遊行業組織，如國際航空運輸協會（International Air Transport Association，IATA）、國際民航組織（International Civil Aviation Organization，ICAO）、世界旅行社協會（World Association of Travel Agencies，WATA）、世界旅行社組織聯合會（Universal Federation of Travel Agents Association，UFTAA）、國際會議協會（International Congress and Convention Association，ICCA）、國際飯店協會（International Hotel Association，IHA）等；旅遊學術研究組織，如旅行暨旅遊研究協會（Travel and Tourism Research Association，TTRA）、國際旅遊科學專家協會（International Association of Scientific Experts in Tourism）等；區域性旅遊組織，如亞太旅行協會（Pacific Asia Travel Association，PATA）、東亞旅行協會（East Asia Travel Association，EATA）、美洲旅行協會（America Society of Travel Agents，ASTA）、拉丁美洲觀光組織聯盟（Confederation de Organization Turisticas de Ia America Latina，COTAL）等。

　　近年來，大陸的旅遊產業不斷走向跨國經營模式，政府也積極參與旅遊相關之IGO，並輔導民間業者參與旅遊產業之NGO。

---

[33] Janathan Friedman, *Culture Identity and Global Process*, pp.201-202.

對於兩岸旅遊交流來說，台灣入境旅遊從80年代開始走下坡，造成跨國企業投資意願偏低，進而使得台灣旅遊產業的國際化程度受限。若能開放陸客來台將有助於台灣旅遊產業的復甦，進而能夠吸引大陸資金與其跨國企業的進入，這不但是台灣旅遊產業國際化發展的契機，更能使台灣有更多實力參與旅遊產業相關之IGO與NGO。加上隨著兩岸關係的改善與我國推動「外交休兵」，並使得在大陸的支持下我國得以如願加入聯合國下的「世界衛生大會」（WHA），未來將使得我國在參與遊產業相關之IGO與NGO上更具空間，甚至包括聯合國之中的世界旅遊組織。

陸、全方位的結合與互動

全球化架構下，不論政治、經濟、社會、文化、技術等領域都會聚集在一起，相互強化而不斷擴大全球化對他人的影響。因此人們必須從一元化的思考模式走向多元化，從過去的「去異求同」走向「存異求同」，從過去素樸的直線式因果觀轉變為結構式，基本上跨國旅遊的功能正有助於此一目標之達成，特別是社會化的效果。

其次是國家由過去以「領土典範」與民族國家為取向的「第一個現代化」轉變為「跨國典範」與全球取向的「第二個現代化」，也就是從「國家中心主義」開始跨越領土界線而走向「去領土化」的「後現代化」全球性思維。當兩岸擺脫過去的意識形態而能讓陸客來台旅遊，顯示兩岸正從「去異求同」走向「存異求同」的方向轉變；而當陸客跨越領土界線前來台灣旅遊時，也能與台灣人民進行「全方位的結合與互動」，這當然也包括具政治意涵的民主思維傳遞。

在此發展下，全球化下的公共事務參與方式，正由過去的「由上（政府）而下（民間）」轉變為「由下而上」，[34]對大陸來說，由於大陸民眾對於來台旅遊的需求甚高並且是由人民直接參與，因此符合此一模式；對台灣來說，開放陸客來台旅遊將直接有利於台灣民間旅遊業者，因此對政府開放的壓力始終不斷，這也符合此一「由下而上」決策模式。

第二節　兩岸政府對於陸客來台之態度與管理方式：混合經濟理論

陸客來台旅遊的另一層意義，是政府對於來台旅遊市場仍然具有相當的制約力量，能夠操控市場的運作。

事實上從經濟學的角度來說，倘若一個市場能維持完全競爭而無壟斷、資訊充分與對稱、經濟活動不存有外部性與公共財、規模報酬不變，則可達到所謂「柏拉圖最佳狀態」（Pareto optimality），就是不論資源如何重新配置使用，都無法使社會上部分人獲得更高利益，而同時其他人的利益也不會遭致損傷，[35]此即古典與新古典經濟學家所倡導的自由主義理論。[36]然而這種看法顯然太過樂觀，在機會主義的心態下，每個人為了損人利己而出現矇騙，導致柏拉圖最佳狀態的扭曲與「內生交易成本」

---

[34] 李英明，**全球化下的後殖民省思**（台北：生智文化公司，2003 年），頁 28-36。

[35] Donald A. Hay and Derek J. Morris, *Industrial Economics and Organization* (New York.:Oxford University Press, 1991), p.566.

[36] 請參考胡汝銀，**競爭與壟斷：社會主義微觀經濟分析**（上海：三聯書店，1988 年），頁 8-16。

（ex post transaction cost）的出現。[37]特別是隨著1930年代經濟危機的發生，加上亞當斯密（Adam Smith）對於市場是完全競爭與信息完善的假設瀕臨考驗，造成有效市場的條件並不存在，「市場失靈」（market failure）的問題也就開始顯現，使得凱因斯（John M. Keynes）的「政府干預主義」取代了經濟自由主義。

凱因斯強調政府藉由財政措施刺激消費與增加投資，以彌補自由市場因有效需求不足所存在的大量非自願性失業。其中尤其以羅斯福的「新政」（new deal）成功對抗了大蕭條而為人稱道。二次大戰之後，共產帝國迅速擴展，計畫型管制經濟如日中天，這股風潮開始從蘇聯、中國大陸、北韓、東歐吹向印度、非洲與中南美洲等第三世界國家，即使西方陣營的英國也大力發展國營企業而被譏為「罐頭經濟」。

然而，70年代停滯性通貨膨脹問題卻讓凱因斯主義難以招架，擴張性財政措施使得通膨更加嚴重，但銀根緊縮卻又造成經濟危機，尼克森試圖依循凱因斯的道路卻仍然失敗。包括佛里曼(Milton Freedman)的新貨幣主義、寇斯（Ronald H. Coase）的產權學派、布坎南（Norman S. Buchanan）的公共選擇理論（the theory of public

---

[37] Xiaokai Yang and Yew-Kwang Ng, *Contributions to Economic Analysis: Specialization and Economic Organization* (Amsterdam: North-Holland Press, 1993), p.71.有關內生交易成本請參考 Oliver E. Williamson, "Transaction-Cost Economics: The Governance of Contractual Relations", *The Journal of Law and Economics*, vol.2 (1979), pp.233-261. Robert Charles O. Matthews, "The Economics of Institutions and the Sources of Growth", *Economic Journal*, vol.12 (1986), pp.902-910. Cral J. Dahlman, "The Problem of Externality", *Journal of Legal Studies*, vol.1 (1979), pp.903-910. Benjamin Klein, "Transaction Cost Determinants of Unfair Contractual Arrangements", *The American Economic Review*, vol.2 (1980), pp.356-362. Yoram Barzel, "Measurement Cost and The Organization of Markets", *The Journal of Law and Economics*, vol.25 (1982), pp.27-48.

choice）等新自由主義思想開始活躍，他們深信「看不見的手」仍然存在，資源的有效配置則必須仰賴市場，雖然完全的訊息難以獲得，但「資訊不對稱」（asymmetric information）並不會因政府的干預而獲得解決，此即「政府失靈」（government failure）的看法。1974年海耶克（Friedrich A. Hayek）獲得諾貝爾經濟學獎，英國柴契爾夫人與美國總統雷根相繼採取政府支出與補助的減少、國營企業民營化、政府放鬆控制等政策；80年代末的「蘇東波效應」，使得政府完全介入的計畫型經濟宣告失敗，智利、玻利維亞、阿根廷、巴西、印度等第三世界國家也在自由主義的浪潮下經濟開始回春；90年代，中國大陸開始進行國營企業改革，另一方面，日本經濟官僚掌握一切與過度保護的結果卻造成泡沫經濟，這種種發展都使得自由主義的經濟思潮方興未艾。

所以過份凸顯市場失靈而完全強調政府控制，或是過份渲染政府失靈而一味排斥政府介入都可能是一種極端的看法，市場固然重要，但市場調節卻不能使經濟達到最優化，事實證明政府的宏觀經濟政策可彌補此一不足。時至今日，在自由主義的浪潮下政府到底應該扮演何種角色？應介入市場到何種程度？誠如史坦爾（Thomas Sterner）所言，50到60年代在凱因斯的遺產與福利經濟學的基礎上，政府被視為是治療市場失靈的萬靈丹；到了70年代公共選擇理論、理性預期學派、貨幣主義、新古典總體經濟學又把政府失靈當成流行話題；到了90年代東歐社會主義經濟與蘇聯計畫型經濟的垮台，加上亞洲四小龍、中國大陸都成功的發展經濟，因此市場與政府均成為重要的角色，[38]這就是「混合經

---

[38] Thomas Sterner, "Environmental Tax Reform: Theory, Industrialized Country Experience and Relevance in LDCS", in Mats Lundahl and Benno J. Ndulu eds., *New Directions in Development Economics* (London: Routledge, 1996), pp.224-248.

濟」（mixed economy）的精神。誠如經濟學家包德威（Robin W. Boadway）與威德賽恩（David E. Wildasin）的說法就是應該將市場與政府共同視為資源配置的機制，兩者過度發展都有可能產生失靈。[39]

依據現代經濟學之觀點，對於一般民生必需品來說，均可藉由完全競爭來提昇企業經營績效，並進而增進社會福利，因此應採取自由競爭市場模式；至於具有自然獨佔性、公共財性質、市場失靈性高與外部成本大者，才由國家來介入與經營。所以，如何使政府的政策與發揮市場機能達到相互結合的最優組合，政府職能如何與市場機制互補，就是混合經濟理論所關注的焦點。所謂政府職能，是指政府依法對國家社會生活諸項領域進行管理所擔負的責任和功能，[40]而隨著時代的變遷，政府職能也產生了轉變。從狹義的觀點而言，政府職能轉變是指政府領導和管理經濟工作方式的改革；而從廣義的觀點來論，政府職能轉變是指政府的職權、作用、功能產生變化、轉換和發展。從前述廣義與混合經濟的角度出發，當前政府職能轉變內涵主要包括：第一，政府管理的權限，由「無限權力的政府」向「有限權力的政府」轉變，由「全能政府」轉變成「必要權力政府」；第二，政府管理的方式，由「單一行政管理」，向經濟的、法律的、行政的「多元管理」手段轉變；第三，政府管理的能力，由「單一的權力能力」，向「權力能力」和「權威能力」相結合的轉變；第四，政府管理的觀念，由「計畫經濟」的觀念，朝「市場經濟」的觀念

[39] Robin W. Boadway and David E. Wildasin, *Public Sector Economics* (Boston: Little, Brown, 1984), p.4.

[40] 張成福，倪文傑主編，**現代政府管理大辭典**（北京：中國經濟出版社年，1991 年），頁 1。

轉變。[41]對於上述第四點有關政府管理的概念來說，就是要使政府從計畫經濟下微觀決策者與執行者的角色，轉向市場經濟體制下宏觀管理者的角色，其內容首先是政府要調整對於市場和企業的關係，政府對於市場和企業不再進行直接管理，企業也不再依照政府的行政命令來從事生產與決定交易量，而是依照市場價格的供需；其次，政府在充分尊重市場自由運作的前提下，擬定並透過產業政策來「間接引導」企業的發展方向，使國家的整體產業結構與經濟資源配置都達到最優狀態；第三，政府不再用行政命令來直接干預市場運作，而是透過制定有效的金融和財政政策，對於市場進行宏觀調控。

　　基本上，當前中國大陸對於來台旅遊市場的控制，自然不屬於自由主義，而是屬於政府干預主義，但隨著大陸加入世貿組織之後旅遊市場的開放，目前看來似乎是有朝向混合經濟方向發展的趨勢，也就是一方面政府為了遂行政治與統戰之目的，對於來台旅遊的開放省市與開放幅度等政策，以及陸客旅遊模式與企業經營型態，予以直接而絕對介入，這與一般民主國家在政策決策時還必須顧及反對政黨、媒體輿論、民意代表、利益團體、其他部會意見與選舉壓力等因素截然不同；另一方面則是透過領隊制度與消費者保護法令，來彌補市場機制的缺陷，例如低價競爭、團費過低、強迫購物、惡性甩團、旅遊品質過差等消費者權益受損問題。而就台灣來說，由於對於陸客來台的限制大幅減少，加

---

[41] 烏杰主編，**中國政府與機構改革**（北京：國家行政學院出版社，1998年），頁449。Jang C. Jin and W. Douglas McMillin, "The Macroeconomic Effects of Government Debt in Korea", *Applied Economics, Taylor and Francis Journals*, vol.25, no.1 (1993), pp.35-42.

上放寬了業者的經營資格與申請程序，因此政府介入市場的程度，是從過去的政府干預主義逐漸轉變為混合經濟。

所以，混合經濟所強調的是一個國家的介入是有前提的，發展經濟學學者庫傑爾（Anne Krueger）就認為若要採取藉由政府干涉的力量來克服市場失靈，其前提必須是政府的目的在於獲致經濟效率，也就是政府的真正意願在於發展經濟，否則就反而會出現政府失靈。[42]因此混合經濟者相信政府對於產業發展具有較高的預測能力，對於實施總體而宏觀的經濟與產業政策具有充分信息，政府實施經濟政策的目的是促使社會福利的最大化；政府固然應脫離過度管制與介入市場的角色，但仍需藉由其超越企業的獨特能力，透過相關政策來扮演新的角色。因此誠如麥雷斯（Gareth D. Myles）所述「沒有政府調節的經濟活動其不會發生社會最優的結果，而其中特別是法律扮演了重要角色」。[43]

因此從上述可知，倘若能將市場與政府職能控制在最適當的邊界內，不但可以促進社會資源分配的最優化與交易成本最小化，並可加速國民經濟的發展，此即混合經濟理論所欲追求的理想與目標。未來，兩岸若採取混合經濟模式來推動來台旅遊，相信既可以維持旅遊市場的活潑性，又可透過政策來防止近年來不斷發生的惡性競爭問題。

---

[42] Christer Gunnarsson and Mats Lundabl, "The Good, The Bad and The Wobbly: State Forms and Third World Economic Performance", in Mats Lundahl and Benno J.Ndulu eds., *New Directions in Development Economics*, pp.255-256.

[43] Gareth D. Myles, *Public Economics* (New York: Cambridge University Press, 1995), p.5.另一方面麥雷斯明確的指出，在混合經濟的情況下，個人決策固然應受到尊重，但政府的介入也會影響個人的選擇，而政策的選擇就是一種對個人選擇的管理，並且達到一種均衡。

第三節　陸客來台對於台灣政治與經濟的影響：旅遊經援理論

陸客來台對於台灣經濟的正面效果相當明顯，因此本研究將其稱之為「旅遊經濟援助」，簡稱「旅遊經援」，而此亦可以藉由「經濟激勵」的相關理論來加以探討。

壹、旅遊經援的政治經濟效果

對於一個國家來說，觀光客的蒞臨可以達到以下的政治經濟效果，這也就是中國大陸可以藉此進行對台旅遊統戰之主要原因。

一、有利於台灣外匯創造

所謂外匯（foreign exchange）可以分成動態與靜態兩個面向來解釋，就動態而言，主要是由於各國具有獨立而不同的貨幣單位，在履行國際支付之際必須先把本國通貨兌換成外國通貨，或把外國通貨轉化為本國通貨，這種不同通貨的兌換過程就是所謂外匯；另一方面從靜態的觀點來看則可以採取國際貨幣組織的定義：「外匯是貨幣行政當局（中央銀行、貨幣管理機構、外匯平準基金組織與財政部）以銀行存款、財政部庫券、長短期政府庫券等形式所保有，國際收支逆差時可使用之債權」。[44]基本上，一個國家之所以希望獲得外匯，其目的是為了購買外國商品與勞務的需要，因此每個國家都需要外匯，特別是正在建設發展的開發中國家，其需要外匯來支付大額的先進機械、設備、材料的進口；另一方面，當前在

---

[44] 朱邦寧，**國際經濟學**（北京：中共中央黨校出版社，1999 年），頁 157。

評價一個國家的綜合國力時，其所具備外匯存底的豐厚程度也是要項之一，因為外匯存底與黃金、特別提款權（special drawing rights）、基金組織中儲備等相較，是國際儲備中最重要與最活躍的組成部分，而國際儲備所代表的正是一個國家國際支付能力的保證，以及國家信用與國際競爭優勢的證明。

　　旅遊業與外匯具有密切的關聯性，就一個國家而言出境旅遊會造成外匯損耗，國內旅遊對外匯的創造效益不明顯，而入境旅遊則是外匯的創造者，當陸客入境台灣消費後，便會對台灣直接產生外匯收入，因為這種旅遊消費就是台灣一種就地的「出口貿易」，但對大陸而言則是屬於出境旅遊因此會產生外匯損耗。另一方面，入境旅遊兌換的匯率要遠優於外貿出口，原因一方面是外貿過程中常有貿易壁壘的存在，另一方面則是外貿中必然有關稅的損耗，因此入境旅遊可以說是創匯效果最佳的工具。

　　當旅遊產業發展的速度越快與規模越大時，創造外匯的效果也越顯著，這種效果尤其在開發中國家最為明顯，例如二次大戰後的「馬歇爾計畫」，即以發展旅遊事業使歐洲國家獲得大量外匯而促進了經濟復甦，西班牙在二次大戰後也因發展旅遊事業而脫離了貧窮國家行列。[45]

　　旅遊創造外匯的重要性可從國際收支平衡表（balance of internation payments）中清楚發現，所謂國際收支平衡表係指一定期間內一國與外國所有經濟交易的報表，這些交易包括商品貿易、勞務交換與資本轉移。[46]藉由這一定期間內（通常是一年內），與其他國家所進行之經濟交易紀錄中，可以發現外國債權

---

[45] 陳思倫、宋秉明、林連聰，**觀光學概論**（台北：國立空中大學，1998年），頁314。

[46] 白俊男，**國際經濟學**（台北：三民書局，1980年），頁326。

（貸項credit）與債務（借項debit）間的總和問題。所謂債權係指外匯的收入（或資本的流入），這其中商品的輸出是最大項，此外尚包括將運輸、通訊、旅遊、保險、資本基金等無形勞務售予外國居民，都對於創匯有相當之貢獻；[47]反之，所謂債務就是外匯的支出，包括向外國購買商品與勞務等的花費。

在國際收支的結構中，可以分為經常項目、資本往來項目、誤差與遺漏項目、官方儲備資產增減額等四大類。[48]經常項目又被稱為商品（財貨）與勞務項目，不論是貸項或借項其通常都是金額最大的項目，而且是國際經濟關係中「真正的」實體，也就是世界經濟存在的最根本基礎，其他三個項目往往只是輔助與支持的項目而缺乏獨立之貢獻；此外，經常項目是國民所得中的國際帳項目，因此其重要性可說是舉足輕重。在經常項目下可以區分為「對外貿易」與「非貿易往來項目」兩大類，[49]而旅遊業的收支就屬於非貿易往來項目，如表2-1所示旅遊收入也就是入境旅遊收入是屬於貸方項，而旅遊支出即出境旅遊消費是屬於借方項，其中所包含的內容如下：

表 2-1　旅遊業對於國際收支之比較表

	借方（費用）	貸方（產品）
收支情況	旅遊支出（tourism expenditures）：本國國民在國外的開支	旅遊收入（tourism revenues）：外國觀光客在本國境內直接或間接的支出

---

[47] 蔣敬一，**現代國際經濟**（台北：幼獅書店，1973 年），頁 121-124。

[48] 朱邦寧，**國際經濟學**，頁 140-141。

[49] 李秋鳳，**論台灣觀光事業的經濟效益**（台北：震古出版社，1978 年），頁 28。

貨品進出	貨品輸入 （以食品與裝備為主）	貨品輸出 （紀念品、手工藝品、古董等）
交通運輸	本國國民的境外旅行費用花費	外國觀光客在本國境內之旅行費用，但不包含國際交通費用
投資	本國國民赴國外之旅遊投資	外國人至本國投資之旅遊產業所獲利潤
移民匯款	於本國旅遊產業就業之外國勞工	在國外旅遊事業中工作的本國民眾
結果	借差＝虧欠	貸差＝剩餘

資料來源：作者自行整理

　　當借方與貸方相等時，稱之國際收支平衡，但這種情況實際上甚為少見；當借方與貸方相加不等於零時，我們稱之為國際收支不平衡（失衡），若貸方高於借方稱之為「盈餘」（favorable balance）或「順差」（surplus）或「出超」，反之則稱之為「赤字」（deficit）或「逆差」（unfavorable balance）或「入超」，當出現逆差時，政府通常會積極增加外匯收入與鼓勵外資。基本上，陸客來到台灣可以增加台灣的外匯收入，進而使國際收支達到順差並增加外匯存底，如此將使得台灣的國際儲備增加。

二、帶動台灣其他產業發展

　　根據世界旅遊組織的研究發現，與旅遊業相關的服務行業共有十種，包括外貿服務業（購買、出售、出租）、分銷服務（如旅遊產品零售）、建築與工程服務、運輸服務、通訊服務、教育服務、環境服務、金融服務、健康與社會服務、娛樂文化與體育服務，[50]其中因旅遊業而影響最大的行業是民航業、

---

[50] 程寶庫，**世界貿易組織法律問題研究**（天津：天津人民出版社，2000年），頁480。

外貿業與建築業，因此旅遊業通常會發揮火車頭的角色來引導這些行業的起飛。

三、形成台灣外部經濟與乘數效果

所謂「外部性」又被稱之為「外部效果」（external effects）或「外溢效果」（spillover effects），在外部性其中包括所謂的外部利益（external benefits）又稱為外部經濟（external economies），即當某一經濟行為的產生造成社會效益超過私人效益過大時，社會獲益會遠遠超過個人或企業的獲益，造成市場機能充分發揮所決定的產量將比最適產量少。

基本上，旅遊業所能形成的外部效益相當大，某個地方若開發成旅遊地，可以帶動相關產業的發展。例如中國大陸西安著名的秦代兵馬俑，除了替旅館業、餐飲業帶來龐大的利潤外，許多民間廠商製造的小型秦俑與紀念品都帶來難以計數的商機，甚至當地所生產的奶粉都以秦俑為商標而大肆宣傳。上述這些利潤當然不屬於兵馬俑展覽館所有，卻是該館所創造出的外部經濟，因為這些利益已經很難計算出是哪些特定產業所能獨享，其影響層面所擴散的結果是周邊民眾整體收入的提昇，以及政府稅收的增加。

另一方面，中國大陸觀光客到一個國家去消費的費用，通常是先挹注到旅遊的基礎性行業，如旅館、旅行社、餐廳、遊樂場等，然後再流向旅遊輔助性行業，如大眾交通運輸業、計程車、洗衣店、特種行業等，最後再流到經濟的各部門，如興建旅遊設施與飯店的建築業、供應餐飲原料的蔬果業、提供交通工具製造的汽車商、提供文書處理的電腦廠商等。這種一再轉手的「輾轉性」經濟性流動，其轉手越多則經濟貢獻也越大，因為如此將可以直接增加國民就業機會與政府稅收。這種因為交易次數與循環次數的增加，

而造成國家經濟發展幅度的提昇,就是所謂的「乘數效果」(multiplier effect),或稱之為「衍生性(induced)效果」。

今天,中國大陸觀光客在外國或台灣消費之每一單元,在經濟上都可創造更大的經濟效益,根據世界旅遊組織的研究發現,旅遊業直接收入1美元,就會給國民經濟相關行業帶來4.3美元的增值效益;[51]艾雪(Brian H. Archer)與歐文(C. B. Owen)也提出了所謂「觀光客區域性乘數」(tourist regional multipliers),透過對於英國威爾斯地區的調查,發現旅館住宿的乘數為1.25,也就是說觀光客消費的每1英鎊中有25便士為扣除成本後的收入淨值,因此當觀光客越使用這地方的服務與旅遊商品,則該地區所獲得的收入就越大。[52]由此可見,旅遊產業對於一個國家所產生之乘數效果相當具體,故瓦哈伯(Solath Wahab)曾經說:「當財富與生產上的差異無法完全拉平時,旅遊事業可以作為一種經濟上的補償措施,旅遊事業能夠將工商業所凝聚的購買力導向經濟薄弱的地區」。[53]

四、增加台灣民眾就業

依據世界旅遊暨旅行理事會(World Travel and Tourism Council,WTTC)的調查,1999年時旅遊業直接或間接提供了近2,000萬個就業機會,約占世界總雇傭職業的8%,到2010年預計可提供就業機會約2,540萬個;而根據美國旅遊協會的統計,在1986年到1996年的10年間,美國旅遊產業創造了約660萬個就業機會,

---

[51] 張廣瑞、魏小安、劉德謙主編,**2003-2005 年中國旅遊發展分析與預測**(北京:社會科學文獻出版社,2005 年),頁 253。

[52] 轉引自 Philip L. Pearce, *The Social Psychology of Tourist Behavior* (Oxford: Pergamon, 1982), p.3.

[53] 轉引自李秋鳳,**論台灣觀光事業的經濟效益**,頁 114。

而間接工作機會甚至達到890餘萬個，因此該協會認為如果沒有旅遊業，美國失業率將會超過5.6%-11.2%，[54]而從表2-2也可以看出未來旅遊業對於增加就業上的幫助，其中以東亞地區的增長率最為顯著。由此可見旅遊業對於提供就業方面，具有非常正面的效果，事實上若干國家的就業幾乎完全依賴旅遊產業，例如牙買加旅遊業就達到約全國總就業人口的四分之一。

表2-2　1997至2007年全球各地區旅遊就業人數增長預測表

地區	東亞	歐盟	大洋洲	北美洲	北非
成長率（%）	80.1	9.7	23.2	19.3	19.3
增長人數（萬）	2,094	184	55	340	340

資料來源：中國旅遊報，1997年9月25日，第5版。

　　司馬威（Ahmed Smaoui）認為旅遊對於就業機會的創造可以區分為直接與間接兩種，[55]所謂直接增加的行業就是旅遊事業的「基礎性行業」，如旅館、餐廳、土產店、旅行社、遊樂業、交通業等，這些行業會直接幫助觀光客達到旅遊的目的；而間接增加的行業則是旅遊事業的「輔助性行業」，如提供餐廳菜餚的菜販、興建飯店的建築工人等等，因此麥金多斯（Mcintosh）教授認為這就是旅遊事業優於其他產業的一種「衍生就業效果」（induced employment effects）。[56]根據世界旅遊組織統計，旅遊部門每直接增加1位服務人員，社會上就可增加5名相關配套的間

---

[54] 劉傳、朱玉槐，旅遊學（廣州：廣東旅遊出版社，1999年），頁231。

[55] 轉引自 Robert Lanquar 著，黃發典譯，觀光旅遊社會學（台北：遠流出版公司，1993年），頁91。

[56] 轉引自李秋鳳，論台灣觀光事業的經濟效益，頁67。

接服務人員；[57]而根據劉傳、朱玉槐的研究顯示，觀光旅館每增加1個房間就可提供1至3個直接就業機會，以及3至5個間接就業機會。[58]

由於旅遊產業需要大量的人力來投入，所以是屬於勞力密集產業，多數工作無法依靠機器或電腦來代替，所以可以創造大量的就業機會。無怪乎如美國、英國、法國、德國、義大利、西班牙等西方已開發國家，不但綜合國力位在全球領先地位，而且工業、高科技與服務業等資本密集產業亦執全球之牛耳，但也因此造成由於工資昂貴而不適合發展勞力密集產業，只有朝「高報酬勞力密集產業」的旅遊業發展，故特別予以重視並長期居於領先地位。以2007年為例，全球前十大入境旅遊國為法國、西班牙、美國、大陸、義大利、英國、德國、烏克蘭、土耳其與墨西哥，其中多數屬於已開發國家。而旅遊業對於吸納剩餘勞動力也有以下特徵：[59]

（一）當地勞動力受到青睞

一般旅遊業者多會僱用當地民眾，除了對環境熟悉外，公司不用負擔食宿，當地民眾也因不必離鄉背井而減少流動率與社會問題。而且許多旅遊資源都位居鄉村，使業者負擔的薪資成本較低，而鄉村民眾生性樸實也是原因之一。此外，許多具當地特色的表演也只能由在地人士擔綱，例如若由非原住民來表演其傳統歌舞，勢必讓觀光客大失所望。

---

[57] 莫童，*加入世貿意味什麼*（北京：中國城市出版社，1999 年），頁 171。

[58] 劉傳、朱玉槐，*旅遊學*，頁 116。

[59] World Tourism Organization, *Tourism Highlights Edition2008* (Spain: World Tourism Organization, 2008), p.5.

（二）進入門檻甚低

許多旅遊產業的工作並不需要太多學歷、年齡與性別的限制，例如飯店的清潔工作、餐飲部門的服務生工作、景點的清潔與維護、紀念品的銷售等，只要具備相當的體力與服務熱誠就能擔任。相對的，屬於資本密集的高科技產業，不但學歷要求在大學以上，年齡也都要求在40歲以下，相對而言較高的進入門檻當然難以吸納大量勞動力。

（三）小額資本即可創業

全世界的旅遊景點，大多有當地民眾所建立的相關企業，例如台灣陽明山的炒野菜與土雞販售等，都是小本經營，甚至是個人經營，這些小額經營能使當地民眾生活獲得充分改善。

（四）民眾獲利速度快

許多旅遊景點只要觀光客蒞臨就有生意可做，不似過去農業生產從播種到收成往往曠日廢時，還得承擔天然災害的威脅。

因為上述四個因素，使得旅遊產業在開發中國家的發展獲得民眾的歡迎，因為民眾可以立即改善原本貧困的生活，特別是替農民找到了新的工作機會。誠如劉易斯（Arthur W. Lewis）所述，低度開發國家通常是一種「二元經濟模型」（daul economy models），既具有一個現代化的交換部門，也具有一個本土而維持生存的部門。就後者來說就是勞動力的剩餘現象，其剩餘勞動力可用來代替「資本」，因此應該發展勞力密集產業，並使勞動力從農業部門逐漸轉出，[60]基本上旅遊業的發展正可達到上述效果。

---

[60] 轉引自 Subrata Ghatak, *Development Economics* (New York: Longman Inc., 1978), p.41. Harry G. Matthews, "Radicals and Third World Tourism: A Caribbean Focus", *Annals of Tourism Research*, vol.5 (1977), pp.20-29.

五、增進政府稅收

綜觀世界各國,觀光客到達該國旅遊後,對於政府的稅收都有直接而具體的增加效果,這包括企業的營利事業所得稅、個人所得稅、進口關稅、貨物稅等。

貳、旅遊經援效果與經濟激勵

從國際政治經濟學的角度來說,旅遊經援的效果可以用格里科(Joseph M. Grieco)與伊肯博里(John Ikenberry)所提出的「經濟激勵」(economic incentives)概念來加以解釋。所謂經濟激勵就是某一「主導國」(initiator state)承諾或實際給予某一「接受國」(target state)經濟上的利益,以使其服膺於主導國的政治要求。在手段方面,可以分成主導國直接給予接受國經濟利益、主導國對於接受國進行市場開放與主導國准許接受國加入國際經貿組織等三大類。[61]從本研究來說,中國大陸所扮演的是主導國的角色,而我國則是接受國,大陸透過旅遊經援的經濟激勵方式,來達到其在兩岸關係上的政治期待;而從上述旅遊經援的效果來說,應是屬於第一類的直接給予利益。

對於主導國來說,經濟激勵的目的則有四個,包括與接受國形成策略聯盟(strategic alignments)、形成軍事盟國、維持戰時聯盟與防止友邦轉向敵對國家,[62]從大陸對台灣進行旅遊經援的

---

[61] Joseph M. Grieco and John Ikenberry, *State Power and World Markets: The International Political Economy* (New York: W. W. Norton and Company, Inc., 2003), pp.181-184.

[62] Joseph M. Grieco and John Ikenberry, *State Power and World Markets: The International Political Economy*, pp.184-185.

模式來說，基本上是屬於第一類，也就是藉此增進兩岸間的經貿整合與緊密聯繫，進而形成策略聯盟。

至於經濟激勵的效果，歸納格里科、伊肯博里與哈斯（Richard N. Haass）、歐蘇立文（Meghan L. O'Sullivan）等學者的觀點，認為與以下三點有密切關係[63]：

一、接受國的特徵

倘若接受國的經濟問題極為嚴重，其容易接受經濟激勵；而當接受國與主導國之間的關係良好，接受國將更能滿足主導國的期待。因此當我國對於大陸旅遊經援的需求越是殷切時，就越受到此經濟激勵的箝制。

二、主導國的條件

當主導國對於經濟激勵的控制能力越高，其對於接受國的影響越大；而當接受國可以從其他國家獲得相同的經濟利益，而主導國無法阻擋這些替代者時，則其激勵效果會下降；而當主導國亦具有經濟制裁（economic sanction）能力時，則其激勵效果將大幅提升。因此，當大陸官方可以控制陸客來台的數量，而我國入境旅客的客源無法分散，甚至大陸可以限制或停止陸客來台以作為制裁時，則此經濟激勵的效果會大幅提升。

---

[63] Joseph M. Grieco and John Ikenberry, *State Power and World Markets: The International Political Economy*, pp.191-193. Richard N. Haass and Meghan L. O'Sullivan, "Conclusion", in Richard N. Haass and Meghan L. O'Sullivan eds., *Honey and Vinegar: Incentives, Sanctions and Foreign Policy* (Washington, D.C.: Brookings Institution Press,2000), pp.162-176.

三、接受國與主導國的國內制度

接受國與主導國的國內政治與經濟制度，都會直接影響經濟激勵成功的可能性。因此兩岸內部的政經制度與發展，也會影響此激勵的效果，特別是我國採取多黨制的民主政治，而大陸依舊是一黨專政的威權獨裁體制，兩者的差異極大。

至於經濟激勵的風險，可以分別從接受國、主導國與第三國等三個層面來看。就接受國說，其可能因為在經濟激勵下使其經濟成長，反而成為主導國的競爭者；[64]而對於主導國來說，當兩國間的經濟利益日益緊密後，若干主導國內部的企業或組織也會因而受益，因此會要求欲遊說主導國政府給予接受國更多的經濟激勵；而就第三國來說，可能因為某一接受國所獲得的經濟激勵過多，造成「排擠效果」，使得其他國家獲得的激勵減少，進而採取威脅的手段希望獲得更多，而主導國也會因為如此降低分配效率。[65]

誠如前述，當經濟激勵與經濟制裁相互搭配時，其效果最佳，格里科與伊肯博里認為所謂經濟制裁就是主導國為達到政治之目的，威脅或實際中斷與接受國間經濟關連之行動。[66]基本上其方式包括兩大類，一是貿易制裁另一是金融制裁，跨國旅遊從廣義來說也可以算是貿易的一種形式，只是其交易的產品並非實

---

[64] Robert Lee Suettinger, "The United States and China: Tough Engagement", in Richard N. Haass and Meghan L. O'Sullivan eds., *Honey and Vinegar: Incentives, Sanctions and Foreign Policy*, pp.12-32.

[65] Joseph M. Grieco and John Ikenberry, *State Power and World Markets: The International Political Economy*, pp.194-197.

[66] Joseph M. Grieco and John Ikenberry, *State Power and World Markets: The International Political Economy*, p.164.

體物品而是具無形性的旅遊行程。基本上,經濟制裁可以分為直接(primary sanction)與間接(secondary sanction)兩種模式,前者是指主導國直接斷絕與接受國間的經濟關連,使其直接付出代價;而後者則是主導國透過對於第三國進行經濟懲罰,使其減少與接受國間的經濟往來,間接的減少接受國的利益。[67]從旅遊經援的角度來看,若是採取經濟制裁的作為,多數是屬於直接的模式,也就是大陸政府直接限制觀光客前往某國。但是不可諱言的,採取經濟制裁的成功與否,取決於雙方決心的高低程度;而接受國也可能被迫採取極端的作為。

第四節 陸客來台對於台灣政治與經濟的影響: 軟實力理論

奈伊在1990年提出了軟實力(soft power)的概念,其定義為「是影響他國意願的能力與無形的權力資源」,一個國家的國際地位並非僅靠科技、軍事、經濟等硬實力(hard power)來展現,而如文化、意識形態、制度與國家凝聚力等軟實力則日益重要;奈伊創造「軟實力」一詞的目的,是希望美國應該運用非軍事手段來達成其外交政策,包括外交、經濟援助、民主價值和文化等力量,以作為爭取其政治同盟的方法。[68]而軟實力與硬實力並非對立與矛盾,軟實力依托於硬實力而逐步增長,硬實力也是基於軟實力才能使其效應最大化。

---

[67] Joseph M. Grieco and John Ikenberry, *State Power and World Markets: The International Political Economy*, p.170.

[68] Joseph S. Nye, "Soft Power", *Foreign Policy*, issue 80 (Fall 1990), pp.153-171. Joseph S. Nye, "The Changing Nature of World Power", *Political Science Quarterly*, vol.105, no.2 (1990), pp.177-192.

　　當前，所謂軟實力嚴格來說可以分成四大要素，分別是政治力、外交力、文化力與社會力。[69]其中的政治力是指一個國家的政治體制、國家戰略、政府素質、國民凝聚力等綜合能力；外交力是指國家利益的實現能力、國家戰略的貫徹能力、全球公共財的提供與運用能力；文化力是指文化之競爭力、投射力與資訊力；社會力是指社會的和諧程度、社會可持續發展能力與社會發展水準。

　　基本上，中國大陸近年來在航天工業等高科技產業迅速發展的成果有目共睹，加上目前正在積極研發的航空母艦與不斷增長的國防預算，在國際上已經成為科技與軍事上的新興強權；而隨著大陸成為全球外匯存底最高的國家與僅次於美國、日本的第三大經濟體，其在經濟上的影響力亦與日俱增，因此大陸的硬實力已被各國高度重視，對於台灣亦形成極大壓力。然而，台灣多年來在政治發展下所形塑出的自由、民主與法治價值，正與奈伊對於軟實力的定義不謀而合，且屬於其中的政治力範疇；此外，台灣社會相較於大陸而言，發展更為和諧與成熟，也符合軟實力中的社會力意涵。因此，誠如奈伊對於軟實力的詮釋，「是一國在文化與意識形態上的吸引力，並使得其他國家願意跟隨，這使得當該國行使權力時更具有正當性，因此其他國家的反對相對較少」，[70]台灣在硬實力上或許無法與大陸相抗衡，但在軟實力方面卻可以超越大陸，甚至形成強大的影響力。

---

[69] 胡鍵，「中國軟力量：要素、資源、能力」，劉杰主編，**國際體系與中國的軟力量**（北京：時事出版社，2006 年），頁 116-133。

[70] Joseph S. Nye, *Bound to Lead: The Changing Nature of American Power* (New York: Basic Books, 1990), pp167-168.

第五節　陸客來台對於兩岸政治的影響： 政治社會化理論

政治社會化理論最早是由社會心理學家海曼（Herbert H. Hyman）於1959年所提出，他結合了心理學、社會學、教育學等相關理論而提出之論述。

壹、政治社會化的意義與途徑

海曼認為所謂政治社會化（political socialization）就是一種學習的過程；[71]格林斯坦（Fred I. Greenstein）則認為政治社會化包括人生各種階段中的一切政治學習（political learning），這包括正式與非正式，計畫與非計畫的學習模式，甚至也包括非政治性的學習；因此他強調必須探討何者學習、向誰學習、學習內容、學習情況與學習效果等五個議題。[72]而這種政治學習，誠如伊士頓（David Easton）與漢斯（Robert D. Hess）所認為共包括三個部分，分別是政治知識（political knowledge）、政治態度（political attitudes）與政治價值標準（standards of evaluation）；[73]而至於政治社會化的效果，阿蒙（Gabriel A. Almond）認為是可使人對於政治體系與政治角色產生認知、價值標準與知覺。[74]由此可見，

---

[71] Herbert H. Hyman, *Political Socialization: A Study in the Psychology of Political Behavio r*(New York: Free Press, 1959), p.18.

[72] Fred I. Greenstein, "Political Socialization", in David L. Sills ed., *International Encyclopedia of the Social Sciences* (New York: Macmillan,1968), pp.551-552.

[73] David Easton and Robert D. Hess, "The Chuld's Political World", *Midwest Journal of Political Science*, vol.6 (1962), pp.229-246.

[74] Gabriel A. Almond and James S. Coleman, *The Politics of the Developing Areas* (N.J.: Princeton University Press, 1960), pp.27-28.

政治社會化可以說是一種政治知識、態度、價值與行為的政治學習；然而政治社會化並非與生俱來，而是一個長期累積的發展過程，誠如阿蒙所言，政治社會化的過程是不斷進行的，並貫穿了一個人整體的生命歷程。[75]

　　而就政治社會化與政治文化的關係來說，一個社會必須透過政治社會化來維繫長久的政治文化，並使得一個社會的政治生活得以延續。道森（Richard E. Dawson）與皮魏特（Kenneth Prewitt）就認為政治社會化除了是個人學習的過程外，也能傳遞一個國家的政治文化；[76]阿蒙與佛巴（Sidney Verba）則認為政治文化是某一民族在特定時期所流行的政治態度、信仰與情感，可以分別從整體與個體的角度來觀察，從整體來看其是一個社會長期政治歷史經驗所累積的結果，而從個體角度來說則是個人既有政治生活經驗累積的結果，包括對於政治的認知、情感與評價。[77]

　　基本上，進行政治社會化的途徑非常多，包括政治傳播、家庭教育、同儕團體的影響、學校公民教育、工作單位的政治取向，都是影響個人政治態度、信仰與情感的要素，[78]其中政治傳播還可細分為政治廣告、政治新聞、人際傳播、民意調查、政府與媒介關係等途徑。

　　而從上述學者的觀點來看，出境旅遊也可以算是政治社會化的途徑之一，透過非正式與非計畫的模式，陸客到其他國家或是

---

[75] Gabriel A. Almond, *Comparative Politics Today: A World View* (Boston: Little, Brown, 1974), p.44.

[76] Richard E. Dawson and Kenneth Prewitt, *Political Socialization* (Boston: Little, Brown and Company, 1969), p.80.

[77] 轉引自毛壽龍，**政治社會學**（北京：中國社會科學出版社，2001 年），頁 97。

[78] 呂亞力，**政治學**（台北：三民書局，1987 年），頁 351。

來到台灣，經由接觸不同的人物與媒體而接觸政治知識、政治態度、價值觀與政治行為，進而成為一種政治學習模式，使其對於政治現象、政治制度與政治人物，產生不同的認知、態度、信仰、情感與評價；但另一方面，台灣民眾在接觸陸客時也可能形成類似的政治學習效果，透過所接觸陸客的言談舉止與消費行為，使其對於中國大陸與中共政權產生與過去不同的認知、態度、信仰、情感與評價，因此這種政治社會化是「雙向的」與「相互滲透的」。但在過去以來的相關研究，卻似乎忽略了旅遊對於政治社會化影響的議題。

貳、政治社會化的類型

政治社會化的類型，易君博根據其意識性、計劃性與形成關係進行分類。就意識性來說，在政治社會化過程中是否為人們所意識與感受到，若是則為「顯性政治社會化」（mainfest），如學校公民教育、政黨宣傳、政治知識的學習等，反之則為「隱性」（latent），如家庭生活、宗教信仰與同伴團體互動等。其次，若政治社會化的過程是由人們所預謀計劃出來的稱之為「計劃性政治社會化」，反之則為「非計劃性」。第三，根據政治社會化的形成關係，一方是主動的輸出者稱之為「社會化者」，另一方則為被動的接受者稱之為「被社會化者」。[79]道森與皮魏特則根據社會化過程中所傳遞的政治資訊內容，區分為直接（direct）與間接（indirect）兩種，前者是指所傳遞的資訊係針對特定的政治對象，因此個人明確的去學習相關的政治資訊，如政府組織、政黨

---

[79] 易君博，**政治理論與研究方法**（台北：三民書局，1984 年），頁 120-125。

與政治理念等，其途徑包括模仿（imitation）、政治教育等；而後
者則是雖然獲得的是非政治性資訊，但也會影響個人政治自我的
發展，其途徑包括人際之間的傳遞（interpersonal transference）與
參加非政治性活動的「見習」（apprenticeship），基本上間接的
政治社會化並不僅限於兒童階段，而是持續於人的一生。[80]

　　事實上，對於跨國旅遊來說，多數是屬於「隱性」與「間
接」的政治社會化；其次，通常是以「非計劃性政治社會化」為
主，但若干國家具有政治意義的景點，希望藉此讓旅遊者產生政
治思維上的影響，則是屬於「計劃性」；至於從形成關係來說，
觀光客既是「被社會化者」，但其言行若對旅遊目的地之人民產
生政治上的影響，則也可能成為「社會化者」。

參、成人的政治社會化

　　長期以來的政治社會化研究多偏重於兒童階段，強調家庭、學
校教育對於日後成年人政治態度的影響，例如海曼就指出「每一個
人在他一生之中的早期，就以非常完整的方式學習政治態度，並且
在之後持續的表現這些態度」，他強調兒童時期的政治社會化遠比
成人時期的政治宣傳來的重要，因此除了少數特例外，大部分成年
人的政治行為並不容易改變。因此不論政府、政黨、壓力團體對於
成年人施以多麼大的政治宣傳，其效果還是非常有限的。[81]之後，
包括伊士頓與丹尼斯（Jack Dennis）、漢斯與托尼（Judith Torney-

---

[80] Richard E. Dawson and Kenneth Prewitt, *Political Socialization*, pp.64-73.

[81] Maurice Duverger 著，黃一鳴譯，政治社會學（台北：五南圖書公司，
1997 年），頁 119。

Purta）、格林斯坦、奈米（Richard G. Niemi）等學者在60年代末期到70年代初均不斷延續海曼的論點。[82]

　　然而上述說法卻遭到許多法國學者的質疑，他們認為這頂多只能算是美國社會的特例，例如裴士隆（Annick Percheron）與華格（Clarles Roig）在研究中就發現法國兒童對於政治事物與政治人物的印象相當抽象而遙遠。[83]另一方面，近來對於成年人的政治社會化議題也日益受到重視，阿蒙與佛巴就認為雖然兒童期的非政治性機構之參與經驗，對日後的政治態度與行為有重大影響，但是兒童期以後的經驗則具有更直接的政治意涵，其中受到教育程度高低的影響甚大；[84]維斯保（Robert Weissberg）針對政治社會化則提出了「近因模型」（recency model），其認為有許多在兒童與青少年階段不能充分理解的特殊政治事物，在成年時期比較容易瞭解與學習，而且受到影響的效果也較高。[85]

　　隨著個人生理上的成長、教育程度的提高與社會活動範圍的擴展，人的政治認識、情感與評價逐步建立，到成年後政治取向才會確定，但這並非是政治社會化的終點，成年人的政治取向會因其人生閱歷增加與教育水平提高而發生改變，有時甚至是根本

---

[82] 請參考 David Easton and Jack Dennis ,*Children in the Political System : Origins of Political Legitimacy* (New York : McGraw-Hill, 1969). Robert D. Hess and Judith Torney-Purta, *The Development of Political Attitudes in Children* (New York: Doubleday, 1967). Fred I. Greenstein, *Children and Politics* (New Haven: Yale University Press, 1969). Richard G. Niemi, *The Politics of Future Citizens* (San Francisco: Jossey-Bass, 1974).

[83] 轉引自 Maurice Duverger 著，黃一鳴譯，**政治社會學**，頁 120。

[84] Gabriel A. Almond and Sidney Verba, *The Civic Culture: Political Attitudes and Democracy in Five Nations* (N.J.: Princeton University Press, 1963), pp.323-324.。

[85] Robert Weissberg, *Political Learning, Political Choice, and Democratic Citizenship* (New Jersey: Prentice-Hall, 974), pp.26-29.

性的改變。[86]基本上參與出境觀光客通常必須具有相當之經濟基礎與自我照顧能力，因此參與者多為成年人而非兒童，中國大陸成年觀光客來台灣進行旅遊活動時，其所接觸的政治資訊，對於其政治態度與行為也自然產生若干政治社會化的影響。

第六節　陸客來台對於大陸政治的影響：
民主化理論

所謂「民主」，根據政治學者道爾（Robert A. Dahl）的說法必須包含「公開競爭」與「包容」的兩大標準，而在此前提下民主需具備之條件如下：[87]

一、憲法明文規定，具有政策制訂權力之官員與民意代表，必須經由選舉方式產生。

二、選舉必須定期舉行，其過程必須自由、公平、公開，而人民也具有和平罷免官員與民代之權利。

三、所有公民享有平等之投票權。

四、人民依法享有服公職之權利。

五、人民擁有表達意見之自由，人民對於政府施政與社會經濟政策的批評，不遭致打壓與懲罰。

六、法律保障人民可以獲得多種訊息，除了官方媒體外，亦可自由取得其他獨立而不受政府或任何單一機關團體所控制的訊息。

七、公民有權利透過合法與和平之管道，去組織與參與公共生活中各種獨立之組織團體，這包括政治、經濟與社會團體。

---

[86] 趙渭榮，**轉型期的中國政治社會化研究**（上海：復旦大學出版社，2001年），頁39。

[87] Robert A. Dahl, *Democracy and its Critics* (New Haven: Yale University Press, 1989), pp.221-223.

　　而所謂「民主化」（democratization），波特（David Potter）
認為就是「一個國家在走向民主進程中的政治變遷」，[88]杭廷頓認
為人類歷史發展進程中有三波大規模的民主化，第一波是1828年
到1926年，包括美國、英國、法國、義大利、阿根廷與英國的殖
民地；第二波是1943年到1962年，包括西德、義大利、日本、印
度與以色列；第三波則是從1974年一直延續到1995年仍未停歇，
包括葡萄牙、西班牙、拉丁美洲、亞洲、非洲與東歐若干國家。[89]

　　道爾指出要達到民主化必須具備以下八個條件：結社自由、
表達自由、投票權、服公職權、政治領導人爭取選票與支持之
權、資訊選擇、自由而公平的選舉、政府決策依據民意；[90]至於自
由化，索瑞森（George Sorensen）認為是指政治系統內的成員可獲
得權利與自由的程度，這包括政治上反對勢力存在的可能性與爭
取權力的競爭性，由此可見，民主化的範圍遠大於自由化。[91]而波
特則參考羅斯托（Dankwart Rustow）的「民主轉型」觀點指出，
威權統治的初步轉型是政治自由化，而政治自由化肇因於威權政
體內的鬆綁管制與建立公民自由，此一自由化可能導致民主化，
但也可能中途失敗而回到原本的高壓統治，[92]由此可見，波特認為
自由化是民主化的初級發展階段。

---

[88] David Potter, "Explaining Democratization", in David Potter, David Goldbalt, Margaret Kiloh and Paul Lewis eds., *Democratization* (Cambridge: Polity Press, 1997), pp.1-40.

[89] 請參考 Samuel P. Huntington, *The Third Wave: Democratization in the Last Twentieth Century* (Norman: University of Oklahoma Press, 1991).

[90] Robert A. Dahl, *Polyarchy: Participation and Opposition* (New Haven: Yale University Press, 1971), pp.3-4.

[91] George Sorensen, *Democracy and Democratization Processes and Prospects in A Changing World*（Colorado: Westview Press,1998）, p.14.

[92] David Potter ,"Explaining Democratization", in David Potter, David Goldbalt, Margaret Kiloh and Paul Lewis eds., *Democratization* (Cambridge: Polity Press, 1997), pp.1-40.

壹、現代化理論的正反觀點

二次大戰之後，美國不論在政治、經濟與軍事層面都居於領導地位，美國社會科學界在政府的大力支持下，於1950、60年代開始對於開發中國家的政治發展進行研究。這些學者認為一個國家可以成功發展民主政治包含若干條件，首先是處於非戰爭或動亂之環境，其次是鄰近大國不會干涉該國之內政與民主發展，第三是軍隊、警察與情治單位能夠嚴守中立而由民選領袖所充分掌握，第四是必須維持相當之文化同質性。此外，一個經常被提出又較受到爭議的看法是經濟發展，許多學者從西歐民主國家的發展經驗，認為第三世界國家若採取市場經濟而獲得重大經濟成長後，可以培養出一大群珍惜基本權利的中產階級，並進而形成一個多元傾向的市民社會，之後政治民主化也就水到渠成。[93]例如李普賽（Seymour M. Lipset）在60年代時就認為，經濟發展的財富、工業化、都市化與教育程度等社會條件，都能夠支持民主化的政治體系。[94]這種說法在60年代的西方世界蔚為風潮，也就是所謂的「現代化理論」（modernization theory）。這些學者認為包括西歐、北美、日本、澳洲、紐西蘭等國家，當經濟發展達到一定程度的時候，社會便會逐漸現代化，包括理性化、工業化、都市化、教育普及化、宗教世俗化、社會分殊化、角色專精化等，在政治方面隨著中產階級的茁壯則會走向穩定與民主，因此開發中國家若依循歐美模式則必能朝向西方式的民主發展。

---

[93] 江宜樺，*民族主義與民主政治*（台北：時報出版公司，2003 年），頁 198-200。
[94] Seymour M. Lipset, *Political Man* (London: Heinemann, 1960), p.31。

　　但另一方面，也有許多學者對於現代化理論提出了嚴厲批判，他們認為民主政治在這些第三世界國家並不可行，而必須採取威權政體，其中的代表便是杭廷頓。他認為在現代化發展過程中，首先，由於國家缺乏一個強而有力的政治體制來平衡各種利益衝突，以及滿足急遽增加的政治參與慾望與期盼，使得這種現代化所帶來的不是穩定的民主政治，而是政治衰敗與政治失序，這包括各種暴力、動亂與激進行為。[95]其次，由於現代化中的經濟發展，使得傳統的社會組成，如家族與階級均遭致破壞；暴發戶為求新的政治權力與社會地位，破壞了原有社會秩序；農村民眾不斷湧入城市而增加對於政府的要求，但政府無法滿足，上述種種都帶來社會的不穩定。[96]第三，由於社會的基本價值觀出現變化，財富與權力有了新的來源，加上政府所掌握的資源快速增加，使得政治日益腐敗。[97]第四，是城鄉間的差距，在現代化中城市成為新興的經濟活動場所，也聚集了新興的社會階級與文化，城市人們產生了優越感而輕視農民，農民則嫉妒城市人，雙方不但敵對也形成不同的世界，這不利於社會的穩定。最後，城市中產階級如學生、知識份子、商人、醫師、銀行家、工人、企業家、老師、律師、工程師均積極希望參與政治而產生「城市突破」（urban breakthrough），農民則感到威脅也開始動員參與，形成「綠色興起」（green uprising），使得衝突與暴力難以避免。[98]因此，70年代杭廷頓獨排眾議的認為，開發中國家應該朝向「穩定壓倒一切」的不斷進步道路發展。

---

[95] Samuel P. Huntington, *Political Order in Changing Societies* (New Haven: Yale University Press, 1969), pp.44-47.

[96] Samuel P. Huntington, *Political Order in Changing Societies*, pp.49-50.

[97] Samuel P. Huntington, *Political Order in Changing Societies*, pp.59-61.

[98] Samuel P. Huntington, *Political Order in Changing Societies*, pp.72-75.

　　另一方面，現代化理論在1970年代也遭致依賴理論（dependency theory）、帝國主義論（imperialist theory）與世界體系理論（world system theory）者的嚴厲批判，其原因如下：

一、許多支持現代化理論的學者，事實上對於非西方國家的認識有限，甚至有所誤解，但卻急於建立龐大的理論系統。

二、現代化理論學者深受行為主義的量化思維影響，只重視看似客觀的統計數據，而忽略數字背後複雜的社會、文化因素。

三、在1960、70年代的許多拉丁美洲與第三世界國家的工業化、經濟發展並未帶來民主，反而是威權政體的崛起，或是在威權與民主間徘徊。

四、該理論具有濃厚的「西方中心主義」思維，非但無法設身處地的深入瞭解第三世界國家的心聲，甚至有藉由帝國主義手段控制非西方國家的企圖。

　　1980年代後，隨著東亞四小龍的崛起與拉丁美洲威權政體的轉型，現代化理論又受到重視，並且逐漸擺脫西方中心主義思維，對於各個國家的傳統文化、思想、民族進行探究，甚至予以接受；此外，重視國際化因素的影響，包括西方的經濟援助與政治壓力、鄰國的民主化氛圍、民主發展的時機等議題。

　　隨著80年代末期蘇聯、東歐等共產政權一一民主化，杭廷頓也轉而樂觀的看待「第三波民主化」的到來。他認為威權政權合法性的基礎就在於政績之良莠，若政績不佳固然會失去合法性，然而政績良好亦會失去合法性，[99]因為威權政權的經濟發展是民主政治的基礎，將促使其民主轉型而造成威權政權的不

---

[99]　Samuel P. Huntington, *The Third Wave: Democratization in the Last Twentieth Century*, p.55.

穩定。[100]因此杭廷頓強調,快速的經濟發展將迅速為民主政權
創造基礎,因為社會結構、信念與文化都會出現激烈變化,尤
其當經濟發展達到一定程度,遭遇到短暫的經濟危機,此時最
可能從威權政體轉型至民主政治。[101]杭廷頓認為經濟發展會形
成一股獨立於國家以外的新興權力來源,會產生分享決策權的
需求;並且會產生社會結構的變遷,進而產生民主化的價值
觀。[102]他甚至認為在社會、經濟與政治的關聯性中,經濟發展
程度與民主政治間的關係是最緊密堅實的,[103]其不斷強調「經
濟發展對於民主政治逐漸取代威權制度提供了有利環境」,
「經濟發展使民主成為可能」,[104]原因包括:[105]

一、民眾間容易產生相互信賴感與自由競爭的態度。

二、提高一般民眾的教育程度。

三、各族群間因為資源擴大而更為和諧。

四、社會必須開放對外貿易、投資、科技往來、旅遊與通訊傳
　　播,在融入世界經濟體系的同時,民主的概念也隨之引入。

---

[100] Samuel P. Huntington, *The Third Wave: Democratization in the Last Twentieth Century*, p.59.

[101] Samuel P. Huntington, *The Third Wave: Democratization in the Last Twentieth Century*, pp.68-72.

[102] Samuel P. Huntington, *The Third Wave: Democratization in the Last Twentieth Century*, p.65.

[103] Samuel P. Huntington, *The Third Wave: Democratization in the Last Twentieth Century*, p.311.

[104] Samuel P. Huntington, *The Third Wave: Democratization in the Last Twentieth Century*, p.316.

[105] Samuel P. Huntington, *The Third Wave: Democratization in the Last Twentieth Century*, pp.65-67.

　　另外包括羅斯梅爾（Dietrich Rueschemeyer）等學者也認為，資本主義的發展將有利於「城市化」、「提昇傳播模式與教育程度」、「市民社會的發展」、「國家權力的制衡力量」，這些都有助於民主化的發展。[106]

貳、中產階級在民主化過程中的角色

　　在民主化的相關理論中，民主化成功與否，該社會中產階級的比例扮演了相當重要的角色。

一、階級與中產階級的概念

　　所謂階級（class）根據「韋氏大學辭典」的解釋，是一個社會群體，具有共同的經濟、政治與文化特徵，所具有的社會地位，如藍領階級；而階層（stratum）則是指一種自然或人工形成的物質性層級，例如經濟上最低階層是由長期失業者所組成。因此階級與階層的看法十分相近，若要嚴格區分，只能說階層的區分多偏向於收入、職業等單一指標，而階級的指標則較為多元，包括了經濟、政治與文化等不同面向，[107]本研究所採取的是階級的概念。

　　但上述說法是屬於西方社會的階級觀，與中共建政之後的階級區分並不相同，因為其多從政治與意識形態的角度出發，並有嚴格的階級區分與流動限制。例如在中共建政初期，1950年政務

---

[106] Dietrich Rueschemeyer, Evelyne H. Stephens and John D.Stephens, *Capitalist Development and Democracy* (Cambridge: Polity Press, 1992), p.6.

[107] 邱澤奇，中國大陸社會分層狀況的變化（台北：大屯出版社，2000年），頁6-8。

院所通過的「關於劃分農村階級成分的決定」，階級劃分可以區分為十三種，包括貧農、中農、富農、地主（包括惡霸、軍閥、官僚、土豪、劣紳）、工人、小手工業者、小商小販、資本家（可分為手工業資本家、商業資本家）、貧民、開明紳士、知識份子、自由職業者與宗教職業者。[108]由於中共自稱工農政府，又自居工人先鋒隊，因此採取的是「扶持工農、打擊士商」的手段。到了文革時期，十三種階級被區分成牛鬼蛇神與工農兩大類，前者包括地主、富農、反革命、壞份子、右派、叛徒、特務、走資派與反動學術權威，後者則是「工人階級領導一切」，而農民中則以雇農地位最高。但嚴格說來，牛鬼蛇神只是一種政治分類而非學術分類，而且透過政治力來建構固定的階級結構，成為所謂「世襲階級制度」（caste system），因此實際上僅有工人與農民兩種階級。[109]但在平均主義之政治操作下，工人與農人的經濟收入普遍偏低而成為「均窮」，而且政治地位差異很小，因此也很難成為階級劃分的標準，而僅是職業上的不同。

改革開放之後，階級觀念逐漸採取西方的觀點，基本上西方社會學界通常根據經濟收入的多寡而把人分成高收入階層（或稱富裕階層）、中高收入階層、中等收入階層（或稱中間階層、中產階級）、中低收入階層與低收入階層（或稱貧困階層）。[110]但僅根據經濟收入來劃分仍難以全面解釋社會分層，因此又加上個人在職業結構與權力結構中的位置，使得職業、權力與收入三標準相互整合，而分成三種階級，上層階級、中產階級與下層階

---

[108] 邱澤奇，中國大陸社會分層狀況的變化，頁 67。

[109] 劉創楚、楊慶堃，中國社會：從不變到萬變（香港：中文大學出版社，2001 年），頁 151。

[110] 毛壽龍，政治社會學，頁 262。

級。所謂上層階級包括大財團與大企業之家族、社團與企業負責人、政府高級官員等；中產階級則指擁有一定財產，而在職業與權力方面達到社會中等位階的人，其中另可分成中上階級者，如企業經理人、醫生、律師、大學教授等，與中下階級，例如公司職員、服務生等；下層階級則指沒有財產、經常失業與沒有權力的人，體力勞動者多屬於此，[111]在大陸學術界中如李強等學者多採取此一觀點。[112]在此情況下，大陸民眾的政治地位不再存有重大差異，使得的階級觀念由獨尊政治，到逐漸融入經濟、職業與文化的概念。

因此，中產階級可以說是隨著改革開放之後所發展出的新興階級，根據南京大學社會學系主任周曉虹，針對北京、上海、廣州、南京以及武漢等五大城市的居民進行有效樣本3,038份的問卷發現，中產階級約占就業人口比例的11.9%，而有高達85%以上的城市居民認為自己是中產階級，社會學家認為這說明當前大陸的「中產意識」占據了社會主流；而在此次調查中所採用中產階級的標準為：在經濟上月收入達到5,000元以上人民幣；職業為事業單位管理人員或技術專業人員、中共黨政機關公務員、企業技術人員、經理人員、私營企業主；接受過大學以上教育者。此外，中國社會科學院社會學研究所副研究員張宛麗從知識與職業聲望資本、工作與勞動方式、就業能力、職業權力、收入與財富水準、消費與生活方式以及社會影響力等七個層面綜合考量，認為

---

[111] 陸學藝，**社會結構的變遷**（北京：中國社會科學出版社，1997 年），頁 98-99。

[112] 陸學藝，**社會結構的變遷**，頁 102。

大陸自90年代後期至今，已初步形成一個類似西方的中產階級，比例約占大陸目前就業人口的13-15%。[113]

二、中產階級與民主化發展

　　針對中產階級（middle-class）對於民主化發展之影響，早在60年代李普賽就認為龐大中產階級的出現，是政治現代化與推動民主政治的主要力量；[114]當時的現代化理論中就強調在工業革命初期的十九世紀，以小業主、店主、商人與小農產主為核心的中產階級開始出現，到了二十世紀工業革命的中期與後期，眾多的新興白領辦公室工人（又稱白領階級）加入了中產階級。這些西方的「新中產階級」信奉法治民主，受過大學以上教育，富有理想與理性，具有履行公民權利與參加民主活動所需之能力，以及世俗的、科學的與理性的世界觀。他們不把官僚機構看作是神聖，認為透過法律可使中產階級避免受到官僚組織的侵害，以法律來制約權力，從而維護法治民主，因此在公共領域中，表現出強烈保護法律的責任與參與政治的願望，強烈反對獨裁統治。[115]而到了90年代末期的民主化理論中，中產階級依舊扮演極為重要的角色，杭廷頓認為中產階級的擴大化，包括商人、專業人士、商店老闆、教師、公務員、經理、技術人員、薪水階級等隨著工業化與經濟成長而迅速增加。但是過去中產階級不一定支持民主，因為害怕農民與勞工過激的政治行為會危及中產階級之地位。然而隨著都市中產階級數量大幅增加而凌駕農民與勞工，加

---

[113] 中央社，「調查顯示中國中產階層約占就業人口 11%」，中央通訊社網站，2007 年 6 月 7 日，請參考 http://tw.news.yahoo.com/050902/43/29175. html。

[114] Seymour M. Lipset, *Political Man*, p.51.

[115] 毛壽龍，政治社會學，頁 283-284。

上工農激進行動的影響力下降，使得民主對於中產階級的威脅降低，中產階級認為可以透過選舉來增進其權益。因此杭廷頓堅信民主化中最積極的支持者便是都市中產階級，而非工農階級。[116]

　　另一方面從產業經濟學的角度來看，中產階級的擴大化與產業的改變有著密切關係，由於第三產業也就是服務業的快速發展，使得中產階級數量快速增加。基本上，產業結構理論的「三次產業」區分，是由英國經濟學家費雪（Allan George D. Fisher）與克拉克（Colin Clark）所創，費雪在1935年曾指出，人類經濟活動之發展有三階段，在初級生產階段以農業、畜牧業為主，第二階段是以工業生產為主，第三階段則是在二十世紀，大量勞動力與資本流入旅遊、娛樂服務、文化藝術、保健、教育與科學等生產；[117]克拉克在1940年進而將其發展成所謂第一產業（primary industry）、第二產業（secondary industry）與第三產業（tertiary industry）的分析方法。他認為隨著經濟的發展與平均國民所得的提高，勞動力將由第一產業逐漸向第二產業移動，進而是第三產業；這種情況在人均國民所得越高的國家越明顯，這就是所謂「佩蒂－克拉克定理」（Petty-Clark's Law）的重要意涵。[118]

　　如表2-3所示，羅斯托（Walt W. Rostow）在「經濟成長的階段」（The Stages of Economic Growth）一書中指出了經濟成長的六個增長階段：[119]

---

[116] Samuel P. Huntington, *The Third Wave: Democratization in the Last Twentieth Century*, pp.65-67.

[117] 轉引自鄧偉根，**產業經濟學研究**（北京：經濟管理出版社，2001 年），頁 90。

[118] 到了 70 年代又有所謂第四產業的出現也就是資訊產業，1977 年波拉特（Mac Uri Porat）在其著作「資訊經濟」（The Information Economy）中曾經提出此一看法。

[119] 請參考：Walt W. Rostow, *The Stages of Economic Growth: A Non-Communist Manifesto* (U.K.: The University Press, 1963).

表 2-3　經濟成長階段比較表

經濟成長階段	主要產業發展
傳統社會階段	以初級產品為主，包括農業、森林、燃料、原材料等
起飛前之階段	仍以農業為主體（75%以上的勞動力從事農業）
起飛階段	紡織工業、鐵路建築（農業勞動力降到40%）
進入成熟階段	以資本密集與技術密集產業為主，主要是鋼鐵工業與電力工業（農業勞動力降到25%）
高消費階段	汽車工業
追求生活品質階段	服務業

資料來源：作者自行整理

由於，第三產業的就業範圍廣泛，一般可以分成三類：[120]

（一）綜合服務業

為整個社會經濟提供服務的部門，如教育、衛生醫療、交通運輸、公共設施、餐飲、旅遊等。

（二）直屬服務業

是構成直接生產過程一部份的服務業，如設計、計算、諮詢、資訊整理加工等。

（三）後服務業

或稱為生產後服務業，如商業貿易、維修等。

羅斯托認為當經濟發展進入高消費階段時則服務業會逐漸興起，而當進入追求生活品質階段時，服務業將蓬勃發展。[121]基本

---

[120] 陸學藝，社會結構的變遷，頁136。

上在多數國家發展過程中,如表2-4所示三大產業的從業人口結構
均經歷一連串的轉移過程,目前先進國家多處在所謂「後工業社
會階段」,非農業生產勞動力達到全部勞動力50%以上,而農業
勞動力的比例則不斷下降,工人人數也逐漸減少,只有第三產業
勞動力快速增長。例如美國在2006年時第一、二、三產業占國內
生產總值的比例分別是1.3%、22.0%與76.7;[122]而2005年時,第
一、二、三產業就業者占整體就業人數的比例分別是1.6%、
20.6%與77.8%。[123]

表 2-4　三次產業發展特性比較表

產業發展特性	社會發展階段	屬性
第一產業產值＞第二產業產值＞第三產業產值	前工業社會模式	低度開發國家
第二產業產值＞第一產業產值＞第三產業產值	工業化初期社會模式	開發中國家
第二產業產值＞第三產業產值＞第一產業產值	工業化後期社會模式	開發中國家
第三產業產值＞第二產業產值＞第一產業產值	後工業社會模式	已開發國家

資料來源:陸學藝,**社會結構的變遷**(北京:中國社會科學出版社,1997
年),頁 132。

就在第三產業也就是服務業的迅速發展,使得中產階級快速
增加,因為在知識不斷增長的情況下,體力勞動者的藍領階級比

---

[121] 轉引自 Philip Kotler, Somkid Jatusripitak and Suvit Maesincee, *The Marketing of Nations* (New York: The Free Press, 1997), pp.82-83.

[122] 中華人民共和國國家統計局,**國際統計年鑑 2008**(北京:中國統計出版社,2008 年),頁 63。

[123] 中華人民共和國國家統計局,**國際統計年鑑 2008**,頁 139。

重下降,而腦力勞動者的比例提昇,社會上出現大量的「白領階級」與專業技術人員,進而形成一個龐大的中產階級,[124]社會的職業結構形成所謂的「橄欖型」。[125]美國政治學家奧勒姆(Anthony M. Orum)就提出了「社會經濟地位」(socioeconomic status,SES)與政治參與之間的的關係,當一個人在社會分層中的等級越高,其政治參與的比例也會越高,這包括其職業地位、教育水準與家庭收入等三項指標。[126]他認為許多下層階級與工人階級,也就是SES較低的族群,政治參與不會為他們帶來權力,反倒是中產階級與上層階級,也就是SES屬於中層與上層的族群,能夠透過政治參與來掌握權力。[127]

　　事實上,中國大陸在改革開放之前就有所謂的中產階級,主要是龐大科層組織下的「國家幹部」,由於中共建政之後採取計畫經濟,政府功能不斷擴大之下國家幹部也跟著快速膨脹,從1949年不足200萬,到了2007年已經超過1,291萬,這包括黨政官員(包括在國家機關、黨政機關、社會團體工作的人員)、國營事業的單位領導與白領階級、老師。[128]改革開放之後,隨著私營、合資、外資與鄉鎮企業的崛起,大陸出現了國有企業以外的另一企業管理階層,這亦成為新中產階級的生力軍。而隨著大陸第三

---

[124] 包括行政管理人員、專業技術人員、市場行銷人員、職員、教師、商業服務人員、醫生、秘書人員等。

[125] 陸學藝,**社會結構的變遷**,頁132-133。

[126] Anthony M. Orum, *Introduction to Political Sociology: The Social Anatomy of the Body Politic* (New Jersey: Prentice-Hall Inc., 1978), p.289.

[127] Anthony M. Orum, *Introduction to Political Sociology :The Social Anatomy of the Body Politic*, p.298.

[128] 劉創楚、楊慶堃,**中國社會:從不變到萬變**,頁155。中華人民共和國國家統計局編,**中國統計年鑑 2008**(北京:中國統計出版社,2008年),頁117。

產業的快速發展，這些從業者也為中產階級注入新血，他們不但是大陸來台旅遊的主要客源，也成為大陸民主化的重要力量。

　　從表2-5可以發現，中國大陸的GDP（國內生產總值）中，在1978年時第二產業占總體GDP的比例居冠而接近一半，其次是第一產業，第三產業所占比例最少；但到了2007年，第二產業雖依舊居冠，但第三產業GDP已經超越第一產業，而且第三產業的GDP成長率與所占總體GDP比率的成長率均遠高於第二產業，至於第一產業則明顯衰退，顯示農業對於大陸的經濟影響每況愈下。因此參考表2-4可以發現，大陸已經從改革開放初期的「工業化初期社會」轉型為「工業化後期社會」，並快速朝向「後工業社會」發展。

表 2-5　中國大陸國內生產總值依三種產業分類表
（單位：億元人民幣）

年度	GDP	第一產業		第二產業		第三產業	
1978	3,645.2	1,027.5	28.2%	1,745.2	47.9%	872.5	23.9%
2007	249,529.9	28,095.0	11.3%	121,381.3	48.6%	100,053.5	40.1%
增加幅度	6,745.4%	2,634.3%	-59.9%	6,855.2%	1.5%	11,367.4%	67.8%

資料來源：中華人民共和國國家統計局編，**中國統計年鑑 2008**（北京：中國統計出版社，2008 年），頁 37-38。

　　另一方面，從表2-6也可以發現，從1978年到2007年的發展中，農業從業人口雖有增加但成長有限，而其占總體從業人口的比例正快速減少；第三產業的從業人口增加最快且超越第二產業，其占總體從業人口比例的成長幅度也最迅速；第二產業占總體從業人口的比例則是敬陪末座，顯示隨著國有企業改革造成大量勞工下崗，但新興的服務業卻創造了大量工作機會。

表 2-6　中國大陸民眾就業人數依三種產業分類表
（單位：萬人）

年度	就業人數	第一產業		第二產業		第三產業	
1978	40,153	28,318	70.5%	6,945	17.3%	4,890	12.2%
2007	76,990	31,444	40.8%	20,629	26.8%	24,917	32.4%
增加幅度	91.7%	11.0%	-42.1%	197.0%	54.9%	409.6%	165.6%

資料來源：中華人民共和國國家統計局編，**中國統計年鑑 2008**，頁 109。

　　如表2-7所示，以2007年職工年收入平均工資為例，第一名的金融業與最後一名農、林、漁、牧業相差近五倍，顯示第一產業的從業者收入偏低，若以細分行業來說，林業、農業與畜牧業其年收入分別為10,064、9,861與9,521元人民幣，為所有行業之倒數一至三名。而在第二產業中，除了電力、燃氣與水之生產供應業為第四名外，其餘包括製造業與建築業的年收入均不高。相對的，從事新興而具專業性的服務業者均為高收入族群，若以細分行業來說，前五名分別是證券業（142,979元人民幣）、其他金融服務業（69,580元人民幣）、航空運輸業（68,775元人民幣）、電腦軟體業（62,215元人民幣）、電腦服務業（60,328元人民幣）。[129]

　　目前陸客來台的團費在人民幣8,000～10,000元，即使是低價團也需要約人民幣約5,000元，對於從事第一產業者來說很難有能力參加，而對於從事第三產業者來說則是能夠負擔的，而他們多屬於社會的中產階級。誠如前述中產階級是民主化發展過程中的重要力量，大陸中產階級透過來台旅遊以領略截然不同的民主政治文化，將產生對於中國大陸民主化更多的反思。

―――――――――

[129] 中華人民共和國國家統計局編，**中國統計年鑑 2008**，頁 153-155。

表 2-7　中國大陸各行業 2007 年職工年收入平均工資排名表
（單位：元人民幣）

名次	行業	年所得	名次	行業	年所得
1	金融業	49,435	11	房地產業	26,245
2	資訊傳輸、電腦服務與軟體業	49,225	12	教育業	26,162
3	科學研究與技術服務業	38,879	13	居民服務業	21,550
4	電力、燃氣與水之生產供應業。	33,809	14	批發與零售業	20,888
5	文化、體育與娛樂業	30,662	15	製造業	20,884
6	交通運輸、倉儲與郵政業	28,434	16	水利、環境與公共設施管理業	19,064
7	採礦業	28,377	17	建築業	18,758
8	衛生、社會保障與社會福利業	28,258	18	住宿與餐飲業	17,041
9	公共管理與社會組織業	28,171	19	農、林、漁、牧業	11,086
10	租賃與商務服務業	26,965			

資料來源：中華人民共和國國家統計局編，中國統計年鑑 2008，頁 153-155。

第三章 開放陸客來台的發展過程

由於陸客來台與中國大陸的出境旅遊發展具有密切關係，因此本章首先將針對大陸出境旅遊的發展與現況進行探討，其次將分別探究陸客來台的發展歷程與當前現況。

第一節 中國大陸的出境旅遊的發展過程與現況

中國大陸從90年代開始出境旅遊發展快速，2007年旅遊花費居全球第五而達298億美金，對其他國家之經濟與就業幫助甚大，另一方面也成為大陸軟實力的輸出管道。

壹、中國大陸出境旅遊的發展階段

1978年改革開放後，中國大陸逐步允許民眾出境參與旅遊，以下分別從三個階段進行說明：

一、80年代港、澳、泰之出境探親階段

廣東省旅遊公司於1983年開始組織省內居民之「赴港探親旅行團」，此為大陸出境旅遊之濫觴，1984年3月大陸批准「關於擬組織歸僑、僑眷和港澳台眷屬赴港澳地區探親旅行團的請示」，規定探親旅遊必須由港澳親屬支付費用方可成行。1988年進一步允許民眾在「海外親友付費、擔保」之前提下前往泰國進行探親

活動。[1]故此一時期出境旅遊即出境探親，且費用需由海外親屬負擔，一般民眾無法自費出境參與旅遊。

二、90年代出境旅遊試點階段

　　1990年國家旅遊局頒布「關於組織我國公民赴東南亞三國旅遊的暫行管理辦法」，對前往泰國、新加坡與馬來西亞之旅遊有所規定，代表從探親旅遊轉變為觀光旅遊。1997年發布「中國公民自費出國旅遊管理暫行辦法」，使自費出國旅遊具有較為完整之法律規範[2]。而從表3-1可以發現，從90年代開始包括菲律賓、南韓、澳洲與紐西蘭等亞太地區國家紛紛成為自費組團出境旅遊地區。

表 3-1　中國大陸開放自費組團出境旅遊國家統計表

	亞洲	大洋洲	美洲	歐洲	非洲	附註
1983	香港 澳門					全面開放 合計：2
1988	泰國					全面開放 合計：1 累積：3
1990	新加坡 馬來西亞					全面開放 合計：2 累積：5
1992	菲律賓					全面開放 合計：1 累積：6

[1]　張廣瑞、魏小安、劉德謙主編，**2000-2002 年中國旅遊發展分析與預測**（北京：社會科學文獻出版社，2002 年），頁 79-80。

[2]　范世平、吳武忠，**中國大陸觀光旅遊總論**（台北：揚智圖書公司，2004年），頁 438-440。

1998	韓國					全面開放 合計：1 累積：7
1999		澳大利亞 紐西蘭				僅北京、上海、廣州試辦，2004年增加天津、河北、山東、江蘇、浙江、重慶 合計：2 累積：9
2000	日本 越南 柬埔寨 緬甸 汶萊					日本僅開放北京、上海、廣州三地，其餘國家是全面開放。2005年日本全面開放 合計：5 累積：14
2002	尼泊爾 印度尼西亞			馬耳他 土耳其	埃及	全面開放 合計：5 累積：19
2003	印度 斯里蘭卡 巴基斯坦		古巴	德國 克羅地亞 匈牙利 馬爾地夫	南非	全面開放 合計：9 累積：28
2004	寮國 約旦			希臘 法國 荷蘭	賽席爾 坦尚尼亞 模里西斯	全面開放 合計：36 累積：64

2004				比利時 盧森堡 葡萄牙 西班牙 義大利 奧地利 芬蘭 瑞典 捷克 愛沙尼亞 拉脫維亞 立陶宛 波蘭 斯洛伐克 斯洛伐尼亞 賽浦路斯 丹麥 愛爾蘭 冰島 挪威 羅馬尼亞 瑞士 列支敦士登	辛巴威 肯亞 尚比亞 衣索比亞 突尼西亞		
2005	北馬里亞那群島聯邦	斐濟 萬那杜	墨西哥 牙買加 巴貝多 安地瓜及巴布達 智利 巴西 秘魯	英國 俄羅斯		全面開放 合計：12 累積：76
2006	蒙古	東加王國	巴哈馬 格瑞那達			全面開放 合計：4 累積：80

2007	孟加拉 敘利亞 阿曼		阿根廷 委內瑞拉	安道爾 摩納哥 保加利亞	摩洛哥 烏干達 納米比亞	全面開放 合計：11 累積：91
2008		薩摩亞	美國			全面開放 合計：2 累積：93
總計	24	6	13	37	13	93

資料來源：作者自行整理

三、二十一世紀出境旅遊全面開展階段

　　2002年開始施行「中國公民出國旅遊管理辦法」，顯示出境旅遊由「暫行」、「試點」走向「正式」、「全面」。如表3-1所示自2002年開始，開放國家呈現大幅增加之勢，尤其以歐洲國家為最，中南美洲與非洲國家則也逐漸解禁，最受矚目的莫過於2008年開放的美國。此外，如表3-2所示，2003年在SARS陰影下出境旅遊人數不但未見減少，反而逆勢激增為2,022萬人次，成長率達到21.8%。當前，大陸已成為全球增長最快速之新興客源輸出國。

表 3-2　中國大陸出境旅遊人數統計表

年度	出境總人數 （萬人）	增長率 （%）	年度	出境總人數 （萬人）	增長率 （%）
1992	292.87		2001	1213.31	15.9
1993	374	27.7	2002	1,660.23	36.8
1994	373.36	-0.2	2003	2,022.19	21.8
1995	452.05	21.1	2004	2,885.29	42.7
1996	506.07	12.0	2005	3,102.63	7.5
1997	532.39	5.2	2006	3452.36	11.3

1998	842.56	3.1	2007	4095.40	18.6
1999	923.24	9.6	2008	4584	11.9
2000	1047.26	13.43			

資料來源：中華人民共和國國家旅遊局，**中國旅遊年鑑 1994**（北京：中國旅遊出版社，1994 年），頁 345。
徐汎，**中國旅遊市場概論**（北京：中國旅遊出版社，2004 年），頁 238。
中華人民共和國國家旅遊局，**2004 中國旅遊統計年鑑**（北京：中國旅遊出版社，2004 年），頁 8。
中華人民共和國國家旅遊局，**2005 中國旅遊統計年鑑**（北京：中國旅遊出版社，2005 年），頁 8。
中華人民共和國國家旅遊局，**2006 中國旅遊統計年鑑**（北京：中國旅遊出版社，2006 年），頁 8。
國家旅遊局，「2007 年中國旅遊業統計公報」，中國旅遊網，2009 年 4 月 26 日，請參考 http://www.cnta.gov.cn/html/2008-9/2008-9-10-11-35-98624.html。

　　此外，如表3-3所示，根據世界旅遊組織的統計，2007年大陸在全球出境旅遊花費上排名第五，預測至2020年每年將有1億名觀光客出國，占全球總數的6.2%，成為僅次於德、日、美之第四大客源國。[3]由此可見，陸客來台勢必對於台灣經濟產生直接的效果。

表 3-3　2007 年各國出境旅遊花費統計表（單位：億元美金）

排名	一	二	三	四	五
國家	德國	美國	英國	法國	大陸
金額	829	762	723	367	298
排名	六	七	八	九	十
國家	義大利	日本	加拿大	俄羅斯	南韓
金額	273	265	248	223	209

資料來源：World Tourism Organization, *Tourism Highlights Edition 2008* (Spain:World Tourism Organization, 2008), p.9.

---

[3]　張廣瑞、魏小安、劉德謙主編，**2000-2002 年中國旅遊發展分析與預測**，頁 90。

貳、中國大陸出境旅遊的發展特質

中國大陸出境旅遊的發展模式，與一般國家並不相同，基本上呈現以下幾點特質。

一、出境旅遊由政府掌控與介入

中國大陸政府對於出境旅遊的管制，可以從兩個層面來加以探討：

（一）開放出境旅遊目的地由政府掌控

在「中國公民出國旅遊管理辦法」第二條第一項指出「出國旅遊的目的地國家，由國務院旅遊行政部門會同國務院有關部門提出，報國務院批准後，由國務院旅遊行政部門公布」，因此任何人不得任意到各國旅遊。至2008年為止，成為「中國公民出境旅遊目的地」（簡稱ADS，即Approved Destination Status）約計136個，然其中已正式開放「自費組團出境旅遊」者如表3-1所示僅93個。[4]這些成為ADS的國家，僅表示他們可接受大陸公民入境旅遊並給予簽證，卻不表示大陸願意放人，因為大陸還必須進一步評估，才會開放所謂「自費組團出境旅遊」，這「二階段」開放與否便成為中國大陸的政治籌碼。

然而各國為求經濟發展多希望陸客蒞臨，甚至不惜動用一切手段，例如土耳其曾於2000年禁止大陸購自烏克蘭之航空母艦

---

[4]　錢春弦，「薩摩亞獨立國成為中國公民自費旅遊目的國」，國際線上網站，2009 年 7 月 5 日，請參考 http://big5.cri.cn/gate/big5/gb.cri.cn/18824/2008/09/07/2225s2230691.htm。

「瓦雅格號」通過黑海伯斯普魯斯海峽，此事件在延宕近一年後，土國提出之條件為大陸需將其列為官方指定之海外旅遊點，預計每年有200餘萬名觀光客蒞臨；2004年5月大陸悍然斷絕即將進入最終階段而談判長達4年之「中加雙邊旅遊協議」，加拿大旅遊委員會駐北京代表被迫撤回，造成談判破裂之原因是加拿大總理馬丁不顧大陸警告而會晤達賴喇嘛，並拒絕將遠華案之首要嫌疑人賴昌星引渡回中，連大陸國家旅遊局官員都承認「談判破裂原因同旅遊無關」，這使得加拿大原本期望每年增加約20億美元收入之夢想破滅。[5]

由此可見就一般國家而言，簽證給予與否是他國權力，本國政府通常無置喙餘地，而大陸不但對於出境旅遊國家採取嚴格控制，甚至越俎代庖的對他國簽證核發加以控制，其目的之一即是使出境旅遊能牢牢握在手中而成為籌碼，這也就是其他國家無法將旅遊操作成政治籌碼的原因。

（二）開放出境旅遊數量由政府掌控

澳門旅遊產業長期以來非常仰賴中國大陸，根據澳門統計局公布的資料顯示，2008年澳門入境旅客總數為2,290.8萬人次，其中陸客超過了一半，香港居次而為700.9萬人次。[6]然而從2008年8月份開始，大陸刻意增加了陸客前往澳門自由行的限制，使得澳門近年來因陸客所創造的經濟榮景步入寒冬，北京當局此舉的目的一方面是要冷卻澳門發展過熱的博彩業，並減少澳門因洗錢所

---

[5]　**中國時報**，2004 年 5 月 7 日，第 A14 版。

[6]　楊文琪，「澳門去年旅客近 2,300 萬，內地遊客占一半」，經濟日報網站，2009 年 5 月 11 日，請參考 http://www.udn.com/2009/4/4/NEWS/MAINLAND/BREAKINGNEWS4/4829134.shtml。

衍生的經濟犯罪，特別是大陸許多貪污所得多藉由澳門來漂白；另一方面也充分顯示，陸客開放與否是由北京作主，大陸隨時可以縮減數量。[7]

二、藉出境旅遊對他國進行經濟援助

大陸開放出境旅遊的國家，如表3-1所示大多數是經濟發展遜於大陸或觀光客極度仰賴大陸的國家。其中東協、第三世界國家屬於前者，歐盟與香港、澳門屬於後者。基本上大陸藉由此一「互賴架構」以旅遊來強化雙邊的依存關係。分別敘述如下：

（一）對於東協的旅遊經援

東協由於與大陸接近，加上馬來西亞與印尼等國的伊斯蘭思維與美國並不相容，以及新加坡前總理李光耀的「亞洲價值論」提供了大陸開明專制的藉口，因此受到大陸極度重視。然而在冷戰時期，大陸依循擴張策略而扶持採取暴力手段之泰共、馬共、印共、菲共，造成一般民眾印象不佳；另一方面，大陸改革開放後憑藉低廉勞動成本與龐大內需市場，在1997年亞洲金融風暴後吸引原本在東南亞投資的外商，加上大陸以低價方式大舉出口，造成東協各國經濟長期低迷而對大陸產生不滿。

因此，大陸為改善與東協各國關係，防止美國將此地區納入遏止大陸向外發展的基地，除了大量進口東南亞各國產品外，亦積極參與東協事務，包括1994年參加「東協區域論壇」（ARF）、加入「東協加三」（中、日、韓）對話機制、2001年

7　陳競新，「陸客自由行設限，澳門賭場冷颼颼」，聯合報網站，2008年9月23日，請參考 http://udn.com/NEWS/MAINLAND/MAI2/4526299.shtml。

提出「東協-中國自由貿易區」（FTA）構想並預計2010年完成、[8]
籌設「中國東協合作基金」等。[9]

　　隨著大陸出境旅遊發展快速，觀光客輸入對於東協經濟助益
甚大，如表3-1所示大陸開放自費組團出境旅遊國家中，東協十國
中全部包含在內。另一方面，陸客輸入後與當地民眾進行實地接
觸，增加彼此的瞭解也化解過去之誤會，有助於大陸與東協關係
的有效改善。如表3-4所示，陸客赴東協各國旅遊人數正快速增
加，而東協各國為吸引陸客，亦紛紛在簽證方面給予便利，例如
泰國、越南、菲律賓、馬來西亞、印尼對於陸客給予落地簽證待
遇，新加坡甚至給予48小時免簽證待遇；[10]2003年8月大陸更與東
協十國、日本、韓國舉行「旅遊部長特別會議」，並簽署「10＋3
旅遊業北京宣言」，顯見大陸希望與東協十國加強旅遊業合作的
積極態度。[11]

　　以2007年為例，大陸出境旅遊人數最多的前十名，越南位居
第五名、泰國是第七、新加坡是第九而馬來西亞是第十，[12]由此
可見東協各國因與大陸距離較近，加上價格較為便宜，以及大陸
官方的大力推動，使得大陸與東盟之間的旅遊關係非常緊密。

---

[8] **中國時報**，2004 年 5 月 22 日，第 A13 版。

[9] 林佳龍主編，**未來中國：退化的極權主義**（台北：時報文化出版公司，
2004 年），頁 230-231。

[10] 張廣瑞、魏小安、劉德謙主編，**2001-2003 年中國旅遊發展分析與預測**
（北京：社會科學文獻出版社，2002 年），頁 85-86。

[11] 中華人民共和國國家旅遊局，**中國旅遊年鑑 2004**（北京：中國旅遊出版
社，2004 年），頁 148。

[12] 中華人民共和國國家旅遊局，**中國旅遊年鑑 2008**（北京：中國旅遊出版
社，2008 年），頁 353。

表 3-4　中國大陸民眾赴東南亞旅遊人數統計表

東南亞國家	初始發展階段人數	最新人數
泰國	1987：2.2 萬人次	2007：71.7 萬人次
新加坡	1989：2.4 萬人次	2007：64.8 萬人次
馬來西亞	1995：10.3 萬人次	2007：57.4 萬人次
菲律賓	1995：0.9 萬人次	2007：16 萬人次
印尼	1995：3.9 萬人次	2002：4.5 萬人次
越南	1995：6.3 萬人次	2007：92 萬人次
緬甸	1999：1.2 萬人次	2007：16.4 萬人次
柬埔寨	1995：2.2 萬人次	2007：14.1 萬人次

資料來源：整理自徐汎，**中國旅遊市場概論**，頁 287-293。中華人民共和國
　　　　　國家旅遊局，**中國旅遊年鑑 2008**（北京：中國旅遊出版社，2008
　　　　　年），頁 353。

（二）對於歐盟的旅遊經援

2001年歐盟發表「新亞洲戰略文件」，強調與大陸關係之重
要性，並藉由「亞歐會議」強化彼此交流。由於歐盟中之德、法
等國對於美國單邊主義不以為然，使得歐盟與大陸多極化世界觀
不謀而合，加上大陸與歐盟在地緣政治上較無矛盾，因此大陸強
調「頂住美國壓力、借重俄羅斯、穩住日本、拉住歐盟」的策
略，認為與歐盟加強關係可擴大大陸的戰略迴旋空間。[13]由於近
年來歐洲進入經濟低增長階段，故歐盟除希望向大陸輸出技術、
資本與產品外，也希望由大陸輸入觀光客。

2003年10月31日大陸與歐盟簽署「中歐旅遊目的地國地位諒
解備忘錄」，並與丹麥、英國、愛爾蘭達成聯合聲明，[14]顯示歐

---

[13] 林佳龍主編，**未來中國：退化的極權主義**，頁 221-228。
[14] 張廣瑞、魏小安、劉德謙主編，**2002-2004 年中國旅遊發展分析與預測**
（北京：社會科學文獻出版社，2003 年），頁 93。

盟已成為大陸的ADS。2004年2月12日,大陸與歐盟正式簽署「關於中國旅遊團隊赴歐共體旅遊簽證及相關事宜的諒解備忘錄」,而如表3-1所示,從2004年9月1日起,陸客可透過指定之500多家旅行社申請旅遊簽證前往26個歐洲國家進行自費團體旅遊,[15]2005年又增加了英國與俄羅斯。

歐盟由於距離大陸距離較遠,因此價格非一般民眾可以負擔,但由於大陸官方的大力推動,近年來已經越來越受到消費者的喜愛,以2007年為例,大陸出境旅遊人數最多的前十名中,俄羅斯已經位居第七名,前往德國旅遊人數也達到27.2萬人次,[16]與表3-4相較還超過許多大陸鄰近國家,由此可見未來陸客前往歐洲旅遊的人數將會有更大幅度的成長空間。

(三)藉由「旅遊經援」保持第三世界領導權

70年代大陸提出「三個世界論」並自稱「永遠屬於第三世界」,[17]為了能夠成為第三世界的領導者與結合世界「反帝、反殖、反霸」力量,積極展開對外援助。70年代外援金額連續幾年都占財政支出比率的6-7%,[18]形成嚴重負擔。隨著大陸綜合國力的提昇,90年代開始又積極爭取第三世界領導權,因此強調「與第三世界的團結合作為二十一世紀外交政策之基本立足點」,在「平等互利、講求實效、形式多樣、共同發展」四項方針下,出

---

[15] 必須有 5 人以上方能組成旅行團,請參考**聯合報**,2004 年 9 月 1 日,第 A13 版。

[16] 中華人民共和國國家旅遊局,**中國旅遊年鑑 2008**,頁 353。

[17] 1974 年 2 月,毛澤東接見甘比亞總統卡翁達時曾說:「我看美國、蘇聯是第一世界。中間派,日本、歐洲、加拿大,是第二世界。咱們是第三世界」。

[18] 王壽椿,**中國對外經濟關係**(北京:對外貿易教育出版社,1988 年),頁 154。

境旅遊亦成為援外模式之一。2004年8月，在北京舉行「對發展中國家經濟外交工作會議」，國務院總理溫家寶提出了「相互尊重、平等相待，以政促經、政經結合，互利互惠、共同發展，形式多樣、注重實效」的32字方針，強調與開發中國家合作是大陸外交工作的重要立足點。[19]大陸在2003年12月的「第二屆中非論壇部長級會議」上，宣布開放8個非洲國家為ADS，包括肯亞、塞內加爾、坦尚尼亞、辛巴威、突尼西亞、衣索匹亞與模里西斯分別與大陸簽署旅遊備忘錄，可見大陸亟欲藉由出境旅遊拉攏非洲國家之用心。此外，如表3-1所示，當前大陸開放自費組團出境旅遊國家中，非洲與拉丁美洲等第三世界國家為數不少，2004年開始非洲的國家大幅增加，2005年拉丁美洲國家也快速增長。

（四）藉由旅遊經援影響香港、澳門

　　1984年大陸批准民眾以探親的名義前往香港與澳門旅遊，1997年香港從英國的殖民地正式回歸至大陸，但卻因適逢亞洲金融風暴不但使得香港過去以來所仰賴的旅遊業一落千丈，更使得香港經濟低迷不振，北京中央政府為避免「一國兩制」的政策失去香港民心，透過各種措施希望在短期內提振經濟，因此積極開放大陸民眾前往香港旅遊，如表3-5所示，1997與1998年前往香港旅遊的人數呈現明顯衰退，但從1999年開始卻逆勢增長，其中陸客的人數增長幅度更超過100%，占香港總體觀光人數的比例也超過20%，且之後均呈現增長之勢。

---

[19] 中央社，「中國提出與開發中國家經濟外交之三十二方針」，中央通訊社網站，2004 年 9 月 2 日，請參考 http://tw.news.yahoo.com/040902/43/y4vg.html。

表 3-5　中國大陸民眾赴香港旅遊人數統計表（單位：萬人次）

年度	到港觀光客 總人數	成長率	到港 陸客人數	成長率	陸客占來港 總數比例
1997	700	-14.12	52	-12.63	7.43
1998	694	-0.86	81	55.77	11.67
1999	744	7.2	164	102.47	22.04
2000	916	23.12	227	38.41	24.78
2001	1,027	12.12	300	32.16	29.21
2002	1,656	61.25	682	127.33	41.18
2003	1,553	-6.22	846	24.05	54.48
2004	2,181	40.44	1,225	44.79	56.17
2005	2,340	7.29	1,254	2.37	53.59
2006	2,530	8.12	1,359	8.37	53.72
2007	2,800	11.6	1,549	13.98	55.32
2008	2,950	4.7	1,686	8.84	57.15

資料來源：香港旅遊發展局，「中國內地旅客訪港人數」，香港旅遊發展局
網站，2009 年 7 月 5 日，請參考 http://tw.partnernet.hktb.com。

　　2003年由於全球爆發SARS疫情，對於香港與澳門旅遊業造成
直接衝擊，同年6月28日北京與香港、澳門簽訂定了「關於建立更
緊密經貿關係的安排」（Closer Economic Partnership
Arrangement，簡稱CEPA）文件，開放大陸民眾可以不必「團進
團出」的參加團體旅遊，而能個人自行前往，成為大陸出境旅遊
中唯一能夠「自由行」的地區。如表3-5所示，2003年香港雖然遭
逢SARS疫情，造成各國觀光客赴港裹足不前，但陸客前往香港卻
是不減反增，而且占來港觀光客總數之比例也首次突破50%，顯
示香港對於大陸客源的依賴程度大幅增加。開放自由行後，對於
香港總體經濟之助益甚為明顯，使得香港民眾信心倍增，經濟也
快速復甦。北京當局之目的從政治角度來看，當然是為了拉抬支

持度低迷之董建華政權與香港經濟；另一方面也是藉此凸顯一國兩制的優越性。以2007年為例，大陸出境旅遊人數最多的前十名中，香港與澳門分別位居第一、二名。[20]

三、中國大陸「軟實力」的展現

大陸出境旅遊發展的另一影響，就是可以充分藉此展現大陸的軟實力，分述如下：

（一）「全方位互動」下利用出境旅遊形塑「大國形象」

在「大國外交」的發展策略下，藉由陸客的輸出直接向外國塑造其大國形象，這種全球化的主要表現如下：

1.宣揚大陸富強意象

根據澳門政府旅遊司統計，2000年時陸客的人均支出為2,401澳幣而正式名列第一，遠高於總平均數的1,367澳幣；香港旅遊局也調查發現，2001年消費能力最強之觀光客開始為大陸人士，人均消費為5,169港元，首次超過一向居冠之美洲旅遊者（5,072港元）；[21]2007年約有22.7萬陸客到訪美國加州，雖然大陸僅是繼英國、日本、韓國、澳洲、德國和墨西哥之後加州的第七大海外客源市場，但陸客在加州的總消費額達到約3.27億美元，卻是排名第一。[22]因此當陸客之高消費力成為各國經濟發展的幫助時，大陸國力強盛與觀光客消費能力強的形象快速向外傳達，這對於第

---

[20] 中華人民共和國國家旅遊局，**中國旅遊年鑑2008**，頁353。

[21] 徐汎，**中國旅遊市場概論**（北京：中國旅遊出版社，2004年），頁253。

[22] 中央社，「吸引大陸客，美國加州在大陸強力促銷」，聯合報網站，2009年7月5日，請參考 http://udn.com/NEWS/MAINLAND/BREAKINGNEWS4/5000750.shtml。

三世界國家的感受是相當直接的，因為代表大陸綜合國力已經明顯提昇。

2.塑造人民幣穩定貨幣形象

由於人民幣近年來長期保持穩定，匯率波動不大，加上大陸出境旅遊人數不斷增加，因此許多國家均自願接受人民幣之自由流通，包括緬甸、柬埔寨、[23]尼泊爾、馬來西亞、印尼、蒙古、越南等國，人民幣受到商家歡迎。[24]因此透過出境旅遊增加人民幣流通性，可以塑造「大國貨幣」風範，除使人民幣具有穩定貨幣形象外，更意圖使其具有強勢貨幣意向，甚至有學者指出大陸正評估使人民幣成為「亞元」的可能性。

3.去除「中國威脅論」

大陸的國際形象一直受到非議，包括仿冒盜版、貪污腐化、缺乏保育觀念、打擊異議份子、鎮壓法輪功、圍堵達賴喇嘛、死刑判決浮濫、器官非法販賣、實施一胎化等。另一方面，隨著大陸綜合國力迅速提昇，許多國家提出所謂「中國威脅論」，甚至產生「圍堵中國」的想法。因此在2003年12月大陸總理溫家寶訪美期間首次提出「和平崛起」思維，強調大陸要充分利用世界和平的大好時機努力發展，並藉由大陸的壯大維持世界和平。今天，當「和平與發展」成為大陸外交政策的主軸時，藉由觀光客

---

[23] 緬甸自 2002 年 7 月 18 日開始允許大陸旅客每人攜帶 6,000 元人民幣入境並可在境內使用；柬埔寨除允許人民幣自由流通外，2002 年其總理洪森甚至稱讚人民幣「被公認為亞洲地區最穩定的貨幣」。

[24] 張廣瑞、魏小安、劉德謙主編，**2001-2003 年中國旅遊發展分析與預測**，頁 86。

的「和平」形象與有利於當地經濟「發展」的訴求，將使其他國家瞭解到大陸的崛起並非威脅而是幫助。

4.強化民族自信

中國在19世紀中葉帝國主義入侵後國際地位一落千丈，1949年中共建政之後國際政治地位雖獲提昇，但經濟地位卻相形落後。改革開放後，中國大陸只有入境旅遊而禁止出境旅遊，只有外國人來大陸遊樂、消費、甚至嫖妓，為了賺取外匯難免必須忍受觀光客的頤指氣使，如今大陸民眾終於能夠揚眉吐氣，憑藉驚人消費能力拾回民族自信心，如此可以「從下而上」的重建大國應有的自豪與自信。

5.增進僑民地位

一個國家的國際地位高低，會直接影響其僑民在他國之地位，大陸要成為大國，其僑民也必須成為大國之僑民。以東南亞為例，華僑將近2,000萬人，人數雖少卻占有當地經濟重要地位，例如印尼華人雖僅占總人口約2%，卻擁有國內私人資本近70%，最大之25家企業中占有17家；泰國華人約占總人口10%，在前十大商業集團中占有9家，甚至創造該國一半之國內生產毛額；馬來西亞華人約占總人口三分之一，卻幾乎主宰該國經濟；華人占菲律賓總人口約1%，卻占國內企業銷售總額的35%。[25]然而如此卻遭致當地民眾甚至政府的排擠，成為「經濟巨人、政治侏儒」。[26]由於目前大陸主

---

[25] 程光泉，**全球化與價值衝突**（長沙：湖南人民出版社，2003 年），頁134-164。

[26] 例如印尼在蘇哈托執政期間排華嚴重，1998 年的「5 月排華」事件造成1,000 多位華人死傷；馬來西亞法律中亦充滿歧視華人人權之規定。

要開放出境旅遊國家為東南亞，陸客進入後可提供當地一般民眾直接經濟援助，有助於改善華人形象與提昇華僑地位。

（二）透過「文化互動」強化民間交流

　　近年來大陸與日本的關係可說是暗潮洶湧，從日本修改教科書中的侵華歷史、首相參拜靖國神社、釣魚台主權爭議、右翼團體蠢蠢欲動、日本對台日益友好、日本對大陸貸款逐年減少、自衛隊藉反恐之名擴張軍力、日本調查船在東海探勘資源，到中日貿易逆差擴大、大陸在領海邊界開採天然氣、大陸調查船與潛艇不斷在日本領海出沒、大陸民眾偷渡與滯留不斷、大陸人參與黑幫犯罪與從事色情嚴重，都直接影響雙邊關係，特別是影響一般民眾的觀感，根據日本總理府每年針對「對中國親近感」的民意調查可以發現，1980年對大陸的親近感為78.6%，1989年為51.6%，到了2000年降為48.8%，[27]2008年甚至降至31%，創下自1978年開始調查以來的最低點。[28]另一方面，大陸民眾對日本的印象因為侵華戰爭而始終不佳，甚至有濃烈之仇日心態。而藉由大陸民眾赴日旅遊可以透過實際「文化互動」來逐漸改變過去負面印象，根據大陸國家旅遊局的統計資料顯示1999年有53萬人次民眾赴日旅遊，2007年為145萬人次並為大陸出境旅遊人數的第三名，[29]而觀光客進入也有助於日本經濟的復甦，如此中日關係方能朝向「和平友好、平等互利、長期穩定、相互依賴」的目標發展。

---

[27] 馬立誠，「對日關係新思維」，**戰略與管理**（北京），第 6 期（2002 年 12 月），頁 88-95。

[28] 美國之音，「日本國民對中國親近感降至新低點」，美國之音網站，2009 年 7 月 5 日，請參考 http://www.voafanti.com/gate/big5/author.voanews.com/ chinese/archive/2008-12/w2008-12-07-voa33.cfm?CFID=12339720&CFTOKE N=97236407&jsessionid=7e3086ffd02b0b250f65746257b7ac164e50

[29] 中華人民共和國國家旅遊局，**中國旅遊年鑑 2008**，頁 353。

第二節　陸客來台旅遊的發展背景

在國共對峙長達50年後，1987年我國政府順應民意與人道，開放民眾赴大陸探親，之後赴大陸旅遊的風氣方興未艾，成為台灣出境旅遊人數最多的地區；但由於政治上的因素，大陸人民來台旅遊卻遲遲未能展開。1978年大陸在改革開放後正式發展入境旅遊，因兩岸文化接近與大陸旅遊資源豐富，因此直接衝擊台灣旅遊產業而造成每況愈下，加上90年代開始大陸出境旅遊快速崛起，使得台灣業者要求政府開放大陸人士來台旅遊的呼聲不絕於耳，但由於政治因素使得此一發展極為緩慢。2009年7月4日陸客首發的「踩線團」終於來台，這對於兩岸關係來說具有特殊的意義，因為自此之後兩岸正式從單向的「台客赴陸」，轉變為雙向的「陸客來台」。

壹、陸客來台的發展背景

基本上，陸客來台的發展背景可以分成三大部分，分別是兩岸旅遊的不平衡發展、台灣入境旅遊發展遲緩與大陸出境旅遊發展快速。

一、兩岸旅遊交流的不平衡發展

1987年10月15日我國發布「台灣地區人民出境前往大陸探親規定」，規定民眾有三等親在大陸地區者，每年得前往探親一次而時間不超過三個月。這項開放對於台灣觀光發展具有歷史意

義，因為自此之後大陸成為台灣最重要出境旅遊地區，其發展呈現以下趨勢：

（一）兩岸旅遊往來人數出現巨大落差

從表3-6可以發現，從1988年開始台灣民眾前往大陸旅遊人數除1991年因市場略微趨緩、1994年大陸發生千島湖事件造成台灣觀光客傷亡、2003年全球發生SARS、2008年全球發生金融危機等因素造成是負成長外，其餘均呈現快速成長之勢。

表 3-6　1988 至 2008 年台灣民眾至中國大陸旅遊人數統計表

年份	人數 （萬人次）	增加率 （%）	年份	人數 （萬人次）	增加率 （%）
1988	43.8		1999	258.5	18.9
1989	54.1	23.5	2000	310.9	20.3
1990	94.8	75.2	2001	344.2	10.7
1991	94.7	-0.1	2002	366.1	6.4
1992	131.8	39.2	2003	273.2	-25.4
1993	152.7	15.9	2004	368.5	34.9
1994	139.0	-9	2005	410.9	11.5
1995	153.2	10.2	2006	441.4	7.4
1996	173.4	13.2	2007	462.8	4.8
1997	211.8	22.1	2008	438.6	-5.2
1998	217.5	2.7			

資料來源：中華人民共和國國家旅遊局，**2006 中國旅遊統計年鑑**，頁 24。
國家旅遊局，「2008 年 1～12 月來華旅遊入境人數，中國旅遊網，2009 年 4 月 6 日，請參考 http://www.cnta.gov.cn/html/2009-2/2009-2-18-9-34-95871.html 。

　　根據我國交通部觀光局統計，2008年台灣出國人數共846.5萬人次，同年前往大陸人數達438.6萬人次，已經超過二分之一，[30]事實上，大陸已經成為台灣最大的出國旅遊地。但另一方面，如表3-7所示，陸客來台旅遊人數卻相當稀少，以2002年為例，大陸來台觀光客僅占台灣前往大陸觀光客的0.059%，2008年則為2%，顯示兩岸旅遊往來呈現極不均衡的發展。

表 3-7　2002-2008 年開放陸客來台旅遊人數統計表

（含第一、二、三類）

年月別	申請		核准		入境		出境	
	團數	人數	團數	人數	團數	人數	團數	人數
2002	188	2,662	178	2,526	160	2,151	154	2,065
2003	1,011	14,890	996	14,563	911	12,768	905	12,677
2004	1,424	21,214	1,390	20,549	1,347	19,212	1,326	18,880
2005	4,557	61,886	4,359	58,693	4,060	54,162	3,935	52,931
2006	7,649	104,624	7,652	104,160	7,342	98,545	7,338	98,629
2007	7,558	86,852	7,575	85,646	7,219	81,904	7,174	81,770
2008	8,081	92,376	8,149	91,636	8,185	89,256	7,863	87,520

資料來源：內政部入出國及移民署，「開放大陸地區人民來台觀光統計
　　　　　表」，內政部入出國及移民署網站，2009 年 2 月 28 日，請參考
　　　　　http://www.immigration.gov.tw/aspcode/xls/開放大陸地區人民來台
　　　　　觀光人數統計表.xls。

（二）台灣觀光客對於大陸經濟助益甚大

　　如表3-8所示，大陸藉由旅遊所吸取之外匯逐年增加，成為大陸經濟發展的重要支持力量，其中台灣觀光客的比例相當顯著。

---

[30] 交通部觀光局，「92 年至 97 年中華民國國民出國目的地人數統計」，交通部觀光局行政資訊系統，2009 年 4 月 16 日，請參考 http://admin.taiwan.net.tw/statistics/File/200812/table25_2008.xls。

表 3-8　中國大陸入境旅遊外匯收入統計表

年份	大陸旅遊外匯總收入（萬美元）	成長率（%）	來自台灣之旅遊外匯收入（萬美元）	成長率（%）	來自台灣旅遊外匯收入占大陸總收入的比例
1994	732,300	56.4	101,700	無資料	13.9
1995	873,277	19.25	166,555	63.77	19.1
1996	1020,046	16.81	184,373	10.7	18.1
1997	1207,414	18.37	212,298	15.15	17.6
1998	1260,174	4.37	219,515	3.4	17.4
1999	1409,850	11.88	220,408	0.4	15.6
2000	1622,374	15.07	278,538	26.37	17.2
2001	1779,196	9.67	274,789	-1.35	15.4
2002	2038,497	14.57	320,031	16.46	15.7
2003	1740,613	-14.61	238,475	-25.48	13.7
2004	257,3900	47.87	365,400	53.22	14.2
2005	292,9594	13.82	408,282	11.88	14
2006	339,4900	15.9	456,700	11.9	13.5
2007	419,1891	23.5	503,729	10.3	12
2008	408,0000	-2.6	無資料		

資料來源：中華人民共和國國家旅遊局，**2006 中國旅遊統計年鑑**，頁 45-47。

中華人民共和國國家旅遊局，**中國旅遊年鑑 2007**（北京：中國旅遊出版社，2007 年），頁 94。

中華人民共和國國家旅遊局，**2008 中國旅遊統計年鑑**（北京：中國旅遊出版社，2008 年），頁 45-47。

國家旅遊局，「國家旅遊局發布：2008 年旅遊經濟運行有關資料」，中國旅遊網，2009 年 5 月 6 日，請參考 http://www.cnta. gov.cn/html/2009-1/2009-1-22-16-20-10734.html。

二、台灣入境旅遊發展遲緩

　　台灣在60至80年代曾是觀光大國，如表3-9所示，1978年時台灣入境旅遊人數仍高於大陸，但隨著大陸改革開放而推動入境旅

遊後，加上兩岸旅遊資源甚為接近與大陸長期封閉的神秘感，使得台灣市場隨即受到直接衝擊。而近年來成長亦甚為有限，直到1994年才突破200萬人次，但與大陸相較卻差距日益顯著。行政院在2002年雖然推動所謂「觀光倍增計畫」與「台灣觀光年」等活動，但效果卻十分有限。

表 3-9　中國大陸與台灣入境旅遊人數比較表[31]
（單位：萬人次）

年份	1978	1979	1980	1981	1982	1983	1984	1985	1986
大陸	72	153	350	377	392	379	514	713	900
台灣	127	134	139	141	142	146	152	145	161
年份	1987	1988	1989	1990	1991	1992	1993	1994	1995
大陸	1,076	1,236	936	1,048	1,246	1,651	1,898	2,107	2,003
台灣	176	194	200	193	185	187	185	213	233
年份	1996	1997	1998	1999	2000	2001	2002	2003	2004
大陸	2,277	2,377	2,507	2,705	3,123	3,317	3,680	3,297	4,176
台灣	236	237	230	241	262	262	298	225	295
年份	2005	2006	2007	2008					
大陸	4681	4991	5472	5305					
台灣	337	351	371	384					

資料來源：中華人民共和國國家旅遊局，**2006 中國旅遊統計年鑑**，頁 23。
　　　　國家旅遊局，「2007 年中國旅遊業統計公報」，中國旅遊網，2009 年 4 月 26 日，請參考 http://www.cnta.gov.cn/html/2008-9/2008-9-10-11-35-98624.html。
　　　　國家旅遊局，「國家旅遊局發布：2008 年旅遊經濟運行有關資料」，中國旅遊網，2009 年 5 月 6 日，請參考 http://www.cnta.gov.cn/html/2009-1/2009-1-22-16-20-10734.html。
　　　　交通部觀光局，「觀光統計」，交通部觀光局行政資訊系統，2009 年 5 月 3 日，請參考 http://admin.taiwan.net.tw/indexc.asp。

---

[31] 本表之大陸入境旅遊人數統計資料係指過夜旅遊者。

表 3-10　亞太國家入境旅遊人數與創匯比較表

Major destinations	Series	International Tourist Arrivals (1000)			Change (%)		Share (%)	International Tourism Receipts (US$ million)			Share (%)
		2005	2006	2007*	06/05	07*/06	2007*	2005	2006	2007*	2007*
Asia and the Pacific		154,641	166,981	184,329	8.0	10.4	100	134,964	156,537	188,934	100
Australia	TF	5,020	5,064	-	0.9	-	-	16,866	17,840	22,244	11.8
Cambodia	TF	1,333	1,591	1,873	19.4	17.7	1.0	840	963	1,400	0.7
China	TF	46,809	49,913	54,720	6.6	9.6	29.7	29,296	33,949	41,919	22.2
Fiji	TF	550	545	539	-0.9	-1.1	0.3	439	433		
Guam	TF	1,228	1,212	1,225	-1.3	1.1	0.7				
Hong Kong (China)	TF	14,773	15,822	17,154	7.1	8.4	9.3	10,294	11,638	13,766	7.3
India	TF	3,919	4,447	4,977	13.5	11.9	2.7	7,493	8,634	10,729	5.7
Indonesia	TF	5,002	4,871	5,506	-2.6	13.0	3.0	4,521	4,448	5,346	2.8
Japan	VF	6,728	7,334	8,347	9.0	13.8	4.5	6,630	8,469	9,334	4.9
Korea, Republic of	VF	6,023	6,155	6,448	2.2	4.8	3.5	5,806	5,788	5,797	3.1
Lao P.D.R.	TF	672	842		25.3			147	173		
Macao (China)	TF	9,014	10,683	12,945	18.5	21.2	7.0	7,979	9,828		
Malaysia	TF	16,431	17,547	20,973	6.8	19.5	11.4	8,847	10,424	14,047	7.4
Maldives	TF	395	602	676	52.3	12.3	0.4	287	434	494	0.3
New Zealand	VF	2,383	2,422	2,466	1.6	1.8	1.3	4,865	4,750	5,427	2.9
Philippines	TF	2,623	2,843	3,092	8.4	8.7	1.7	2,265	3,501	4,931	2.6
Singapore	TF	7,079	7,588	7,957	7.2	4.9	4.3	5,914	7,194	8,664	4.6
Taiwan (pr. of China)	VF	3,378	3,520	3,716	4.2	5.6	2.0	4,977	5,136	5,137	2.7
Thailand	TF	11,567	13,822	14,464	19.5	4.6	7.8	9,576	13,401	15,573	8.2
Vietnam	VF	3,468	3,583	4,172	3.3	16.4	2.3	1,880	3,200	3,461	1.8

Source: World Tourism Organization (UNWTO)©　(Data is collected by UNWTO, 2008)

資料來源：World Tourism Organization, *Tourism Highlights Edition 2008*, p.6.

　　如表3-10所示，根據世界旅遊組織的統計2007年來台旅遊人數為371萬人次僅占亞太市場比重2%而排名第十一名。另就國際旅遊收入來說，台灣為51億美元而只占亞太市場的2.7%，位居第十一位，兩者均為四小龍之末。

　　根據「世界旅行暨旅遊委員會」2008年所公布的年度統計報告顯示，中國大陸旅遊業的產值在全球排名已經超越日本與德國，成為第二大旅遊市場，市值近6,000億美元，未來十年，每年還將以9%速度增長。相對之下，台灣旅遊業產出占國民所得比重，在全球176個國家中，排名居然是第163名，占ＧＤＰ比重不到5%，和香港、泰國、越南、馬來西亞、大陸，旅遊業占ＧＤＰ比例10%到16%相比，台灣旅遊業是處於低度開發狀態，而與位居全球之冠占ＧＤＰ比重高達82.5%的澳門相比，更是猶如天壤之別。[32]

---

[32] 中時電子報，「台灣旅遊低度開發，全球排 163 名」，msn 新聞網網站，2008 年 9 月 24 日，請參考 http://news.msn.com.tw/news970246.aspx。

　　不論政府或業者均心知肚明，由於兩岸旅遊資源同質性高，大陸旅遊資源相較台灣更為豐富，因此歐美觀光客來到亞洲首選還是文化中心的大陸；而台灣仰賴長達40餘年的日本市場也已趨於飽和；東南亞市場則因台灣物價過高而進展有限，因此未來的市場就是距離最近的大陸。

貳、民進黨執政時期陸客來台之發展

　　2000年我國因首次政黨輪替，由民主進步黨取代了執政長達50多年的中國國民黨。民進黨執政之後，鑑於台灣旅遊業的長期低迷，加上當時的經濟發展欠佳與失業率攀升，因此發展觀光遂成為最快速解決經濟問題的政策，行政院在2002年開始推動所謂「觀光倍增（double）計畫」，其中將開放陸客來台列為最重要的項目。

一、台灣相關法令與政策的推出

　　2001年12月10日我國內政部發布「大陸地區人民來台從事觀光活動許可辦法」（以下簡稱「大陸人民來台觀光辦法」），成為正式開放陸客來台觀光之法令。根據該辦法第三條的規定，大陸居民符合下列情形的任何一項者，由經交通部觀光局核准之旅行業代為申請許可來台從事旅遊活動，其可區分為「境內人士」與「境外人士」兩種類型：[33]

---

[33] 范世平，「開放中國大陸民眾來台旅遊法制遞嬗與影響之研究」，**遠景基金會季刊**，第 7 卷第 2 期（2006 年 3 月），頁 217-267。

（一）境內人士

是指目前仍在大陸境內生活或工作的民眾，這又可分成兩類，一是「有固定正當職業者或學生」，另一則是「有等值新台幣20萬元以上之存款，並備有大陸地區金融機構出具之證明者」。

（二）境外人士

是指目前並未在大陸境內生活或工作的民眾，而根據旅居的地區也包括兩類，一類是「赴國外留學、旅居國外取得當地永久居留權或旅居國外4年以上且領有工作證明者及其隨行之旅居國外配偶或直系血親」，另一類則是「赴香港、澳門留學、旅居香港、澳門取得當地永久居留權或旅居香港、澳門4年以上且領有工作證明者及其隨行之旅居香港、澳門配偶或直系血親」。

而上述兩種身分依「大陸人民來台觀光推動方案」，根據其身分與來台的路線共劃分成三類：其中境內人士的身分若是經由港澳地區來台旅遊者，被稱之為「第一類」；若是赴國外旅遊或商務考察而轉來台灣旅遊者稱之為「第二類」；而境外人士則是屬於「第三類」。

2002年1月試辦時，開放的對象僅為「第三類」，但排除旅居港澳的大陸居民；然而因開放成效有限，2002年5月所修改發布之「大陸人民來台觀光辦法」中，正式將「第二類」人士納入，並且於5月10日開放其來台旅遊，此外也將「第三類」的範圍擴增為旅居港澳地區的大陸居民。[34]

---

[34] 范世平，「開放大陸民眾來台旅遊法令規範之研究」，**展望與探索**，第 3 卷第 12 期（2005 年 12 月），頁 76-95。

二、大陸對於陸客來台的態度與影響

由於2002年時為民進黨執政，因此大陸對於台灣在開放的「第二類」與「第三類」陸客來台，所採取的是「冷處理」的態度，甚至將其視為非法活動而加以取締。如表3-7所示，陸客來台旅遊的人數並無明顯增加，其原因包括政治與技術上的兩大因素：

（一）政治上的因素

對於大陸來說，任何對台政策均有其政治意涵，旅遊政策亦然。特別是面對一向被大陸視為支持台獨的民進黨，其對台政策的政治意義更為明顯，內容如下：

1.兩岸協商立場歧異

由於開放陸客來台旅遊，未經由兩岸之間的協商，是由台灣單方面開放，因此大陸並不承認此一措施，主要原因仍是兩岸對於談判的看法歧異。大陸仍然堅持「一個中國」、「九二共識」與「體現一國內部事務」的原則；此外，1995年前總統李登輝訪問美國之後，大陸隨即關閉了海協與海基兩會的協商大門，僅允許由兩岸得到授權之民間業者進行協商，藉由「民間對民間、公司對公司、企業對企業」的模式談判陸客來台。而民進黨政府除無法接受相關的政治前提外，也不同意由業者取代政府來直接商談。

2.不願替民進黨創造經濟利多

2003年3月，胡錦濤於第十屆全國人大一次會議上正式獲選為國家主席，在此次會議中台灣團分組會上胡錦濤提出了「關於對台工作的四點意見」，分別是：「要始終堅持一個中國原則、要大力

促進兩岸的經濟文化交流、要深入貫徹『寄希望於台灣人民』的方針、要團結兩岸同胞共同推進中華民族的復興」；對於其中的「寄希望於台灣人民」，胡錦濤又提出了所謂「三個凡是」：「凡是有利於台灣同胞的事，凡是有利於祖國統一的事，凡是有利於中華民族偉大復興的事，應該積極去做，把它做好」。[35]但事實上從2002年開始台灣開放大陸民眾來台旅遊後，大陸均採取一貫之「冷處理」態度。其最重要的考量就是擔心若對台灣輸出觀光客後，將使台灣當時低迷的經濟迅速恢復榮景，這無異替政治立場上傾向台獨的民進黨政府製造政績與旅遊經援。因為根據當時台北市旅行商業同業公會的評估，若每名陸客在台每天消費150元美金，每次平均8天，以每年開放100萬人次來看，每一年至少可創造約400億元新台幣的產值；[36]而根據行政院大陸委員會（以下簡稱陸委會）的研究報告顯示，若每天開放1,000名陸客，估計每年可帶來約4.9億美元的旅遊收入，[37]而且其乘數效果更可帶動交通、食宿、購物、遊樂等產業的大幅成長。此外誠如第二章所述由於旅遊產業的就業進入門檻低、小額資本即可創業與民眾獲利快速，因此，陸客來台可直接降低台灣居高不下的失業率。

3.大陸的「說多做少」與積極主導政策

2004年召開的中共十六屆四中全會，胡錦濤獲選為中共中央軍事委員會主席，正式成為掌握黨、政、軍大權的第四代領導

---

[35] 中央社，「胡四點並列江八點中共對台新基調」，中央通訊社網站，2009年5月28日，請參考 http://tw.news.yahoo.com/040928/45/10qa3.html。

[36] 《中國時報》，2004年1月5日，第B2版。

[37] 中央社，「陸委會：開放中國旅客 年觀光收入5億美元」，中央通訊社網站，2009年5月28日，請參考 http://tw.news.yahoo.com/050731/43/24ijx.html。

人，也開始完全主導對台事務。另一方面，民進黨在2004年再度於總統大選中獲勝而得以繼續執政，使得大陸不得不去面對此一政治現實。故此一時期胡錦濤的對台工作在態度方面，轉變為細膩懷柔而採感性訴求，強調必須兼顧台灣民眾的感受，這與江澤民時期對台採取「文攻武嚇」，透過強硬談話與飛彈試射造成台灣民眾極度反感形成強烈對比；此外，胡錦濤一方面於2005年3月藉由全國人大十屆三次會議通過「反分裂國家法」，隨即又在同年4月透過台灣在野黨釋出開放觀光客來台之善意，將原本對此議題的「冷處理」迅速轉變為「熱處理」，充分顯示其對台之「立場堅定、作法彈性」與「軟硬兼施、外壓內拉」策略下，對台工作趨於細膩靈活與主動出擊，並更能掌握台灣內部之政治生態與輿情反應，這也與江澤民時期對台工作的僵化保守、進退失據、誤判情勢與難有突破形成明顯對比。

不可否認，胡錦濤的對台政策希望將「台灣執政當局」與「台灣人民」予以分開處理，但由於大陸與民進黨間的互信過低，使得從2005年開始大陸始終停留在宣傳的階段而無法付諸實施，成為一種「說多做少」的特殊現象。

（1）掌握時機發布訊息

當2005年4月下旬中國國民黨主席連戰在胡錦濤的邀請下，成為國共內戰50年後首次訪問大陸的國民黨領導人，而北京當局隨即宣布開放民眾來台旅遊之利多政策，其政策開放背後之政治動機甚為明顯；5月20日正逢陳水扁就職總統滿一週年，大陸國家旅遊局正式宣布開放民眾赴台旅遊，除了時間上的巧合凸顯大陸的統戰意圖外，也顯示大陸已經正式將旅遊列為其對台工作的重要項目；8月，當前行政院長謝長廷拋出政府將研擬開放澎湖試辦定

點直航大陸的風向球後，大陸福建省台灣事務辦公室副主任林衛國立即公開表示，福建省將積極推動福建沿海地區與澎湖的直接往來，包括參照福建沿海與金門、馬祖航線往來的做法，推動福建居民赴澎湖旅遊。[38]事實上，如表3-7所示，陸客來台人數在2005年的確較前一年增長許多，2006年更達到高峰，這是因「連胡會」後大陸刻意放鬆陸客來台限制的結果。由此可見，大陸積極掌握特殊時機來對外釋放其觀光客可能來台的訊息，並適時釋出陸客來台，不但可以製造話題，更可以獲得國際媒體的注意。

（2）官員來台製造話題

2005年10月28日大陸旅遊最高主管機關的國家旅遊局局長邵琪偉，前來台灣進行首次參訪考察，不但成為台灣當時媒體的報導焦點，更引發台灣內部的熱烈討論。大陸也開始積極藉由台灣大眾傳播媒體，包括政論性電視節目與專題報導，傳播陸客來台旅遊之經濟利多效益，進而形成社會上要求儘快開放之輿論，而成為我國政府壓力；並且將無法開放之原因，完全歸咎於台灣方面。

（3）法令出台增加期待

在國民黨連戰榮譽主席與胡錦濤第二次會面後，2006年4月16日大陸甚至進一步發布了「赴台旅遊管理辦法」，不但使得陸客來台旅遊有了法律依據，更成為與大陸出國旅遊、港澳自由行旅遊與邊境旅遊分庭抗禮的獨立法律體系，[39]但空有法令卻無法真正落實，除了讓台灣業者繼續期待外，並無實際上的效果。

---

[38] 中央社，「福建將積極推動沿海地區與澎湖直接往來」，中央通訊社網站，2009年5月28日，請參考 http://tw.news.yahoo.com/050805/43/258 b0.html。

[39] 范世平，「中國大陸發布大陸居民赴台灣地區旅遊管理辦法影響之研究」，**展望與探索**，第4卷第7期（2006年7月），頁76-92。

（4）設下阻礙邊談邊拖

當2005年5月大陸宣布開放民眾前來台灣旅遊後，即拋出希望依照該年春節期間包機的形式進行協商，由大陸的「中國旅遊協會」出面與台灣之旅行業者之組織進行談判。這就是大陸一再聲稱的，必須是由「行業對行業」來進行，即由兩岸旅行業者自行組織團體參與談判。由於事涉公權力，當時的陸委會主委吳釗燮與交通部長林凌三仍然堅持過去立場而強調必須由官方進行協商，但為大陸所拒絕，台灣在籌碼有限的情況下只能改變原本堅持，同意採取所謂的「複委託機制」，由海基與海協兩會，分別委託其他專業性團體進行協商。因此台灣於同年7月28日宣布由「中華民國旅行商業同業公會全國聯合會」（以下簡稱「全聯會」）代表政府前往大陸商談。[40]大陸原本歡迎但之後卻採取反對之態度，一方面是該會有「中華民國」之名稱，此與「一個中國」的政治立場相違；[41]另一方面，是該會為我國政府所授權與指定，而大陸要自己選擇台灣之對口單位，這使得另一團體「台灣觀光協會」雀屏中選。這顯示大陸藉由其來台旅遊優勢來介入台灣內部之政治運作，甚至直接進行主導與干預。

基本上，台灣政府除對於此一「行業對行業」的談判模式難以接受外，在實際操作面上也有障礙，因為兩岸旅行業者不論企業規模、經營範圍、從業人員層次，雙方相差甚大，台灣多為中小企業，而大陸的旅行社多是政府機關所成立，例如中國國際旅

---

[40] **聯合報**，「全聯會與大陸旅遊業很熟悉」，聯合報網站，2008 年 4 月 19 日，請參考 http://tw.news.yahoo.com/050729/15/248th.html。

[41] **聯合報**，2005 年 7 月 30 日，第 A13 版。

行社隸屬國家旅遊局，中國青年旅行社隸屬中國共產黨青年團
（以下簡稱共青團），海峽旅行社隸屬國務院台灣事務辦公室
（以下簡稱國台辦），中國婦女旅行社隸屬中華全國婦女聯合
會，台灣會館國際旅行社隸屬中共中央統戰部；並且台灣業者因
業務關係長期受到大陸當局之拉攏與操控，顯然並非大陸談判之
對手，加上雙方業者組織的官方授權不足，使得談判進展十分緩
慢而成果有限，因此形成「邊談邊拖」的現象。

（5）「複委託機制」進展有限

　　由於兩岸業者談判在缺乏官方參與的情況下進展有限，因此
兩岸不得不嘗試找出新的談判模式，2006年4月27日大陸國家旅遊
局發言人張堅鍾表示，旅遊是民間事務，大陸的協商都交由業內
人士負責，不會有國台辦與海協會官員上桌，而台灣的陸委會、
海基會人員也不能參與協商。[42]在此情況下，新的談判模式開始
出現，即由兩岸旅遊主管部門進行主導，但表面上仍屬民間團體
性質。2006年8月17日大陸率先宣布成立海旅會，台灣則在同年10
月13日亦成立相對應之「台灣海峽兩岸觀光旅遊協會」（以下簡
稱台旅會），作為兩岸旅遊談判的複委託機制。然而，由於陸客
來台旅遊事涉敏感而高位階的兩岸關係，即使有兩岸旅遊政府部
門的官員參與仍顯層級不足，因此每當談判牽涉到兩岸關係的政
治議題時就難有進展，使得雙方雖然在澳門經過五次談判但都無
疾而終。

---

[42] **聯合報**，「觀光客來台大陸擬 71 開放」，聯合報網站，2008 年 4 月 19
　　日，請參考 http://tw.news.yahoo.com/060427/15/32p5i.html。

（二）技術上的因素

在民進黨執政時期陸客人數不彰，除了上述政治因素造成談判未果而無法全面開放「第一類」觀光客外，也有若干技術問題造成台灣片面開放的「第二類」陸客來台意願不高。

1.費用過高形成阻礙

由於開放之初宣傳不足使得大陸海外人士的來台旅遊訊息甚為有限，此外，來台費用過高也非一般大陸留學生所能負擔，例如8天行程費用約新台幣46,000至50,000萬元，10天的費用約50,000至58,000元，[43]對於學生族群來說都是相當沈重的經濟負荷。另一面，已取得海外居留權之大陸人士，本來就可憑個人身分來台，而無須以此「觀光名義」進行「團進團出」。因此在試辦四個月後，陸委會又宣布展開第二階段開放作業以擴大試辦對象，也就是開放赴國外旅遊或商務考察轉而來台旅遊之「第二類」大陸人士，並將「第三類」的範圍擴增為旅居港澳地區的大陸人士。雖然如此，由於「第二類」陸客必須經由第三地轉機來台，因此交通費用較高也形成來台旅遊阻礙。

2.若干限制有歧視之虞

根據我國發布的「大陸人民來台觀光注意事項」，台灣導遊必須在每晚十一點在飯店清點人數；另根據「大陸人民來台觀光數額分配要點」的規定，陸客若預定十點以後歸來飯店者，必須填妥申報書。而在路線方面，開放初期必須依循觀光局所提出的29條觀光

---

[43] **中國時報**，2001年11月24日，第3版。

路線，[44]否則需要特別申請，後來為了增加活動內容，觀光局將其改為負面表列，包括軍事國防區、科學園區、國家實驗室、生物科技、研發或其他重要單位列為不可前往地區。[45]另外，申請手續也甚為麻煩，因此許多大陸民眾均不滿的認為有歧視之嫌，甚至指出台灣人到大陸旅遊均未如此嚴格，何以大陸人士來台卻限制重重。

　　另一方面，我國內政部警政署於2004年4月8日發布「大陸地區人民按捺指紋及建檔管理辦法」，原本只規定大陸人民申請進入台灣進行團聚、居留或定居者，需按捺指紋，但前行政院院長謝長廷於2005年9月29日在主持「行政院強化社會治安專案會議」時，則要求大陸人民來台一律必須按捺指紋，這包括來台旅遊活動。後來由於必須修改「兩岸人民關係條例」而並未實施，但此一歧視性作為卻使得大陸當局甚為不滿。

　　此外，台灣將大陸民眾劃分為第一類、第二類與第三類等三種類別，對於大陸民眾而言認為也有歧視之嫌，大陸當局認為應廢除此一身分劃分方式，廣為開放大陸民眾直接來台旅遊。

3.陸客脫隊問題難以有效解決

　　由於是我國單方面開放，因此對於「第二類」陸客的身分查證不易，而審查時間又十分倉促，加上大陸偽造證件充斥，因此，許多人蛇集團藉此途徑將亟欲來台工作的大陸民眾輸進台灣，造成旅行團的脫隊情事時有所聞。當這些脫隊事件發生後，負責接待的台灣旅行社必須承擔一切責任，甚至必須接受暫停接待大陸旅行團的處罰。由於此一開放陸客來台旅遊，均未經兩岸正式協商，雙方主管單位既無法聯繫而我國又查證困難，使得台灣旅遊業者的經營意願也隨之降低。

---

[44] **聯合報**，2001 年 11 月 24 日，第 2 版。
[45] **聯合報**，2001 年 12 月 6 日，第 13 版。

4.大陸將來台旅遊視為非法

由於兩岸未經協商即由我國逕自開放陸客來台，因此就大陸來說其國民若前往台灣旅遊則屬於違法行為，回國後若被發現會以「偷渡」論處；承辦之旅行社輕則負責人被撤換，重則會被撤銷執照而強迫關閉，例如2004年5月北京鑫海中國國際旅行社就被查到在星、馬、泰旅遊中夾雜台灣遊。[46]因此大陸業者與「第二類」來台大陸人士都極為低調，多是藉口耳相傳招募觀光客，不敢明目張膽的公開招攬；而這些來台旅遊的「第二類」觀光客，若是在台發生意外事件，對於台灣媒體的訪問也都是極盡低調與閃躲。而誠如前述根據大陸的「中國公民出國旅遊管理辦法」第二條第一項指出「出國旅遊的目的地國家，由國務院旅遊行政部門會同國務院有關部門提出，報國務院批准後，由國務院旅遊行政部門公布」，因此大陸民眾不得任意到各國旅遊；而要成為大陸民眾可以前往旅遊的地方，首先必須成為「中國公民出境旅遊目的地」（ADS，即Approved Destination Status）。然而當2005年5月大陸公開宣布開放民眾赴台旅遊，卻未將台灣列入ADS，使得直到2008年為止，陸客都在官方「睜一隻眼、閉一隻眼」的情況下非法來台。

第三節　國民黨再次執政後陸客來台之發展

2008年3月22日馬英九當選中華民國總統，除了使得台灣完成了第二次的政黨輪替外，更使得停滯近10年的兩岸協商得以恢復，而「第一類」陸客來台也出現了曙光。尤其當馬英九於5月20

---

[46] 中國時報，2004 年 5 月 20 日，第 A13 版。

日就職後，受到國際金融風暴的影響下所面臨的經濟情勢十分嚴峻，因此馬政府遂將經濟發展的希望寄託在大陸，其中尤其以開放陸客來台，最能在短期內振興台灣的經濟。根據馬政府統計，若大幅開放陸客來台，預計初期每天3,000人，每年將達到近110萬人次；第四年後每天開放1萬名，每年可達360萬人次。預計開放第一年可創造至少600億元的收益，第四年躍升至2,000億元。此外，陸客來台所創造的龐大商機，也有助於國內就業，預估開放後第一年可增加4萬個就業機會，以後三年增加10萬個，使台灣失業率下降超過1個百分點。[47]

　　2008年6月11日，停滯長達近十年的海基會與海協會協商終於恢復，在兩岸的協商下簽署了「海峽兩岸關於大陸居民赴台旅遊協議」，使得在民進黨執政時期無法來台的「第一類」陸客 終於得以成行。由於兩岸展開了週末包機直航，故此時的「第一類」陸客已擴大解釋為毋須經由港澳而是直接來台之旅遊者。

壹、大陸對於陸客來台的政治態度與影響

　　面對台灣在2008年總統大選後，政府、民眾與旅遊業者對於陸客來台的期盼，大陸所採取的態度如下：

一、大陸的統戰思維與政治考量

　　誠如前述，從2002年民進黨執政時開放了陸客來台旅遊後，大陸均採取一貫之「冷處理」態度，然而，從2008年國民黨再度

---

[47] 閻光濤，「馬：開放直航觀光，推展四進四出、雙城遊記」，中央日報網路報，2008 年 3 月 3 日，請參考 http://www.cdnews.com.tw/cdnews_site/docDetail.jsp?coluid=141&docid=100305309。

執政後，大陸隨即採取截然不同之態度。從大陸的角度來說，任何對台政策均有其政治意涵，當前發展之意義如下：

（一）台灣政黨輪替後情勢丕變

民進黨執政時期，大陸之所以冷處理陸客來台，最重要的考量就是如此將使台灣經濟如香港般的恢復榮景，這無異替當時執政的民進黨製造政績與進行旅遊經援。而如今國民黨重新執政，則此一顧慮已不存在。

（二）大陸善於運用自身優勢

大陸更懂得利用自己的優勢來投入對台工作，其中特別是經濟發展上的優勢。因為陸客來台將對台灣經濟產生直接幫助，因此當台灣的態度越是積極，則大陸也就掌握更多談判的籌碼與主動性。

（三）大陸將對台工作重心南移

台灣南部近年來由於產業外移與就業機會有限造成失業率偏高，而該地區多數是支持民進黨的選民，甚至是支持台灣獨立的基本教義派。他們厭惡大陸與中共政權，排斥前往大陸旅遊與接觸有關大陸之相關資訊，也因此對於大陸的認知不但欠缺而且與事實有所差距，這種對於大陸不斷加深的敵視態度形成一種惡性循環，也成為大陸對台工作至今仍然最難著力與突破的盲點。因此，既然無法將台灣南部民眾「引出來」的前往大陸旅遊，就主動積極的讓陸客「走進去」，透過此一模式可以使南部民眾對於大陸的看法改觀。

（四）大陸透過陸客有助台灣經濟

當陸客正式開放而大量來台，若使得台灣經濟與民眾就業因而產生正面幫助，則相對於民進黨執政八年來不但陸客人數稀少，而且經濟發展不彰與失業率居高不下之情況，產生明顯的對比。這將使得民進黨在台灣獨立、兩岸關係與中國政策的論述上，形成必須改變的壓力。

（五）陸客可使台灣對大陸經濟更為依賴

大陸已瞭解到若陸客來台，除可有效提昇台灣經濟外，亦可使台灣對於大陸的經濟依賴更為密切。以香港為例，2003年的SARS疫情，造成各國觀光客赴港裹足不前，但因開放陸客自由行，使得陸客前往香港的人數是不減反增，占來港觀光客總數之比例首次突破50%，顯示香港對於大陸客源的依賴程度大幅增加。另一方面，從2008年8月份開始，北京刻意增加了陸客前往澳門自由行的限制，使得澳門近年來因陸客所創造的經濟榮景步入寒冬，北京當局此舉的目的一方面是要冷卻澳門發展過熱的博彩業，另一方面也是告訴世界，陸客開放與否是由北京作主。[48]

二、在胡錦濤主導下採取積極主動態勢

從台灣2008年3月大選後的第四天（3月26日），中共總書記胡錦濤在與美國前總統布希電話對談時，援引過去與國民黨榮譽主席連戰會談時的共識，倡議兩岸在「九二共識」基礎下恢復協

---

[48] 陳競新，「陸客自由行設限，澳門賭場冷颼颼」，聯合報網站，2008 年 9 月 23 日，請參考 http://udn.com/NEWS/MAINLAND/MAI2/4526299.shtml。

商談判，外界即已意識到，胡錦濤將親自主導對台政策，並且勢
必將更為靈活務實。

　　在台灣總統大選塵埃落定後，蕭萬長在4月11日以準副總統當
選人的身分前往海南參加了博鰲論壇，並與胡錦濤見面，蕭萬長
率先提出了「正視現實、開創未來、擱置爭議、追求雙贏」的十
六字方針，[49]以測試大陸對於7月4日開放陸客來台與否的溫度。
而當時內定出任海基會董事長的國民黨副主席江丙坤，也在同月
24到27日，前往大陸上海、昆山、廈門、深圳4個城市，表面上是
向台商謝票，但實際上是再度測試兩岸針對陸客來台與週末包機
等議題恢復談判的可能性。4月29日胡錦濤在會見應邀來訪的連戰
時，提出「建立互信，求同存異，擱置爭議，共創雙贏」十六字
方針，[50]這不僅是對蕭萬長在博鰲論壇所提十六字方針的回應，
更含納了對台灣最新政局發展的思考。

　　5月17日，就在四川發生大地震而大陸舉國上下忙於救災之
際，國台辦主任陳雲林透過新華社宣布，胡錦濤邀請國民黨主席
吳伯雄率團訪問大陸。5月26日吳伯雄即前往南京與北京訪問，
並且會見了胡錦濤。「528吳胡會」後，敲定了「6月復談、7月
包機、8月奧運、9月熊貓來台」等共識，其中對於馬英九提出的
開放陸客來台與直航兩大要求，胡錦濤都立刻釋出善意回應，不
但公開指出「這兩件事完全可以在最短時間內辦成、辦好」，[51]

[49] 「胡蕭會：務實開放 開創未來」，國際日報網站，2008 年 8 月 18 日，請
參考 http://www.chinesetoday.com/news/show/id/56020。
[50] 「胡錦濤：國共兩黨應建立互信、擱置爭議、求同存異、共創雙贏」，中
國網，2008 年 8 月 18 日，請參考 http://big5.china.com.cn/overseas/txt/2008
-05/28/content_15532213.htm。
[51] 「胡錦濤：最短時間辦好周末包機和大陸居民赴台游」，新浪新聞網，
2008 年 8 月 19 日，請參考 http://news.sina.com.tw/article/20080528/396804.
html。

並且宣布將開放北京、上海、廈門、廣州四地與台灣的桃園、台中清泉崗、台北松山、高雄小港與花蓮機場進行直航，而在5月28日「吳胡會」後的15小時內，大陸海協會隨即發函海基會確認復談時程；29日，新華社發布海協會邀請江丙坤於6月11日訪問北京的訊息，[52]以對於陸客來台等議題進行談判。6月13日海基會董事長江丙坤、海協會會長陳雲林在北京釣魚台國賓館慶功廳正式簽署兩項協議文件，分別是「海峽兩岸周末包機會談紀要」與「海峽兩岸關於大陸居民赴台旅遊協議」，自此之後正式開啟了陸客來台的歷史序幕。[53]7月4日啟動的「首發團」，共有700餘名陸客來台，由大陸國家旅遊局副局長張希欽率領，成員包含大陸官員、航空業者及一般民眾；此外，由國家旅遊局旅遊促進國際聯絡司副司長范貴山，以海旅會副祕書長身分所率領的「踩線團」，共39人於7月16日來台，團員為大陸33家獲准承攬台灣遊的旅行社經理人員，針對台灣觀光及接待設施進行11天的環島勘查。[54]

由此可見，大陸在對台工作上採取的是「快節奏」的進行模式，並充分展現其主導兩岸互動情勢的強烈意圖，而其中「經貿交流先行，政治協商在後」的模式也已經悄然啟動。

---

[52] 「大陸海協會邀請海基會六月組團北京商談」，海峽資訊網，2008 年 8 月 18 日，請參考 http://www.haixiainfo.com.tw/10873.html。

[53] 林庭瑤、何榮幸、王銘義，「江陳簽署包機、陸客兩協議」，中時電子報網站，2008 年 6 月 14 日，請參考 http://news.chinatimes.com/2007Cti/2007 Cti-News/2007Cti-News-Content/0,4521,110501+112008061400069,00.html。

[54] 黃如萍，「13 省市開放遊台，踩線團 16 日到」，中時電子報網站，2008 年 6 月 14 日，請參考 http://news.chinatimes.com/2007Cti/2007Cti-News/2007Cti-News-Content/0,4521,110501+112008061400088,00.html。

貳、兩岸共同合作以改善發展困境

　　馬政府就任後將陸客來台的人數，由民進黨執政時期原本規劃的每天1,000人大幅提高為3,000人，希望藉此增加陸客來台的經濟效應，但事實上陸客來台的人數卻達不到此一上限。如表3-12所示，2008年7月份每天平均人數149人；8月份每天平均為236人，其中亦曾有一天不及100人；9月份每天平均為298人；10月份大陸適逢「黃金週」但每天平均也不過為356人；11月份每天平均為418人；12月份每天平均為334人；2009年1月份適逢農曆春節的「黃金週」，增加至每天平均為624人，但仍與每天3,000人的目標有所差距，不但台灣民眾感到失望，更成為反對黨攻擊的焦點。

　　台灣反對黨與國際輿論均傳出，可能是因大陸不滿馬政府「經熱政冷」之兩岸政策，台灣不斷要求大陸「給這給那」的給予經濟優惠，而未同比例的回應大陸的政治要求，因而刻意不讓陸客來台之人數增加以作為談判籌碼，一方面逼迫馬政府在政治上的更大承諾，例如對於「九二共識」與「一個中國」立場更明確的表態；另一方面則藉此展示陸客來台的開放與否及人數多寡，真正的主導權在於北京，台灣幾乎是毫無討價還價之餘地，例如2008年12月馬英九總統在接受國際媒體訪問時，對於達賴喇嘛訪台一事提出「時機不宜」的說明，就被在野黨批評為受中共的壓力所致。[55]此外，在野黨甚至直指執政黨對於大陸這種「幾

---

[55]　林楠森，「達賴喇嘛訪台時機不宜惹爭議」，BBC 中文網站，2008 年 12 月 13 日，請參考 http://news.bbc.co.uk/chinese/trad/hi/newsid_7760000/newsid_7765100/7765113.stm。

近羞辱」式的開放模式，毫無任何作為，喪失談判主動性；大陸
這種一天幾十人的開放措施，與其龐大的出境旅遊人數來說，猶
如天壤之別，這種「開而不放」、「形式大於實質」、「虛大於
實」與「口惠而實不至」的敷衍作為，是對讓台灣的污辱，更讓
業者希望落空。[56]

表 3-11　「第一類」陸客來台旅遊人數統計表

年月別	申請		核准		入境		出境	
	團數	人數	團數	人數	團數	人數	團數	人數
2008 年 合計	2,309	57,523	2,265	55,849	2,722	54,249	2,442	51,535
2008.07	212	5,928	186	5,072	162	4,476	100	2,761
2008.08	240	6,226	261	6,738	270	7,009	291	7,772
2008.09	406	10,281	370	9,313	364	8,822	265	6,302
2008.10	478	12,056	479	12,040	574	11,035	528	11,619
2008.11	482	11,448	481	11,434	709	12,548	676	13,190
2008.12	491	11,584	488	11,252	643	10,359	582	9,891
2009 年 合計	16,443	424,302	16,231	420,388	16,333	415,676	15,920	412,266
2009.1	780	20,154	802	20,680	1,035	19,345	618	12,552
2009.2	717	19,052	594	15,561	861	16,348	905	19,761
2009.3	2,035	59,235	1,928	55,719	1,899	56,030	1,763	51,785
2009.4	3,961	113,538	3,703	106,157	3,347	97,822	3,037	89,269
2009.5	2,363	61,600	2,744	72,377	2,995	80,053	3,231	87,757
2009.6	1,174	27,553	1,144	26,463	1,186	28,213	1,373	33,070
2009.7	1,926	44,585	1,874	43,477	1,661	39,742	1,465	35,297
2009.8	1,750	39,447	1,651	40,280	1,916	44,872	2,185	51,321
2009.9	1,737	39,138	1,791	39,674	1,433	33,251	1,343	31,454
總計	18,752	481,825	18,496	476,237	19,055	469,925	18,362	463,801

資料來源：內政部入出國及移民署，「開放大陸地區人民來台觀光統計
　　表」，內政部入出國及移民署網站，2009 年 10 月 28 日，請參考
　　http://www.immigration.gov.tw/aspcode/9809/開放大陸地區人民來
　　臺觀光人數統計表.xls。

---

[56] 范世平，「論陸客來台與包機直航」，**澳門九鼎月刊**（澳門），第 11 期
　　（2008 年 9 月），頁 68-71。

上述這種政治上的揣測，造成大陸對台工作上的若干困擾。事實上，陸客來台人數不如預期的原因，首先是大陸經濟從2008年初以來，由於「勞動合同法」與「兩稅合一」等因素，造成出口不振；加上2008年年中以來，大陸股市與房市跌跌不休，以及受到美國次級房貸的全球經濟衰退影響，使得大陸經濟也受到直接的衝擊，進而降低民眾來台旅遊之意願。其次，是大陸對於觀光客來台仍然採取較為保守的態度，希望能「循序漸進」與「水到渠成」，而不是一步到位的快速增加後，造成人數過多所衍生的接待、跳機、意外等事故，如此反而會造成負面的影響與印象。至於大陸的地方政府與各旅行社，則在揣摩中央保守的態度下採取「寧左勿右」的消極作法，因此對於陸客來台並不鼓勵；特別是如果發生意外事件或是跳機問題，則屆時地方政府與旅行社必須擔負責任，特別是大陸旅行社多是國營，在「多一事不如少一事」的心態與中央政策狀況未明的情況下，採取嚴格篩選與消極推動的方式。

然而在台灣方面的強烈反應下，使得大陸也不得不改變態度，與台灣相互配合而採取更為積極的推動措施，如此也使得陸客來台如表3-12所示於2009年3月至5月呈現「井噴式」增長，其中4月份終於達到了每日3,000人的目標。基本上，兩岸共同努力的具體作為如下：

一、實際措施與政策上的配套作為

為了在短期內快速增加陸客來台的人數，一方面兩岸在實際措施上進行了緊密的聯繫，並擬訂出具體可行的政策配套作為，另一方面大陸當局也進行了相當程度的讓步，以使效果發揮最大。

（一）增加兩岸直航班次與交通路線

　　2008年7月4日所展開的兩岸週末包機，一週僅有4天通航，大陸僅同意每週雙方各飛18個來回航班，在機位不足的情況下，直接影響陸客來台之便利性；而陸客亦不願意經由港澳轉機來台，使得交通問題難以克服。同年11月4日陳雲林來台與江丙坤進行第二次「江陳會」談判，簽署了包括「空運」、「海運」、「郵政」與「食品安全」等四項協議，其中在空運方面由週末包機的每周36班，增加為平日包機的每週108班；大陸開放的航點由原本的5個增加為21個。[57]而2009年4月所召開的第三次「江陳會」，兩岸正式將平日包機轉變為定期航班，從8月31日開始，每週兩岸航班增加為270班，並且新增合肥、哈爾濱、南昌、貴陽、寧波、濟南等6個航點，使得總數達到27個。[58]這不但使得陸客來台的航班大幅增加，也使得出發地更為普遍，對於陸客來台具有直接幫助。

　　另一方面，在直航班機無法迅速增班的情況下，兩岸也試圖藉由其他交通途徑來疏導客流與增加陸客來台的方便性，其中「小三通」就成為另外的一種選擇。行政院院會於2008年9月4日通過「小三通正常化推動方案」，開放陸客可以經由金馬小

---

[57] 增加的 16 個航點，包括成都、重慶、杭州、大連、桂林、深圳、武漢、福州、青島、長沙、海口、昆明、西安、瀋陽、天津、鄭州，加上原本開放的北京、上海、廣州、廈門與南京，共為 21 個航點。中國新聞網「兩岸今簽空運協議，大陸增為 21 航點，每週 108 班」，中國新聞網網站，2008 年 11 月 4 日，請參考 http://www.cns.hk:89/hb/news/2008/11-04/1435943.shtml。

[58] 李志德、汪莉絹、陳俍任，「直航增為 270 班，上海才 8 班」，聯合報網站，2009 年 4 月 27 日，請參考 http://udn.com/NEWS/NATIONAL/NAT2/4870771.shtml。

三通中轉台灣；而大陸國台辦主任王毅也隨即在9月7日於廈門召開的第四屆海峽旅遊博覽會中，宣布開放陸客經金門、馬祖、澎湖往來兩岸，[59]由此可見兩岸政府在此一議題上的溝通無礙與高度共識。

　　由於小三通的成本較兩岸直航為低，團費大約便宜約1,000元人民幣，[60]，而搭乘小三通來台的陸客還可以順道前往金門觀光，這種「一程多點」的旅遊方式，也讓小三通成為陸客的新選擇；為了吸引陸客選擇小三通，廈門旅遊局補助其他省市的民眾每人50元人民幣，從其他省市搭乘廈門航空至廈門的旅客，票價更可打三折；而在金門停留22小時的陸客，每人更可獲得金門縣政府300元台幣的補助，[61]這使得陸客來台的交通問題得以舒緩，2008年9月30日首發團從金門與馬祖同時啟動。[62]而除了藉由空運往返台灣與金門之外，首次經由小三通「搭船」來台的陸客團，也在2009年4月19日，由金門搭乘「金門快輪」前往台中，[63]由此可見兩岸政府希望增加陸客來台旅遊交通管道的努力。

---

[59] 白德華，「陸客遊台，大陸開放中轉金馬澎」，中時電子報網站，2009年 2 月 13 日，請參考 http://news.chinatimes.com/2007Cti/2007Cti-Focus/2007Cti-Focus-Content/0,4518,9709080072+97090803+0+174503+0,00.html。

[60] 黃玉芳，「另種選擇……小三通團費省 1 千人民幣」，聯合晚報網站，2008 年 9 月 26 日，請參考 http://udn.com/NEWS/MAINLAND/MAI1/4534226.shtml。

[61] 邱瓊平，「三通省荷包，陸客占三成」，聯合報網站，2009 年 5 月 16日，請參考 http://udn.com/NEWS/MAINLAND/MAI1/4858244.shtml。

[62] 黃玉芳，「另種選擇……小三通團費省 1 千人民幣」，聯合晚報網站，2008 年 9 月 26 日，請參考 http://udn.com/NEWS/MAINLAND/MAI1/4534226.shtml。

[63] 中央社，「大陸團小三通遊台灣，首度走海上之旅」，中央通訊社網站，2009 年 5 月 3 日，請參考 http://udn.com/NEWS/MAINLAND/BREAKINGNEWS4/4856876.shtml。

（二）壓低來台團費

陸客來台初期的團費都在人民幣8,000～10,000元，實際上此足以前往歐洲旅遊，而從2008年初以來大陸經濟情況不佳與股市不振，因而降低陸客來台之意願。旅行社為了刺激消費者的購買力，開始出現6,000多元人民幣的台灣遊產品，2008年10月甚至4天的台灣遊壓低至4,999元人民幣，[64]2009年2月旅行社還打出環島8日遊僅要4,999元人民幣的超低價，[65]這種價格使得多數大陸民眾能夠接受。

（三）縮短審批時間

大陸為求謹慎，擔心開放初期可能出現若干失序亂象，因此要求陸客必須填寫五聯單，並通過省旅遊局、公安部門與海旅會等單位的審核才能來台，使得作業時間需要半個月；[66]而由於赴台簽證必須送到台灣辦理，審查也需半個月，故合計需要一個月。然而在兩岸的緊密聯繫下，陸客的台灣審批時間已經大幅縮短至5至7天，急件甚至只要2-3天，使得來台旅遊更為便利。[67]甚

---

[64] 大陸新聞中心，「台灣遊退燒4天只要3999」，聯合報網站，2009年2月13日，請參考 http://udn.com/NEWS/MAINLAND/MAI4/4561090.shtml。

[65] 大陸新聞中心，「8日遊只要2.5萬，震撼北京旅遊業」，聯合報網站，2009年2月13日，請參考 http://udn.com/NEWS/MAINLAND/MAI1/4744508.shtml。

[66] 曾國華，「陸客來台人數不如預期，觀光局：大陸五聯單流程所致」，中央通訊社網站，2008年7月23日，請參考 http://tw.news.yahoo.com/article/url/d/a/080723/58/13s8i.html。

[67] 林庭瑤、林安妮，「五一前，陸客每天上限5,000人」，經濟日報網站，2009年4月30日，請參考 http://udn.com/NEWS/MAINLAND/MAIN1/4863845.shtml。蔡惠萍、藍孝威，「陸客審件數，觀光局將提高」，聯合

至在2009年4月，我國內政部入出國及移民署（以下簡稱移民署）曾出現在一天內完成審批900張入台證的歷史最快紀錄。[68]

（四）降低組團人數與延長簽證期限

　　開放初期，兩岸協議大陸旅遊團的組團人數最低必須為10人，如此使得成團阻礙較大， 2008年12月交通部觀光局首先修正相關辦法，陸客團來台門檻從10人降為5人，簽證期限從10天延長為15天，赴香港工作的大陸居民滿1年即可來台旅遊，而無須過去規定的4年，如此可以大幅增加組團的彈性。[69]此一開放措施在海協會與海基會的協調下，由大陸的海旅會於2009年1月10日正式對外公布，[70]由此可見兩岸在此一議題上的溝通協調甚為緊密，以及大陸政府的迅速反應與配合。

（五）開放更多出遊省分與組團社

　　開放之初，大陸核准可辦理赴台旅遊之中國大陸旅行社數量有限，僅有33家組團社經營陸客團，其多僅集中在幾個大都市，並限制13省分居民來台，[71]如此造成民眾資訊不足與辦理不便。

報網站，2009 年 4 月 30 日，請參考 http://udn.com/NEWS/MAINLAND/MAI1/4857460.shtml。

[68] 肇瑩如，「臨行才辦證，陸客船上泡麵打發」，聯合報網站，2009 年 4 月 30 日，請參考 http://udn.com/NEWS/NATIONAL/NATS3/4869473.shtml。

[69] 黃如萍，「我表善意，來台門檻、保證金減半」，中時電子報網站，2009 年 3 月 13 日，請參考 http://news.chinatimes.com/2007Cti/2007Cti-News/2007Cti-News-Content/0,4521,110505+112008122100007,00.html。

[70] 藍孝威，「更小團更多天……陸客來台遊放寬了」，海峽資訊網網站，2009 年 3 月 13 日，請參考 http://www.haixiainfo.com.tw/29983.html。

[71] 包括北京市、天津市、上海市、重慶市、山東省、浙江省、江蘇省、福建省、廣東省、遼寧省、湖北省、陝西省、雲南壯族自治區等 13 個省市，黃如萍，「旅行公會籲對岸放寬陸客限制」，中時電子報網站，2008 年

2009年1月20日大陸宣布再開放12個省市居民來台旅遊，[72]這使得大陸31個省級行政區中，只有較偏遠的甘肅、青海、內蒙古、新疆、西藏、寧夏等6個省及自治區尚未開放。2009年2月16日大陸的海旅會公告第二批113家獲准經營陸客赴台旅遊的中國大陸旅行社，其分屬大陸25個省市，[73]使得陸客申辦手續更為方便。

（六）強化兩岸業者的交流與宣傳

誠如前述，2008年7月海旅會副祕書長范貴山率領39名大陸旅遊業者來台考察台灣旅遊設施及接待能力；[74]10月14日我國交通部觀光局局長賴瑟珍親自率領台旅會成員，前往北京舉辦「台灣觀光旅遊說明會」，約有400多名大陸組團社代表和海旅會成員參加，[75]掀起對岸來台旅遊的話題。此外，2009年1月5日「全聯會」邀集國內百餘家旅行社登陸，在北京舉辦首屆「暢遊台灣、海峽兩岸觀光暨相關產業推介會」，[76]直接向對岸旅遊業者進行

---

12 月 13 日，請參考 http://news.chinatimes.com/2007Cti/2007Cti-News/2007Cti-News-Content/0,4521,110502+112008102500236,00.html。

[72] 這包括：河北省、山西省、吉林省、黑龍江省、安徽省、江西省、河南省、湖南省、廣西壯族自治區、海南省、四川省、貴州省。黃如萍，「再開放 12 省，業者：陸客遊台增 3 倍」，中時電子報網站，2009 年 3 月 13 日，請參考 http://news.chinatimes.com/2007Cti/2007Cti-News/2007Cti-News-Content/0,4521,110505+112009012100124,00.html。

[73] 汪莉絹，「來台旅遊，陸再開放 113 旅行社」，聯合報網站，2009 年 3 月 25 日，請參考 http://udn.com/NEWS/MAINLAND/MAI1/4740232.shtml。

[74] 黃如萍，「13 省市開放遊台，踩線團 16 日到」，中時電子報網站，2008 年 12 月 13 日，請參考 http://news.chinatimes.com/2007Cti/2007Cti-News/2007Cti-News-Content/0,4521,110501+112008061400088,00.html。

[75] 賴錦宏，「陸客來台限制就快放寬」，聯合報網站，2009 年 2 月 13 日，請參考 http://udn.com/NEWS/MAINLAND/MAI1/4558632.shtml。

[76] 黃如萍，「我表善意，來台門檻、保證金減半」，中時電子報網站，2009 年 3 月 13 日，請參考 http://news.chinatimes.com/2007Cti/2007Cti-News/007ti-News-Content/0,4521,110505+112008122100007,00.html。

產品行銷。2月25日大陸國家旅遊局局長邵琪偉率領中國大陸的旅行業者代表團共458人，來台參加「第十二屆海峽兩岸旅行業聯誼會」，藉此機會充分瞭解台灣的旅遊環境與相關產業，並且進行兩岸業者的交流。[77]由此可見，在兩岸政府的積極運作下，使得業者間能夠進行更加緊密的往返交流，進而有利於台灣旅遊產品的行銷。

（七）促進郵輪與萬人來台旅遊

美商安麗集團在大陸的分公司為了獎勵頂尖直銷商，從2009年3月中至5月中，分9個航次，共1萬2千名員工搭乘遊輪來台旅遊。在大陸國台辦於2009年3月的正式批文下，創下單一陸客團體人數最多的紀錄，估計創造約7億元台幣的消費商機。[78]事實上，這個萬人遊台計畫，2008年底曾一度因大陸主管部門不願核准申請，而面臨可能取消的命運；而包括日本、韓國也極力爭取大陸安利前往該國進行員工獎勵旅遊，但在我國交通部觀光局、陸委會積極努力突破法令限制，以及海基會不斷致函海協會，希望其協調大陸有關部門同意此一申請，並提供必要的行政便利，使得對岸終於以「特案特批」方式專案通過，成為兩岸自2008年11月簽署「海峽兩岸海運協定」後，首艘獲准直航兩岸的外籍郵輪。因為根據該協定，外籍船隻不得在兩岸間承攬相關業務，必須繞經第三地，而此次安利公司選擇的卻是皇家加勒比海國際郵輪及

---

[77] 邱瓊平，「邵琪偉訪澎、金，走小三通」，聯合晚報網站，2009 年 3 月 25 日，請參考 http://udn.com/NEWS/MAINLAND/MAI1/4756127.shtml。

[78] 許俊偉，「安利萬人遊台獲准，商機上看七億」，中時電子報網站，2009 年 3 月 25 日，請參考 http://news.chinatimes.com/2007Cti/2007Cti-News/2007Cti-News-Content/0,4521,505065+112009022600241,00.html。

歌詩達郵輪，雖均屬外國籍郵輪卻獲准毋須繞經第三地，不但增加了便利也節省了成本。

另一方面，從2009年2月開始，在大陸國家旅遊局的推動下，山東、江蘇兩省發起「萬人遊台灣」活動；福建省也從5月開始推動「百城千團萬人兩岸行」。[79]重慶市也從同年8月開始推動「萬人來台旅遊」，[80]福建省在同一期間亦由副省長陳樺在台北宣布「實施百萬遊客海峽行計畫」。[81]基本上，大陸發動此一「萬人遊台灣」活動，目的即在於希望在短期內增加陸客來台之人數，並藉此掀起一系列遊台灣的熱潮。[82]

（八）開放大陸「銀聯卡」在台使用

為了提高陸客來台旅遊與消費意願，2009年7月我國金融監督管理委員會修正了「兩岸金融業務往來許可辦法」，開放大陸發行超過18億張之信用卡-「銀聯卡」在台刷卡消費；8月時我國的「聯合信用卡中心」與大陸的「中國銀聯公司」正式簽約，使得大陸「銀聯卡」正式可以在台使用。由於一般「銀聯卡」有30萬人民幣的消費額度，可以使得陸客來台不需攜帶大量現金，而以刷卡方式來購物較為方便。如此將為台灣每年新增約新台幣1,000

---

[79] 大陸新聞中心，「福建擬建構兩岸旅遊集散地」，中時電子報網站，2009年 5 月 15 日，請參考 http://news.chinatimes.com/2007Cti/2007Cti-News/ 007Cti-News-Content/0,4521,5050395+112009042400603,00.html。

[80] 謝蕙蓮，「重慶推動萬人遊台」，聯合晚報網站，2009 年 7 月 25 日，請參考 http://udn.com/NEWS/MAINLAND/MAI1/5015998.shtml。

[81] 彭媁琳，「閩副省長訪台，推惠台 10 政策」，中時電子報網站，2009 年 8 月 11 日，請參考 http://news.chinatimes.com/2007Cti/2007Cti-News/ 007Cti-News-Content/0,4521,50501122+122009081100398,00.html。

[82] 賴錦宏，「江蘇萬人遊台，首發五花團到了」，聯合報網站，2009 年 3 月 25 日，請參考 http://udn.com/NEWS/MAINLAND/MAI1/4761529.shtml。

億元的刷卡商機，而國內收單銀行也會因辦理相關收單業務，手
續費的年收益至少可多出20億元新台幣。[83]

（九）試辦「自由行」來台旅遊

行政院觀光推動委員會宣布從2009年8月開始，大陸人士在香
港或澳門工作年滿1年且領有工作證者，即可來台自由行。根據現
行「大陸人民來台觀光辦法」，旅居香港澳門的大陸人士，必須
在港澳工作4年以上才能申請來台觀光；不過根據陸委會調查，大
陸派駐港澳工作者，3年內即調回大陸，我國現行規定適用對象相
當有限，為此陸委會邀集相關單位完成修法。預估此一開放，一
年可為台灣增加30萬陸客來台機會，而且這些陸客，不受「團進
團出」的規範，亦不納入每日3,000來台陸客額度的範圍。[84]

（十）兩岸成立旅遊派駐單位

為方便處理兩岸日益增加的旅遊事務，也提供陸客來台的更
多服務，台旅會與海旅會在2009年7月上旬於香港舉行秘書長層級
會議，根據2008年6月海基會和海協會簽署的「海峽兩岸關於大陸
居民赴台灣旅遊協議」中互設機構的協議進行初步協商，該協議
指出，「雙方同意互設旅遊辦事機構，負責處理旅遊相關事宜，

---

[83] 張雅惠，「銀聯卡商機，待陸客自由行上衝數十億」，中時電子報網站，
2009 年 8 月 10 日，請參考 http://udn.com/NEWS/MAINLAND/MAI3/
063530shtml。邱金蘭，「大陸銀聯卡開放來台刷卡消費」，聯合報網
站，2009 年 8 月 10 日，請參考 http://udn.com/NEWS/MAINLAND/MAI1/
021711.shtml。

[84] 黃如萍，「港澳陸客打先鋒，可來台自由行」，中時電子報網站，2009
年 8 月 10 日，請參考 http://news.chinatimes.com/2007Cti/2007Cti-News/
007Cti-ews-Content/0,4521,5050989+112009072300219,00.html。

為旅遊者提供快捷、便利、有效的服務」，[85]因此台旅會及海旅會將分別在北京與台北互設代表處。而大陸已正式指派海旅會副祕書長范貴山，擔任首位駐台旅遊辦事處代表，而該辦事處共編制十位工作人員，[86] 我國則公布了「大陸地區觀光事務非營利法人設立辦事處許可辦法」，以作為法律之依據。[87]

這將是兩岸分治60年來，雙方首度設立帶有官方色彩的民間機構。而在2008年「江陳會」時，海協會曾主動提及兩會互設辦事處，以處理兩岸民眾往來簽證之事宜，但因具高度敏感性而暫時擱置，如今台旅會與海旅會互設辦事處，的確對於陸客來台與兩岸關係具有特別之意義。

二、政治上的操作與宣傳

除了實際上的具體措施外，大陸也透過政府高層領導人的喊話與國營媒體的宣傳，一方面強化北京中央政府對於陸客來台的立場，另一方面也加強陸客來台的興趣與意願：

（一）大陸高層具示範效果

2009年3月13日大陸總理溫家寶在參加十一屆全國人大三次會議的記者會時，記者提問其是否願意到台灣看看，溫家寶說：「台灣是祖國的寶島，是我一直嚮往的地方。我真心希望能有機

---

[85] 中央社，「陸委會：兩岸互設旅遊辦事機構不涉簽證」，中央通訊社網站，2008 年 6 月 13 日，請參考 http://udn.com/NEWS/NATIONAL/ATS3/383907.shtml。

[86] 劉煥彥，「兩岸互設旅辦處」，經濟日報網站，2009 年 8 月 10 日，請參考 http://udn.com/NEWS/MAINLAND/MAI1/5028195.shtml。

[87] 中央社，「兩岸分治一甲子，大陸駐台辦事處辦法出爐」，聯合報網站，2009 年 10 月 14 日，請參考 http://udn.com/NEWS/MAINLAND/BREAKINNEWS4/5194778.shtml。

會到台灣去走一走、看一看。我想到阿里山，想到日月潭，想到台灣各地去走、去接觸台灣同胞」，「雖然我今年已經67歲了，但是如果有這種可能，走不動就是爬，我也願意去」；[88]5月10日溫家寶前往廈門訪問時，特別前往金廈碼頭訪視與探詢購票程序，並以金門島為背景要求記者拍照，[89]充分顯示其希望來台旅遊的願望。事實上誠如前述，當陸客開放來台旅遊之初，一方面因為宣傳不足，加上民眾仍有顧忌，以及地方政府與各旅行社的觀望態度，使得人數無法迅速提昇，但當大陸政府高層都提出了來台旅遊的意願時，這等於是國家領導人層級的背書與政策「定調」，地方政府就能充分瞭解中央政府的立場，積極配合與動員來台旅遊。

（二）大陸透過官方媒體進行宣傳

為了增加陸客對於台灣旅遊資源的瞭解，進而提高其來台意願，從2009年4月開始大陸也藉由其官方媒體「中央電視台」，製播一系列介紹台灣各縣市旅遊資源的節目，使得13億人都能在電視上認識台灣，進而激發他們前來台灣旅遊的興趣與意願。[90]

---

[88] 李春、汪莉絹，「溫家寶：願到台灣走走，走不動爬也願意」，聯合報網站，2009 年 3 月 25 日，請參考 http://udn.com/NEWS/MAINLAND/MAI1/787118.shtml。

[89] 朱建陵，「海峽論壇加溫，台商優惠不變」，中時電子報網站，2009 年 5 月 15 日，請參考 http://news.chinatimes.com/2007Cti/2007Cti-News/007Cti-News-Content/0,4521,5050484+112009051000148,00.html。

[90] 李道成，「台商獎勵員工，赴台遊再掀高潮」，中時電子報網站，2009 年 8 月 15 日，請參考 http://news.chinatimes.com/2007Cti/2007Cti-News/007Cti-News-Content/0,4521,5050664+112009060700150,00.html。

第四章　開放陸客來台的相關法令變遷

　　陸客來台的相關法令包括兩個層面，一是中國大陸的相關規定，從其角度來說是「赴台」的法令規範，由於大陸出國旅遊相關法令的內容，與赴台旅遊有相當密切的關聯性，因此一併加以討論並比較之；另一方面則是我國有關陸客「來台」的有關法令。

第一節　中國大陸法令體系與出國旅遊相關法令

　　2006年大陸發布「赴台旅遊管理辦法」，這是大陸首部針對陸客來台旅遊的相關法令，其中內容與2002年7月1日施行之「中國公民出國旅遊管理辦法」（以下簡稱「出國旅遊辦法」）有相當密切的關係，因此本節將先介紹大陸的法令體系與「出國旅遊辦法」的相關規範與意義。

壹、中國大陸之法令體系

　　中國大陸之法令體系依據「中華人民共和國立法法」的規定共可分成三個位階，由高而低分別是法律、行政法規、部門規章與地方性法規，根據該法第七十九條的規定「法律的效力高於行政法規、地方性法規、規章」，「行政法規的效力高於地方性法規、規章」，[1]由於地方性法規並非本文之探討範圍，因此如表4-1所示，僅就法律、行政法規、部門規章加以探討。

---

[1]　該法係 2000 年 3 月 15 日經第九屆全國人民代表大會第三次會議通過，「中華人民共和國主席令第三十一號」，雙橋大陸資訊網，2009 年 7 月 31 日，請參考 http://www.tbweb.com.tw/tbdoc/tbsd03.asp?docs=sfl2000-03-15。

表 4-1　中國大陸法令體系比較表

類別	制訂單位	公布程序	備註
法律	全國人民代表大會和全國人民代表大會常務委員	國家主席簽署主席令予以公布	
行政法規	國務院	由總理簽署國務院令公布	
部門規章	國務院各部、委員會、中國人民銀行、審計署和具有行政管理職能的直屬機構	由部門首長簽署命令予以公布	應當經部務會議或者委員會會議決定

資料來源：作者自行整理

　　中國大陸法律的制訂單位是全國人民代表大會和全國人民代表大會常務委員會，依據「中華人民共和國立法法」第七條的規定「全國人民代表大會和全國人民代表大會常務委員會行使國家立法權。全國人民代表大會制定和修改刑事、民事、國家機構的和其他的基本法律」。第八條規定「下列事項只能制定法律：（一）國家主權的事項；（二）各級人民代表大會、人民政府、人民法院和人民檢察院的產生、組織和職權；（三）民族區域自治制度、特別行政區制度、基層群眾自治制度；（四）犯罪和刑罰；（五）對公民政治權利的剝奪、限制人身自由的強制措施和處罰；（六）對非國有財產的徵收；（七）民事基本制度；（八）基本經濟制度以及財政、稅收、海關、金融和外貿的基本制度；（九）訴訟和仲裁制度；（十）必須由全國人民代表大會及其常務委員會制定法律的其他事項」；另依據同法第二十三條的規定「全國人民代表大會通過的法律由國家主席簽署主席令予以公布」。[2]

---

[2]　「中華人民共和國主席令第三十一號」，雙橋大陸資訊網，2009 年 7 月 31 日，請參考 http://www.tbweb.com.tw/tbdoc/tbsd03.asp?docs=sfl2000-03-15。

而行政法規的制訂單位則是國務院，依據「中華人民共和國立法法」第五十六條的規定「國務院根據憲法和法律，制定行政法規」；第五十七條規定「行政法規由國務院組織起草。國務院有關部門認為需要制定行政法規的，應當向國務院報請立項」；而依據第六十一條的規定「行政法規由總理簽署國務院令公布」。至於部門規章，則是由國務院各部、委員會、中國人民銀行、審計署和具有行政管理職能的直屬機構來制訂，依據「中華人民共和國立法法」第七十一條的規定「國務院各部、委員會、中國人民銀行、審計署和具有行政管理職能的直屬機構，可以根據法律和國務院的行政法規、決定、命令，在本部門的許可權範圍內，制定規章」，「部門規章規定的事項應當屬於執行法律或者國務院的行政法規、決定、命令的事項」。另根據同法第七十六條的規定「部門規章由部門首長簽署命令予以公布」；第七十五條規定「部門規章應當經部務會議或者委員會會議決定」。[3]

依據「中華人民共和國立法法」有關行政法規與部門規章的頒布，是採用「公布」一詞，然而在實務上，大多數卻是採取「發布」，因此本研究根據實際情況，統一採取「發布」一詞。

貳、當前中國大陸出境旅遊之法令體系

就目前大陸出境旅遊之法令體系來看，由於陸客來台旅遊之相關規範，在「一個中國」之基本架構下難以歸類為出國旅遊，而其性質上亦非邊境旅遊，故屬於類似港澳而為「特殊地區出境旅遊」，並建構出單一之法令規範，使得大陸出境旅遊呈現出

---

[3] 「中華人民共和國主席令第三十一號」，雙橋大陸資訊網，2009 年 7 月 31 日，請參考 http://www.tbweb.com.tw/tbdoc/tbsd03.asp?docs=sfl2000-03-15。

國、邊境、港澳與赴台等4種法令架構。其中，首先是赴其他「國家」之「出國旅遊」，所依循之法令是2002年所發布之「出國旅遊辦法」；其次是赴港澳的「自由行」，依循的是2002年發布之「關於旅行社組織內地居民赴香港澳門旅遊有關問題的通知」（以下簡稱「港澳旅遊問題通知」）；第三類是赴鄰近國家的「邊境旅遊」，依循的是1997年發布之「邊境旅遊暫行管理辦法」；以及最新的赴台旅遊。

參、中國大陸出境旅遊相關法令的發展過程

　　1985年11月22日全國人大常委員會第十三次會議通過「中華人民共和國公民出境入境管理法」（以下簡稱「出入境管理法」），此可謂是中共建政後首部有關出入境之法律，惟其中對於出境旅遊方面之出入境事項並無直接規定，具有間接關係之條文包括第五條中規定公民因私事出境，應向戶口所在地之市、縣公安機關提出申請；另第十二條規定因私事出境之公民，其所使用護照需由公安部或公安部授權之地方公安機關頒發。[4]

　　1994年7月13日經全國人大修訂通過之「中華人民共和國公民出境入境管理法實施細則」（以下簡稱「出入境實施細則」）正式發布，其中部分條文較1985年之「出入境管理法」更為直接規範了出境旅遊，在第一條將旅遊列為「因私事出境」之項目；第三條中規定因私出境必須提交與出境事由相關之證明；而第七條則規定公民辦妥前往國家之簽證或入境許可證件後，短期出

---

[4] 國家旅遊局，「中華人民共和國公民出境入境管理法」，中國旅遊網，2009 年 7 月 23 日，請參考 http://www.cnta.gov.cn/html/2008-6/2008-6-27-20-31-10-6.html。

境者應辦理臨時外出之戶口登記，返回後在原居住地恢復其常住戶口。[5]

　　1997年3月17日經中共國務院批准，國家旅遊局、公安部於7月1日發布「中國公民自費出國旅遊管理暫行辦法」，使自費出國旅遊具有較為完整而全面性之規範，並且把港澳旅遊、邊境旅遊予以統一納入管理。[6]

　　「中國公民自費出國旅遊管理暫行辦法」經5年試點施行後，其中若干規定因明確度不足而出現實務上之爭議，例如旅行社經營超出規定範圍之業務、業者進行不實廣告宣傳、零團費之低價策略、強迫或欺騙購物、自費行程過多等，均影響出境旅遊市場之健康發展；此外，2001年12月中國大陸加入世貿組織後，旅遊業之管理和發展亦必須依循世貿組織規範與入世時之具體承諾，需按照「國民待遇、最惠國待遇、法律透明度」等原則進行調整，故自2002年7月1日開始正式施行由國務院發布之「出國旅遊辦法」，原「中國公民自費出國旅遊管理暫行辦法」同時廢止。7月27日「中國公民出國旅遊服務標準」亦正式發布；同年10月28日，國家旅遊局發布「出境旅遊領隊人員管理辦法」（以下簡稱「出境領隊辦法」），致使出境旅遊管理之法令配套措施益形完善，達到所謂「有法可依、有章可循」之發展目標。就政策與法令發展而言，「出國旅遊辦法」一方面代表中共自建政以來首部正式規範出國旅遊之法令終告出現，日後將從「試點」、「暫時」走向「正式開展」；另一方面「出國旅遊辦法」在法律位階

---

[5]　國家旅遊局，「中華人民共和國公民出境入境管理法實施細則」，中國旅遊網，2009 年 7 月 23 日，請參考 http://www.cnta.gov.cn/html/2008-6/2008-6-27-20-31-10-4.html。

[6]　「中國公民自費出國旅遊管理暫行辦法」，華夏經緯網，2009 年 7 月 29 日，請參考 http://big5.huaxia.com/ly/cxbd/2003/10/918130.html。

屬「國務院行政法規」，遠高於過去之「主管部門規範性文件」
性質之「部門規章」。

肆、中國大陸出國旅遊相關規定的具體內容

如表4-2所述，當前有關中國大陸出國旅遊之相關法令共有五
個，其中以「出國旅遊辦法」最為重要，也成為本研究以下探討
之最主要法令。

表 4-2　中國大陸出國旅遊相關法令整理表

發布日期	發布單位	法令名稱	附註
2001 年 9 月 1 日	國家旅遊局	旅行社投保旅行社責任保險規定	原「旅行社辦理旅遊意外保險暫行規定」廢止
2002 年 7 月 1 日	國務院	中國公民出國旅遊管理辦法	1. 簡稱「出國旅遊辦法」 2. 原「中國公民自費出國旅遊管理暫行辦法」廢止
2002 年 10 月 28 日	國家旅遊局	出境旅遊領隊人員管理辦法	簡稱「出境領隊辦法」
2009 年 1 月 21 日	國務院	旅行社條例	原「旅行社管理條例」廢止
2009 年 6 月 29 日	國家旅遊局監管司	旅行社的質量保證金存取管理辦法	

資料來源：筆者自行整理

基本上，出國旅遊相關法令的內容與赴台旅遊相關規範有相
當密切的關聯性，其重要內容與意義如下：

一、「政府干預主義」下對旅遊模式與經營型態的管制

　　所謂出國旅遊活動基本模式，係指大陸官方對於出國旅遊相關活動之進行方式，所採取之根本原則與立場，且藉由法律條文來加以表現。而在此原則作為前提下，成為其他同性質法令依循之基礎。此正是長期以來大陸當局在公共政策與法令發展過程中，非常強調之所謂「定調」，任何措施與規範都必須「先定調子」，之後不論任何單位、中央或地方機關、公民營企業與其他法令均不可與該定調相違。基本上，大陸出國旅遊之「定調」法令集中於「出國旅遊辦法」與「港澳旅遊問題通知」，其中「政府干預主義」的特徵明顯。另一方面，對於經營出境旅遊業務的旅行社，其經營型態與審批程序亦帶有濃厚的「政府干預主義」色彩，分別敘述如下：

（一）以團體旅遊為原則個人旅遊為例外

　　就出國旅遊而言，於「出國旅遊辦法」第一條開宗明義指出，該辦法主旨為「為了規範旅行社組織中國公民出國旅遊活動，保障出國旅遊者和出國旅遊經營者的合法權益，制定本辦法」，第十一條規定「旅遊團隊應當從國家開放口岸整團出入境」，由此可見該辦法雖名為「中國公民出國旅遊管理辦法」，惟實際上係限制個人旅遊，僅允許團體旅遊。顯示大陸官方在開放民眾出國旅遊之際，仍然依循其固有之威權統治思維，對於人民遷徙採取嚴格控制，必須限制民眾單獨出國旅遊，而採取一般民主國家所難以接受之所謂「團進團出」模式。因此根據「出國旅遊辦法」第七條規定，國家旅遊局必須統一印製「中國公民出國旅遊團隊名單表」，由國際旅行社依照核定之出國旅遊人數如

實加以填寫;並且根據第八條第二項的規定「組團社應當按照有
關規定,在旅遊團隊出境、入境時及旅遊團隊入境後,將名單表
分別交有關部門查驗、留存」;第十一條也強調當旅行團出入境
時除了檢查護照、簽證外,也必須查驗該名單表。[7]基本上,限制
僅能團體旅遊而不允許個人旅遊的原因,除了是為了方便控制管
理與防止非法滯留他國外,從經濟利益的角度來看也是為了保護
旅行社此一產業。由於大陸之旅行社多數是國營企業,而且是由
政府機關所成立,誠如第三章所述,中國國際旅行社是國家旅遊
局的事業單位,中國青年旅行社是共青團的企業之一,海峽旅行
社隸屬於國台辦,因此出境旅遊僅容許團體旅遊,使得所有參與
出境旅遊的民眾都一定要透過旅行社,特別是這些國營旅行社,
其中的利潤可想而知。

　　當前中國大陸出境旅遊發展情勢可謂是「以團體旅遊為原
則,個人旅遊為例外」,其中的例外就是港澳旅遊。基本上,原
本陸客前往港澳亦需團進團出,例如「港澳旅遊問題通知」即有
「旅遊團隊名單表」之規定,但因2003年全球爆發SARS疫情,造
成香港、澳門旅遊業之空前衝擊,因而6月28日北京與香港、澳門
特區政府簽訂定了CEPA文件,經港、澳特區政府與北京磋商並報
國務院批准後,自7月28日開始,包括廣東省中山、東莞、江門、
佛山等四城市正式展開「試行辦理常住居民個人赴港澳地區旅
遊」政策,即所謂「自由行」。[8]如表4-3所示,開放港澳自由行
的大陸城市不斷增加,至2009年為止總共為49個城市。

---

[7]　根據「出國旅遊辦法」第八條第一項的規定,「名單表一式四聯,分為:
　　出境邊防檢查專用聯、入境邊防檢查專用聯、旅遊行政部門審驗專用聯、
　　旅行社自留專用聯」。

[8]　中央社,「大陸再批准北方四城市居民可到香港自由行」,中央通訊社網
　　站,2006年6月5日,請參考 http://tw.news.yahoo.com/050909//2a4vmhtml。

表 4-3　陸客赴港澳自由行開放城市一覽表

時間	開放地區	時間	開放地區
2003 年 7 月 28 日	廣東省中山、東莞、江門、佛山	2004 年 7 月 1 日	江蘇省之南京、無錫與蘇州，浙江省之杭州、台州、寧波，福建省之福州、廈門與泉州
2003 年 8 月 20 日	廣東省廣州、深圳、珠海、惠州	2005 年 3 月 1 日	天津、重慶
2003 年 9 月 1 日	北京、上海	2005 年 11 月 1 日	四川省成都、山東省濟南、遼寧省大連與瀋陽
2004 年 1 月 1 日	廣東省汕頭、潮州、梅州、肇慶、清遠、雲浮	2006 年 5 月 1 日	江西省南昌、湖南省長沙、廣西省南寧、海南省海口、貴州省貴陽、雲南省昆明
2004 年 5 月 1 日	廣東省汕尾、茂名、湛江、陽江、韶關、揭陽、河源（至此全廣東省開放）	2007 年 1 月 1 日	河北省石家莊、河南省鄭州、吉林省長春、安徽省合肥、湖北省武漢

資料來源：「開放個人港澳自由行的國內城市」，樂香港網站，2009 年 7 月 18 日，請參考 http://www.funhk.com/tabid/533/Default.aspx。

（二）目的地國家採嚴格管制原則

在「出國旅遊辦法」第二條第一項指出「出國旅遊的目的地國家，由國務院旅遊行政部門會同國務院有關部門提出，報國務院批准後，由國務院旅遊行政部門公布」，而在第二項中又特別規定「任何單位和個人不得組織中國公民到國務院旅遊行政部門公布的出國旅遊的目的地國家以外的國家旅遊」，由此可見出國旅遊的國家，必須由國家旅遊局會同國務院有關部門提出，經國務院批准後由國家旅遊局公布；任何單位和個人不得自行組團，

到公布出國旅遊國家以外之國家旅遊。因此，許多國家與大陸未簽訂任何旅遊協定而願意發給個人簽證，或者未開放自費組團之國家也願發給陸客旅遊簽證，但卻不被大陸官方所允許前往，[9]故大陸民眾時至今日，仍無法自由到任何國家旅遊。事實上，簽證是否給予應是他國之行政裁量權，大陸實無理由越俎代庖的介入與干涉，顯示此一法律規範對於出境旅遊市場之「政府干預主義」特性。

（三）以出境入境旅遊緊密聯繫為原則分離為例外

在「出國旅遊辦法」第六條第一項規定「國務院旅遊行政部門根據上年度全國入境旅遊的業績、出國旅遊目的地的增加情況和出國旅遊的發展趨勢，在每年的2月底以前確定本年度組織出國旅遊的人數安排總量，並下達省、自治區、直轄市旅遊行政部門」；第六條第二項又規定「省、自治區、直轄市旅遊行政部門根據本行政區域內各組團社上年度經營入境旅遊的業績、經營能力、服務質量，按照公平、公正、公開的原則，在每年的3月底以前核定各組團社本年度組織出國旅遊的人數安排」。

由以上規定顯示在出國旅遊人數上，除了從中央到地方採取「一條鞭」式之層層控管外，更將出境與入境旅遊徹底接軌，意即出國旅遊人數之多寡須與入境旅遊發展相互聯繫。此種出國旅遊人數之「宏觀調控」先從全國總量開始，爾後下發而確定各省市人數，各省市政府再根據旅行社經營入境旅遊業務之數量業績、經營能力、服務品質，核定該旅行社舉辦出境旅遊之人數。

---

9 在「出國旅遊辦法」第二條第二項中規定「組織中國公民到國務院旅遊行政部門公布的出國旅遊的目的地國家以外的國家進行涉及體育活動、文化活動等臨時性專項旅遊的，須經國務院旅遊行政部門批准」。

綜觀世界各國，將入境旅遊與出境旅遊兩者加以緊密接軌者可謂少之又少，然中國大陸為何有此獨步全球之創舉？其主要原因在於經濟，由於大陸仍屬開發中國家，外匯收支牽涉到經濟安全與經濟持續發展，在不希望外匯輸出過多之情況下仍須控制出國旅遊人數，以防外匯過量流出，這也就是大陸90年代以來一直堅持「大力發展入境旅遊、積極發展國內旅遊、適度發展出境旅遊」政策之原因。[10]所以，大陸官方刻意將旅行社辦理出境旅遊之資格與入境旅遊業務相互掛勾，當旅行社入境旅遊業務表現不佳，由於直接造成國家創造外匯效能降低，因此政府會減少其經營出境旅遊的數額。無怪乎「出國旅遊辦法」第二十五條指出，旅遊行政部門可隨時暫停旅行社經營出國旅遊之相關業務，甚至情節嚴重者可直接取消其出國旅遊業務之經營資格，其中第一項原因就是「入境旅遊業績下降」，[11]因此這種「政府干預主義」特徵極為明顯。也由此可見，大陸自1978年正式發展入境旅遊，30多年來創造了可觀的外匯與收入，對於整體經濟發展與就業供給亦功不可沒，雖然時至今日大陸已是全球第四大入境旅遊人數國與第五大外匯收入國，早已從旅遊「輸入國」轉變為「輸出國」，然而當前入境旅遊的創匯重要性仍不容忽視。

---

[10] 張廣瑞、魏小安、劉德謙主編，**2003-2005 年中國旅遊發展分析與預測**（北京：社會科學文獻出版社，2005 年），頁 231。

[11] 其他原因包括：因自身原因在 1 年內未能正常開展出國旅遊業務者；因出國旅遊服務質量問題被投訴並經查實者；有逃匯、非法套匯行為者；以旅遊名義弄虛作假，騙取護照、簽證等出入境證件或者送他人出境者；國務院旅遊行政部門認定會影響中國公民出國旅遊秩序的其他行為。

（四）政府部門總攬出國旅行社之審批業務

當前中國大陸並非任何一家旅行社都可經營出國旅遊業務，根據「出國旅遊辦法」第三條之規定其條件如下：

1. 該旅行社需取得國際旅行社資格滿1年。
2. 經營「入境旅遊業務」有突出業績表現者。
3. 根據第四條第一項規定「申請經營出國旅遊業務的旅行社，應當向省、自治區、直轄市旅遊行政部門提出申請。省、自治區、直轄市旅遊行政部門應當自受理申請之日起30個工作日內，依據本辦法第三條規定的條件對申請審查完畢，經審查同意的，報國務院旅遊行政部門批准」。

由上述條件可以發現，申請標準看似寬鬆，惟實際申請並非易事。首先，該旅行社必須是國際旅行社，根據1996年10月15日國務院發布之「旅行社管理條例」與「旅行社管理條例實施細則」規定，旅行社分為「國際旅行社」與「國內旅行社」兩類，國際旅行社可經營入境、出境與國內旅遊業務，而國內旅行社僅能經營國內旅遊；[12]2009年2月20日公布新的「旅行社條例」，取代了原本的「旅行社管理條例」，雖然未明確區分「國際旅行社」與「國內旅行社」，但是仍然將旅行社區分為兩大類，一是經營國內、入境旅遊業務，另一是經營出境旅遊業務，而兩者成立之條件後者要高於前者，因此若要經營出國旅遊必須是可辦理

---

[12] 中華人民共和國國務院，「旅行社管理條例實施細則」，**中華人民共和國國務院公報第 851 號**（北京：中華人民共和國國務院，1997 年 1 月 7 日），頁 1523-1534。

出境旅遊業務的旅行社。[13]其次，該旅行社必須入境旅遊業務有突出業績表現者方有機會，然入境旅遊大餅長期以來卻被中國國際旅行社、中國旅行社、中國青年旅行社等大型國營旅行社所壟斷，一般旅行社要經營出國旅遊業務並非易事，且何謂「突出業績表現」實為「不確定之法律概念」，似乎僅有國家旅遊局有權進行最後定奪。此外，「出國旅遊辦法」第四條第二項尚規定「國務院旅遊行政部門批准旅行社經營出國旅遊業務，應當符合旅遊業發展規劃及合理佈局的要求」，至於何謂「旅遊業發展規劃」與「合理佈局要求」，亦為灰色地帶，致使國家旅遊局有充分權力與機會直接介入利益豐厚之出國旅遊市場，增加豐富之「人治」與「政府干預主義」色彩。無怪乎「出國旅遊辦法」第五條指出國家旅遊局對取得出國旅遊業務經營資格之旅行社（即組團社）名單應予公布，並需通報國務院其他有關部門，由此可見國家旅遊局在此方面審批之獨斷權力。也因為要經營出國旅遊並不容易，根據大陸國務院在2009年2月所公布的資料顯示，全大陸旅行社業者超過1.98萬家，其中只有近1,800家可以經營入出境旅遊業務。[14]

　　若旅行社未經國家旅遊局批准，則據「出國旅遊辦法」第四條第三項規定任何單位或個人不得擅自經營出國旅遊，或以商務、考察、培訓等方式變相經營，違反者據第二十六條規定「由旅遊行政部門責令停止非法經營，沒收違法所得，並處違法所得二倍以上五倍以下的罰款」。

---

[13] 國家旅遊局，「中華人民共和國國務院令第 550 號：旅行社條例」，中國旅遊網，2009 年 7 月 28 日，請參考 http://www.cnta.gov.cn/html/2009-2/2009-2-27-8-40-40562_1.html。

[14] 劉煥彥，「外商獨資設旅行社，大陸准了」，經濟日報網站，2009 年 4 月 29 日，請參考 http://udn.com/NEWS/MAINLAND/MAI3/759639.shtml。

　　另一方面，地方政府旅遊局亦掌握相當之行政決斷權，誠如前述根據「出國旅遊辦法」第六條第二項規定，地方政府旅遊局會根據該行政區域內各組團社上年度經營入境旅遊之業績、經營能力、服務質量，依照「公平、公正、公開」原則，核定各組團社本年度組織出國旅遊之人數。由於各旅行社核定出國人數將直接影響其總體經營績效，自然諸多「非公平、非公正、非公開」之政府介入與運作手段也就紛紛出籠。

（五）外資企業禁止經營出境旅遊業務

　　1998年12月2日，國家旅遊局、對外貿易經濟合作部共同發布「合資試點暫行辦法」，此係中共建政以來首次開放旅行社可藉由中外合資方式經營，[15]然該辦法明文規定合資旅行社僅能經營入境與國內旅遊，而不得經營出境旅遊。根據「烏拉圭回合多邊貿易談判結果法律文本」及「中國加入世貿組織法律文件」之規範，[16]2001年11月10日於卡達首府多哈之世界貿易組織部長會議上，「中華人民共和國加入議定書」獲得各會員國採認並於次日簽署，[17]上述議定書之「附件九」為「中華人民共和國服務貿易具體承諾減讓表」，其中第二條「最惠國豁免清單」中第九項

---

[15] 中華人民共和國年鑑編輯部主編，**中華人民共和國年鑑 1999**（北京：中華人民共和國年鑑社，1999 年），頁 976。

[16] 在 90 年代初期，中國大陸即提出了服務貿易的框架性協議草案，1991 年 7 月，提出了包括旅遊業在內的「初步承諾清單」，1992 年開始國家旅遊局參加了服務貿易初步承諾之一連串談判工作，並且繼續遞交經過修改過之「承諾清單」。

[17] 根據該文件規定，中國大陸之承諾包括所有部門的水平承諾，以及專業服務、通信服務、建築及相關工程服務、分銷服務、教育服務、環境服務、金融服務、旅遊及旅行相關服務、運輸服務等的承諾。在服務之提供方式方面包括了跨境交付、境外消費、商業存在、自然人流動；至於承諾之內容主要分為市場准入限制、國民待遇和其他承諾等三個方面。

「旅遊及旅行相關的服務」之「B.旅行社和旅遊經營者」（編號：CPC7471）中亦規定「中外合資旅行社不能經營中國公民的出境旅遊，包含赴香港、澳門與台北之業務」。[18]

　　之後，2002年元旦發布經過修訂後之「旅行社管理條例」，在第三十二、三十三條再次強調外商投資旅行社不得經營中國大陸公民出國旅遊業務以及赴港、澳和台灣地區旅遊之業務。[19]2003年6月12日國家旅遊局進一步發布「設立外商控股、外商獨資旅行社暫行規定」，其中第十條規定外商控股或獨資旅行社不得經營或變相經營大陸公民出國旅遊業務以及赴港、澳、台旅遊業務。[20]2009年2月20日公布的「旅行社條例」第二十三條也規定「外商投資旅行社不得經營中國內地居民出國旅遊業務以及赴香港特別行政區、澳門特別行政區和台灣地區旅遊的業務，但是國務院決定或者我國簽署的自由貿易協定和內地與香港、澳門關於建立更緊密經貿關係的安排另有規定的除外」。倘若違法者，根據第五十一條的規定，需沒收違法所得，違法所得若在10萬元以上，並處違法所得一倍以上五倍以下的罰款；違法所得不足10萬元或者沒有違法所得者，並處10萬元以上50萬元以下的罰款；若是情節嚴重者，則吊銷旅行社業務經營許可證。[21]

---

[18] 范世平、吳武忠，**中國大陸觀光旅遊總論**（台北：揚智圖書公司，2004年），頁320-321。

[19] 國家旅遊局，「旅行社管理條例」，中國旅遊網，2009 年 7 月 22 日，請參考 http://www.cnta.gov.cn/html/2008-6/2008-6-27-20-31-26-0.html。

[20] 國家旅遊局，「國家旅遊局令第 19 號：設立外商控股、外商獨資旅行社暫行規定」，中國旅遊網，2009 年 7 月 22 日，請參考 http://www.cnta.gov.cn/html/2008-6/2008-6-27-20-31-16-11.html。

[21] 國家旅遊局，「中華人民共和國國務院令第 550 號：旅行社條例」，中國旅遊網，2009 年 7 月 28 日，請參考 http://www.cnta.gov.cn/html/2009-2/2009-2-27-8-40-40562_1.html。

　　如上所述可以發現，大陸官方從一開始僅開放中外合資旅行社之設立，至最終讓步允許外商成立獨資或控股旅行社，其中轉折雖多，但唯一不變的卻是這些旅行社均不得經營出國旅遊，特別是包含前往港、澳、台地區之旅遊業務，除非是國務院因政治因素的特殊決定或因雙方經貿關係的特殊安排，才有可能在政府的特許下經營，由此可見大陸當局對於出境旅遊市場之保護力度與「政府干預主義」心態。

（六）嚴防滯留不歸原則

　　出境觀光客之滯留不歸現象始終是中國大陸自身與其他國家最為困擾之問題，早在開放港澳探親旅遊時即時有所聞，有如台灣民眾早年出國發生之「跳機」事件。例如2001年曾發生50多名陸客前往日本旅遊時「離奇失蹤」之怪事，2002前往韓國旅行團亦發生22人突然失蹤之事件。其非法潛逃之目的在於滯留當地從事工作，然而卻造成地主國之極大困擾與諸多社會問題，更使大陸國際形象遭致重大傷害。因此在「出國旅遊辦法」第二十二條第一項中開宗明義指出「嚴禁旅遊者在境外滯留不歸」，[22]第三十二條也規定當違反第二十二條而使旅遊者在境外滯留不歸時，旅行團領隊若不及時向該所屬國際旅行社和大陸駐外使領館報告，或者該國際旅行社不及時向公安機關和旅遊行政部門報告，則由旅遊行政部門給予警告，對該團領隊可以暫扣其領隊證，對國際旅行社可以暫停其出國旅遊業務的經營資格。而旅遊者若因

---

[22] 在「出國旅遊辦法」第二十二條第二項中規定「旅遊者在境外滯留不歸的，旅遊團隊領隊應當及時向組團社和中國駐所在國家使領館報告，組團社應當及時向公安機關和旅遊行政部門報告。有關部門處理有關事項時，組團社有義務予以協助」。

滯留不歸而遭致遣返回國者，由公安機關吊銷其護照。而在「港澳旅遊問題通知」中第七條亦強調「旅遊團隊應當按照確定的日期整團出入境，嚴禁參遊人員在境外滯留」，[23]可見港澳雖為中國大陸領土，然滯留問題亦受到重視。另一方面也充分現顯示大陸將出境旅遊視為對外政治宣傳的工具，因為滯留不歸將造成國家形象的巨大影響，因此除了藉由政府力量嚴格篩選出境旅遊者，並藉由各種方式強加宣導外；更將此列為旅行社與導遊考核的要件，以及日後經營出境旅遊數額多寡之決定標準。

二、「混合經濟」下制訂領隊人員之相關規範

在出境旅遊法令中對於從業人員之規定主要係針對領隊人員，由於中國大陸出境旅遊發展時間甚短，領隊亦屬新興行業，故欠缺具體之規範；相對而言，負責入境旅遊導覽工作之導遊人員，早在1987年11月30日國家旅遊局即發布「導遊人員管理暫行規定」來加以管理。[24]當前領隊相關法令散見於「出國旅遊辦法」，2002年10月實施之「出境領隊辦法」與「港澳旅遊問題通知」，以及2009年2月20日公布的「旅行社條例」。這些規範的出發點一方面是為了維護廣大消費者的權益，以促使社會福利的最大化，誠如「出國旅遊辦法」第十八條規定「旅遊團隊領隊在帶領旅遊者旅行、遊覽過程中，應當就可能危及旅遊者人身安全的情況，向旅遊者作出真實說明和明確警示，並按照組團社的要求

---

[23] 國家旅遊局，「關於旅行社組織內地居民赴香港澳門旅遊有關問題的通知」，中國旅遊網，2009 年 8 月 2 日，請參考 http://www.cnta.gov.cn/tml/2009-5/2009-5-12-16-35-98975.html。

[24] 1999 年 5 月 14 日國務院進一步發布「導遊人員管理條例」，係將「導遊人員管理暫行規定」加以修改後制訂，2001 年 12 月 27 日，國家旅遊局又發布規範更詳盡之「導遊人員管理實施辦法」。

採取有效措施,防止危害的發生」;另一方面則是藉由領隊來避免發生旅客脫團、意外事故與旅遊糾紛等情事,使大陸出境旅遊市場能夠更加健康發展與獲致經濟效率,這種透過法令、政策來適度介入與管理出境旅遊市場,是符合「混合經濟」的精神。

(一)規範領隊之地位與資格

　　「旅行社條例」第三十條規定「旅行社組織中國內地居民出境旅遊的,應當為旅遊團隊安排領隊全程陪同」。在「港澳旅遊問題通知」中第七條亦強調「組團社應當為港澳遊團隊派遣領隊,領隊由持有領隊證的人員擔任」。[25]而在「出境領隊辦法」第二條開宗明義指出,所謂出境領隊人員係指在取得出境旅遊領隊證後,接受具有出境旅遊業務經營權之國際旅行社委派,從事出境旅遊領隊業務之人員。而「出國旅遊辦法」第十條中則規定各組團社應當為旅遊團隊安排「專職領隊」;若違反者依據第二十七條規定「不為旅遊團隊安排專職領隊的,由旅遊行政部門責令改正,並處人民幣5千元以上2萬元以下的罰款,可以暫停其出國旅遊業務經營資格;多次不安排專職領隊的,並取消其出國旅遊業務經營資格」;相關罰則亦出現在「旅行社條例」第五十六條,但罰款金額更為嚴厲,倘若旅行社不安排領隊,「由旅遊行政管理部門責令改正,處1萬元以上5萬元以下的罰款;拒不改正的,責令停業整頓1個月至3個月」。[26]由此可見,領隊此一工作

---

[25] 國家旅遊局,「關於旅行社組織內地居民赴香港澳門旅遊有關問題的通知」,中國旅遊網,2009 年 8 月 2 日,請參考 http://www.cnta.gov.cn/tml/009-5/2009-5-12-16-35-98975.html。

[26] 國家旅遊局,「中華人民共和國國務院令第 550 號:旅行社條例」,中國旅遊網,2009 年 7 月 28 日,請參考 http://www.cnta.gov.cn/html/2009-2/2009-2-27-8-40-40562_1.html。

是完全針對出境旅遊所設，而各國際旅行社也必須聘請專職領隊，否則旅行社將受到嚴厲處罰。

（二）規範領隊之資格取得方式

在「出國旅遊辦法」第十條中規定領隊必須經過省、自治區、直轄市旅遊局考核合格，取得領隊證者方能執業，領隊在帶團時應當佩戴領隊證；而「出境領隊辦法」第五條則強調領隊證需由國際旅行社向所在地之省級或經授權之「地市級」以上旅遊局申領，至於領隊證的有效期限根據第六條之規定為3年。

（三）規定領隊人員之政治責任

與其他國家相較比較特殊的是，在「出境領隊辦法」第八條中規定領隊人員職責為「自覺維護國家利益和民族尊嚴，並提醒旅遊者抵制任何有損國家利益和民族尊嚴的言行」，顯見大陸對出國旅遊仍有濃厚之政治考慮，領隊不僅是為旅客服務，更擔負維護國家利益與民族尊嚴之神聖使命，甚至必要時還必須糾正與監控團員之言行舉止。

三、「混合經濟」精神下的出境旅遊消費者權利保障

隨著中國大陸消費意識抬頭，近年來旅遊權益保障之法令建設快速而日益與國際接軌，由於出境旅遊為新興產業，故相關法令均將消費者保護之概念納入。其中係以「出國旅遊辦法」為核心，另於「港澳旅遊問題通知」、「全國旅遊質量監督管理所機構組織與管理暫行辦法」、「旅行社條例」與「旅行社投保旅行社責任保險規定」亦有規定。由於這些規範的出發點是為了維護廣大消費者的權益，並且防止業者為求利益而違法脫序，誠如第

二章所述，在這種「促使社會福利最大化」的前提下，政府藉由其超越企業的獨特條件與收集豐富資訊之能力，透過法令與公權力適度的介入與管理，與「混合經濟」之理論不謀而合；另一方面，在全球化的浪潮下，顯示大陸也逐漸能與國際接軌而日益重視消費者權益。

（一）出境旅遊消費權益規範受到重視

對於出境旅遊消費者之權益保護，早期多散見於臨時性之部門規章，且相關規範並非完全針對出境旅遊，直至「出國旅遊辦法」發布方使此一現象獲致改善。其中該辦法甚至有超過一半之條文，是為保障出國旅遊消費者之合法權益而設，可謂是一大進步象徵。

（二）維護出境旅遊消費者之合法權益

對於保障旅遊消費者之合法權益，早在1987年8月17日國家旅遊局就發布了「嚴禁在旅遊業務中私自收受回扣和收取小費的規定」，強調旅遊職工於工作中不得向旅遊消費者收受回扣與小費，因私自索要、收受回扣或者小費而遭開除者，不得再錄用為旅遊系統職工；[27]1991年2月12日，國務院批轉了國家旅遊局「關於加強旅遊行業管理若干問題請示的通知」，強調在統一領導、分級管理的原則下，對非法阻撓旅遊行程、敲詐旅客和旅遊企業之行為，當地旅遊管理部門應會同公安、工商等部門依法打擊，

---

[27] 中國年鑑編輯部主編，**中國年鑑 1988**（北京：中國年鑑社，1988 年），頁 360。

以整頓旅遊市場。[28]然而上述規定若與2002年發布之「出國旅遊辦法」相較，其適用範圍較廣，包括出境、入境與國內旅遊之消費者，亦包含港澳旅遊在內，而「出國旅遊辦法」則是完全針對出國旅遊之消費者；此外，上述「規定」、「通知」多係暫時性質，目的在即時因應當時旅遊市場之失序情勢，法律位階屬「部門規章」，而「出國旅遊辦法」則是經過長期醞釀與發展之結果，法律位階較高而屬於國務院發布之「行政法規」。

在「出國旅遊辦法」第十二條中明確指出「組團社應當維護旅遊者的合法權益」，並強調國際旅行社對於旅遊消費者所提供之出國旅遊服務資訊必須真實可靠，不得虛假宣傳；而報價亦不得低於成本，以免惡性競爭造成品質低落；若違反者依據第二十八條規定，必須由工商行政管理部門依照「中華人民共和國消費者權益保護法」、「中華人民共和國反不正當競爭法」等規定予以處罰。此外，在第二十條中強調旅行團領隊不得與境外接待社、導遊、相關業者串通欺騙，或脅迫旅遊者消費，也不可向境外接待社、導遊、相關業者索取回扣與收受財物。

然而事實上，中國大陸出境旅遊從1983年開始發展迄今，似乎亦逐漸步上台灣之後塵，特別是港澳、泰國行程業者低價競爭之情況十分嚴重，諸多旅行團以低於市價之團費作為招攬，甚至訴諸所謂「零團費」、「負團費」，然而「羊毛出在羊身上」，旅行社成本不過是轉嫁於旅客之購物花費上，故「購物團」之惡名不脛而走，領隊往往無所不用其極的威脅利誘旅客購物，藉由特產店提供之購物佣金來彌補低價團費的損失。總的來說，無非是兩岸華人均有貪小便宜之心態，完全以價格作為選擇旅行社之

---

[28] 中華人民共和國國家旅遊局，**中國旅遊年鑑 1992**（北京：中國旅遊出版社，1992年），頁21。

考量，然結果卻因品質過差而致使糾紛不斷，此種殺雞取卵經營模式在台灣已造成旅行社整體產業之經營困境，而在中國大陸似乎亦無可倖免。

（三）建立出境旅遊消費者投訴機制

早在1991年10月1日國家旅遊局即正式發布實施「旅遊投訴暫行規定」，[29]強調旅遊者、海外旅行商、國內旅遊經營者，若因自身或他人合法權益遭受旅遊經營業者之損害，舉凡沒有提供價值相符之服務、不履行契約、故意或過失造成行李破損或遺失、詐欺、私收回扣或小費等，均可在受害後60天內，以書面或口頭方式向縣級以上旅遊行政管理部門之投訴單位投訴。而投訴機關在受理後通知被投訴者，被投訴者應於30天以內作出書面答覆，投訴機關應加以複查並進行調解，然不得強迫之，該辦法於2008年6月廢止。

1997年3月27日國家旅遊局又發布「全國旅遊質量監督管理所機構組織與管理暫行辦法」，[30]其中指出由國家旅遊局指導之「全國旅遊質量監督管理所」（以下簡稱「全國質監所」），負責處理重大而跨省與國際旅行社之投訴、國際旅行社之保證金賠償案件，以及協助國家旅遊局進行市場檢查工作；而各省、自治區、直轄市旅遊局之「質量監督管理所」（以下簡稱「質監所」），則接受該地區之投訴與處理該地區之保證金賠償案件。

---

[29] 楊正寬，**觀光政策、行政與法規**（台北：揚智圖書公司，2000 年），頁146。中華人民共和國國家旅遊局，**中國旅遊年鑑 1992**，頁 235-237。

[30] 中華人民共和國國家旅遊局，**中國旅遊年鑑 1996**（北京：中國旅遊出版社，1996 年），頁 219。

上述規範早期適用於所有出境旅遊消費者，而「出國旅遊辦法」則在此基礎上專門規範出國旅遊，第二十三條強調「旅遊者對組團社或者旅遊團隊領隊違反本辦法規定的行為，有權向旅遊行政部門投訴」；第二十四條又規定「因組團社或者其委託的境外接待社違約，使旅遊者合法權益受到損害的，組團社應當依法對旅遊者承擔賠償責任」。因此總的來說目前大陸對於出境旅遊糾紛之申訴，是以「旅遊行政部門」為主，意即國家旅遊局與其所屬之全國質監所，而不似台灣是由地位較為超然中立之民間機構負責，例如「消費者文教基金會」或「中華民國旅遊品質保障協會」。由於經營出境旅遊之旅行社多係國營企業，在政府旅遊行政部門之刻意扶持與保護下，國家旅遊局與其所屬之全國質監所，恐怕很難產生客觀公正之申訴結果。然而不可諱言的是，相關旅遊申訴法令對於消費者旅遊權益之保障已具有積極性意涵，因為消費者掌握了更為主動之求償發動權，故即使在實務上仍有諸多瑕疵，但是就法令發展而言依然具重要意義。

（四）出境旅遊必須簽訂旅遊合同

旅遊合同對於中國大陸旅遊產業來說發展較為緩慢，1996年發布之「旅行社管理條例施行細則」，方才規定旅行社組團旅遊，應當與旅遊消費者簽訂合同，其內容需包括旅遊行程安排(包含乘坐交通工具、遊覽景點、住宿標準、餐飲標準、娛樂標準、購物次數等)、旅遊價格、違約責任等，[31]故當時包括港澳與出國旅遊均適用之。至於2009年2月20日所公布的「旅行社條例」，其

---

[31] 中華人民共和國國務院，「旅行社管理條例實施細則」，**中華人民共和國國務院公報第 851 號**，頁 1523-1534。

第二十八條亦規定「旅行社為旅遊者提供服務，應當與旅遊者簽訂旅遊合同」。[32]

　　「出國旅遊辦法」則根據此基礎在第十三條中規定國際旅行社經營出國旅遊業務，應與旅遊消費者訂定書面旅遊合同，該合同須包括旅遊起迄時間、行程路線、價格、食宿、交通以及違約責任等內容，並由旅行社和旅遊消費者各持一份；而第十六條中規定，國際旅行社及其旅行團領隊應當要求境外接待旅行社，按照約定之活動行程安排活動，不得擅自改變行程或減少旅遊項目，亦不可強迫或變相強迫旅遊消費者參加額外之自費行程。至於港澳旅遊，在「港澳旅遊問題通知」中第三條亦強調「組團社經營港澳遊業務，應當與旅遊消費者簽訂書面合同。旅遊合同應當包括旅遊起止時間、行程路線、價格、食宿、交通以及違約責任等內容。旅遊合同由組團社和旅遊者各持一份」。[33]

　　這些規定對出境旅遊消費者而言提供了相當具體之保障，然而此種定型化契約通常是站在對業者有利之角度，加上一般消費者對於約定內容甚少深入瞭解，故實際成效尚難評估。尤其近年來低團費之風氣蔚為風潮，團費減少造成旅遊消費者自費行程增加，而自費行程卻非旅遊合同規範之範圍，結果不但造成旅遊糾紛不斷，更成為消費者保護之漏洞。

---

[32] 國家旅遊局，「中華人民共和國國務院令第 550 號：旅行社條例」，中國旅遊網，2009 年 7 月 28 日，請參考 http://www.cnta.gov.cn/html/2009-2/2009-2-27-8-40-40562_1.html。

[33] 國家旅遊局，「關於旅行社組織內地居民赴香港澳門旅遊有關問題的通知」，中國旅遊網，2009 年 8 月 2 日，請參考 http://www.cnta.gov.cn/tml/009-5/2009-5-12-16-35-98975.html。

（五）強化旅行社之罰則與責任

　　對於旅行業者違反相關規定而導致消費者權益損傷，由於長久以來旅行社多係國營企業，在政府刻意保護下早期並未有明確之罰則與責任歸屬，直至1997年3月國家旅遊局所發布之「旅行社質量保證金賠償暫行辦法」方有明確罰則。該辦法適用範圍較廣，包括國內、入境與出境旅遊，而如表4-4所示，2002年發布之「出國旅遊辦法」則是完全針對經辦出國旅遊業務之旅行社與領隊。

表 4-4　中國大陸「出國旅遊辦法」對於旅遊業者罰則整理表

處罰條文	處罰依據條文	處罰內容	旅行社處罰規定	領隊處罰規定	其他
第二十九條	組團社或領隊違反第十四條第二項與第十八條之規定[34]	對可能危及人身安全之情況，未向旅遊者提供真實說明和明確警示，或者未採取防止危害發生之措施	旅遊行政部門責令改正並給予警告，情節嚴重者必須對組團社暫停其經營出國旅遊業務之資格，並處以人民幣5,000元以上20,000元以下罰款	可暫扣甚至吊銷其領隊證	若造成人身傷亡事故時，可依法追究其刑事責任，並承擔民事賠償責任
第三十	組團社或領隊違反第十六條之規定[35]	未要求境外接待社不得組織旅遊者	必須由旅遊行政部門對組團社處以組織該旅遊團	對於領隊則暫扣其領隊證，若造成嚴重影	

[34] 「出國旅遊辦法」第十四條第二項的規定如下「組團社應當保證所提供的服務符合保障旅遊者人身、財產安全的要求；對可能危及旅遊者人身安全的情況，應當向旅遊者作出真實說明和明確警示，並採取有效措施，防止危害的發生」；第十八條的規定如下「旅遊團隊領隊在帶領旅遊者旅行、遊覽過程中，應當就可能危及旅遊者人身安全的情況，向旅遊者作出真實說明和明確警示，並按照組團社的要求採取有效措施，防止危害的發生」。

[35] 「出國旅遊辦法」第十六條第一項的規定如下「組團社及其旅遊團隊領隊應當要求境外接待社按照約定的團隊活動計劃安排旅遊活動，並要求其不得組織旅遊者參與涉及色情、賭博、毒品內容的活動或者危險性活動，不得擅自

| 條 | | 參與色情、賭博、毒品、危險性等活動，或者未要求其不得擅自改變行程、減少旅遊專案、強迫或變相強迫旅遊者參加額外付費專案，或者在境外接待社違反上述要求時未加以制止 | 所收取費用之二倍以上至五倍以下罰款，並暫停其經營出國旅遊業務資格；若造成嚴重影響者，可以取消組團社之出國旅遊經營資格 | 響者，可吊銷領隊之領隊證 | |
| 第三十一條 | 旅遊團隊領隊違反第二十條之規定[36] | 與境外接待社、導遊及其他相關業者串通欺騙、脅迫旅遊者消費，或者向境外接待社、導遊和其他業者索取回扣、提成與收受財物者 | | 由旅遊行政部門責令其改正與沒收索要之回扣、提成、收受財物，並處以索要回扣、提成或者收受財物價值二倍以上至五倍以下之罰款，情節嚴重者甚至吊銷其領隊證 | |

資料來源：作者自行整理

改變行程、減少旅遊專案，不得強迫或者變相強迫旅遊者參加額外付費專案」，第二項的規定如下「境外接待社違反組團社及其旅遊團隊領隊根據前款規定提出的要求時，組團社及其旅遊團隊領隊應當予以制止」。

[36]　「出國旅遊辦法」第二十條的規定如下「旅遊團隊領隊不得與境外接待社、導遊及為旅遊者提供商品或者服務的其他經營者串通欺騙、脅迫旅遊者消費，不得向境外接待社、導遊及其他為旅遊者提供商品或者服務的經營者索要回扣、提成或者收受其財物」。

　　雖然上述規定在實務運作上並非可完全落實，然因相關處罰對業者而言尚稱嚴重，故事實上已達威嚇效果，就與早期（1997年）發布之「旅行社質量保證金賠償暫行辦法」相較，[37]對於類似違反情事之處罰「出國旅遊辦法」顯然嚴苛許多。例如在「旅行社質量保證金賠償暫行辦法」中對於導遊擅自改變活動日程，旅行社僅需退還景點門票、導遊服務費並賠償同額違約金；若導遊違反約定，擅自增加用餐、娛樂、醫療保健等行程，旅行社亦僅需承擔旅遊者之全部費用；若導遊索要小費，旅行社也僅需賠償被索要小費之兩倍。主要原因，在於「旅行社質量保證金賠償暫行辦法」雖然亦適用於出境旅遊，然制訂之時出境旅遊仍屬初步階段，當時僅有港、澳、泰、新、馬、菲等6國開放，故相關規定是以經辦國內、入境旅遊之旅行社與導遊人員為主。而「出國旅遊辦法」則完全針對經辦出國旅遊業務之國際旅行社與領隊，由於出國旅遊之重要性與消費者花費費用較高，加上參加者多係中產階級以上，故各項處罰標準亦隨之提高。

（六）旅行社質量保證金制度之建構

　　基本上，對於中國大陸旅遊消費者保護之的諸多措施中，「旅行社質量保證金」之措施可謂極具意義，因為過去以來旅行社相當欠缺消費者至上之觀念，更缺乏「售後服務」或「售後保障」之制度，使得消費者完全居於劣勢地位，在強勢賣方市場主導下猶如待宰羔羊。特別是出境旅遊與國內旅遊相較因身處國外，其風險更高而請求援助機會較少，故「旅行社質量保證金」之設置亦提供出境旅遊消費者更為周延之保障。如表4-5所示，旅

---

[37] 中華人民共和國年鑑編輯部主編，**中華人民共和國年鑑 1998**（北京：中華人民共和國年鑑社，1998年），頁707。

行社質量保證金制度經歷了不同的三個階段，但不變的是出境旅遊的保證金金額，高於入境與國內旅遊。

表 4-5　中國大陸旅行社質量保證金制度發展一覽表

時間	法令	具體內容
1995 年 1 月 1 日	國家旅遊局發布「旅行社質量保證金暫行規定」與「旅行社質量保證金暫行規定實施細則」[38]	1. 第二條指出所謂保證金，是由旅行社繳納、旅遊行政管理部門管理、用於保障旅遊者權益之專用款項，當旅遊消費者之經濟權益因旅行社自身過錯未達到合同約定之服務質量標準而受損，或因旅行社服務未達國家標準或行業標準而受損，而旅行社不承擔或無力承擔賠償責任時，以此款項對旅遊消費者進行賠償。[39] 2. 第三條規定經營國際旅遊招徠與接待業務之旅行社需繳納 60 萬元人民幣，但特許經營出國或出境旅遊業務者另繳 100 萬元。[40] 3. 國家旅遊局除統一制定保證金之制度、標準與具體辦法外，並管理全國經營國際旅遊業務旅行社與全國特許經營出國旅遊業務之保證金。[41] 4. 旅行社若逾期不繳納保證金、逾期不補繳保證金差額者，根據第三十條之規定旅遊行政管理部門得視情節輕重，分別給予警告、整頓或吊銷業務經營許可證之處分。

---

[38] 中華人民共和國國家旅遊局，**中國旅遊年鑑 1995**（北京：中國旅遊出版社，1995 年），頁 245。

[39] 經審核不符合規定條件或不屬於保證金賠償範圍者，質監所在接到賠償請求之日起的 7 個工作天內通知請求人。而旅行社和賠償請求人對使用保證金賠償決定不服，可以在接到書面通知之日起 15 日內，向上一級旅遊行政管理部門申請覆議。

[40] 經營國際旅遊接待業務之旅行社繳交 30 萬元，經營國內旅遊業務之旅行社繳交 10 萬元。

[41] 各省、自治區、直轄市經國家旅遊局之授權，管理該地區經營國際與國內旅遊旅行社之保證金。至於各地、市、州旅遊局經過授權或批准，管理該地區經營國際旅遊業務或國內旅遊業務之旅行社保證金。

| 1997年
3月27日 | 國家旅遊局
發布「旅行
社質量保證
金賠償暫行
辦法」[42] | 1. 由國家旅遊局「全國質監所」負責管理經營出境
旅遊業務之國際旅行社質量保證金理賠事宜。[43]
2. 當質監所作出受理決定後，應即時將「旅遊投
訴受理通知書」送達被投訴旅行社，該旅行社
於接獲通知書後，應於30日內作出書面答覆。
3. 當質監所處理賠償請求案件時，若能夠調解者
應在「查明事實、分清責任」之基礎上，於30
日內進行調解。
4. 消費者向質監所請求保證金賠償之時效期限為
90天。
5. 相關罰則如下：
(1) 旅行社收取旅遊消費者預付款後，若因旅行
社之原因不能成行，應提前3天通知消費
者，否則承擔違約責任，並賠償已交付款
10%之違約金。
(2) 若因旅行社過錯造成旅遊消費者誤機（車、
船），旅行社應賠償消費者直接經濟損失之
10%違約金。
(3) 旅行社安排之餐廳，因餐廳原因發生質價不
符，旅行社應賠償旅遊消費者所付餐費之
20%；旅行社安排之飯店，因飯店原因低於
契約約定之等級，旅行社應退還消費者所付
房費與實際房費之差額，並賠償差額20%之
違約金。 |
| 2009年
2月20日 | 旅行社條例 | 1. 第十三條規定「經營國內旅遊業務和入境旅遊
業務的旅行社,應當存入質量保證金20萬元；
經營出境旅遊業務的旅行社,應當增存質量保
證金120萬元」。 |

[42] 中華人民共和國年鑑編輯部主編，**中華人民共和國年鑑1998**，頁707。
[43] 省旅遊局質監所負責管轄省、自治區、直轄市內有重大影響之保證金賠償
案件，地方各級旅遊質監所負責管轄本區域旅行社之保證金賠償案件。上
級的旅遊質監所有權審理下級所管轄之保證金賠償案件，也可把應管轄之
保證金賠償案件交由下級旅遊質監所審理。

2009年2月20日	旅行社條例[44]	2. 第十四條規定「旅行社每設立一個經營國內旅遊業務和入境旅遊業務的分社，應當向其質量保證金帳戶增存 5 萬元；每設立一個經營出境旅遊業務的分社，應當向其質量保證金帳戶增存 30 萬元」。 3. 第十五條規定「有下列情形之一的，旅遊行政管理部門可以使用旅行社的質量保證金：（1）旅行社違反旅遊合同約定，侵害旅遊者合法權益，經旅遊行政管理部門查證屬實的；（2）旅行社因解散、破產或者其他原因造成旅遊者預交旅遊費用損失的」。 4. 第四十八條規定「旅行社未在規定期限內向其質量保證金帳戶存入、增存、補足品質保證金或者提交相應的銀行擔保的，由旅遊行政管理部門責令改正；拒不改正的，吊銷旅行社業務經營許可證」。

資料來源：筆者自行整理

　　而大陸為了使旅行社的質量保證金制度產生更佳的效果，於2009年6月29日國家旅遊局監管司又發布了「旅行社的質量保證金存取管理辦法」，詳細規範了旅行社與金融機構間在質量保證金存取上的問題。

（七）旅行社強制責任保險之推行

　　2001年9月1日國家旅遊局發布「旅行社投保旅行社責任保險辦法」，取代1997年所發布之「旅行社辦理旅遊意外保險暫行規定」，該規定開宗明義指出旅行社從事旅遊業務必須投保責任保

險，未投保旅行社責任險並在限期內不改正之企業，將受責令停業整頓15天至30天，並處人民幣5,000元以上、20,000元以下之處罰，此即「強制旅行社責任險」之精神，該規定對於保障出境旅遊消費者之規範如下：[45]

1. 保險責任之確定

就保險責任來說，旅行社根據保險合同之約定向保險公司支付保險費，保險公司對旅行社在從事旅遊業務經營活動中，致使旅遊消費者人身、財產遭受損害而應由旅行社承擔責任時，保險公司應承擔賠償保險金責任之行為。因此旅行社身兼被保險人和受益人兩種身分，一旦發生事故則由保險公司代表旅行社賠償消費者；至於消費者則可採自願方式投保人身意外險。然而旅行社對保險公司請求賠償或者給付保險金之權利，自知道保險事故發生之日起2年內若不行使將告消滅。

2. 投保單位之確定

除了組織旅遊團之旅行社必須投保外，包括旅遊地之接待旅行社亦要投保，如此方能充分保障出境旅遊消費者之權益。

3. 責任險之責任範圍

旅行社須投保責任險之責任範圍包括：旅遊消費者人身傷亡；消費者因治療支出之交通與醫藥費；消費者行李與物品之丟失、損壞或被盜等賠償責任。

---

[45] 國家旅遊局，「旅行社投保旅行社責任保險辦法」，中國旅遊網，2009年7月22日，請參考 http://www.cnta.gov.cn/html/2008-6/2008-6-27-20-31-15-2.html。

4. 保險期限與額度

旅行社責任保險之保險期限為1年，旅行社辦理責任保險之保險金額不得低於出境旅遊每人限額16萬元人民幣，[46]而國際旅行社每次事故和每年累計責任賠償限額為人民幣400萬元。[47]

2009年2月20日所公布新的「旅行社條例」，其中第三十八條也規定「旅行社應當投保旅行社責任險」；第四十九條規定「違反本條例的規定，旅行社不投保旅行社責任險的，由旅遊行政管理部門責令改正；拒不改正的，吊銷旅行社業務經營許可證」。[48]基本上，責任保險制度之確立，使所有旅行社都必須強制投保，在「風險共同分擔」之精神下，其觀念與作法已經能與國際接軌，對於出境旅遊消費者而言更提供充分保障，以免旅行社遭遇事故時惡性倒閉，造成消費者求償無門之窘境。

第二節　中國大陸赴台旅遊相關法令

2002年我國政府宣布開放大陸民眾來台旅遊，但由於兩岸對於談判的看法歧異，故此一措施為我方單方面開放，而大陸並不承認遂採取「冷處理」態度。然而，2005年卻出現重大變化，大陸開始由被動轉為主動，2006年4月發布了「赴台旅遊管理辦法」。這不但象徵大陸民眾來台旅遊的發展向前邁進了一大步，更對於兩岸關係產生直接影響。

---

[46] 國內旅遊每人限額人民幣為8萬元，入境旅遊每人限額人民幣為16萬元。
[47] 國內旅行社每次事故和每年累計責任賠償限額為人民幣200萬元。
[48] 國家旅遊局，「中華人民共和國國務院令第550號：旅行社條例」，中國旅遊網，2009年7月28日，請參考 http://www.cnta.gov.cn/html/2009-2/2009-2-27-8-40-40562_1.html。

　　由於「赴台旅遊管理辦法」是在開放「第一類」陸客之前所制訂，對於2008年全面開放後之情況有所規範上的不足，因此2008年6月國家旅遊局委託海旅會又分別發布了「大陸居民赴台灣地區旅遊注意事項」（以下簡稱「赴台旅遊注意事項」）、「大陸居民赴台灣地區旅遊領隊人員管理辦法」（以下簡稱「赴台領隊管理辦法」）、「大陸居民赴台灣地區旅遊團名單表管理辦法」（以下簡稱「赴台名單表管理辦法」），使得相關法令體系更為完備，詳見表4-6所示。

表 4-6　中國大陸對於陸客赴台旅遊相關法令整理表

發布日期	發布單位	法令名稱	附註
2006 年 4 月 16 日	國家旅遊局、公安部、國台辦	大陸居民赴台灣地區旅遊管理辦法	簡稱「赴台旅遊管理辦法」
2008 年 6 月 23 日	海旅會	大陸居民赴台灣地區旅遊注意事項	簡稱「赴台旅遊注意事項」
2008 年 6 月 23 日	海旅會	大陸居民赴台灣地區旅遊領隊人員管理辦法	簡稱「赴台領隊管理辦法」
2008 年 6 月 23 日	海旅會	大陸居民赴台灣地區旅遊團名單表管理辦法	簡稱「赴台名單表管理辦法」

資料來源：筆者自行整理

　　大陸當局推出「赴台旅遊管理辦法」，其在大陸整體法律體系中的位階與意涵如下：

壹、大陸赴台旅遊相關法令之法律位階

「赴台旅遊管理辦法」是由國務院所轄之國家旅遊局局長邵琪偉、公安部部長周永康與國台辦主任陳雲林於2006年4月16日所共同簽署發布,因此在法律位階上是屬於「部門規章」之性質。這與2002年7月1日由國務院發布之「出國旅遊辦法」相較,後者在法律位階上是屬於較高之「國務院行政法規」,顯示「赴台旅遊管理辦法」之法律位階較低。至於「赴台旅遊注意事項」、「赴台領隊管理辦法」與「赴台名單表管理辦法」,由於其制訂發布是國家旅遊局所成立的民間團體海旅會,會長就是國家旅遊局局長,因此在法律位階上也是屬於「部門規章」,但事實上卻是低於「赴台旅遊管理辦法」,其原因如下:

一、法令對外宣布的用詞不同

誠如前述依據「中華人民共和國立法法」有關行政法規與部門規章的頒布,是採用「公布」一詞,而「赴台旅遊管理辦法」是採取「發布」,基本上不論是公布或是發布都算是法令對外宣布的用語。然而「赴台旅遊注意事項」、「赴台領隊管理辦法」與「赴台名單表管理辦法」卻是採取「公告」一詞,是屬於行政部門公文、文書或政策的對外宣布用語,非正式之法令對外宣布的慣用詞語。

二、母法與子法的關係

包括「赴台旅遊注意事項」、「赴台領隊管理辦法」與「赴台名單表管理辦法」,均在其第一條開宗明義指出是根據「赴台

旅遊管理辦法」所制訂，因此為前述三個行政法規的「母法」，由於子法是直接根據母法而產生，因此當母法修正或廢止時，即影響子法的修正或存在，由此可見「赴台旅遊管理辦法」在法律的地位上較高。

貳、大陸赴台旅遊相關法令之內容與意涵

在「赴台旅遊管理辦法」的十七條條文中，有關團體旅遊模式、旅行社特許經營模式、配額規定、必須搭配領隊、防止非法滯留等規定，都與「出國旅遊管理辦法」接近，其條文內容之意涵如下：

一、「政府干預主義」下對於旅遊模式與經營型態之管制

所謂大陸赴台旅遊活動模式，是指大陸官方對於赴台旅遊相關活動之進行方式，所採取之根本原則與立場；而經營型態，則是指大陸官方對於旅遊業者經營赴台旅遊的基本態度。誠如前述，中國大陸對於出國旅遊之旅遊模式與經營型態是採取「政府干預主義」的管理模式，政府透過各種直接或間接手段干預市場運作，甚至藉由經濟手段來達到政治上的目的，而在赴台旅遊方面亦是如此，特別是因為兩岸關係的政治敏感性較高，政府干預的程度可說是有過之而無不及。

（一）以團體旅遊為原則

根據「赴台旅遊管理辦法」第二條的規定「大陸居民赴台灣地區旅遊（以下簡稱赴台旅遊），須由指定經營大陸居民赴台旅遊業務的旅行社（以下簡稱組團社）組織，以團隊形式整團往返。參遊

人員在台灣期間須集體活動」；而第十二條又規定「赴台旅遊團須憑『大陸居民赴台灣地區旅遊團名單表』，從大陸對外開放口岸整團出入境」，第十三條亦規定「旅遊團出境前已確定分團入境大陸的，組團社應事先向有關出入境邊防檢查總站或省級公安邊防部門備案。旅遊團成員因緊急情況不能隨團入境大陸或不能按期返回大陸的，組團社應及時向有關出入境邊防檢查總站或省級公安邊防部門報告」。由此可見，赴台旅遊之具體方式如下：

1. 採取團進團出之模式

除了上述2006年所發布的「赴台旅遊管理辦法」規定是團進團出外，2008年所發布之「赴台旅遊注意事項」第二條第二項也有類似規定「大陸居民赴台旅遊應當持『大陸居民往來台灣通行證』和旅遊簽注，參團旅遊，整團往返」。[49]由此可見，大陸民眾來台旅遊，必須採取團體旅遊方式而無法採取個人旅遊，也就是「團進團出」。此與「出國旅遊辦法」第十一條規定「旅遊團隊應當從國家開放口岸整團出入境」之意義相同。基本上，不論是大陸民眾之出境旅遊或赴台旅遊，大陸當局限制僅能團體旅遊而不允許個人旅遊的原因，主要還是為了方便控制管理與防止非法滯留。

2. 設置旅遊團名單表制度

根據「出國旅遊辦法」第七條規定，國家旅遊局必須統一印製「中國公民出國旅遊團隊名單表」，由國際旅行社依照核定之

---

[49] 國家旅遊局，「大陸居民赴台灣地區旅遊注意事項」，中國旅遊網，2009年8月23日，請參考 http://www.cnta.gov.cn/html/2008-6/2008-6-27-12-11-27-1.html。

出國旅遊人數如實加以填寫；並且根據第八條第二項的規定「組團社應當按照有關規定，在旅遊團隊出境、入境時及旅遊團隊入境後，將名單表分別交有關部門查驗、留存」；第十一條也強調當旅行團出入境時除了檢查護照、簽證外，也必須查驗該名單表。[50]由此可見，根據「赴台旅遊管理辦法」赴台旅遊所需之「大陸居民赴台灣地區旅遊團名單表」（以下簡稱「赴台名單表」）與上述之「中國公民出國旅遊團隊名單表」，其意義與功能相當接近。

　　另一方面，為了更詳細規範陸客赴台的旅遊團名單表制度，大陸又在2008年發布了「赴台名單表管理辦法」，其具體規定如下：[51]

(1) 海旅會根據陸客赴台旅遊之配額總量，印製相應數量的「赴台名單表」；並依據大陸組團社的實際組團情況，將「名單表」委託有關省（市）旅遊行政部門下達給組團社。

(2) 「赴台名單表」一式五聯，分為：赴台灣邊防檢查專用聯、返大陸邊防檢查專用聯、省級旅遊行政部門審驗專用聯、省級台辦報備專用聯、旅行社自留專用聯。

(3) 組團社按照核定的赴台旅遊人數安排組織赴台旅遊團，填寫「赴台名單表」。經審驗後的「赴台名單表」，不得變更和增添人員。

---

[50] 根據「出國旅遊辦法」第八條第一項的規定，「名單表一式四聯，分為：出境邊防檢查專用聯、入境邊防檢查專用聯、旅遊行政部門審驗專用聯、旅行社自留專用聯」。

[51] 國家旅遊局，「大陸居民赴台灣地區旅遊團名單表管理辦法」，中國旅遊網，2009年8月23日，請參考 http://www.cnta.gov.cn/html/2008-6/2008-6-27-12-11-27-1.html。

(4) 組團社應在旅遊團赴台、返回大陸時及旅遊團隊返回大陸後，將「赴台名單表」分別繳交有關部門查驗、報備、留存。

(5) 「赴台名單表」的審驗工作委託有關省（市）旅遊行政部門負責。

值得注意的是，「赴台名單表」一式五聯中，一聯包括「省級台辦報備專用聯」，可見大陸對於赴台旅遊仍然有政治上的特殊考量，因此台辦體系必須完全掌握赴台旅遊的人員資料。

（二）採取特許經營模式

「赴台旅遊管理辦法」第三條規定「組團社由國家旅遊局會同有關部門，從已批准的特許經營出境旅遊業務的旅行社範圍內指定，由海旅會公布。除被指定的組團社外，任何單位和個人不得經營大陸居民赴台旅遊業務」，此一「特許經營模式」充分展現「政府干預主義」的精神，其具體內容如下：

1. 大陸組團社仍被國營大型旅行社所壟斷

誠如「赴台旅遊管理辦法」第三條所述，大陸組團社是由國家旅遊局，從已批准經營出境旅遊的旅行社中來指定。誠如前述，2009年所公布的「旅行社條例」取代原本的「旅行社管理條例」，旅行社不再區分國際與國內旅行社，而是區分為兩大類：一類為經營國內、入境旅遊業務，另一類為經營出境旅遊業務，故要經辦赴台旅遊，必須是成立標準較高的經營出境旅遊旅行社。在此情況下，能夠經營出境旅遊的旅行社，事實上多數是大

型國營旅行社，這些旅行社在國家旅遊局與黨政部門的刻意保護下，成為大陸民眾赴台旅遊的主要組團社。

2.台商旅行社無法成為大陸組團社

誠如前述，從1998年大陸所發布之「中外合資旅行社試點暫行辦法」，到2001年大陸加入世貿組織所提出的「中華人民共和國服務貿易具體承諾減讓表」、2002年發布之「旅行社管理條例」、2003年發布「設立外商控股、外商獨資旅行社暫行規定」，到 2009年公布的「旅行社條例」，外商與台商投資旅行社均不得經營大陸公民出國與赴港、澳、台旅遊之業務。事實上，大陸從一開始僅開放合資旅行社之設立，至最終讓步允許外商成立獨資或控股旅行社，其中轉折雖多，但唯一不變的卻是這些旅行社均不得經營出國與前往台灣之旅遊業務，這使得台商旅行社雖然最暸解台灣，卻無法成為大陸的組團社，其獲利空間也遭致壓縮。

3.赴台旅遊採取嚴格管制

誠如「赴台旅遊管理辦法」第三條規定，「除被指定的組團社外，任何單位和個人不得經營大陸居民赴台旅遊業務」，由此可見赴台旅遊是被大陸官方所嚴格管制的。而這在「出國旅遊辦法」第二條也有相當類似的規定，該條文強調出國旅遊之目的地國家，由國家旅遊局會同國務院有關部門提出，報國務院批准後，由國家旅遊局公布，因此任何單位和個人不得到出國旅遊目的地以外之國家旅遊。由此可見出國旅遊的國家是受到政府嚴格控制的，而前往台灣旅遊亦是如此。

（三）採取配額規定使政府介入空間大

根據「赴台旅遊管理辦法」第五條規定「大陸居民赴台旅遊實行配額管理。配額由國家旅遊局會同有關部門確認後，下達給組團社」，這種配額制度在「出國旅遊辦法」第六條也有類似之規定，國家旅遊局根據上年度的入境旅遊業績、出國旅遊目的地增加情況和出國旅遊發展趨勢，在每年2月底前確定本年度出國旅遊人數總量，再下達省、自治區、直轄市之旅遊行政部門，各地方政府再針對區域內組團社上年度之績效，在每年的3月底以前核定各組團社組織出國旅遊人數。值得注意的是，「赴台旅遊管理辦法」之配額規定顯然不如「出國旅遊辦法」來得詳盡，僅強調配額由國家旅遊局會同有關部門確認後再下達給組團社，但卻也顯示政府透過政治力操作與介入的空間更為寬廣。

除此之外，赴台旅遊的配額管理是採取「兩級制」，即國家旅遊局與組團社，而出國旅遊則是採取「三級制」，在國家旅遊局與組團社之間尚有省、自治區、直轄市之地方政府旅遊行政部門。顯示赴台旅遊是由中央政府直接管理旅行社，主要是因為赴台旅遊的政治敏感性較高，如此一方面可以直接進行掌控，另一方面可以減少不必要的交易成本。

（四）對台灣旅行社採取直接掌控模式

根據「赴台旅遊管理辦法」第四條規定「台灣地區接待大陸居民赴台旅遊的旅行社（以下簡稱接待社），經大陸有關部門會同國家旅遊局確認後，由海峽兩岸旅遊交流協會公布」。

這一條文在「出國旅遊辦法」並無類似規範，誠如前述僅在第十五條規定組團社應選擇在目的地國家依法設立並具有良好信

譽的旅行社。基本上此一對於接待社的條件規定尚稱鬆散，顯見大陸當局對於出國旅遊的外國接待旅行社，並不加以「積極管理」，但對於赴台旅遊之台灣接待社則要充分掌握，相關規定也較為嚴格而明確，這形成一種不公平的對待方式。

　　而根據「赴台旅遊注意事項」第一條第一項針對大陸業者的規定「經營大陸居民赴台旅遊業務的旅行社（以下簡稱組團社），應當選擇備案於海峽兩岸旅遊交流協會（以下簡稱海旅會）的台灣地區接待大陸居民赴台旅遊旅行社（以下簡稱接待社）簽訂合同並向海旅會備案。不得與未備案於海旅會的台灣地區旅行社簽訂合同，並經營大陸居民赴台旅遊業務」；第二條第一項則針對大陸的消費者規定「大陸居民赴台旅遊應當向由海旅會會同有關部門指定的經營赴台旅遊的組團社諮詢報名，不得向非指定的旅行社和單位報名及參加其組織的赴台旅遊活動」。[52]

　　由此可見，台灣旅行社能否接待大陸旅行團，都必須經過大陸當局的審批，似乎只有與大陸關係良好或聽從大陸指示的旅行社，才有機會擔任接待社。所以，大陸可以說是直接介入到台灣的旅行社市場，也違反了自由經濟的運作模式。

（五）非旅遊活動的禁止

　　由於兩岸關係較為敏感，因此在「赴台旅遊注意事項」第一條第三項規定「組團社不得以赴台旅遊名義組織大陸居民赴台從事經濟、文化、衛生、科技、教育、宗教、學術等領域的兩岸交流活動及國際性活動。接待社在行程中擅自安排相關交流活動

---

[52] 國家旅遊局，「大陸居民赴台灣地區旅遊注意事項」，中國旅遊網，2009年 8 月 23 日，請參考 http://www.cnta.gov.cn/html/2008-6/2008-6-27-12-11-27-1.html。

的，組團社和領隊應責其糾正」，但是這在「出國旅遊辦法」並無相關之規定。如此顯示，大陸將赴台旅遊限縮在非常狹窄的範圍，任何超出此範圍的活動，都必須是以「交流活動」的方式辦理申請與審批，否則若是「旅遊」意義界定的範疇過大，政府將難以掌握，這恐怕會造成政治上的影響，也不利於大陸所希望的兩岸關係發展，如此顯示赴台旅遊的政治敏感度遠高於出國旅遊。

（六）嚴防陸客滯留不歸

誠如前述，「出國旅遊辦法」第二十二條指出「嚴禁旅遊者在境外滯留不歸」，第三十二條也規定當造成旅遊者在境外滯留不歸時，領隊若不及時向所屬旅行社和大陸駐外使領館報告，或者該旅行社不及時向有關部門報告，則由旅遊行政部門給予警告，對該團領隊可以暫扣其領隊證，對旅行社可以暫停其出國旅遊業務的經營資格。而旅遊者若因滯留不歸而遭遣返回國者，由公安機關吊銷其護照。

至於「赴台旅遊管理辦法」在第十四條也規定「參遊人員應按期返回，不得非法滯留。當發生參遊人員非法滯留時，組團社須及時向公安機關及旅遊行政主管部門報告，並協助做好有關滯留者的遣返和審查工作」；「赴台旅遊注意事項」第一條第十項則規定更為詳細而具體：「如發生旅遊者在台滯留不歸，領隊人員應當及時向組團社報告，組團社應當及時向省級旅遊行政部門和有關部門報告，省級旅遊行政部門應當及時報告海旅會。海旅會和有關部門處理有關事項時，組團社應提供協助」。至於針對陸客，「赴台旅遊注意事項」第二條第五項也規定「大陸居民赴台旅遊期間，應當遵守台灣地區的相關規定，尊重當地的風俗習

慣，服從領隊人員的統一管理，隨團活動，不得擅自脫團，不得滯留不歸」。[53]

但上述相關針對陸客來台之相關辦法卻缺乏具體之罰則規定，似乎僅具宣示意義，至於未來是否會援引「出國旅遊辦法」之罰則值得觀察。

二、「混合經濟」下的領隊制度

誠如前述，領隊的相關規定是為了維護旅遊消費者的權益，提供各種服務、導覽、諮詢與協助，以促使社會福利的最大化，進而提昇整體的旅遊品質與安全。另一方面則是促使大陸赴台旅遊市場能夠健康發展與獲致更高的經濟效率，因此大陸政府依據其高預測能力與豐富資訊收集能力，透過相關法令來適度介入與管理市場，這是符合「混合經濟」的精神。根據「赴台旅遊管理辦法」第七條的規定「組團社須為每個團隊選派領隊。領隊經培訓、考核合格後，由地方旅遊局向國家旅遊局申領赴台旅遊領隊證。組團社須要求接待社派人全程陪同」。誠如前述，有關領隊的相關法令最早出現於2002年實施的「出國旅遊辦法」與「出境領隊辦法」，至於專門針對陸客來台的領隊規定，則是2008年所發布的「赴台領隊管理辦法」，相關規定內容如下所述：

（一）赴台旅遊領隊另成體系

在「出境領隊辦法」第二條開宗明義指出，所謂出境領隊人員係指在取得出境旅遊領隊證後，接受具有出境旅遊業務經營權之國

---

[53] 國家旅遊局，「大陸居民赴台灣地區旅遊注意事項」，中國旅遊網，2009年8月23日，請參考 http://www.cnta.gov.cn/html/2008-6/2008-6-27-12-11-27-1.html。

際旅行社委派,從事出境旅遊領隊業務之人員;而「出國旅遊辦法」第十條則規定各組團社應當為旅遊團隊安排「專職領隊」,若違反者依據第二十七條規定需改正外,另處人民幣5,000元以上20,000元以下的罰款,甚至可以暫停其出國旅遊業務的經營資格;若多次不安排專職領隊,則可取消其出國旅遊業務經營資格。由此可見,領隊此一工作是完全針對出境旅遊所設,而各國際旅行社也必須聘請專職領隊,否則旅行社將受到嚴厲處罰。而發布「赴台領隊管理辦法」,則顯示在「出國旅遊領隊」外,尚有「赴台旅遊領隊」。不過「赴台旅遊管理辦法」對於赴台旅遊領隊並無罰則之規定,未來是否援引「出國旅遊辦法」值得後續觀察。

(二)赴台旅遊領隊資格取得方式逐漸步上正軌

在「出國旅遊辦法」第十條中規定領隊必須經過省、自治區、直轄市旅遊局考核合格,取得領隊證者方能執業,領隊在帶團時應當佩戴領隊證;而「出境領隊辦法」第五條則強調領隊證需由國際旅行社向所在地之省級或經授權之「地市級」以上旅遊局申領,領隊證的有效期限為3年。

然而在2006年所發布的「赴台旅遊管理辦法」中僅規定赴台旅遊領隊必須是經過培訓與考核合格者,至於考核是由國家旅遊局負責,還是省、自治區、直轄市旅遊局負責,則並無具體規範。也因此,2008年所發布的「赴台領隊管理辦法」與「赴台旅遊注意事項」,均針對赴台旅遊領隊之相關事項有所補充規定。

(三)赴台領隊證件申領單位較出國領隊位階高

根據「赴台領隊管理辦法」第三條第一項的規定「大陸居民赴台旅遊領隊證(以下簡稱領隊證)由組團社向所在地的省、自

治區、直轄市旅遊行政部門申領，並提交申請『赴台旅遊領隊證人員登記表』；省、自治區、直轄市旅遊行政部門應當對申領人員進行資格審查、業務培訓和考核」，故此一規定與「出國旅遊辦法」相當接近。

但是根據同辦法第三條第三項的規定「經考核合格的領隊人員，由省、自治區、直轄市旅遊行政部門向海峽兩岸旅遊交流協會（以下簡稱海旅會）申請辦理領隊證」，「赴台旅遊注意事項」在第一條第七項中也規定「組團社的領隊人員須取得由海旅會頒發的『大陸居民赴台旅遊領隊證』後方可上崗。組團社在開展赴台旅遊業務中，應組織領隊人員參加培訓，並建立相應的管理制度和責任制度」。此與前述「赴台旅遊管理辦法」第七條規定赴台旅遊領隊是由地方旅遊局向國家旅遊局申領領隊證的規定相符，只是申請對象由「赴台旅遊管理辦法」中的國家旅遊局轉變為「赴台領隊管理辦法」的海旅會，事實上海旅會就是國家旅遊局的白手套。然而值得注意的是，赴台旅遊的領隊證是由中央層級之國家旅遊局負責審批，這與「出境領隊辦法」中規定僅由地方旅遊局審批相較，其行政位階明顯提高，顯示大陸對於赴台旅遊的重視程度高於出國旅遊。

（四）規範赴台旅遊領隊之政治責任

在「出境領隊辦法」第八條中規定領隊人員必須維護國家利益和民族尊嚴，並提醒旅客抵制任何有損國家利益和民族尊嚴的言行，顯見大陸對出國旅遊仍有濃厚之政治考慮，領隊不僅是為旅客服務，更擔負監督旅客的政治責任。然而上述規定在「赴台旅遊管理辦法」並未發現，但由於兩岸特殊之政治氛圍，加上大陸當局將赴台旅遊列為對台統戰的重要項目，因此在「赴台領隊

管理辦法」第二條規定欲申領赴台旅遊領隊證的人員，首先要符合的條件就是「愛祖國，遵紀守法，掌握對台政策」的政治條件與責任。

（五）台灣民眾難以擔任赴台旅遊領隊

　　隨著全球化的發展，專業人才的跨國流動日益頻繁，旅遊產業亦是如此。由於大陸近年來出境旅遊快速發展，使得對於專業領隊的需求有增無減，特別是語言門檻較高而出境旅遊開放時間甚短的歐洲地區；另一方面，近年台灣出境旅遊市場逐漸飽和，所以從1996年開始，陸續就有台灣領隊前往大陸發展。由於當時歐洲旅遊並未開放，一般大陸民眾只能以參訪、開會或探親名義前往，但每年仍有近萬人次，在缺乏領隊的情況下，台灣領隊憑藉經驗豐富與同文同種，迅速占有一席之地。2005年時大陸歐洲團領隊約有七成是台灣人，香港人則占一成，大陸人只有兩成左右；而在北京地區約有300多名帶領歐洲團的台灣領隊，上海有100多人，廣州也有100多人。[54]

　　但由於大陸尚未開放台灣民眾報考大陸領隊證，因此過去以來台灣領隊帶團都是在大陸官方默許下進行的。然而2004年9月1日大陸正式開放赴歐洲遊後，規定帶團領隊必須具有大陸牌照，使得台灣領隊面臨失業的困境，故他們希望大陸能夠本著公平原則開放台灣民眾報考大陸領隊證照。而目前大陸仍未開放台灣民眾報考大陸領隊，因此也就沒有機會擔任赴台旅遊領隊，這降低了台灣民眾因此項開放所能獲得之就業機會。

---

[54] 中時電子報，「台灣領隊盼大陸開放考照」，中時電子報網站，2006 年 5 月 5 日，請參考 http://tw.news.yahoo.com/040902/19/y2ax.html。

三、「混合經濟」下對於大陸業者與消費者之保護

有關對於大陸旅行社與陸客來台的權益保障，在「赴台旅遊管理辦法」與「赴台旅遊注意事項」均有相當之規定，誠如前述，由於這些規範均在於維護消費者的權益，並防止業者為求商業利益而違法脫序，在這種「促進經濟效率」與「目的在發展經濟」的前提下，以及「促使社會福利最大化」的目標下，政府藉由其超越企業的獨特條件與收集豐富資訊之能力，透過政策來彌補市場機制缺陷與旅遊品質過差的消費者權益受損問題，是符合「混合經濟」之相關理論。

（一）對於大陸旅行社的保護

根據「赴台旅遊管理辦法」第六條的規定「組團社在開展組織大陸居民赴台旅遊業務前，須與接待社簽訂合同、建立合作關系」，而在「出國旅遊辦法」也有類似規範，第十五條規定「組團社組織旅遊者出國旅遊，應當選擇在目的地國家依法設立並具有良好信譽的旅行社，並與之訂立書面合同後，方可委託其承擔接待工作」。由此可見，大陸當局要求大陸旅行社必須與台灣旅行社簽訂契約，以確定雙方的權利義務關係。

事實上從台灣開放民眾赴大陸探親後，兩岸間旅行社的債務積欠問題就時有所聞，其中尤其以台灣旅行社虧欠大陸旅行社團費的情事最為嚴重，因此早在1988年6月15日，中共國家旅遊局就發布了「對國外旅行社旅行費用結算的暫行辦法」，目的就在於防止外國與台灣旅行社拖欠款項、破產倒閉與造成壞帳，以達到保障大陸

本身旅遊業權益的目的。[55]尤其台灣若干旅行社長久以來不及時結算大陸旅行社團費甚至捲款潛逃，造成許多三角債的爭議進而使得雙方的旅遊糾紛頻仍。因此大陸官方曾一再要求台灣旅行社採取「先付款、後旅遊」的措施，[56]但實際上大陸業者為順應台灣業者的操作習慣，對於國家旅遊局的規定多是陽奉陰違，遂造成2003年2月農曆春節時所發生震驚兩岸的「英倫行事件」，主因就在於台灣旅行社發生財務危機進而倒閉，結果積欠大陸旅行社相當數額之款項，使得台灣團員被大陸旅行社扣留。因此開放陸客來台旅遊，兩岸旅行業者的資金往來勢必更為密切，所衍生的糾紛也將隨之增加，故第六條之規定顯示大陸當局對於其業者之保護措施。

（二）對於大陸消費者的保護日益強化

　　根據「赴台旅遊管理辦法」第九條規定「組團社須要求接待社嚴格按照合同規定的團隊日程安排活動；未經雙方旅行社及參遊人員同意，不得變更日程」。這對於參與赴台旅遊之陸客來說，提供了消費保障的法律依據。相關規定在「出國旅遊辦法」也有類似條文，第十四條規定「組團社應當按照旅遊合同約定的條件，為旅遊者提供服務」，第十六條規定「組團社及其旅遊團隊領隊應當要求境外接待社按照約定的團隊活動計畫安排旅遊活動……不得擅自改變行程、減少旅遊項目，不得強迫或者變相強迫旅遊者參加額外付費項目」。

---

[55] 張玉璣主編，旅遊經濟工作手冊（北京：中國大百科全書出版社，1990年），頁172。

[56] 楊文珍、鍾海生，「規範旅遊交流開拓兩岸旅遊合作新階段」，發表於1992年海峽兩岸旅遊研討會（河北，1992年3月12日），頁68。

對於旅遊消費者之權益，「出國旅遊辦法」在第十二條中明確指出組團社應維護旅遊者的合法權益，並強調旅行社對於消費者所提供之出國資訊必須真實可靠，不得虛假宣傳；報價不得低於成本，以免惡性競爭造成品質低落；若違反者依據第二十八條規定，必須予以處罰。此外，在第二十條規定「旅遊團隊領隊不得與境外接待社、導遊及為旅遊者提供商品或者服務的其他經營者串通欺騙、脅迫旅遊者消費，不得向境外接待社、導遊及其他為旅遊者提供商品或者服務的經營者索要回扣、提成或者收受其財物」。

由此可見，2006發布的「赴台旅遊管理辦法」對於觀光客消費權益保護之條文，與「出國旅遊辦法」相較，其規範較不詳盡且欠缺具體之罰則，因此2008年發布的「赴台旅遊注意事項」與「赴台領隊管理辦法」，大幅增加有關於陸客來台權益保障之相關規定。

1. 規範旅行社對於消費者權益保護之責任

在「赴台旅遊注意事項」第一條第四項規定「組團社應當與大陸赴台旅遊者（以下簡稱旅遊者）訂立旅遊合同。合同應包括旅遊起止時間、行程路線、價格、食宿標準、交通工具、旅行保險及違約責任等內容。旅遊合同由旅遊者和組團社各持一份。組團社應當遵守合同約定，不得擅自改變行程、減少旅遊項目，不得強迫或者變相強迫旅遊者參加非合同約定的付費項目」。[57]此在「出國旅遊辦法」第十三條亦有相關之規定「組團社經營出

---

[57] 國家旅遊局，「大陸居民赴台灣地區旅遊注意事項」，中國旅遊網，2009年 8 月 23 日，請參考 http://www.cnta.gov.cn/html/2008-6/2008-6-27-12-11-27-1.html。

國旅遊業務，應當與旅遊者訂立書面旅遊合同。旅遊合同應當
包括旅遊起止時間、行程路線、價格、食宿、交通以及違約責
任等內容。旅遊合同由組團社和旅遊者各持一份」，而誠如前
述「出國旅遊辦法」第十六條針對組團社與領隊之責任也具有
相同之規範。

　　此外，在「赴台旅遊注意事項」第一條第五項亦規定「組團
社應當向旅遊者提供真實可靠的赴台旅遊服務信息，不得作虛假
宣傳和虛假廣告；不得以低於成本的價格進行不正當競爭，擾亂
赴台旅遊市場秩序」，[58]此在「出國旅遊辦法」第十二條，誠如
上述也有相關的規範。

2. 規範消費者對於權益保護之要求權利

　　在「赴台旅遊注意事項」第二條第九項規定「因組團社或其
委託的接待社違反合同約定，擅自改變行程、減少旅遊項目，強
迫或者變相強迫旅遊者參加非合同約定付費項目，使旅遊者合法
權益受到損害的，旅遊者有權向組團社要求賠償」。[59]而「出國
旅遊辦法」也有相關之規定，第二十三條強調旅遊者對組團社
或旅遊團隊領隊違反該辦法的行為，有權向旅遊行政部門投
訴；第二十四條也規定若是因組團社或其委託的境外接待社違
約，使旅遊者合法權益受到損害，組團社應當依法對旅遊者承
擔賠償責任。

---

[58] 國家旅遊局，「大陸居民赴台灣地區旅遊注意事項」，中國旅遊網，2009
年 8 月 23 日，請參考 http://www.cnta.gov.cn/html/2008-6/2008-6-27-12-11-
27-1.html。

[59] 國家旅遊局，「大陸居民赴台灣地區旅遊注意事項」，中國旅遊網，2009
年 8 月 23 日，請參考 http://www.cnta.gov.cn/html/2008-6/2008-6-27-12-11-
27-1.html。

3. 規範領隊人員對於消費者權益保護之義務

在「赴台領隊管理辦法」第六條第五項針對領隊的責任規定「不得與接待社、導遊及為旅遊者提供商品或者服務的其他經營者串通欺騙、脅迫旅遊者消費，不得向接待社、導遊及其他為旅遊者提供商品或者服務的經營者索要回扣、提成或者收受其財物」，此一對於領隊人員在消費者權益保護上責任的規範，在「出國旅遊辦法」第二十條誠如上述也有相關的規定。

4. 赴台旅遊缺乏相關罰則

在「出國旅遊辦法」第三十條規定了旅行社與領隊對於消費者權益受損之相關罰則「組團社或者旅遊團隊領隊違反本辦法第十六條的規定……未要求其不得擅自改變行程、減少旅遊專案、強迫或者變相強迫旅遊者參加額外付費專案，或者在境外接待社違反前述要求時未制止的，由旅遊行政部門對組團社處組織該旅遊團隊所收取費用二倍以上五倍以下的罰款，並暫停其出國旅遊業務經營資格，對旅遊團隊領隊暫扣其領隊證；造成惡劣影響的，對組團社取消其出國旅遊業務經營資格，對旅遊團隊領隊吊銷其領隊證」。但目前赴台旅遊之相關法令卻無任何罰則之規定，未來是否可以援引「出國旅遊辦法」作為罰則之依據，值得後續觀察。

四、對於來台陸客形象之維護

在「出國旅遊辦法」第十七條規定「旅遊團隊領隊應當向旅遊者介紹旅遊目的地國家的相關法律、風俗習慣以及其他有關注意事項，並尊重旅遊者的人格尊嚴、宗教信仰、民族風俗和生活習慣」，在同辦法第十六條也有類似規定「組團社及其旅遊團隊

領隊應當要求境外接待社按照約定的團隊活動計劃安排旅遊活動，並要求其不得組織旅遊者參與涉及色情、賭博、毒品內容的活動或者危險性活動」；由此可見大陸對於觀光客在國外表現的重視，深怕其不文明或不當行為成為文化上的衝突，或是引發國家形象上的受損。另一方面，同辦法第二十一條則針對陸客的責任予以規定「旅遊者應當遵守旅遊目的地國家的法律，尊重當地的風俗習慣，並服從旅遊團隊領隊的統一管理」。然而，對於陸客來台形象維護的相關規定，其發展特色如下：

（一）陸客來台形象日益受到重視

有關陸客來台形象維護的相關規定，在2006年所發布的「赴台旅遊管理辦法」未曾有所規範，直到2008年發布的「赴台旅遊注意事項」與「赴台領隊管理辦法」才有詳細的規定，可見大陸唯恐在2008年開始兩岸關係迅速發展的時候，陸客的不文明或不當行為，可能引發台灣民眾的反感與輿論批評。

（二）旅行社擔負教育與阻止的責任

「赴台旅遊注意事項」中第一條第六項規定「組團社應當認真開好赴台旅遊團隊的行前說明會，向旅遊者介紹台灣地區的基本情況、相關規定、風俗習慣、文明旅遊的有關要求和注意事項」；[60]至於「赴台旅遊管理辦法」則在第八條規定「組團社須要求接待社不得引導和組織參遊人員參與涉及賭博、色情、毒品等內容的活動」，「赴台旅遊注意事項」第一條第二項也有類似

---

[60] 國家旅遊局，「大陸居民赴台灣地區旅遊注意事項」，中國旅遊網，2009年8月23日，請參考 http://www.cnta.gov.cn/html/2008-6/2008-6-27-12-11-27-1.html。

規定「組團社應當與接待社約定，按照合同安排完成旅遊行程。不得安排涉及賭博、色情、毒品等內容和有損兩岸關係的旅遊活動。接待社違反合同約定的，組團社及其領隊須及時予以糾正」。[61]由此可見，旅行社擔負了教育陸客維護形象與阻止相關不當行為的責任。

（三）消費者肩負遵守與舉發的責任

針對消費者自身擔負的責任，於「赴台旅遊注意事項」有相當多的規定，包括在第二條第六項規定「大陸居民赴台旅遊應當規範個人行為，不得參加有損兩岸關係的活動，不得參加涉及賭博、色情、毒品等內容的活動」，第十項規定「對組團社、領隊或接待社誘導和組織旅遊者參與涉及賭博、色情、毒品等內容和有損兩岸關係的活動，旅遊者應當向海旅會和有關部門舉報」；第七項則規定「大陸居民赴台旅遊期間應當做到個人舉止文明，衣著和言談得體」。[62]由此可見，陸客除了必須要求自己不得從事非文明或不當之行為外，對於旅行社或是領隊的不當行徑，也必須予以檢舉。

（四）領隊人員擔負糾正與防止的責任

根據「赴台領隊管理辦法」第六條第三項的規定，領隊的責任如下「對旅遊者不文明的言行舉止，應予以提醒和勸阻」，同

---

[61] 國家旅遊局，「大陸居民赴台灣地區旅遊注意事項」，中國旅遊網，2009年 8 月 23 日，請參考 http://www.cnta.gov.cn/html/2008-6/2008-6-27-12-11-27-1.html。

[62] 國家旅遊局，「大陸居民赴台灣地區旅遊注意事項」，中國旅遊網，2009年 8 月 23 日，請參考 http://www.cnta.gov.cn/html/2008-6/2008-6-27-12-11-27-1.html。

辦法第六條第四項的規定「不得誘導和組織旅遊者參與涉及色情、賭博、毒品等內容和有損兩岸關係的活動，也不得為旅遊者參與上述活動提供便利條件」。由此可見，領隊人員對於陸客的不文明或不當行為應該予以糾正，並且不得予以協助。

（五）赴台旅遊相關法令缺乏罰則

　　在「出國旅遊辦法」第三十條規定「組團社或者旅遊團隊領隊違反本辦法第十六條的規定，未要求境外接待社不得組織旅遊者參與涉及色情、賭博、毒品內容的活動或者危險性活動……或者在境外接待社違反前述要求時未制止的，由旅遊行政部門對組團社處組織該旅遊團隊所收取費用二倍以上五倍以下的罰款，並暫停其出國旅遊業務經營資格，對旅遊團隊領隊暫扣其領隊證；造成惡劣影響的，對組團社取消其出國旅遊業務經營資格，對旅遊團隊領隊吊銷其領隊證」。由此可見，包括「赴台旅遊管理辦法」、「赴台旅遊注意事項」與「赴台領隊管理辦法」雖然也規範了業者應遵守的行為與範疇，但卻缺乏相關罰則。至於是否可以援引「出國旅遊辦法」之規定則必須後續觀察，但是根據「赴台領隊管理辦法」第七條規定「違反本辦法規定的，參照『出境旅遊領隊人員管理辦法』的有關規定進行處罰」，由此可見，至少當赴台旅遊領隊未盡維護陸客形象之責任時，是可以比照出國旅遊的領隊相關罰則進行處罰。

參、中國大陸出國旅遊與赴台旅遊相關法令之比較

　　如表4-7所示，當前中國大陸出國旅遊與赴台旅遊的相關法令，有許多地方相同，但也有若干規定出現差異，但總的來說差

異有限，顯見「赴台旅遊管理辦法」基本上是在「出國旅遊辦法」的基礎上來制訂的。此外，不論是對於旅遊人數配額制度的實施還是赴台旅遊領隊人員的資格取得，赴台旅遊都是採取所謂「兩級制」，即由國家旅遊局直接管理組團社，而出國旅遊則是採取「三級制」，在國家旅遊局與組團社之間尚有地方政府旅遊部門。顯示由於兩岸關係的高度政治性與敏感性，為方便直接掌控與迅速進行問題處理，赴台旅遊是由中央政府直接管理監督旅行社與導遊人員。

表 4-7　中國大陸出國與赴台旅遊相關法令比較表

旅遊模式與經營型態		
項目	出國旅遊	赴台旅遊
法令依據	2002 年 7 月 1 日國務院發布之「出國旅遊辦法」	2006 年 4 月國家旅遊局、公安部、國台辦發布之「赴台旅遊管理辦法」
其他相關法令	「出境領隊辦法」	「赴台旅遊注意事項」、「赴台領隊管理辦法」、「赴台名單表管理辦法」
團體旅遊	團進團出	同左
旅遊團隊名單表	中國公民出國旅遊團隊名單表	大陸居民赴台灣地區旅遊團名單表
採取特許經營模式之旅行社條件	1.必須是國際旅行社。2.必須經營「入境旅遊業務」有突出業績表現者。3.必須符合旅遊業發展規劃及合理佈局的要求。	必須是經營出境旅遊業務的旅行社
組團旅行社公告單位	國家旅遊局	海旅會
外商旅行社的經營範圍	不得經營大陸公民出國與赴港、澳、台旅遊之業務	同左

旅遊人數採取配額制度	由國家旅遊局下達省、自治區、直轄市旅遊行政部門，再下達給組團社	由國家旅遊局會同有關部門確認配額後，下達給組團社
出境入境旅遊聯繫方式	出境入境旅遊緊密聯繫	無明確規定
對接待社的管理	無明確規範	台灣接待社由國家旅遊局審核確認後公布
對旅遊範圍的限制	無明確規範	不得從事經濟、文化、衛生、科技、教育、宗教、學術等交流活動
防止陸客滯留不歸	有詳細規定與罰則	有詳細規定卻無具體罰則
領隊制度		
項目	出國旅遊	赴台旅遊
領隊規定	有詳細規定與罰則	有詳細規定卻無具體罰則
領隊資格取得模式	經過省、自治區、直轄市旅遊局考核合格，並取得領隊證	經過省、自治區、直轄市旅遊局考核合格，由海旅會發放領隊證
台灣人擔任領隊	尚未開放	同左
對於大陸業者與消費者之保護		
項目	出國旅遊	赴台旅遊
對於業者與消費者之保護	1. 組團社需與接待社簽訂合同。 2. 業者不得虛假宣傳和低價競爭。 3. 消費者具有要求權益保護之權利。 4. 領隊人員具有對於消費者權益保護之義務。	同左
對於陸客形象的維護	1. 組團社或領隊應向旅遊者介紹目的地之法律、風俗習慣。 2. 組團社或領隊不得組織旅遊者參與涉及色情、賭博、毒品的活動。	同左

資料來源：筆者自行整理

第三節　我國對於陸客來台旅遊相關法令

　　我國對於陸客來台之相關法令，可以分成兩大體系，一是經由小三通方式前來金門、馬祖與澎湖等離島進行旅遊的規定，另一則是直接來到台灣本島所進行之旅遊活動。

壹、陸客藉小三通進行之離島旅遊

　　2000年12月15日行政院發布了「試辦金門馬祖與大陸地區通航實施辦法」，也就是所謂的「小三通」，並且正式從2001年元旦開始試辦，該辦法如表4-8所示進行了多項條文之修訂，顯見小三通實施後產生了相當程度的變化。2008年10月15日改名為「試辦金門馬祖澎湖與大陸地區通航實施辦法」（以下簡稱「金馬澎通航辦法」），增加了澎湖允許陸客可以前往。[63]基本上，我國對於陸客經小三通進行離島旅遊之相關法令如表4-8所示：

表 4-8　陸客經小三通進行旅遊之我國相關法令整理表

發布日期	發布單位	法令名稱	附註
2000 年 12 月 15 日	行政院	試辦金門馬祖澎湖與大陸地區通航實施辦法	1. 該辦法分別在 2001 年 9 月 19 日、2002 年 7 月 31 日、2003 年 11 月 18 日、2004 年 3 月 1 日、2005 年 2 月 22 日與 9 月 28 日、2006 年 12 月 29 日、

---

[63]　入出國及移民署，「試辦金門馬祖澎湖與大陸地區通航實施辦法」，入出國及移民署全球資訊網，2009 年 7 月 30 日，請參考 http://www.immigration.gov.tw/aspcode/SearchMenu.asp?Directoryid=930。

			2007 年 3 月 31 日、2008 年 3 月 31 日與 6 月 19 日與 9 月 30 日經過十一次修改。 2. 簡稱「金馬澎通航辦法」。
2004 年 2 月 27 日	內政部 移民署	大陸地區人民申請進入金門馬祖送件須知	簡稱「金馬送件須知」
2004 年 3 月 27 日	內政部 移民署	試辦金門馬祖與大陸地區通航人員入出境作業規定	1. 該規定分別在 2006 年 5 月 1 日、2007 年 1 月 2 日與 4 月 14 日、2008 年 3 月 31 日經過四次修改。 2. 簡稱「金馬通航入出境規定」。

資料來源：筆者自行整理

一、陸客藉由小三通進行離島旅遊之相關法令

在「金馬澎通航辦法」第十二條規定大陸地區人民可因探親、探病、奔喪、返鄉探視、商務活動、學術活動、宗教文化體育活動、交流活動與旅行等事由，得申請許可入出金門、馬祖、澎湖。[64]因此，旅遊活動亦包括在內，但仍有相當多之限制規定，顯示政府對於陸客前來金、馬、澎地區的旅遊市場，仍然依循「政府干預主義」的管理方式：

---

[64] 1.探親：其父母、配偶或子女在金、馬、澎設有戶籍者。2.探病、奔喪：其二親等內血親、繼父母、配偶之父母、配偶或子女之配偶在金、馬、澎設有戶籍，因患重病或受重傷，而有生命危險，或年逾 60 歲，患重病或受重傷，或死亡未滿 1 年者。但奔喪得不受設有戶籍之限制。3.返鄉探視：在金、馬、澎出生者及其隨行之配偶、子女。4.商務活動：大陸地區福建之公司或其他商業負責人。5.學術活動：在大陸地區福建之各級學校教職員生。6. 就讀推廣教育學分班。7.宗教、文化、體育活動：在大陸地區福建具有專業造詣或能力者。8.交流活動：經內政部入出國及移民署會同相關目的事業主管機關專案核者。9.旅行：經交通部觀光局許可，在金、馬、澎營業之綜合或甲種旅行社代申請者。

（一）必須團進團出但組團人數標準放寬

陸客根據「金馬澎通航辦法」第十二條與2004年內政部移民署發布之「試辦金門馬祖與大陸地區通航人員入出境作業規定」（以下簡稱「金馬通航入出境規定」）第十七點、二十一點之規定，[65]必須透過經交通部觀光局許可，在金、馬、澎營業之綜合或甲種旅行社代為申請。且必須是組團辦理，每團人數限5人以上40人以下，整團同時入出，不足5人之團體不予許可並禁止入境。然而該法令發布之初，每團人數限制在10人以上25人以下，25人以上之團體必須分成兩團，由此可見組團人數的限制有所放寬。此外，2004年2月27日編印之「大陸地區人民申請進入金門馬祖送件須知」（以下簡稱「金馬送件須知」）第五點亦規定「以旅行事由申請之團體，需5人以上始准進入金門、馬祖，不足5人者，請勿成行」。[66]

由於必須是團進團出，因此根據「金馬通航入出境規定」第二十五點與「金馬送件須知」，團體往來金馬之入出境許可證，第一張必須註記本團人數及團號，第二張以後必須註記「應與○○○等○人整團入出境」。[67]而根據「金馬澎通航辦法」第十三

---

[65] 「金馬通航入出境規定」最早於 2002 年 8 月 1 日發布，後又經過 2003 與 2004、2006、2007 與 2008 年之修正。行政院大陸委員會，「試辦金門馬祖與大陸地區通航人員入出境作業規定」，行政院大陸委員會全球資訊網，2009 年 7 月 30 日，請參考 http://www.mac.gov.tw/big5/law/cs/law/95-1.htm。

[66] 入出國及移民署，「大陸地區人民申請進入金門馬祖送件須知」，入出國及移民署全球資訊網，2009 年 7 月 30 日，請參考 http://www.mmigration.ov.tw/aspcode/show_menu22.asp?url_disno=134。

[67] 若是申請進入金門者需加註「限停留金門」，申請進入馬祖者則需加註「限停留馬祖」。

條規定，代申請之旅行社應備申請書及團體名冊，向移民署金、馬、澎服務站申請進入金、馬、澎，並由旅行社負責人擔任保證人；也因此「金馬通航入出境規定」第十五點規定，前來金馬地區旅遊之大陸民眾除了必須具備申請書、大陸居民身分證影本外，也必須繳交由旅行社以電腦列印之旅行團體名冊2份。基本上，採取團進團出之規定，其目的還是為了能夠掌握人數，以避免發生逾期停留或脫團等情事。

因此根據「金馬澎通航辦法」第十九條之規定，大陸地區人民若申請許可進入金門、馬祖或澎湖地區，這包括參與旅遊活動在內，若有逾期停留、未辦理流動人口登記或從事與許可目的不符之活動或工作者，其代申請人、綜合或甲種旅行社，內政部得視情節輕重，1年以內不受理其代申請案件；其已代申請尚未許可之案件，則不予許可；而未帶團全數出境之綜合或甲種旅行社，其處罰規定亦同。[68]另外根據「金馬送件須知」第六點之規定，由代申請人擔任保證人者，若被保證人逾期不離境時，應協助有關機關強制其出境，並負擔因強制出境所支出之費用，因此旅行社也必須擔負此一責任。

但是另一方面，在強調團進團出的同時也有若干變通措施，根據「金馬通航入出境規定」第二十八點之規定，依旅行（簡稱為第二類）事由進入金門、馬祖之大陸民眾，因故而急於個別出境者，應準備申請書、團體入出境許可證本人聯影本與證件費新

---

[68] 另外根據「金馬通航入出境規定」第四十九點，大陸地區人民在金門、馬祖進行旅行，若逾期停留、非法工作或過夜未申報流動人口，「1人違規者，該違規人出境前，不受理其代申請案件，已受理尚未許可者，申請案不予許可。其不受理期間最長為1年」，「1個月內有2人違規且已出境者，3個月不受理其代申請，3人至5人違規者，6個月不受理其代申請。6人以上違規者，1年不受理其代申請」。

台幣200元，向移民署金馬服務站申請發給當日效期之個別入出境許可證出境聯，即可以個別身分先行離開金馬地區，而不必隨團離開，[69]此一變通模式在「金馬送件須知」亦有相同之規定。

（二）停留時間有所放寬

「金馬澎通航辦法」第十四條規定，申請經許可者發給往來金馬澎「旅行證」，有效期間自核發日起15日或30日，由當事人連同大陸居民身分證，經服務站查驗後進入金、馬、澎。而在2008年9月新增加了「以旅行事由申請者，得持憑大陸地區核發之有效旅行證照，向移民署申請發給多次入出境許可證，或於入境金門、馬祖時向移民署申請發給臨時入境停留通知單，持憑入出境」，也就是陸客可以申請多次入境簽證，以增加時常前來金、馬、澎地區旅遊者的方便性。[70]

而以旅行事由進入金、馬、澎者，原本之規定之停留期間是自入境之次日起不得逾2日，[71]而在2008年9月「金馬澎通航辦法」第十四條修訂後增加為6日，且陸客若再轉赴其他二島者，自

---

[69] 探病、奔喪、返鄉探視、商務活動、學術活動、宗教、文化、體育活動、交流活動者簡稱「第一類」。

[70] 根據「金馬通航入出境規定」第二十七點，「依第二類事由進入金門、馬祖，因受禁止出境處分、疾病住院、突發或其他特殊事故，未能依限隨團出境者，應備下列文件，向服務站申請發給自到期之次日起算7日之個別入出境許可證出境聯。（一）延期申請書。（二）團體入出境許可證本人聯影本（正本由港口查驗人員註銷）。（三）流動人口登記聯單（當日入境者免附）。（四）相關證明文件。（五）證件費新台幣200元。前項人員再次未能依限出境者，申請延期依第二十五點規定辦理」。前述規範，在「金馬送件須知」第七點亦有相同之規定。

[71] 依其他事由進入金門、馬祖者，停留期間自入境之次日起不得逾6日。

抵達當地之次日起算,不得逾6日;上述規範在「金馬通航入出境規定」第二十五點亦有相同之規定。[72]

(三)入境旅遊者之限制仍多

基本上,陸客前來金門、馬祖、澎湖旅遊,對於陸客之身分認定與旅遊範圍均有所限制。

1. 陸客之身分限制

對於前來金、馬、澎地區旅遊之陸客來說,雖然是屬於離島而非台灣本島,但我國對其身分仍有相當大之限制。首先,依據「金馬澎通航辦法」第十七條之規定,大陸地區人民在中共黨務、軍事、行政或其他公務機關任職者;參加暴力或恐怖組織與活動;涉有內亂罪、外患罪之重大嫌疑者;涉嫌重大犯罪或有犯罪習慣者;曾未經我政府許可入境來台者;曾經許可入境,但逾停留期限者;曾從事與許可目的不符之活動或工作者;曾有犯罪行為者;有事實足認為有危害國家安全或社會安定之虞者;患有足以妨害公共衛生或社會安寧之傳染病、精神病或其他疾病者,以及其他曾違反法令規定情形者,其若申請進入金門、馬祖,政府得不予許可,或是已經許可者,得撤銷或廢止之,此一限制亦見於「金馬送件須知」第四點之規定。

其次,依據「金馬澎通航辦法」第十八條之規定,已經進入金、馬、澎之大陸地區人民,其若屬於未經許可而入境;或雖經

---

[72] 根據 2001 年 10 月 5 日公告之「大陸地區人民進入金門馬祖數額表」,每日許可之陸客人數金門為 600 人,馬祖為 40 人;而根據「金馬送件須知」第四點之規定,陸客申請前來金馬旅行者,其申請之工作天數若為不須送審之案件為 3 天,須送審之案件為 7 天。

許可入境但已逾停留期限；或從事與許可目的不符之活動或工作；或有事實足認為有犯罪之虞；或有事實足認為有危害國家安全或社會安定之虞；或患有足以妨害公共衛生或社會安寧之傳染病、精神病或其他疾病，我國治安機關均得以原船或最近班次船舶逕行強制出境。而上述之規定，一方面適用於前來金馬地區參加旅遊活動之陸客，另一方面「金馬送件須知」第九點也有相同之規定。

2. 旅遊範圍之限制

根據「金馬澎通航辦法」第十二條的規定，陸客以旅行名義前來金門、馬祖與澎湖者，其停留地點以前述三地為限，不可前往台灣旅遊。但另一方面，行政院院會於2008年9月通過「小三通正常化推動方案」，開放陸客可以經由金馬小三通中轉台灣，[73]不過此一推動方案的性質與規定，不同陸客藉由小三通專門前來金、馬、澎進行旅遊。

（四）過夜必須申請流動人口

根據「金馬送件須知」第五點之規定經許可進入金門、馬祖或經轉赴澎湖旅行之大陸地區人民，如需過夜住宿者，應由代申請人檢附經入境查驗之入出境許可證，向當地警察機關（構）辦理流動人口登記。由此可見陸客若必須過夜住宿，則旅行社必須完成上述之登記手續。

---

[73] 白德華，「陸客遊台，大陸開放中轉金馬澎」，中時電子報網站，2009年 2 月 13 日，請參考 http://news.chinatimes.com/2007Cti/2007Cti-Focus/007Cti-Focus-Content/0,4518,9709080072+97090803+0+174503+0,00.html。

二、陸客藉由小三通進行離島旅遊之效果與影響

對於陸客藉由小三通進行離島旅遊之效果與影響，由於澎湖開放較晚因而成效較不明顯，加上澎湖旅遊仍以台灣觀光客為主，故此一議題探討主要是以金門與馬祖地區。

表 4-9　經由小三通進入金馬地區陸客人數統計表

年代	人數	年代	人數
2001 年	1,041	2006 年	41,929
2002 年	1,358	2007 年	53,322
2003 年	3,760	2008 年	43,714
2004 年	12,409	2009 年 1～9 月	84,891
2005 年	18,607		

資料來源：入出國及移民署，「歷年試辦金馬小三通統計表」，入出國及移民署全球資訊網，2009 年 10 月 30 日，請參考 http://www.immigration.gov.tw/aspcode/9809/試辦金馬小三通歷年統計表.xls。

由於在2001年時，兩岸因為「一個中國」的看法迥異，大陸堅持「體現一國內部事務」的原則，而台灣當時的民進黨政府無法接受，因此在「可操之在我」的前提下小三通是由我方片面開放，並未與大陸進行磋商，大陸也因而採取消極抵制之態度，使得真正前來之陸客相當有限。然而2004年9月24日，大陸福建省副省長王美香在國台辦交流局局長戴肖峰、國家旅遊局旅遊促進與國際連絡司司長沈蕙蓉的陪同下，首度宣布將開放福建居民到金馬旅遊。在北京涉台單位的關注下，經雙方多次協調後，2004年11月福建省旅遊局發出「關於特許福建省旅遊有限公司等5家旅行社為首批經營福建省內居民赴金門、馬祖、澎湖地區旅遊業務組團社的通知」，由福建省中國旅行社、福建省旅遊公司、泉州中國旅行社、廈門建發

國際旅行社與廈門旅遊集團等5家旅行社負責承攬，而金門之安全、巨祥、金馬、環球與金廈等5家旅行社負責接待。[74]由表4-9所示，陸客前往金馬地區旅遊之人數的確從2004年開始快速增加了將近四倍，而此一發展模式對於金馬與台灣而言具有以下意義：

（一）有利於金馬地區的旅遊發展

基本上，金馬地區除了製酒業外幾乎沒有工業，農漁業則因環境因素發展有限，如今農漁產品多由大陸輸入，長期以來賴以維生的產業為替大量駐軍服務的「服務業」，但隨著軍隊不斷撤除，觀光業成為最重要產業。在金馬地區解除戰地政務之初曾吸引許多台灣觀光客前往，但熱潮一過之後也逐漸蕭條，最主要原因是金馬旅遊資源是以靜態之戰地史蹟為主，對於青少年之吸引力有限；而且必須搭乘飛機因此價格較高；加上天候與機場設備所限使得飛航安全受到疑慮。如今陸客多數對於國共內戰史蹟充滿興趣，加上往來交通便利而價格低廉，大舉進入後對於金馬地區的經濟發展與就業帶來直接幫助，增加了飯店、旅行社、導遊人員、餐廳、特產店與遊樂設備的需求。

（二）「金廈、兩馬旅遊圈」隱然成行

當前，金馬地區的旅遊產業發展已經與大陸形成相當緊密之聯繫，其中金門與對岸的廈門形成了所謂「金廈旅遊圈」；而馬祖與對岸之馬尾，也形成所謂「兩馬旅遊圈」。並且逐漸與大陸的國內旅遊相結合，許多大陸各省民眾來到福建旅遊，可順道造訪金馬，或者經由金馬前往台灣旅遊時一併造訪；而外國觀光客

---

[74] **聯合晚報**，2004 年 12 月 1 日，第 5 版。

來到福建，金馬也成為另一旅遊資源，使得金廈與兩馬形成「互
補互利」之雙贏局面。事實上，廈門機場為一國際機場，具有77
條國內外航線，吞吐量1,000餘萬人次；2008年進入福建觀光客共
計8,855萬人次，旅遊總收入達到1,014億元人民幣，外匯收入達到
23億美元，其中大陸的國內觀光客為8,562萬人次，入境觀光客為
693萬人次，因此金馬地區可充分利用福建此一「旅遊腹地」。[75]
但另一方面，未來金馬地區與大陸之間的經濟依賴程度，也將會
有更大幅度的增加，甚至凌駕與台灣的經濟關係。

（三）將金馬與台灣作為區隔

　　長期以來金馬地區民眾角色尷尬，由於自古即與閩南往來密
切，加上血緣與親族關係緊密，因此許多台灣人將金門與馬祖人
視為大陸人；小三通後金馬與大陸的關係緊密，使得當地政府頻
頻提出擴大與對岸交流之要求，然而在民進黨執政期間由於兩岸
關係不佳因此大陸政策較為保守，遂造成當時金馬地方政府與中
央之間的矛盾與衝突不斷，甚至地方政府欲跨過中央而與大陸當
局直接簽訂協議。

　　從表4-9顯示，2006年陸客前來金馬人數比2005年增加許多，
其增長率相較於當時陸客來台形成明顯對比。基本上大陸對赴金
馬旅遊的開放措施背後仍有其政治目的，除了是將台灣與金馬事
務加以區隔看待外，更有對於金馬地區「支持」之意味，在台灣
與金馬的矛盾中獲得最大利益。這除了使得當時金馬與台灣之間
的關係漸行漸遠外，大陸這種「跨過中央」的操作模式，直接與

---

[75] 福建省旅遊局，「2008 年我省旅遊經濟分析」，福建旅遊之窗網站，
2009 年 8 月 20 日，請參考 http://www.fjta.com/FJTIS/FJTA/InfoDetail.spx?
T_ID=987&type=2&ID=4680。

地方政府或民間團體進行協商，並且給予較大讓步空間的作法，更成為當時對台工作的新模式。

（四）實際效果仍然不足

實際上從表4-9顯示，2006至2008年陸客前來金馬地區旅遊的人數增長有限，甚至比起預期的冷清許多。主要原因首先在於團費價格偏高，一人價格約2,000元人民幣，高於大陸國內旅遊價格甚至高於赴港澳旅遊；另一方面是我國辦證手續繁瑣，使得大陸民眾等候時間較長而不方便，甚至有可能遭致退件；第三則是金馬的閩南文化風俗和戰地風光對於福建省以外民眾較具有吸引力，但目前卻未開放因而造成消費人群總量不足。因此，未來如果能開放非福建籍陸客以免簽證或是落地簽證方式前來金馬地區旅遊，才能產生數量上的大幅增加，對於金馬的經濟幫助才能更為明顯。

另一方面從表4-9顯示，2009年1至6月前往金馬地區的陸客人數看似大幅增加，但多數是因為政策開放允許大陸民眾經由較便宜的小三通前往台灣，這些陸客的主要旅遊目標還是台灣，因此在金馬地區的旅遊多在一天之內完成，也鮮少安排過夜，使得金馬地區的實際經濟獲利相當有限。因此，金馬地區應該強化旅遊資源的吸引力，與台灣形成市場區隔，才能避免成為過路財神。

貳、陸客之台灣本島旅遊

2001年8月底政府召開的「經濟發展諮詢委員會議」其中的「兩岸組」達成了「投資、貿易、通航、觀光」四大共識決議後，陸委會決定採取「政策宣布、局部試辦、正式實施」的方

針，於2001年11月23日由行政院院會通過「開放大陸地區人民來台觀光推動方案」（以下簡稱「大陸人民來台觀光推動方案」），[76]並於同日宣布自2002年元旦開始局部試辦開放大陸海外人士來台旅遊。而在法令方面根據「兩岸人民關係條例」第十六條的規定「大陸地區人民得申請來台從事商務或觀光活動，其辦法，由主管機關定之」，依此法源2001年12月10日內政部發布「大陸地區人民來台從事觀光活動許可辦法」（以下簡稱「大陸人民來台觀光辦法」），成為正式開放陸客來台旅遊之法令。

另一方面如表4-10所示，2001年12月11日當時的內政部警政署出入境管理局又發布「大陸地區人民申請來台從事觀光活動作業規定」（以下簡稱「大陸人民來台觀光作業規定」）與「大陸地區人民來台觀光送件須知」（以下簡稱「大陸人民來台觀光送件須知」）；交通部觀光局也發布「旅行業辦理大陸地區人民來台從事觀光活動業務注意事項與作業流程」（以下簡稱「大陸人民來台觀光注意事項與作業流程」）使相關規範更為周延。

表 4-10　陸客來台我國相關法令整理表

發布日期	發布單位	法令名稱	附註
2001 年 12 月 10 日	內政部	大陸地區人民來台從事觀光活動許可辦法	1. 該辦法分別在 2002 年 5 月 8 日、2005 年 2 月 23 日、2007 年 3 月 2 日、2008 年 6 月 20 日與 2009 年 1 月 17 日經過五次修改。

---

[76] 該方案在政策目標上強調「增進大陸人民對台灣之認識與了解，促進兩岸關係之良性互動」與「擴大台灣觀光旅遊市場之利益，促進關聯產業之加速發達」；在開放原則上，「在考量國家安全前提下，循序漸進開放大陸地區人民來台觀光；在整體規劃兩岸人員交流前提下，合理規範並確保大陸地區人民來台觀光之品質；在兩岸良性互動前提下，落實推動大陸地區人民來台觀光」。

			2. 簡稱「大陸人民來台觀光辦法」。
2001 年 12 月 11 日	內政部警政署出入境管理局	大陸地區人民申請來台從事觀光活動作業規定	1. 該規定分別在 2002 年 5 月 10 日、2004 年 10 月 13 日、2009 年 4 月 24 日與 7 月 9 日經過四次修改。 2. 發布單位之境管局已升格為移民署。 3. 簡稱「大陸人民來台觀光作業規定」。
2001 年 12 月 11 日	內政部警政署出入境管理局	大陸地區人民來台觀光送件須知	1. 該須知原名為「旅外大陸人士來台觀光送件須知」。 2. 發布單位之境管局已升格為移民署。 3. 簡稱「大陸人民來台觀光送件須知」。
2002 年 1 月 8 日	交通部觀光局	旅行業辦理大陸地區人民來台從事觀光活動業務注意事項與作業流程	1. 該流程分別在 2007 年 7 月 16 日與 2008 年 1 月 24 日、6 月 20 日與 9 月 26 日經過四次修正。 2. 簡稱「大陸人民來台觀光注意事項與作業流程」。
2008 年 6 月 20 日	交通部觀光局	旅行業接待大陸地區人民來台觀光旅遊團品質注意事項	1. 該注意事項分別在 2008 年 9 月 26 日、3 月 20 日、4 月 29 日經過經過三次修正。 2. 簡稱「大陸人民來台觀光品質事項」。
2009 年 1 月 17 日	交通部觀光局	大陸地區人民來台觀光旅行業保證金繳納之收取保管及支付作業要點	簡稱「大陸人民來台觀光旅行業保證金作業要點」

資料來源：筆者自行整理

　　隨著陸客於2008年7月4日正式來台，如表4-10所示相關法令也一一出現，2008年6月20日交通部觀光局發布「旅行業接待大陸地區人民來台觀光旅遊團品質注意事項」（以下簡稱「大陸人民來台觀光品質事項」），2009年1月7日又發布「大陸地區人民來台觀光旅行業保證金繳納之收取保管及支付作業要點」（以下簡稱「大陸人民來台觀光旅行業保證金作業要點」）。

　　基本上，當前對於開放陸客來台旅遊的相關法令發展，呈現以下的特色：

一、「政府干預主義」轉向「混合經濟」下陸客限制減少

　　從2001年開放陸客來台之後，政府對於陸客基本上是持保留的態度，既希望賺取外匯，又擔心滯留不歸與國家安全的問題，這種心態充分表現在對於來台旅遊陸客的限制規定上。這些規定依據其種類可以分成來台資格、入境人數與證照效期、參觀區域、團進團出、私自離團與其他等六大類，顯示政府對於大陸民眾來台的旅遊市場，是依循「政府干預主義」的管理方式，而並非著眼在獲致經濟效率與全面發展經濟，也無意達到社會福利最大化、社會資源分配最優化與交易成本最小化之目標。然而，隨著台灣社會普遍認為陸客能為經濟發展帶來幫助，因而要求政府放寬管制，特別是在2008年台灣完成第二次政黨輪替，強調兩岸合作的國民黨再度執政，使得相關限制有所放寬，而朝向「混合經濟」的發展方向，分別敘述如下：

（一）來台資格限制大幅放寬

　　根據「大陸人民來台觀光辦法」第三條的規定，大陸地區人民符合下列情形的任何一項者，由經交通部觀光局核准之旅行業

代為申請許可來台從事旅遊活動，筆者將其區分為「境內人士」
與「境外人士」兩種類型：

1.境內人士

是指目前仍在大陸境內生活或工作的民眾，這又可分成兩類，
一是「有固定正當職業者或學生」，另一則是「有等值新台幣20萬
元以上之存款，並備有大陸地區金融機構出具之證明者」。

2.境外人士

是指目前並未在大陸境內生活或工作的民眾，而根據旅居的
地區也包括兩類，一類是「赴國外留學、旅居國外取得當地永久
居留權或旅居國外4年以上且領有工作證明者及其隨行之旅居國外
配偶或直系血親」，另一類則是「赴香港、澳門留學、旅居香
港、澳門取得當地永久居留權或旅居香港、澳門4年以上且領有工
作證明者及其隨行之旅居香港、澳門配偶或直系血親」。

而上述兩種身分依「大陸人民來台觀光推動方案」，根據其
身分與來台的路線共劃分成三類：其中境內人士的身分若是經由
港澳地區來台旅遊者，被稱之為「第一類」；若是赴國外旅遊或
商務考察而轉來台灣旅遊者稱之為「第二類」；而境外人士則是
屬於「第三類」。

上述有關各種陸客身分與條件之規定，在「大陸人民來台觀
光作業規定」第二點與「大陸人民來台觀光送件須知」第三點均
有詳細的規定。[77]

---

[77] 內政部入出國及移民署，「大陸地區人民來台觀光送件須知」，內政部入
出國及移民署網站，2009 年 7 月 31 日，請參考 http://www.immigration.
gov.tw/aspcode/show_menu22.asp?url_disno=82。

　　2002年1月試辦時，開放的對象僅為「第三類」陸客，但排除旅居港澳的大陸人士；然而因開放成效有限，2002年5月所修改發布之「大陸人民來台觀光辦法」中，正式將「第二類」陸客納入，並且於5月10日正式開放其來台旅遊，此外也將「第三類」陸客的範圍擴增為旅居港澳地區的大陸人士。至於「第一類」陸客則是在2008年7月4日才得以正式開放，如此使得陸客來台人數大幅增加。

（二）入境人數與停留期間大幅放寬

　　首先，是有關陸客來台人數上的限制大幅放寬，根據「大陸人民來台觀光辦法」第四條的規定「大陸地區人民來台從事觀光活動，其數額得予限制，並由主管機關公告之」，而第四條第二項規定「前項公告之數額，由內政部入出國及移民署依申請案次，依序核發予經交通部觀光局核准且已依第十一條規定繳納保證金之旅行業」，相關規定在「大陸人民來台觀光注意事項與作業流程」第三點也有相關規定。由此可見，陸客來台數量的多寡是由移民署來決定，決定後交由交通部觀光局依據「大陸人民來台觀光數額分配要點」，核發給具承辦資格的旅行社。[78]而依據內政部警政署於2002年5月8日所公告之「大陸地區人民申請來台從事觀光活動之數額、實施範圍及實施方式」，當時每日受理申請之「第二類」與「第三類」陸客數額為每日1,437人；另外依據當時陸委會的規劃，在開放「第一類」陸客之初期，每天僅開放

---

[78] 「大陸人民來台觀光辦法」第四條第三項規定「旅行業辦理大陸地區人民來台從事觀光活動業務配合政策，或經交通部觀光局調查來台大陸旅客整體滿意度高且接待品質優良者，主管機關得依據交通部觀光局出具之數額建議文件，於第一項公告數額之百分之十範圍內，予以酌增數額，不受第一項公告數額之限制」。

1,000人次。[79]然而在2008年開放「第一類」陸客後，根據「大陸人民來台觀光送件須知」第六點與「大陸人民來台觀光作業規定」第十點的規定，移民署每日公告的陸客人數為4,311人，顯見人數大幅增加。[80]

其次，是有關陸客所持證件有效期限的限制並未改變，根據「大陸人民來台觀光辦法」第八條的規定，對於「第一類」陸客所發給台灣地區之「入出境許可證」，[81]其有效期間自核發日起的1個月內；而「第二類」與「第三類」陸客之「入出境許可證」，其有效期間則放寬自核發日起的2個月內。基本上，此一規定自2001年「大陸人民來台觀光辦法」首次發布後迄今並無改變。

第三，則是陸客在台停留期間的限制有所放寬，根據「大陸人民來台觀光辦法」第十條的規定「大陸地區人民經許可來台從事觀光活動之停留期間，自入境之次日起不得逾15日；逾期停留者，治安機關得依法逕行強制出境」，[82]此在「大陸人民來台觀光作業規定」第九點與「大陸人民來台觀光送件須知」第八點亦

---

[79] 中廣新聞網，「陸委會規劃：陸觀光客團進團出每日上限千人」，中廣新聞網，2009 年 3 月 22 日，請參考 http://tw.news.yahoo.com/050929/4/2cthy.html。

[80] 內政部入出國及移民署，「大陸地區人民來台觀光送件須知」，內政部入出國及移民署網站，2009 年 7 月 31 日，請參考 http://www.immigration.gov.tw/aspcode/show_menu22.asp?url_disno=82。

[81] 在 2001 年所發布之「大陸人民來台觀光辦法」，大陸民眾來台旅遊之入境證件為「旅行證」。

[82] 「大陸人民來台觀光辦法」第九條第二項規定「前項大陸地區人民，因疾病住院、災變或其他特殊事故，未能依限出境者，應於停留期間屆滿前，由代申請之旅行業代向入出國及移民署申請延期，每次不得逾七日」；第三項規定「旅行業應就前項大陸地區人民延期之在台行蹤及出境，負監督管理責任，如發現有違法、違規、逾期停留、行方不明、提前出境、從事與許可目的不符之活動或違常等情事，應立即向交通部觀光局通報舉發，並協助調查處理」。

有相同之規定。[83]然而在2002年開放之初，陸客來台停留期間僅有10天，因此在大幅延長為15天後，也就使得陸客來台的時間安排更具彈性。

（三）參觀區域限制有所放鬆

　　陸客來台後並不是任何地方均可前往，仍有其限制範圍，根據「大陸人民來台觀光辦法」第十五條的規定，應該排除軍事國防地區、科學園區、國家實驗室、生物科技、研發或其他重要單位。「大陸人民來台觀光注意事項與作業流程」則進一步規定「為確保軍事設施安全，凡經依法公告之要塞、海岸、山地及重要軍事設施管制區均不允納入大陸人民觀光行程」、「國軍實施軍事演習期間，得中止或排除大陸人士前往演習地區之觀光景點」。[84]

　　上述規定自2001年該辦法發布後有所放鬆，因為在開放初期是必須依循觀光局所提出的29條觀光路線，[85]否則需要特別申請，後來為了增加活動內容，觀光局才將其改為上述之負面表列。另一方面，在之後修訂的「大陸人民來台觀光送件須知」，其中第八點在「旅遊計畫」方面也規定「申請參觀新竹科學工業園區行程，應載明於旅遊計畫書行程表中，並檢附科學工業園區

[83] 內政部入出國及移民署，「大陸地區人民來台觀光送件須知」，內政部入出國及移民署網站，2009 年 7 月 31 日，請參考 http://www.immigration. gov.tw/aspcode/show_menu22.asp?url_disno=82。

[84] 交通部觀光局，「旅行業辦理大陸地區人民來台從事觀光活動業務注意事項及作業流程」，交通部觀光局網站，2009 年 8 月 9 日，請參考 http://admin.taiwan.net.tw/law/File/200809/辦理陸客觀光作業流程 971001.doc。

[85] **聯合報**，2001 年 11 月 24 日，第 2 版。

管理局同意文件」。[86]由此可見因為科學園區創造了台灣的經濟奇蹟，也具有相當的旅遊價值，因此在不影響國家安全的情況下也開放陸客可以前往旅遊。

（四）團進團出限制大幅放寬

根據「大陸人民來台觀光辦法」第五條的規定，「大陸地區人民來台從事觀光活動，應由旅行業組團辦理，並以團進團出方式為之，每團人數限5人以上40人以下」，以上規定屬於「第一類」陸客，而在2001年開放初期的的規定是15人以上40人以下，顯示陸客來台的組團門檻大幅降低，如此也增加成團的方便性與可能性。但若是屬於「第二類」陸客，則於2002年時將每團人數限定從10人以上大幅降低在7人以上。此一放寬措施，在「大陸人民來台觀光作業規定」第二點與「大陸人民來台觀光送件須知」第五點也有相同之規定。[87]

上述是屬於申請的階段，而在入境的階段則又有所不同，根據「大陸人民來台觀光辦法」第十七條的規定「團體來台人數不足5人者，禁止整團入境；經許可自國外轉來台灣地區觀光之大陸地區人民，其團體來台人數不足5人者，禁止整團入境」，此在「大陸人民來台觀光作業規定」第十六點與「大陸人民來台觀光注意事項與作業流程」第五點也有相同之規定。[88]

---

[86] 內政部入出國及移民署，「大陸地區人民來台觀光送件須知」，內政部入出國及移民署網站，2009 年 7 月 31 日，請參考 http://www.immigration. gov.tw/aspcode/show_menu22.asp?url_disno=82。

[87] 內政部入出國及移民署，「大陸地區人民來台觀光送件須知」，內政部入出國及移民署網站，2009 年 7 月 31 日，請參考 http://www.immigration. gov.tw/aspcode/show_menu22.asp?url_disno=82。

[88] 交通部觀光局，「旅行業辦理大陸地區人民來台從事觀光活動業務注意事項及作業流程」，交通部觀光局網站，2009 年 8 月 9 日，請參考 http://admin. taiwan.net.tw/law/File/200809/辦理陸客觀光作業流程 971001.doc。

　　至於「第三類」陸客從2004年開始由於無須「團進團出」，因此也不必安排隨團導遊人員，[89]此與之前規定的必須10人以上方可成團的規定改變最為明顯。

　　因此總的來說如表4-11所示，「第二類」陸客在申請階段時的人數要求門檻較高而為7人，鑑於申請者可能因其他突發狀況而無法真正成行，因此實際入境時的人數限制降低為5人。

表 4-11　陸客來台旅遊團體人數最低限制比較表

依據法令與條文	申請階段				入境階段
	大陸人民來台觀光辦法第六條（2001年原條文）	大陸人民來台觀光辦法第六條（2002年第一次修正）	大陸人民來台觀光辦法第六條（2005年第二次修正）	大陸人民來台觀光辦法第五條（2009年第五次修正）	大陸人民來台觀光作業規定第十六點（大陸人民來台觀光辦法第十七條）
第一類	15人以上	15人以上	15人以上	5人以上	5人以上
第二類	10人以上	7人以上	7人以上	7人以上	5人以上
第三類	10人以上	7人以上	免團進團出	免團進團出	免團進團出

資料來源：作者自行整理

（五）陸客離團限制予以放寬

　　根據2001年發布的「旅行業辦理大陸地區人民來台從事觀光活動業務注意事項」，導遊在每晚11點必須在飯店清點人數；另根據「旅行業辦理大陸地區人民來台從事觀光活動業務數額分配作業要點」的規定，陸客若預定10點以後歸來飯店者，必須填妥

---

[89] **中國時報**，2004 年 2 月 24 日，第 A13 版。

申報書。[90]但在2008年修正的「大陸人民來台觀光注意事項與作業流程」第九點規定「大陸地區人民來台觀光團體如因傷病、探訪親友或其他緊急事故，需離團者，在離團人數不超過全團人數之三分之一、離團天數不超過旅遊全程之三分之一等條件下，應向隨團導遊人員陳述原因，由導遊人員填具團員離團申報書立即向本局通報」，其中的本局是指交通部觀光局，而「旅客於旅行社既定行程中所列自由活動時段（含晚間）探訪親友，視為行程內之安排，得免予通報。旅客於旅行社既定行程中如需脫離團體活動探訪親友時，應由導遊人員填具申報書通報，並瞭解旅客返回時間」。[91]由此可見，對於陸客在旅遊途中的私自離團或是夜間活動，原本的相關規定是絕對禁止，但從2008年因兩岸關係的改善，政府也允許陸客有更多自由行動的空間。

（六）其他入境限制維持嚴格

　　根據「大陸人民來台觀光辦法」第十六條的規定，大陸地區人民申請來台從事觀光活動，有「事實足認為有危害國家安全之虞者」等14項情形之一者得不予許可，或是已經許可者得撤銷或廢止其許可，並註銷其台灣地區旅行證。[92]另根據第十七條的規

90　**聯合報**，2001 年 11 月 24 日，第 2 版。

91　交通部觀光局，「旅行業辦理大陸地區人民來台從事觀光活動業務注意事項及作業流程」，交通部觀光局網站，2009 年 8 月 9 日，請參考 http://admin. taiwan.net.tw/law/File/200809/辦理陸客觀光作業流程 971001.doc。

92　另外包括：有違背對等尊嚴之言行者；在中共行政、軍事、黨務或其他公務機關任職者；有足以妨害公共衛生或社會安寧之傳染病、精神病或其他疾病者；近 5 年曾有犯罪紀錄者；近 5 年曾未經許可入境者；近 5 年曾在台灣地區從事與許可目的不符之活動或工作者；最近 3 年曾逾期停留者；最近 3 年曾依其他事由申請來台，經不予許可或撤銷、廢止許可者；最近 5 年曾來台從事觀光活動，有脫團或行方不明之情事者；申請資料有隱匿或虛偽不實者；申請來台案件尚未許可或許可之證件尚有效者；團體申請

定，大陸地區人民經許可來台從事觀光活動，於抵達機場、港口之際，查驗單位應查驗許可來台觀光團體名冊及相關文件，若有「未帶有效證照或拒不繳驗者」等8項項相關情事者，得禁止其入境，並通知移民署廢止其許可及註銷其台灣地區旅行證。[93]然而值得注意的是，在第十七條的申請不予許可條件中，如表4-12所示，2005年修改後之條文明顯較2001年之原條文嚴格甚多，其中特別以「曾來台從事觀光活動，有脫團或行方不明之情事者」之觀察年限，由原本之1年增加為5年，顯示當時政府對於陸客脫團問題的重視程度。

表4-12 「大陸人民來台觀光辦法」第十八條修改前後比較表

大陸人民來台觀光辦法第十八條	原條文	修改後
曾在台灣地區從事與許可目的不符之活動或工作者	最近 3 年	最近 5 年
曾逾期停留者	最近 2 年	最近 3 年
曾依其他事由申請來台，經不予許可或撤銷、廢止許可者	最近 1 年	最近 3 年
曾來台從事觀光活動，有脫團或行方不明之情事者	最近 1 年	最近 5 年

資料來源：作者自行整理

許可人數不足第五條之最低限額者或未指派大陸地區帶團領隊者；經許可之大陸地區人民未隨團入境者。

[93] 另外包括：持用不法取得、偽造、變造之證照者；冒用證照或持用冒領之證照者；申請來台之目的作虛偽之陳述或隱瞞重要事實者；攜帶違禁物者；患有足以妨害公共衛生或社會安寧之傳染病、精神病或其他疾病者；有違反公共秩序或善良風俗之言行者；經許可自國外轉來台灣地區從事觀光活動之大陸地區人民，未經入境第三國直接來台者；而查驗單位依前項進行查驗，如屬於「第一類」大陸人士，其團體來台人數不足 5 人者，禁止整團入境；如屬於「第二類」大陸人士，其團體來台人數不足 5 人者，亦禁止整團入境，但「第三類」不在此限。

另一方面，有關第十七條禁止陸客入境的規定，2005年之修改後條文較原條文增加了一項限制，即「經許可自國外轉來台灣地區從事觀光活動之大陸地區人民，未經入境第三國直接來台者」。顯示當時的政府在「第一類」陸客尚未開放之際，對於「第二類」與「第三類」陸客仍堅持其必須先入境第三國，並經由第三國之我國駐外單位審查後方可來台，而不可直接經由港澳地區來台。

二、「政府干預主義」下業者資格與申請程序嚴格但朝「混合經濟」發展

基於國家安全與兩岸關係之政治考量，我國主管機關對於旅行業者從事陸客來台業務的資格採取從嚴審核，其中共包括業者基本資格、代陸客申請之文件程序等兩大部分。這充分顯示政府對於陸客來台旅遊市場之介入與管理，帶有濃厚之「政府干預主義」色彩。但誠如前述隨著2008年5月之後兩岸氣氛和緩與恢復協商，加上台灣旅遊業者的殷切期盼，將陸客來台視為台灣觀光產業發展的契機，使得政府必須有所開放，以朝向提高經濟效率、全面發展經濟與達到社會福利最大化的「混合經濟」發展目標。

（一）業者資格要求嚴格但保證金標準降低

根據「大陸人民來台觀光辦法」第十條與「大陸人民來台觀光注意事項與作業流程」第二點的規定，[94]旅行業辦理大陸地區

---

[94] 交通部觀光局，「旅行業辦理大陸地區人民來台從事觀光活動業務注意事項及作業流程」，交通部觀光局網站，2009 年 8 月 9 日，請參考 http://admin. taiwan.net.tw/law/File/200809/辦理陸客觀光作業流程 971001.doc。

人民來台從事觀光活動業務，應具備下列要件，並經交通部觀光局申請核准：

1. 成立5年以上之綜合或甲種旅行業，為省市級旅行業同業公會會員，或於交通部觀光局登記之金門、馬祖旅行業。
2. 最近5年未曾發生依發展觀光條例規定繳納之保證金被法院扣押或強制執行、受停業處分、拒絕往來戶或無故自行停業等情事。
3. 向交通部觀光局申請赴大陸地區旅行服務許可獲准，經營滿1年以上年資者，或最近1年經營接待來台旅客外匯實績達新台幣100萬元以上，或最近5年曾配合政策積極參與觀光活動對促進觀光活動有重大貢獻者。

由此可見除金馬地區外，負責接辦國內旅遊之乙種旅行社並不在開放之列；此外必須是近5年來體質良好與財務健全的旅行社，而且必須有出團至大陸1年以上之經驗或是接待入境旅遊成果良好之業者。另一方面，根據該辦法第十二條的規定，旅行業辦理大陸地區人民來台觀光業務，應向交通部觀光局或其委託之團體繳納新台幣100萬元保證金，旅行業未於3個月內繳納保證金者，由觀光局廢止其核准；然而該辦法在2009年1月修改之前，台灣旅行社繳交之保證金為200萬元，顯示政府對於旅行社接待陸客的標準降低，也因此在「大陸人民來台觀光辦法」第十一條第三項的規定「本辦法中華民國98年1月17日修正施行前，旅行業已依規定繳納新台幣2百萬元保證金者，由交通部觀光局自本辦法修正施行之日起3個月內，發還保證金新台幣1百萬元」。

（二）代陸客申請之文件與程序複雜但有所簡化

在台灣旅行社代陸客申請之文件方面，對於大陸民眾的要求與其他國家觀光客相較，顯然有較為嚴苛之規定，而在程序方面也繁雜甚多，分述如下：

1. 陸客所需證件相當繁雜

有關「第一類」與「第三類」陸客申請來台從事旅遊活動，其具備證件之規定主要是根據「大陸人民來台觀光辦法」第六條，而包括「大陸人民來台觀光送件須知」第二點與「大陸人民來台觀光注意事項與作業流程」第四點也有相同規定，[95]至於細節的規範則見於「大陸人民來台觀光作業規定」第二點。而「第二類」陸客在「大陸人民來台觀光辦法」中並無明確規定，但在「大陸人民來台觀光作業規定」第二、三點中則有詳細規範，其規定如表4-13所示：

表 4-13　中國大陸三類民眾來台旅遊送件所需資料整理表

	第一類	第三類	第二類
主要法令依據	「大陸人民來台觀光辦法」第六條	「大陸人民來台觀光辦法」第六條	「大陸人民來台作業規定」第二點與第三點第一款

---

[95] 內政部入出國及移民署，「大陸地區人民來台觀光送件須知」，內政部入出國及移民署網站，2009 年 7 月 31 日，請參考 http://www.immigration. gov.tw/aspcode/show_menu22.asp?url_disno=82。交通部觀光局，「旅行業辦理大陸地區人民來台從事觀光活動業務注意事項及作業流程」，交通部觀光局網站，2009 年 8 月 9 日，請參考 http://admin.taiwan.net.tw/ law/File/200809/辦理陸客觀光作業流程 971001.doc。

團體名冊	需要（二份），並須加附標明大陸地區帶團領隊資料，該領隊應加附大陸地區核發之領隊執照影本	需要（二份）（雖取消團進團出但法令並未修改）	需要（二份）
旅遊計畫及行程表	需要	需要	需要
入出境許可證申請書[96]	需要（每一人一份）	同左	同左
旅客證明文件	1. 大陸地區所發有效證件影本，包括居民身分證、尚餘 6 個月以上效期之往來台灣地區通行證（或護照影本）。 2. 固定正當職業、在學或財力證明等文件[97]。	1. 大陸地區所發放尚餘 6 個月以上效期之護照影本。 2. 國外、港澳在學證明及再入國簽證影本、現住地永久居留權證明、現住地居住證明及工作證明	1. 自國外「轉來」台灣地區觀光者，附效期尚餘 6 個月以上之大陸地區所發護照影本。 2. 固定正當職業、在學或財力之證明文件，其規定同對於「第一

---

[96] 「入出境許可證」在 2002 年修訂之「大陸人民來台觀光辦法」第七條規定時稱之為「旅行證」。

[97] 根據「大陸人民來台觀光作業規定」第二點第五款第一、二、三目，「第一類」陸客需具備相關文件之要求如下：1、以有固定正當職業資格申請者，應檢附下列文件之一：（1）員工證件影本。（2）在職證明影本。（3）薪資所得證明影本。2、以在大陸地區學生身分申請者，應檢附國小以上各級學校有效學生證影本或在學證明影本。3、以有等值新台幣 20 萬元以上存款資格申請者，應檢附下列文件之一：（1）等值新台幣 20 萬元（相當人民幣 5 萬元）以上之銀行或金融機構存款證明影本或存摺影本，數筆存款可合併計算。家庭成員同時申請者，得以成員其中一人之存款證明影本或存摺影本代替。但存款總額應達每人等值新台幣 20 萬元（相當人民幣 5 萬元）以上。家庭成員指配偶、直系血親或居住同一戶籍具有親屬關係者。家庭成員應檢附親屬關係證明影本或常住人口登記卡影本。

		或親屬關係證明 [98]。	類」觀光客之規定，詳細規範亦同於「大陸人民來台觀光作業規定」第五點第五款第一、二、三目。
旅客證明文件			
兩岸業者契約	應具備我國旅行業與大陸地區旅行社簽訂之合作契約	無	應具備我方旅行業與大陸地區旅行社簽訂之合作契約影本

資料來源：作者自行整理

（2）基金或股票逾等值新台幣 20 萬元以上，檢附存摺影本或金融機構開立 1 個月內之證明影本。股票價值以面額計算。（3）不動產估價逾等值新台幣 20 萬元以上，開立 1 個月內之證明影本。（4）具退休身分申請者，得以退休證明影本代替。

[98] 根據「大陸人民來台觀光作業規定」第二點第四款第四、五、六、七目，「第三類」大陸人民需具備相關文件之要求如下：1、以在國外、香港或澳門留學生資格申請者：附有效之學生簽證影本或國外當地教育主管機關立案之正式學歷學校在學證明正本，以及再入國簽證影本。其隨行之配偶或直系血親附親屬關係證明。2、以旅居國外取得當地永久居留權資格申請者：附現住地永久居留權證明影本。其隨行之配偶或直系血親附親屬關係證明。3、以旅居國外 4 年以上且領有工作證明資格申請者：附蓋有大陸、外國出入國查驗章之護照影本及國外、香港或澳門工作入出境許可證明影本。其隨行之配偶或直系血親附親屬關係證明。4、以旅居香港、澳門取得當地永久居留權資格申請者：（1）符合香港澳門關係條例第四條資格者，請依香港、澳門居民身分申請。有隨行之旅居香港、澳門配偶或直系血親者（尚未取得當地永久居留權者）則檢附本人之港澳身分證及親屬關係證明。（2）未符合香港澳門關係條例第四條資格者（如現尚持有中國護照者），檢附本人香港、澳門永久居民身分證影本或效期尚餘 6 個月以上之香港、澳門護照影本。有隨行之旅居香港、澳門配偶或直系血親者，檢附本人香港、澳門居民身分證影本及親屬關係證明。

　　值得注意的是，根據「大陸人民來台觀光辦法」第六條第一項第四款之規定，有關固定正當職業之證明必須包括「任職公司執照、員工證件」，並且大陸民眾所繳交之相關證件「必要時應經財團法人海峽交流基金會驗證」，這在2001年該辦法發布之初並未規定，直到2005年修訂後才增加。主要原因在於近年來發現大陸民眾有持偽造之假證件進入台灣旅遊，對於國家安全與社會治安造成影響，使得相關規定更趨嚴格。

2. 申請程序雖然繁瑣但逐步簡化

　　根據「大陸人民來台觀光辦法」第六條與第七條的規定，陸客申請來台從事觀光活動，應依循以下之申請程序，這些程序之繁雜程度遠高於其他國家來台之觀光客。以下分別從「第一類」與「第三類」的差異來加以比較，至於「第二類」根據該辦法第七條第二項之規定是比照「第三類」的方式進行之，相關規定詳見表4-14：

表 4-14　「大陸人民來台觀光辦法」
規範陸客來台旅遊申請程序整理表

	「第一類」觀光客	「第三類」觀光客 （含第二類）
業者收件	由經交通部觀光局核准之旅行業代觀光客申請，並檢附相關文件，包括團體名冊、行程表、入出境許可證申請書、旅客證明文件、證件影本、兩岸旅行社合作契約等（第六條）	觀光客應檢附入出境許可證申請書、有效護照影本、旅客證明文件，送台灣駐外使領館、代表處、辦事處或其他外交部授權機構審查[99]（第六條）

---

[99] 「大陸人民來台觀光辦法」第六條第二項規定「駐外館處有入出國及移民署派駐入國審理人員者，由其審查；未派駐入國審理人員者，由駐外館處指派人員審查」。

業者送審	承辦之旅行業將相關資料送申請許可，並由旅行業負責人擔任保證人（第六條）	未規定
核發文件	申請經審查許可者，由移民署發給「台灣地區入出境許可證」（第七條）	同左（第七條）
文件轉發模式文件	「台灣地區入出境許可證」交由接待之旅行業轉發申請人，申請人應持憑連同「大陸地區往來台灣地區通行證」正本或大陸地區所發護照正本，經機場、港口查驗入出境（第七條）	「台灣地區入出境許可證」交由負責接待之旅行業轉發申請人，申請人應持憑連同大陸地區所發 6 個月以上效期之護照正本，經機場、港口查驗入出境。（第七條）
備註	1. 旅行業辦理「第一類」陸客業務，應與大陸地區旅行社訂有合作契約（第十五條）。 2. 旅行業應請大陸地區旅行社協助確認經許可來台從事觀光活動之大陸地區人民確係本人，如發現虛偽不實情事，應通報交通部觀光局並移送治安機關依法強制出境（第十五條）。 3. 大陸地區旅行社應協同辦理確認大陸地區人民身分，並協助辦理強制出境事宜（第十五條）。	在「大陸人民來台觀光辦法」第七條之規定除針對「第三類」陸客外，另包含「第二類」陸客，即「自國外轉來台灣地區觀光之大陸地區人民」

資料來源：作者自行整理

　　表4-14是「大陸人民來台觀光辦法」在2008年6月修訂之後的相關規定，而在修改之前於「業者送審」此一階段，不論是第一

類還是第三類陸客，承辦之旅行業必須將相關資料送「全聯會」與移民署申請許可；而在「核發文件」此一階段，當申請經審查許可後，由移民署核發「許可來台觀光團體名冊」與「台灣地區入出境許可證」交由代送件之「全聯會」，然後再由該會轉發負責接待之旅行業。

因此可以發現在修訂之後，原本「全聯會」的角色已不存在，基本上這減少了不必要的另一審查機制與行政環節；而「許可來台觀光團體名冊」也不需要經過冗長的公文往來，因此對於業者來說減少了相當程度的交易成本耗費。有關「全聯會」所扮演角色的變化，將於之後再行詳細探討。

3. 審批時間大幅縮短

過去，由於陸客來台簽證必須送到台灣辦理，審查往往需要半個月，造成兩岸旅行業者與陸客的不便，因此「大陸人民來台觀光送件須知」第八點在修改後規定，陸客的台灣審批時間大幅縮短至5天而不含例假日，[100]即若是本週一送件就可於下週一領證，使得來台旅遊更為便利

4. 取消複委託機制增加行政效率與公正性

由於兩岸關係從90年代中期前總統李登輝訪問美國之後即進入中斷期，大陸對於台灣任何有關兩岸關係之提議均採取「冷處理」態度，並且斷絕了海基與海協兩會的談判溝通機制。陳水扁當選總統之後中共對台策略依然如故，誠如前述的「小三通」即

---

[100] 內政部入出國及移民署，「大陸地區人民來台觀光送件須知」，內政部入出國及移民署網站，2009 年 7 月 31 日，請參考 http://www.immigration.gov.tw/aspcode/show_menu22.asp?url_disno=82。

為例證。因此，當時民進黨政府瞭解若要開放陸客來台，雙方官方協商之可能性甚低，唯有透過民間團體之力量，然而大陸又不願意透過海基與海協的兩會談判機制，所以在「大陸人民來台觀光辦法」中，當時政府將許多對於業者之管理工作委託由民間業者團體負責，使得這些團體在具有某種公權力的情況下，代表政府與大陸進行談判，形成所謂的「複委託」機制，也就是政府（陸委會）委託海基會，再由海基會委託其他民間團體去進行兩岸談判。

在2001年發布之「大陸人民來台觀光辦法」原始條文中，將上述權力委託賦予台北市、高雄市旅行商業同業公會及台灣省旅行商業同業公會聯合會，並將此三公會簡稱為「省市級旅行業同業公會」，2005年該辦法修訂之後則將此一委託改賦予「全聯會」，其職權變遷情況包括如下表：

表 4-15　政府授權民間業者團體處理陸客來台事務比較表

	2001 年原規定	2005 年修正後規定	2009 年修正後規定
分配來台陸客數額	大陸民眾來台觀光之數額，由觀光局依據省市級旅行業同業公會會員中經觀光局核准家數比例，核發予省市級旅行業同業公會（第四條）	1. 同左（第四條） 2. 省市級旅行業同業公會核發之數額，由全聯會，統籌分配予省市級旅行業同業公會轄區經觀光局核准之旅行業（第五條）	1. 大陸地區人民來台從事觀光活動，其數額得予限制，並由主管機關公告之。 2. 前項公告之數額，由移民署依申請案次，依序核發予經交通部觀光局核准且已依第十一條規定繳納保證金之旅行業。（第四條）

分配來台陸客餘額	若未達受核發之數額時，所餘數額由其他省市級旅行業同業公會平均使用之（第四條）	未達受核發之數額時，所餘數額由全聯會平均分配其他省市級旅行業同業公會使用之（第五條）	取消相關規定
訂定分配方式要點	由省市級旅行業同業公會訂定，報觀光局核准（第五條）	由全聯會訂定，報觀光局核准（第五條）	取消相關規定
受理陸客申請核章	由旅行業者檢附大陸民眾相關文件，送請省市級旅行業同業公會核章（第七條）	由旅行業者檢附大陸民眾相關文件，送請全聯會核章（第七條）	取消相關規定
轉發陸客團體名冊	大陸民眾經審查許可者，境管局發給「許可來台觀光團體名冊」予省市級旅行業同業公會（第八條）	大陸民眾經審查許可者，境管局發給「許可來台觀光團體名冊」予全聯會（第八條）	取消相關規定
保障金制度之管理	省市級旅行業同業公會辦理保證金收取、保管、支付及運用等事宜（第十四條）	全聯會辦理保證金收取、保管、支付及運用等事宜（第十四條）	本辦法 2008 年 6 月 20 日修正發布前，旅行業已依規定向全聯會繳納保證金者，由全聯會自本辦法修正發布之日起 1 個月內，將其原保管之保證金移交予交通部觀光局（第十一條）

資料來源：作者自行整理

　　從上述可知，2005年政府將分配來台陸客之數額與餘額、訂定分配方式要點、受理陸客申請核章、轉發陸客團體名冊與業者保障金制度之管理等工作，委由民間業者團體負責，並且由原本屬於地方層級之「省市級旅行業同業公會」轉為屬於全國性層級

之「全聯會」，顯示在開放陸客來台3年多後，當時政府認為有關業者之管理必須由更高層級之業者團體來負責，以達到居中整合之效。此外，在2005年新修訂之「大陸人民來台觀光辦法」中增加了第三十一條，即「旅行業辦理大陸地區人民來台從事觀光活動業務，「全聯會」應訂定旅行業自律公約，報請交通部觀光局核定」，顯示當時政府對於「全聯會」扮演更積極角色之期待，希望藉由其全國性協會之地位，針對陸客來台旅遊市場，予以旅行業者適度之約束與規範。

　　然而，由於「全聯會」是屬於業者參與的民間組織，該會幹部與成員均為當前旅行業者，但卻承擔許多決斷之權，甚至涉及若干商業利益，造成「球員兼裁判」之嫌，並且違反「利益迴避」之公平原則。更重要的是從2008年兩岸關係出現快速發展，海基與海協兩會恢復協商，所謂「複委託」的機制已經失去功能，因此如表4-15可以發現，2009年法令的修改已經將分配來台陸客數額的權力，由「全聯會」改為移民署；另根據「大陸人民來台觀光作業規定」第十點規定「每日申請數額：（一）移民署每日核發申請數額4,311人，例假日不受理申請。（二）旅行業辦理大陸地區人民來台從事觀光活動業務，每家旅行業每日申請接待數額不得逾200人」，[101]由此可見分配來台陸客數額的權力，包括了內政部移民署與交通部觀光局。

　　另一方面如表4-15所示，「全聯會」原本負責的保證金管理，也遭到收回而由交通部觀光局主管，因此誠如前述2009年1月7日交通部觀光局發布了「大陸人民來台觀光旅行業保證金作業要點」，以作為新政策的配套之用。由此可見，將原本應由政府負

---

[101] 包括「大陸人民來台觀光注意事項與作業流程」第三點與「大陸人民來台觀光送件須知」第六點均有相同之規定。

擔的權力與責任,委託由業者所組成的民間團體來負責,一方面有利益迴避的問題,另一方面民間團體因為行政經驗不足與擔心其他業者非議,許多事項仍要請示政府機關,造成行政流程的交易成本甚高。因此,如今將公權力重新由政府收回,相信能夠增加行政效率與公正性。

5.政府嚴防業者冒名頂替

根據「大陸人民來台觀光辦法」第二十七條的規定「經交通部觀光局核准接待大陸地區人民來台從事觀光活動之旅行業,不得包庇未經核准或被停止辦理接待業務之旅行業經營大陸地區人民來台觀光業務。未經交通部觀光局核准接待或被停止辦理接待大陸地區人民來台觀光之旅行業,亦不得經營大陸地區人民來台觀光業務」,倘若旅行業違反上述前段規定者,停止其辦理接待陸客來台團體業務一年。第二十八條則規定「接待大陸地區人民來台觀光之導遊人員,不得包庇未具第二十一條接待資格者執行接待大陸地區人民來台觀光團體業務」,而倘若違反前項規定者,同樣停止執行接待陸客來台觀光業務一年。這些規定都是2005年開始新修訂之條文,顯示從2001年開始開放陸客來台旅遊後,不論旅行業者或是導遊人員都有發現冒名頂替之情事,造成政府管理上的漏洞與社會治安的隱憂。

三、「混合經濟」下陸客權益受到充分保障

根據「大陸人民來台觀光辦法」第二十三條的規定「旅行業及導遊人員辦理接待大陸地區人民來台從事觀光活動業務,其團費品質、租用遊覽車、安排購物及其他與旅遊品質有關事項,應遵守交通部觀光局訂定之旅行業接待大陸地區人民來台觀光旅遊

團品質注意事項」，由此可見政府對於陸客來台旅遊權益的重視。基本上，政府藉由公權力來介入陸客來台旅遊市場之運作，透過管理來維持市場的正常秩序，防止業者以低價競爭方式造成陸客權益受損，如此才能提昇陸客之旅遊品質與滿意度，進而達到「促進經濟效率」與「發展經濟」之目的，故此一政府介入市場模式，是符合「混合經濟」的理論。當前，對於陸客權益保障之政策內容如下所述：

（一）強化陸客來台旅遊品質

　　誠如前述，2008年6月20日交通部觀光局發布了「大陸人民來台觀光品質事項」，作為業者接待陸客的具體規範，[102]其中重要規定如下：

1. 旅行業辦理接待陸客團體業務，最低接待費用每人每夜平均至少60美元，該費用包括住宿、餐食、交通、門票、導遊出差費、雜支等費用與合理之作業利潤，但不含規費及小費。

2. 不得安排或引導旅客參與涉及賭博、色情、毒品之活動；亦不得於既定行程外安排或推銷自費行程或活動。

3. 應使用合法營業用車，車齡(以出廠日期為準)須為7年以內，並得有檢驗等參考標準。但排氣量在7,000cc以上車輛之車齡得為10年以內。

4. 購物點應為「中華民國旅行業品質保障協會」核發認證標章之旅行購物保障商店，所安排購物點總數不得超過總行程夜數。

---

[102] 交通部觀光局，「旅行業接待大陸地區人民來台觀光旅遊團品質注意事項」，交通部觀光局網站，2009 年 8 月 5 日，請參考 http://admin.taiwan. net.tw/law/File/200904/旅行業接待大陸地區人民來台觀光旅遊團品質注意事項 980429.doc。

（二）陸客責任保險權益與台灣民眾相同

根據「大陸人民來台觀光辦法」第十四條與「大陸人民來台觀光注意事項與作業流程」第八點的規定，[103]旅行業辦理大陸地區人民來台從事觀光活動業務，與接待本國或其他國家旅客之規定相同，均應投保「責任保險」，其最低投保金額及範圍如下：

1. 每一大陸地區旅客意外死亡新台幣200萬元。
2. 每一大陸地區旅客因意外事故造成身體受傷之醫療費用新台幣3萬元。
3. 每一大陸地區旅客家屬來台處理善後所必需支出之費用新台幣10萬元。
4. 每一大陸地區旅客證件遺失之損害賠償費用：新台幣2,000元。

上述規定之理賠金額，與本國民眾參與團體旅遊之標準相同，顯見我政府主管機關並未因大陸民眾平均所得低於台灣，而有雙重之理賠標準，因此對於陸客來說其權益保障之標準相對是優厚許多。

（三）保證金制度增加陸客旅遊保障

根據「大陸人民來台觀光旅行業保證金作業要點」第二點規定，凡是申請辦理陸客來台業務的旅行社而經交通部觀光局核准

---

[103] 交通部觀光局，「旅行業辦理大陸地區人民來台從事觀光活動業務注意事項及作業流程」，交通部觀光局網站，2009 年 8 月 9 日，請參考 http://admin.taiwan.net.tw/law/File/200809/ 辦理陸客觀光作業流程971001.doc。

者，應於核准後3個月內向觀光局或其委託之團體繳納新台幣100萬元保證金，才可以辦理接待業務；而未繳納者，則由觀光局廢止原本之核准。[104]由此可見保證金的重要程度，其原因是保證金的使用有兩個層面，一是當發生陸客逾期停留且行方不明時，將此保證金予以扣留而作為罰款；另一方面則是當旅行社未依契約完成陸客之接待時，觀光局或「全聯會」得委託其他旅行社代為履行，而其所需之費用則由保證金支付。[105]對於後者來說，藉由此保證金，當陸客在旅遊途中因台灣旅行社的經營不善導致行程無法繼續時，可以藉此經費委託其他旅行社繼續行程，使陸客來台之權益獲得充分保障。

四、政府因應脫團問題更為嚴謹

由於近年來兩岸「人蛇集團」透過各種非法之偷渡管道，將許多想來台灣淘金之大陸民眾運送來台，加上發生多起陸客在海外集體失蹤案件。有鑑於此，政府對於陸客來台的脫隊問題極為重視。根據「大陸人民來台觀光辦法」第十九條的規定「大陸地區人民來台從事觀光活動，應依旅行業安排之行程旅遊，不得擅自脫團」，[106]但「第三類」觀光客因不需團進團出，因此不在此

---

[104] 交通部觀光局，「大陸地區人民來台觀光旅行業保證金繳納之收取保管及支付作業要點」，交通部觀光局網站，2009 年 8 月 5 日，請參考 http://admin.taiwan.net.tw/law/File/200901/980117 保證金要點.doc。

[105] 有關保證金的後者功能，在「大陸人民來台觀光注意事項與作業流程」第十點也有規定，請參考交通部觀光局，「旅行業辦理大陸地區人民來台從事觀光活動業務注意事項及作業流程」，交通部觀光局網站，2009 年 8 月 9 日，請參考 http://admin.taiwan.net.tw/law/File/200809/辦理陸客觀光作業流程 971001.doc。

[106] 「大陸人民來台觀光辦法」第十九條另有但書規定「但因傷病、探訪親友或其他緊急事故需離團者，除應符合交通部觀光局所定離團天數及人數外，並應向隨團導遊人員申報及陳述原因，填妥就醫醫療機構或拜訪人姓

限。而2005年新修訂之「大陸人民來台觀光辦法」，新增加了第
二十條，其規定「交通部觀光局接獲大陸地區人民擅自脫團之通
報者，應即聯繫目的事業主管機關及治安機關，並告知接待之旅
行業或導遊轉知其同團成員，接受治安機關實施必要之清查詢
問，並應協助處理該團之後續行程及活動。必要時，得依相關機
關會商結果，由主管機關廢止同團成員之入境許可」。由此可見
對於陸客的脫團問題，政府採取較為嚴謹的防範方式，其具體作
為與措施如下表所示。

表 4-16　陸客來台旅遊脫團處理程序整理表

		規定	條文
建立通報系統	入境前	於團體入境前 1 日 15 時前將團體入境資料（含旅客名單、行程表、入境航班、責任保險單、遊覽車、派遣之導遊人員等）傳送觀光局。團體入境前 1 日應向大陸組團社確認來台旅客人數，如旅客人數未達入境最低限額時，應立即通報。	大陸人民來台觀光辦法第二十二條（「大陸人民來台觀光注意事項與作業流程」第九點規定亦同 [107]）
	活動期間	1. 於團體入境後 2 個小時內填具接待報告表，其內容包含入境及未入境團員名單、接待大陸地區旅客車輛、隨團導遊人員及原申請書異動項目等資料，傳送或持送觀光局，並由導遊人員隨身攜帶接待報告表影本一份。	

名、電話、地址、歸團時間等資料申報書，由導遊人員向交通部觀光局通
報。違反前項規定者，治安機關得依法逕行強制出境」。

建立通報系統	活動期間	團體入境後，應向觀光局領取旅客意見反映表，並發給每位團員填寫。	
		2. 每 1 團體應派遣至少 1 名導遊人員，事實上在第二十一條中即規定「旅行業辦理接待大陸地區人民來台從事觀光活動業務，應指派或僱用領有導遊執業證之人員執行導遊業務」。[108]如有急迫需要須於旅遊途中更換導遊人員，旅行業應立即通報。	
		3. 行程之遊覽景點及住宿地點變更時，應立即通報。	
		4. 發現團體團員有違法、違規、逾期停留、違規脫團、行方不明、提前出境、從事與許可目的不符之活動或違常等情事時，應立即通報舉發，並協助調查處理。	
		5. 團員因傷病、探訪親友或其他緊急事故，需離團者，除應符合交通部觀光局所定離團天數及人數外，並應立即通報。	
		6. 發生緊急事故、治安案件或旅行糾紛，除應就近通報警察、消防、醫療等機關處理，應立即通報。	
	出境後	團體出境 2 個小時內，應通報出境人數及未出境人員名單，此通報事項由交通部觀光局受理之。	

---

[107]交通部觀光局，「旅行業辦理大陸地區人民來台從事觀光活動業務注意事項及作業流程」，交通部觀光局網站，2009 年 8 月 9 日，請參考 http://admin. taiwan.net.tw/law/File/200809/辦理陸客觀光作業流程 971001.doc。

[108]「大陸人民來台觀光辦法」第二十一條規定「前項導遊人員以經考試主管機關或其委託之有關機關考試及訓練合格，領取導遊執業證者為限」。

建立通報系統	第三類	「第三類」觀光客因不需團進團出,應依上述第一、第五、第七點之規定辦理,但其旅客入境資料及入境通報內容得免除行程表、接待車輛、隨團導遊人員等。	
查訪規定		主管機關或交通部觀光局對於旅行業辦理大陸地區人民來台從事觀光活動業務,得視需要會同各相關機關實施檢查或訪查;旅行業對前項檢查或訪查,應提供必要之協助,不得拒絕或妨礙	第二十四條
相關罰則		旅行業辦理大陸地區人民來台從事觀光活動業務,有大陸地區人民逾期停留且行方不明者,每一人扣繳第十一條保證金新台幣 10 萬元,每團次最多扣至新台幣 100 萬元;逾期停留且行方不明情節重大,致損害國家利益者,並由交通部觀光局依發展觀光條例相關規定廢止其營業執照。	第二十五條

資料來源:作者自行整理

　　但是值得注意的是,在2008年修改後的「大陸人民來台觀光注意事項與作業流程」第十點規定,「旅行業辦理大陸地區人民來台從事觀光活動業務,97年6月20日許可辦法修正發布後發生大陸地區人民逾期停留且行方不明情形,每一人扣繳旅行業保證金新台幣20萬元」,「前項扣繳每團次最多扣至新台幣200萬元」。[109]此一規定與表4-16的「大陸人民來台觀光辦法」第二十五條相較,處罰的金額整整高出一倍,顯示政府要求旅行社必須擔負陸客逾期停留的更多責任,以防止此類事件在陸客大量來台後層出不窮。

---

[109] 交通部觀光局,「旅行業辦理大陸地區人民來台從事觀光活動業務注意事項及作業流程」,交通部觀光局網站,2009 年 8 月 9 日,請參考 http://admin.taiwan.net.tw/law/File/200809/辦理陸客觀光作業流程 971001.doc。

第五章　全面開放陸客來台後之影響

　　陸客從2008年7月全面開放來台後，人次發展非常迅速，對於兩岸來說都產生了相當程度的影響。本章首先探討陸客來台政策的決策模式；其次是從不同面向探討陸客來台對於兩岸的影響；其中特別是陸客來台接觸到與大陸最顯著的不同，就是台灣的自由、民主與法治，而這一影響對於大陸未來發展來說是相當深遠的。

第一節　朝混合經濟發展下的中國大陸
開放陸客來台決策模式

　　陸客來台對於中國大陸來說，絕對不是單純的經濟議題，而是具有非常濃厚的政治意義，因此相關政策的決策模式值得探究，但是因為相關資料蒐集不易，因此僅能根據筆者的長期研究與觀察，提出以下之個人評估：

壹、對台小組與國台辦分別扮演「決策者」與
　　「評估研究者」

　　由於長期以來陸客來台旅遊成為大陸對台工作的政治籌碼，因此直屬於國務院的國家旅遊局雖然是大陸旅遊事務的專責機構，但事實上對於決策並無太多置喙餘地，誠如圖5-1所示，當旅遊成為對於台灣進行統戰的工具時，真正的「決策者」是對台工作的相關單位，特別是層級最高的「中國共產黨中央對台工作領

導小組」。由於中國大陸強調「以黨領政」，因此政治決策中樞是中國共產黨中央政治局的9位常務委員會委員。為了讓政治局常委能在重大決策拍板定案前，對相關政策有所瞭解，因此成立了「中央工作領導小組」。此外，該小組亦具有決策之功能，而成為黨政首長取得共識的平台，[1]目前共包括有財政經濟、外事工作、對台工作、農村工作、宣傳思想工作等領導小組。

當前中共中央對台工作領導小組成員計有9人，分別代表黨務、外事、台辦、軍情、國安與統戰系統，其中人員組成如下：總書記胡錦濤擔任組長，全國政協主席賈慶林擔任副組長，秘書長則是由國務委員戴秉國擔任。其他7位成員分別是：共軍副總參謀長馬曉天中將、中共中央統戰部部長杜青林、國安部部長耿惠昌、商務部部長陳德銘、國台辦主任王毅、中共中央辦公廳主任令計劃、海協會會長陳雲林。

然而，當中共中央對台工作領導小組進行陸客來台相關政策的決策前，早已由國台辦進行開放幅度與範圍之研究，並針對開放後之可能結果與台灣輿情反應進行評估研析，因此如圖5-1所示，國台辦成為相關政策的「評估與研究者」。事實上，國台辦與「中共中央台灣工作辦公室」（簡稱中台辦）是以「兩辦合一」的方式存在，也就是所謂「兩塊招牌，一匹人馬」，因此中台辦事實上正是中共黨務系統中涉台工作的辦事機構，由此可見在陸客來台相關政策的決策過程中，扮演中共中央對台工作領導小組的「決策支援」工作。

---

[1]　邵宗海，「中共中央工作領導小組的組織定位」，**中國大陸研究**，第 48 卷第 3 期（2005 年 9 月），頁 1-24。

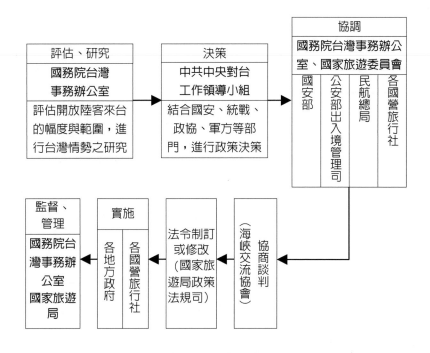

圖 5-1　中國大陸對於陸客來台相關政策之決策體系圖
資料來源：筆者自行繪製

貳、國家旅遊委員會與國台辦擔任「協調者」

　　1988年1月，國務院總理辦公室為了統籌旅遊業重大政策與整合各部委力量，成立了跨部委的「國家旅遊事業委員會」，以取代1986年臨時成立之「旅遊協調小組」，[2]由當時副總理吳學謙擔

---

[2]　「旅遊協調小組」的前身是 1978 年臨時成立之「旅遊工作領導小組」。

任主任，包括財政、建設、鐵道、交通、輕工、林業、文化、人民銀行、民航、僑辦、文物等有關部委和直屬局參加。[3]

當前，國家旅遊委員會在來台旅遊決策中扮演一個「協調者」的角色，當對台工作領導小組將來台旅遊開放政策確定之後，就由國家旅遊委員會進行具體配套政策的協調，各單位依據其專業背景提出意見並進行深入討論，這包括負責出入境事宜之公安部；負責瞭解台灣各地區旅遊軟硬體設施之國家旅遊局與其轄下的各國營旅行社；負責瞭解雙方民航運輸情況之民航總局等。

當國家旅遊委員會作出開放決議後，便與台灣展開簽訂旅遊協定之談判，其中國台辦會扮演的是「指導與監督」的角色，實際的談判則是由國台辦所委託的民間機構「海協會」負責與我國的「海基會」進行磋商，國家旅遊局的「港澳台旅遊事務司」則會提供旅遊相關專業資訊的協助角色。

參、國家旅遊局為「監督者」與「管理者」

當完成雙邊談判後，若涉及相關法令的增定與修改，則由國家旅遊局之「政策法規司」與公安部之「法制司」共同擬訂或修改具體實施的法令。至於具體的政策實施，則由具有資格的旅行社進行組團，各地方政府也會依據中央的相關政策加以配合。正式實施之後，則由國家旅遊局「港澳台旅遊事務司」的「台灣旅遊事務處」負責監督與管理業者及觀光客，當發生業者的違規行為或是觀光客的意外事件，則由國家旅遊局負責處理，而國台辦也會基於兩岸關係的敏感性進行配合與協助。

---

[3] 國防部交通部大陸交通研究組觀光小組彙編，**大陸地區交通旅遊研究專輯第五輯**（台北：交通部，1989年），頁4。

　　誠如上述，由於政治與統戰的因素，大陸對於陸客來台旅遊的政府角色是積極的，並藉由各種政策手段進行「多元的」監督與管理，加上旅行社多為國營，因此並非經濟自由主義；但另一方面，大陸在加入世貿組織後，各旅行社的競爭十分激烈，國營旅行社必須自負盈虧甚至股票上市，也開放外資與台資旅行社進入，政府不但無法藉由無限的行政手段直接干預市場的運作，也逐漸從「計畫經濟」走向「市場經濟」，因此也不屬於素樸的政府干預主義。所以，大陸當前對於陸客來台的管理，是朝向「混合經濟」的方向發展，最重要的是大陸政府的真正目的除了政治與統戰外，也希望藉由陸客來台有利於其自身的經濟發展，因此誠如下述，大陸非常強調兩岸經貿與旅遊交流中的「互惠性」。

第二節　開放陸客來台旅遊的影響與問題

　　從1978到2008年的30年間，兩岸關係的發展主要是建構在經貿層面，不僅關係緊密而且呈現雙向發展；隨著陸客來台，正式從長期以來僅有台客赴大陸的單向發展，轉變為陸客來台的雙向發展，此一影響使得兩岸關係從單純的經濟互動層面，邁入社會與政治層面的互動。基本上，陸客來台引發了若干的正面影響與負面問題，分別敘述如下。

壹、政治層面的影響與問題

　　陸客來台看似經濟議題，但實際上其背後具有相當明顯之政治意涵，而發展至今對於兩岸的政治影響如下所述：

一、大陸對台政策與工作方面之影響

有關陸客來台政策的發展過程，若從中國大陸對台政策與工作的角度出發，可以發現以下兩點特徵。

（一）大陸對台政策的由上而下落實

大陸政協主席賈慶林於2009年4月9日在北京，會見聯合報系參訪團時表示「去年胡六點提出構建兩岸和平發展一系列政策，是站在全局闡述兩岸關係，正視現實，面向未來，盡可能的考慮台灣方面、台灣同胞的合理願望與訴求，是構建兩岸和平發展的框架，我們將全力落實六條意見」；「開放大陸居民赴台灣旅遊是件好事，現在每天超過3,000人，也為台灣旅遊市場帶來不少商機，淡季不淡，逆勢成長」。[4]由此可見，大陸從2009年3月開始積極而主動的發動一連串推動來台旅遊措施，是一項由上而下的政策，並且由中央下令而交辦各地方政府執行，成為一種「上行下效」的政策落實模式，這也將成為日後大陸對台政策的實施方式。

（二）兩岸經貿交流強調互惠性

誠如前述，大陸發動「萬人遊台灣」等一系列活動，一方面為台灣帶來客源，但另一方面也要求台灣能「投桃報李」的發動台灣觀光客赴陸，以增加大陸入境旅遊業的發展，例如2009年2月大陸國家旅遊局局長邵琪偉在台北舉行的「第十二屆海峽兩岸旅

---

[4] 汪莉絹，「大陸政協主席提示兩岸三大工作：經濟合作、文化交流、民間往來」，聯合報網站，2009年4月10日，請參考 http://data.udn.com/data/contents.jsp。

行業聯誼會」開幕式上提出了五條「兩岸業界合作建議」，其中第一條就是「推動客源互送」，除強調增加陸客來台的數量外，更提出「歡迎台灣旅遊界組織更多的台灣遊客到大陸旅遊」的訴求。[5]而2009年4月所召開的「魯台旅遊交流年」，山東除宣布將在一年內送2萬3千名魯客來台外，也對外宣稱台灣將送1萬名以上的遊客到山東。[6]由此可見，大陸的惠台旅遊措施並非是單向的，而是強調雙向的互惠互利，甚至台灣某些旅行社若要承接某省陸客團的生意，就必須提供相對數額的台灣觀光客前往大陸。這充分顯示，大陸對台的經濟利多，雖然充滿著政治意味，但由於從2008年全球經濟出現危機，大陸經濟同樣受害嚴重，因此大陸可以在相關政策的發展初期不顧經濟因素或成本，給予台灣各種「單向度的優惠」，然而等到政策發展趨於成熟後，也會考量自身的經濟利益與民眾要求，採取「互惠性」的運作模式。

二、對於台灣政治層面的影響

　　陸客來台除了對於大陸政治有所影響之外，對於台灣政治也產生了相當程度的影響。

（一）凸顯「中華民國」的主權地位

　　當陸客來到台灣，發現在民主政治的運作下，台灣已經可以透過人民直接選舉來產生總統與國會議員，並具有憲法與獨立的

---

[5]　新華社，「邵琪偉對兩岸旅遊業提出五建議」，中時電子報網站，2009年 2 月 26 日，請參考 http://news.chinatimes.com/2007Cti/2007Cti-News/2007Cti-News-Content/0,4521,130501+132009022601035,00.html。

[6]　黃如萍，「魯台旅遊年，交流 3.3 萬名旅客」，中時電子報網站，2009 年 4 月 13 日，請參考 http://news.chinatimes.com/2007Cti/2007Cti-News/2007Cti-News-Content/0,4521,5050305+112009041000196,00.html。

司法體系，在國際上亦有一定的政治地位與邦交國，因此台灣實際上是一個獨立於中國大陸之外的「政治實體」，台灣的執政者更具備完整的統治合法性，因此過去以來大陸片面將台灣視為一個地方政府或其下一個省的說法，缺乏正當性與說服力，這正是台灣軟實力中「政治力」的展現。事實上，從2008年5月馬英九先生當選總統之後，兩岸關係出現了快速發展，胡錦濤的對台政策也展現了前所未有的彈性，不在主權或統一等議題上過於堅持，分別敘述如下：

1. 大陸尊重台灣民眾的分治思維

　　2008年7月下旬大陸媒體將台灣在北京奧運會中的「中華台北」名稱改為「中國台北」，這使得台灣朝野為之譁然，認為大陸此一行為明顯是在打壓與矮化台灣，大陸原本以此為「新聞自由」而強調無法干涉，但在兩岸的斡旋下，大陸當局隨即展現善意要求媒體改善，顯示大陸重視台灣民眾的政治感受。此外，台灣受邀參加2010年在上海所舉辦的世界博覽會，但台灣館如何設置卻一直懸而未決，一方面台灣不願意與香港、澳門一樣，處在中國館的範圍內，因為這無疑表示台灣是中國大陸下轄的一個地方政府；但中國大陸也不能接受台灣館獨立於中國館的範疇之外，而與其他國家並列，這將造成所謂「一中一台」的問題。最後的決定是，台灣館位於包括中國館區在內的亞洲館區內，但與中國館及港澳館相隔一條馬路以作為區隔。[7]事實上，根據遠見雜誌在2009年7月所公布的民調顯示，82.8%受訪者認為兩岸目前是各自發展的國家，對照前一年6月遠見雜誌所做民調，增加了

---

[7]　范世平，「上海世博會開創兩岸政經契機」，**國際商情**，第 269 期（2009年 6 月），頁 12-15。

9.1%，顯示兩岸分治60年後，台灣民眾在主觀意識上希望維持目前「分治現況」的心態。[8]

2. 兩岸擱置政治爭議尋求雙贏

2008年7月所展開的兩岸直航，在雙方的協調下既非「國際航線」亦非「國內航線」，而是雙方均能接受的「兩岸航線」；陸客來台既非「出國旅遊」亦非「國內旅遊」，而是雙方均能接受的「兩岸旅遊」；甚至2008年12月的大陸貓熊來台，既非國家之間根據「華盛頓公約」的「租借模式」，也非中央政府對於香港特區政府的「贈送模式」，而是採取特殊的「交換模式」，也就是大陸將一對貓熊與台灣各一對的梅花鹿與長鬃山羊進行「交換」，這可說是兩岸刻意避開敏感的主權爭議，求取彼此可以接受最大政治公約數的另次突破。

3. 大陸解決台灣國際活動空間問題

2008年5月下旬，大陸啟動了海協會的改組，由熟悉兩岸事務的國台辦主任陳雲林擔任會長，並由前駐日大使與外交部副部長王毅，接替退休的陳雲林，擔任中央台辦、國台辦主任。胡錦濤之所以把難得歷史機遇下的對台工作重任，交給出身外交體系的王毅，而非過去傳統的統戰體系，最主要的原因，是要借重王毅的外交長才，以推動未來兩會商談台灣國際空間的問題。2009年12月31日中共在「告台灣同胞書」發表30週年座談會上，胡錦濤在講話中提出開創兩岸和平發展的六點意見，簡稱「胡六點」，其中強調「對台灣參與國際組織活動問題，在不造成兩個中國、

8　陳信升，「八成二民眾：兩岸是兩個國家」，自由時報網站，2009 年 8 月 2 日，請參考 http://tw.news.yahoo.com/article/url/d/a/090722/78/1nifn.html。

一中一台的前提下，可以通過兩岸務實協商做出合情合理安排」，[9]因此兩岸在「九二共識」的基礎上採取「一個中國，各自表述」的立場，不但使得兩岸恢復了談判，台灣更得以在2009年5月如願參加聯合國的世界衛生大會（WHA），並成為觀察員。其次，台灣在睽違40年後，終於能夠再度受邀而參加2010年在上海舉辦的世界博覽會，並且獨立設館。然而在上一屆於日本愛知縣所舉行的世博會，我政府卻僅能透過民間組織與日本的餐廳合作，以「餐廳老闆」的身分，在世博會的美食街開設台灣小吃攤，故此一差異甚為明顯。

4. 大陸對於中華民國雖不承認亦不否認

2008年11月大陸海協會會長陳雲林來台與江丙坤進行第二次會議後，馬英九在總統府所管理的台北賓館，以「接見外賓」的模式與陳雲林會面，總統府司儀並在陳雲林面前高誦「總統蒞臨」，而陳雲林未有異議，顯示胡錦濤在對於台灣的政治地位上有所寬鬆，即便是無法承認中華民國總統的政治地位，也至少是「互不否認」。又例如2008年11月13日亞太經濟合作會議在秘魯舉行，秘魯向國際媒體發布的文件中，在介紹21個經濟體成員領袖及名稱時，首度出現「領袖馬英九總統」的照片與總統頭銜；至於代表馬總統參加的連戰，其資料則顯示「中華台北領袖指派前副總統連戰替代」，而非連戰原本對外自稱的「國家政策研究基金會董事長」名義，大陸對此並無過去般的加以反對；至於我國參加會議的名稱「中華台北Chinese Taipei」，在名單排序中則

9 　中央社，「胡錦濤：願協商台灣參與國際組織活動問題」，中時電子報網站，2009 年 7 月 29 日，請參考 http://news.chinatimes.com/2007Cti/2007Cti-News/2007Cti-News-Content/0,4521,130501+132008123101053,00.html。

介於新加坡與泰國之間，並未以「Chinese Taipei中華台北」列於
「中華人民共和國China, People's Republic of」之後、「香港Hong
Kong, China」之前，這明顯是以「Taiwan」次序排列。[10]但是在
民進黨執政時期，我國曾希望由前副總統李元簇先生代表總統與
會，卻遭大陸斷然拒絕。

　　由此可見，由於從2008年開始兩岸關係的迅速改善，加上在
胡錦濤主導下當前大陸對台政策日益靈活，使得大陸目前固然仍
無法正式而直接的承認「中華民國」，但至少已經可以做到間接
的「不予否認」，這對於台灣的主權彰顯具有一定的意義。事實
上當陸客來到台灣的第一步，就是必須面對我國的海關與警察人
員，並接受其檢查與詢問，這正是主權的彰顯；當他們進入台灣
後，必須遵守我國的法律，但也受到中華民國憲法與法律的保
障，舉目所及盡是青天白日滿地紅的國旗，當他們購物時使用的
是中華民國中央銀行所發行的新台幣，台灣並非大陸一省的意涵
不言可喻；當他們前往中正紀念堂或國父紀念館觀賞三軍儀隊的
交接時，更是突顯台灣具有自主國防的意義；當他們經過總統
府、外交部、立法院、監察院、考試院等政府部門，不但能發現
台灣具有獨自的部委機關，其名稱與法統甚至就傳承自1949年以
前在中國大陸的國民政府。因此，許多陸客來台時，由於大陸長
期的政治宣傳，不是認定台灣是大陸的一個省，就是以為如香港
一樣是個特別行政區，等到離開台灣時才發現台灣是一個主權獨
立的政治實體，或許他們表面上不願意承認，但心理上卻是心照
不宣。

---

[10]　郭篤為，「APEC文件首見我元首頭銜照片」，中時電子報網站，2008年
　　 12月13日，請參考http://news.chinatimes.com/2007Cti/2007Cti-News/2007
　　 Cti-News-Content/0,4521,110502+112008111500225,00.html。

（二）台灣縣市政府陷入集體焦慮

　　台灣各縣市政府與首長為求陸客能夠蒞臨，陷入一種集體焦慮，唯恐該縣市無法列入陸客來台之行程，如此不但會引發民怨更可能危及選舉。但事實上由於陸客滯台時間有限，不過8至10天，在走馬看花的情況下真正獲益的地方仍以台北、台中等都會區為主，以及阿里山、日月潭、太魯閣等重要風景區，至於其他縣市並不一定受益。而許多民進黨執政的縣市長，為了地方經濟發展，也不得不妥協過去個人的政治立場，積極的招攬陸客。特別是大陸海協會副會長張銘清於2008年10月在台南市旅遊時遭到民進黨人士追打，造成陸客為了避免衝突因而減少前往民進黨執政的南部縣市旅遊，這也使得2009年3月大陸國台辦發言人范麗青不得不在記者會上公開表示，「大陸居民赴台旅遊是不分台北、台南的」。[11]

（三）對於台灣國家安全與治安的影響

　　陸客若來台後，是否會從事與其身分不相符的工作值得關注，這包括藉由觀光名義刺探軍情、蒐集情報、吸收在台情報人員、傳遞情資等，這種藉由合法方式入境而從事非法活動之模式，將造成我國國家安全的隱憂。2009年5月下旬曾發生大陸一家科技公司董事長馬中飛，在來台旅遊時擅自進入台北市基隆路的國軍人才招募中心，對所陳列的軍事設施四處拍照，國防部發現後立即依法逮捕，並送往台北憲兵隊進行偵訊，之後再送高檢署

---

[11] 朱建陵，「國台辦：陸客來台，不分台北台南」，中時電子報網站，2009年 4 月 13 日，請參考 http://news.chinatimes.com/2007Cti/2007Cti-News/2007Cti-News-Content/0,4521,5050219+112009032600197,00.html.

進行偵辦。[12]另一方面，在全球化的發展下，有關疾病傳播的「環境安全」，成為「新安全觀」中不可或缺的一環。大陸近年來傳染疾病不斷發生，舉凡SARS、禽流感、肺結核等，因此當陸客來台後，是否會帶來這些疾病，也必須加以正視。

（四）大陸對台統戰之問題

從2002年我國開放大陸民眾來台旅遊後，大陸當局均採取一貫之「冷處理」態度。然而，2005年4月下旬中國國民黨主席連戰訪問大陸後，北京當局隨即宣布開放民眾來台旅遊之訊息；2008年國民黨再度獲得執政，大陸隨即正式開放陸客來台，因此其政策開放背後之政治動機甚為明顯，主要原因仍在於希望透過此一方式對於台灣民眾達到「政治社會化」的效果，套用中共的慣用字彙就是所謂「統戰」。

統戰是「統一戰線」的簡稱，根據中共的說法是強調不同階級、階層、集團與黨派，為實現共同目標，在共同利益的基礎上結合成聯盟。從中共成立時最初的「工農民主統一戰線」，後來的「抗日民族統一戰線」，建政時的「人民民主統一戰線」，以及改革開放後的「愛國統一戰線」，以致於90年代開始之「反台獨統一戰線」，雖然欲結合與打擊的對象不同，但卻始終如毛澤東在1939年時所言，將「統戰」與「武裝鬥爭」、「黨的建設」合稱為所謂「三大法寶」。[13]統戰的具體方法首先是要「區分矛

[12] 繆宇綸，「陸客闖營區拍照，軍：配合偵辦，加強反情報反滲透」，中時電子報網站，2009年9月11日，請參考 http://news.chinatimes.com/2007Cti/2007Cti-News/2007Cti-News-Content/0,4521,5020780+132009052600565,00.html。

[13] 景杉主編，中國共產黨大辭典（北京：中國國際廣播出版社，1991年），頁130。

盾」，將與中共不同之階級、階層、集團與黨派區分為「敵我矛盾」與「人民內部矛盾」兩大類型，敵我矛盾是指「人民」與「人民敵人」間，因根本利益衝突而產生的矛盾，是一種「對抗性的矛盾」，必須進行「你死我活」的零合鬥爭；[14] 而人民內部矛盾則是指不涉及「人民」與「人民敵人」間因根本利益衝突所產生的「非對抗性矛盾」，可以藉由統戰方式來加以解決。其次是採取「既聯合又鬥爭」之「和戰兩手」策略，強調「結合次要敵人，打擊主要敵人」，也就是所謂的「聯左、拉中、打右」，透過「組織工作、宣傳工作、秘密工作」達到「利用矛盾、爭取多數、反對少數、各個擊破」的效果。至於在態度方面，則是強調「有理、有利、有節」與「堅定性與靈活性的統一」原則。因此，統戰中所強調的組織工作、宣傳工作、秘密工作，與人際影響、政治傳播等政治社會化途徑相當接近，其目的也都是希望藉此達到影響個人之政治態度、信仰與情感的效果，故統戰也可視為政治社會化的模式之一。在此前提下，中國大陸一改過去冷處理之態度轉而開放觀光客赴台，就是希望藉此「旅遊經援」模式，藉由媒體與宣傳，來爭取台灣民眾的好感，讓他們支持更大幅度的兩岸交流，這不但使得對兩岸交流持保守態度的民進黨感受壓力，引發民進黨內部意見的分歧，更讓台灣獨立相關論述的影響力下降。

（五）陸客人數過多一度造成審查困難

　　由於適逢大陸的「五一勞動節」黃金週，加上從2009年2月大陸大幅增加來台旅遊的組團社，使得陸客申請來台的數量激增，

---

[14] 毛澤東，「關於正確處理人民內部矛盾的問題」，**毛澤東選集第五卷**（上海：人民出版社，1977年），頁363-366。

從同年4月16日至5月1日的資料顯示，我國移民署每日發證數量從原本規定的4,311件上限，大幅提高至7,200件，[15]造成我國相關部門的審查作業負荷過重；甚至在同年4月19日有37位來自瀋陽的旅遊首發團，因來台簽證作業不及，在未獲入境許可的情況下整團被迫原機遣返，造成團員的嚴重不滿，也使得台灣一般民眾對於陸客來台的審查嚴謹性產生懷疑。[16]

貳、社會層面的影響與問題

陸客來台必然有機會與台灣的民眾接觸，因此對於台灣社會也會產生若干的影響。

一、「全球化」下促使兩岸良性互動

透過陸客來台，可藉由其親身體驗來領略台灣的特殊文化，另一方面，陸客不但只感受台灣文化，自己本身也是文化的傳遞者，可使台灣民眾瞭解大陸民眾的思維與價值觀。因此，陸客來台將使兩岸民眾對於「異質文化」的理解與包容程度增加，透過實際「文化互動」來改變過去以來被誤導的不正確印象，若兩岸民眾都能更深入的認識對方，將使得彼此衝突與誤判的可能性降低。例如台灣近年來的許多宗教團體均致力於天然災害與意外事件之救助，其中

---

[15] 賴瑟珍，「陸客觀光，從源頭管理做起」，聯合報網站，2009 年 4 月 29 日，請參考 http://udn.com/NEWS/OPINION/X1/4875317.shtml。林庭瑤、林安妮，「五一前，陸客每天上限 5,000 人」，經濟日報網站，2009 年 4 月 30 日，請參考 http://udn.com/NEWS/MAINLAND/MAIN1/4863845.shtml。

[16] 陳俍任、李志德，「陸客變人球，37 人原機遣返」，聯合報網站，2009 年 4 月 29 日，請參考 http://www.udn.com/2009/4/19/NEWS/MAINLAND/MAI1/4856227.shtml。

尤其以佛教慈濟功德會最為世人所知，他們的服務足跡除了台灣本島外，更遍及全球與大陸，使得台灣社會充滿著溫暖與愛心，更洗滌了台灣民眾的人心，而有助於社會的和諧與穩定。然而大陸在改革開放迄今雖然經濟發展快速，民眾所得明顯提昇，但人們充斥著弱肉強食的現實心態，對於社會上的弱勢族群冷漠以對，整個社會呈現自私自利而欠缺同理心、關懷心、憐憫心，因此當陸客來到台灣，也能夠透過實際的參觀與接觸，瞭解台灣社會的溫情與愛心，而這正是當前大陸社會最缺乏的，中產階級最感嘆的，也是大陸遠不及於台灣的。又例如在台灣「捐血一袋、救人一命」的「無償捐血」觀念在民間團體的推動下早已深植人心，但在大陸卻是起步階段，「賣血」仍然隨處可見。因此，大陸官方近年來不斷強調要「建構和諧社會」，若只是透過政府的力量其效果勢必有限，唯有透過民間團體的社會力量，其效果才是無遠弗屆，因此台灣不失為一個值得參考的借鏡。

此外台灣的禁煙運動在民間團體的積極推動下，突破重重困難，其成果可說是獨步全球，然而中國大陸迄今仍無法在公共場所禁煙，使得不抽煙者的健康蒙受傷害，而這正是大陸所缺乏「尊重他人」與「尊重公領域」的概念。

二、陸客不文明行為與「全球在地化」

為維護陸客形象與中國大陸整體之國家形象，在大陸「出國旅遊辦法」第十七條中規定「旅遊團隊領隊應當向旅遊者介紹旅遊目的地國家的相關法律、風俗習慣以及其他有關注意事項，並尊重旅遊者的人格尊嚴、宗教信仰、民族風俗和生活習慣」；第二十一條也強調「旅遊者應當遵守旅遊目的地國家的法律，尊重當地的風俗習慣，並服從旅遊團隊領隊的統一管理」。但事實

上，從大陸開放出境旅遊至今，許多不文明現象一再發生，包括缺乏公德心、隨地吐痰、亂丟垃圾、大聲喧嘩、爭先恐後、狼吞虎嚥、恣意抽煙、胡亂殺價、穿睡衣外出、衛生習慣不佳、潑辣不講理、集體抗爭罷機、將飯店物品攜回、小孩隨地便溺、脫鞋斜躺在公共座椅、天熱穿著內衣四處行走、蹲在地上或坐在地毯上乘涼等，除造成陸客形象之嚴重損害外，也讓其他國家感到尷尬，甚至造成當地民眾的反感與衝突。上述不妥行徑雖不致違法，然卻造成國家之間文化衝突不斷，所引發之社會爭議恐怕是全球化發展進程中難以忽視之課題。

陸客的諸多不文明行為在國外屢屢成為國際話題，並為媒體廣為報導。例如近年來由於陸客在國外飯店之餐廳或電梯等場合大聲喧嘩的情況嚴重，引來其他客人的投訴不斷，造成許多飯店的重大損失，使得國外一些高檔飯店把大陸團隊列入不受歡迎的遊客；或者目前相當多的歐洲飯店專門在會議室等場所，闢出專區來提供大陸團隊用餐，以免影響其他消費者。又例如2005年7月時，馬來西亞雲頂高原的一家飯店，344名陸客與飯店員工發生衝突，於是陸客群集抗議並要求道歉，期間不但高唱愛國歌曲，更發生多起與警衛的肢體衝突，最後在大陸駐馬國大使館交涉下，這起風波才得以平息；此一事件的背後原因，恐怕仍是陸客的諸多不文明現象所造成，另一方面陸客動輒展現「群眾路線」與「民族主義」，也讓其他國家民眾大開眼界。

納許（Kate Nash）認為在全球化下，「全球在地化」（glocalization）成為另一議題，事實上在全球化的發展中，仍有其空間性的差異，許多地方的異質性事物不斷產生。[17]誠如前

---

[17] Kate Nash, *Contemporary Political Sociology* (Massachusetts: Blackwell Publishers Inc., 2000), p.85.

述,近年來大陸觀光客的諸多不文明現象在全球各地發生,讓許多國家的民眾感到訝異與困擾。原本以為透過不斷增加的出境旅遊民眾,能使他們逐漸融入國際禮儀而獲得改善,但似乎並非如此,反而成為一種「具有中國特色的出境旅遊文化」。只要是高聲喧譁、爭先恐後、隨地抽煙吐痰、小孩隨地便溺、任意坐躺的人,似乎就是陸客的代名詞。其他國家民眾雖然側目,但也不敢多加指責,因為他們的消費能力首屈一指。因此只有從原本的不以為然,到後來的見怪不怪,甚至是習以為常。這使得陸客也沒有立即改善的壓力,甚至形成一種老子有錢為何國內可以而國外不行的理直氣壯。這種「在地化」異質性文化的不斷輸出,成為在全球化發展過程中的特殊現象。事實上,此一不文明現象的合理化,是建構在大陸民眾的超強購買力上,外國民眾的忍氣吞聲與莫可奈何,並不表示他們真的認同這些行為,因為在他們心中並不認為陸客是值得尊敬的消費者。雖然大陸輿論也提出若干呼籲,但這種現象在短期內似乎仍難以改變,但長期來說誠如杭廷頓所說「隨著貿易、通訊與旅遊的發展,擴大了文明之間的互動,也提昇了人們對於文明認同的重要性」,[18]因此在大陸民眾透過出境旅遊,而與其他國家人民交往互動後,還是可以藉此強化他們對於文明行為的認識與尊重,但這需要相當長的時間,因為社會文化的變遷往往曠日廢時而難以立竿見影。

　　過去來台之大陸參訪團,其成員多半受過高等教育,甚至曾經出國留學,居於社會中產階級以上之地位,素質相當整齊,因此與本地民眾產生文化衝突的情況較少聽聞。許多媒體原本預估這種文化衝突在陸客來台後會不斷發生,但在大陸官方的強力要

---

[18] 程光泉,**全球化與價值衝突**(長沙:湖南人民出版社,2003 年),頁180。

求與宣傳下，基本上此一情況並不嚴重，僅在2009年3月發生「常
州趙根大」野柳刻字事件，引發台灣媒體的大幅報導，一時之間
台灣民眾對陸客的批評此起彼落，而趙根大回大陸後因被指責
「丟臉丟到台灣」，最後鄭重地向台灣民眾道歉；[19]同年5月下
旬，則發生來自浙江與江蘇的兩個旅遊團，在「日月潭、玄光
寺」石碑取景拍照時，因有人插隊拍照造成秩序大亂，甚至發生
口角、拉扯，因而引發台灣媒體的大幅報導。[20]然而未來若開放
更多陸客來台旅遊，其成員素質必然參差不齊，與本地民眾產生
文化上的摩擦恐會增加，反而與當初希望藉由旅遊交流增進兩岸
民眾和諧相處之期待有所差距。事實上，行政院研究考核委員會
在2009年5月所公布的一項民調顯示，台灣民眾對於陸客的印象
中，有33.3%民眾回答印象不好，有好印象的是24.9%，另無明確
反應的是22.7%、不好也不壞的是19.1%，[21]由此可見陸客對於台
灣民眾的印象基本上還是比較負面的。

三、陸客脫隊與非法滯留尚在控制之內

　　長期以來，中國大陸出境旅遊發展之最大問題，莫過於是觀
光客之非法脫隊。雖然大陸的「出國旅遊辦法」有嚴格之處罰規
定，然而由於許多民眾希望藉此機會至國外工作以獲致高額收
入，故相關事件時有所聞，造成其他國家之社會問題甚鉅。如此

[19] 中央社，「陸客野柳刻字遭批，趙根大後悔自責」，中央通訊社網站，
2009 年 8 月 12 日，請參考 http://udn.com/NEWS/MAINLAND/BREAKING
NEWS4/4825526.shtml。
[20] 謝介裕，「搶在日月潭留影，陸客吵成一團」，雅虎新聞網站，2009 年 8
月 14 日，請參考 http://tw.news.yahoo.com/article/url/d/a/090529/78/1kbig.html。
[21] 中央社，「研考會民調：33%台灣民眾對陸客印象不好」，中央通訊社網
站，2009 年 8 月 12 日，請參考 http://udn.com/NEWS/NATIONAL/BREA
KINGNEWS1/4895995.shtml。

也使得大陸與其他國家簽訂旅遊協定時往往曠日廢時；而大陸在短期內無法開放個人出境旅遊，仍必須以團體旅遊為主也肇因於此。例如根據澳門保安局的統計，2005年遣返的大陸人士中，以「個人遊」身分來澳門旅遊者逾期停留者，由前一年的662人增加為同年的1,702人，增加幅度達到150%；而非個人遊的逾期居留者亦由前一年的3,998人增加為同年的4,475人，增加幅度為11.9%，由此可見非法脫隊問題之嚴重性。[22]

事實上，從2005年7月開始，日本一方面對大陸民眾申請簽證的範圍擴大為全國，但是另一方面卻也提高了審查門檻。其中大陸民眾申請赴日旅遊簽證的填寫項目有所增加，旅客必須告知在大陸的緊急聯絡位址、電話，申請人的經濟支付能力以及海外旅行經歷、申請人在日本有無親屬等更多資訊，其中對於過去沒有出國經歷的人進行嚴格審查。日本同時增加與大陸公民申請赴歐洲遊一樣的「銷簽制度」，要求大陸旅行社在旅客返國後，必須向日本駐大陸大使館提交全團人員的護照影印本，以作為回國證明。此外，日本政府也收緊了對於大陸民眾的旅遊簽證審批，其中北京民眾的拒簽率超過三成，外地民眾透過北京旅行社送簽的拒簽率更高達70%，但在2005年7月之前，大陸民眾赴日簽證核准率幾乎是百分之百，這主要原因也是為了要防止非法滯留的問題。[23]日本駐北京大使館公使井出敬二在2005年時公開表示，根據統計到2005年為止，在日本非法滯留的大陸國民人數已達到

---

[22] 中央社，「澳門大陸自由行旅客逾期居留大增」，中央通訊社網站，2009年8月18日，請參考 http://tw.news.yahoo.com/051127/43/2kted.html。

[23] 中央社，「報導指日本收緊對中國民眾簽證審批」，中央通訊社網站，2009年8月18日，請參考 http://tw.news.yahoo.com/050830/43/28oog.html。

32,683人，其中有473人下落不明。[24]由此可知，若無法有效防止陸客的非法滯留，勢必造成日本社會更嚴重的問題。

另一方面歐洲亦然，從2004年開放民眾赴歐洲旅遊後，由於陸客滯留問題嚴重，因此自2005年開始許多國家增加了簽證難度，旅行社申請歐洲旅遊的拒簽率平均高達三成。德國駐大陸領事館2005年也發布新規定，要求大陸旅遊團隊中30%的遊客，在辦理簽證時需要親自到領事館面談；同一旅行團中，如果有一個遊客的申請資料不確實，不但全團拒簽，還將連累申辦的旅行社；一定比例的陸客返回大陸後，還被要求根據登機證進行銷簽，以證明已經返回。事實上，所有能發出「申根」簽證的歐洲國家，從2005年開始都緊縮了對大陸民眾的旅遊簽證核發，其中義大利領事館甚至一度閉館而不接受任何申請；奧地利領事館不僅要抽取30%的申請者進行面談，還要求提供戶口簿原件；法國領事館不再接受遊客銀行存摺的影本，轉而向受理銀行開具「存款證明書」，甚至也採行面談制度，而大陸遊客回國後，法國領事館亦要求一定比例的銷簽。此外，法國、奧地利、芬蘭領事館從2005年開始都已經將大陸遊客簽證申請之工作日，由原本的5至10天延長為21天。根據數據顯示，在開放大陸民眾赴歐洲旅遊之後，非法滯留德國的大陸遊客即超過6,000餘人，其中多數來自浙江、福建兩省，因此這兩省遊客被要求面談和拒簽的機率亦非常之高，而大陸旅行社在接受這兩個地方遊客時也都特別謹慎，要求押金相對較高，約在5萬到10萬元人民幣之間。[25]顯見大陸出境

---

[24] 中央社，「日本對中國旅遊團全面開放但簽證門檻提高」，中央通訊社網站，2009 年 8 月 18 日，請參考 http://tw.news.yahoo.com/050717/43/22p5f.html。

[25] 中時電子報，「大陸客常滯留歐洲簽證難」，中時電子報網站，2009 年 8 月 19 日，請參考 http://tw.news.yahoo.com/050818/19/26vqi.html。

旅遊脫隊情況有日益嚴重的趨勢，各國對於陸客的態度也逐漸有所保留。

相較於其他國家與地區，大陸民眾與台灣民眾同文同種，沒有語言與溝通的問題，加上外型不易辨認，因此成為脫隊與滯留最容易之地區。但此一影響除了包括國家安全層面外，也包含社會層面，舉凡非法工作、色情、犯罪、幫派、要求政治庇護等，均對於台灣社會的穩定造成影響。例如香港近年來在大幅開放陸客進入後，雖然對於香港經濟產生正面幫助，不過伴隨而來的卻也有非法勞工、非法賣淫、大陸孕婦到港生產等異常現象。而澳門政府於2005年所公布之上半年整體犯罪統計數字中也顯示，比前一年同期上升10.8%而達到5,139宗；澳門保安司司長張國華認為，大陸民眾前來澳門犯罪之數字增加，與開放「自由行」有關，尤以逾期逗留者最為嚴重，其中「被遣返大陸之逾期逗留者（不包括個人遊）」比前一年同期上升11.2%，達2,750人次；而「被遣返大陸之逾期逗留者（個人遊）」則上升高達2.3倍，達1,007人次。[26]

目前看來，由於大陸方面的審核程序嚴謹，加上來者之社經條件較佳，因此當前陸客來台的相關問題並不嚴重，根據內政部移民署統計，2008年開放後的第一年雖然仍有脫團個案，但來台旅遊的37萬「第一類」陸客中，僅有8名逾期停留與行方不明，脫團率為萬分之0.2，比開放前30萬「第二類」、「第三類」來台陸客中有123名脫團，比率為萬分之5低許多，[27]顯示達到了有效管理之目標。但未來若大幅開放，則其數量恐會增加。

---

[26] 范世平，**大陸出境旅遊與兩岸關係之政治分析**（台北：秀威出版公司，2006 年），頁 258。

[27] 陳俍任，「開放陸客周年，觀光局長賴瑟珍：帶來商機」，聯合報網站，2009 年 7 月 19 日，請參考 http://udn.com/NEWS/MAINLAND/MAI1/5025894.shtml。

參、經濟層面的影響與問題

當陸客於2008年大量來到台灣後，其高消費能力成為台灣媒體爭相報導的焦點，根據交通部觀光局所公布的資料顯示，2008年時陸客每人每日平均消費為295.00美元，僅次於日本觀光客之335.56美元，而高於全體觀光客之268.34美元。若以購物的消費來看，陸客在台每人每日平均購物花費為131.36美元，高於日本之97.87美元及全體之89.42美元而居於第一名。[28]另一方面，從2008年7月到2009年7月開放陸客來台一周年的期間，帶來超過新台幣252億元的外匯收入，[29]這的確達到了「旅遊經援」的效果。然而在陸客為台灣帶來經濟上正面效果的同時，也有若干影響與問題必須加以正視。

一、增加企業投資意願

開放陸客來台旅遊的商機，不僅是旅行業者看好，舉凡交通、飯店、餐飲、度假遊憩區、購物百貨業、零售業也都寄予厚望，由於大陸人士對於日月潭最為熟悉，因此針對這股商機所帶動的相關產業股票，台灣股市還以「日月潭概念股」來命名。根據交通部觀光局的統計，從2008年7月陸客正式來台後，新籌建的觀光旅館為10家，房間數2,989間，金額達新台幣144億元；新籌

---

[28] 交通部觀光局，「中華民國 97 年來台旅客消費及動向調查」，交通部觀光局網站，2009 年 8 月 19 日，請參考 http://admin.taiwan.net.tw/statistics/File/200812/97 來台中摘.doc。

[29] 陳俍任，「開放陸客周年，整體印象八成五陸客滿意」，聯合報網站，2009 年 7 月 19 日，請參考 http://udn.com/NEWS/MAINLAND/MAI1/5025901.shtml。

建的一般旅館為80家,新裝修之旅館為802家。[30]而配合陸客大量來台,行政院在2009年4月所公布「觀光拔尖領航計畫」,預計從2009年到2012年,4年內投入300億元觀光發展基金,希望到2012年時創造出5,500億元商機,吸引2,000億元民間投資。[31]由此可見,由於開放陸客來台的商機甚大,因此可以刺激國內與國外的相關投資,增加旅遊產業的活力。

　　1979年史太納(George A. Steiner)提出了WOTS-UP模型,這也就是日後被策略管理(Strategy Management)學界所普遍使用之SWOT分析,[32]其認為企業在進行決策時必須考慮四個要素,分別是企業內部的「優勢」(strengths)和「劣勢」(weaknesses),以及企業外在環境的「機會」(opportunities)與「威脅」(threats)。其中的「機會」和「威脅」是著重企業所處外在環境的變化,以掌握未來情勢與對於企業的可能影響,通常是指企業無法控制的外部因素,包括政治、經濟、法律、社會、文化、科技和人口環境等,而在威脅方面則是指其他競爭者的競逐,維瑞齊(Heinz Weihrich)則進一步發展出「SWOT矩陣」,成為日後策略管理研究中相當重要的分析架構。[33]

　　因此當陸客大量來台之後,龐大的商機就是企業外在環境的「機會」,如圖5-2所示,海(Donald A. Hay)與莫理斯(Derek J. Morris)認為企業在進行投資策略之決策前,都會徹底考量產業

---

[30] 陳俍任,「開放陸客周年,觀光產業受益匪淺」,聯合報網站,2009 年 7 月 19 日,請參考 http://udn.com/NEWS/MAINLAND/MAI1/5025889.shtml。

[31] 林修全、黃國樑,「拔尖啟動,炒熱觀光」,聯合晚報網站,2009 年 5 月 1 日,請參考 http://udn.com/NEWS/NATIONAL/NATS1/4838311.shtml。

[32] George A. Steiner, *Strategic Planning* (London: Collier Macmillan Publishers, 1979),p.22.

[33] Heinz Weihrich, "The SWOT Matrix –A Tool for Situational Analysis", *Long Range Planning*, vol.2-5 (1982), p.60.

的發展環境、政府政策與供需等投資條件。就產業環境而言，主要在探究這個國家是否具有發展該項產業的主客觀條件；而在需求條件方面，則在分析該企業在某一特定產業市場中所面臨的價格、數量與交易機會；供給條件方面，則是分析投資該產業在資本、勞動、原料與資金的成本；而政策條件，則在分析政府是否有相關的優惠、輔導與配套措施，當上述四個條件完成初步分析才會進入企業決策的框架中。首先，企業會根據前述的四個條件以理性選擇的方式作出初步預測，這些預測將會產生包括供給、需求與風險的三大訊息，而這三大訊息會成為決策時的重要數據，最後達成具體之決策而產生投資的實際支出。[34]

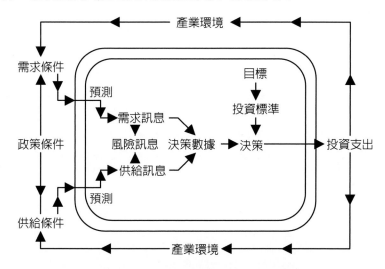

圖 5-2　企業投資策略之決策過程圖

資料來源：Donald A.Hay and Derek J.Morris,*Industrial Economics and Organization*(New York: Oxford University Press,1991),p.434.

---

[34] Donald A.Hay and Derek J. Morris, *Industrial Economics and Organization* (New York: Oxford University Press,1991),p.434.

　　而如圖5-3所示，行銷學巨擘西北大學教授卡特勒（Philip Kotler）等也認為企業投資攸關企業的發展政策、產品開發政策與市場開發政策，因此在進行投資決策時必然會謹慎而行，其理性選擇的主要考慮因素中包括了國家的產業政策、投資政策與貿易政策。[35]

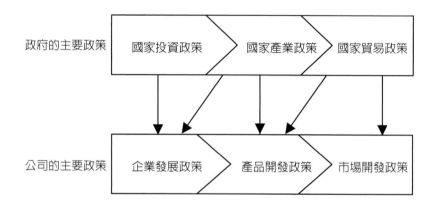

圖 5-3　積聚國家財富階段政府與企業關係圖

資料來源：Philip Kotler, Somkid Jatusripitak and Suvit Maesincee, *The Marketing of Nations* (New York:The Free Press, 1997), p.30.

　　因此，我國開放「第一類」陸客來台，根據上述理論的觀點，這項國家產業政策勢必增加對於台灣旅遊相關行業的需求，提昇台灣旅遊產業環境的競爭條件，加上政府相關的優惠與鼓勵政策，則國內外企業投資台灣旅遊產業的意願勢必提高，進而直接影響相關企業之發展策略、產品開發策略與市場開發策略。

---

[35] Philip Kotler, Somkid Jatusripitak and Suvit Maesincee, *The Marketing of Nations* (New York: The Free Press, 1997), p.30.

　　此外，卡特勒等強調企業投資策略通常與兩個條件產生密切關聯，一是該產業的吸引力，另一則是國家的競爭力，依據兩個條件的強弱程度如圖5-4所示共可以產生四種不同的企業投資模式：[36]

（一）滲透性投資（investing to penetrate）

　　該項投資的環境狀況是產業吸引力高且國家競爭力強時，通常發生在一個產業的發展初期或成長階段。

（二）重建投資（investing to rebuild）

　　該項投資的環境狀況是產業吸引力高但國家競爭力弱，通常是這一個產業的過去發展具有相當輝煌的成果。

（三）選擇性投資（selective investment）

　　該項投資的環境狀況是產業吸引力與國家競爭力均居中，因此必須加強競爭力較弱但收益大於成本的投資，並減少或取消缺乏吸引力之投資。

（四）縮減性投資（reduced investment）

　　該項投資的環境狀況是產業吸引力低而國家競爭力弱，此時對於發展潛力每況愈下的產業通常是要減少投資，或者以選擇性投資的方式支持可能實現高獲利的附屬產業。

---

[36] Philip Kotler, Somkid Jatusripitak and Suvit Maesincee, *The Marketing of Nations*, pp.221-224.

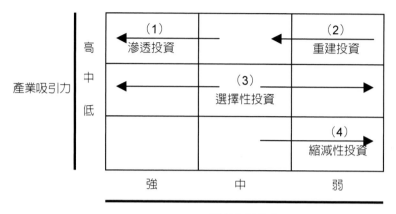

圖 5-4　投資種類分析圖

資料來源：Philip Kotler,Somkid Jatusripitak and Suvit Maesincee,
The Marketing of Nations,p.222.

　　最佳的投資方式當屬滲透性投資，強大的國家競爭力與旅遊產業吸引力才能引導業者以滲透方式大舉投資，增加該國旅遊產業內部的競爭程度，使得旅遊業的整體競爭優勢提昇，進而吸引更多的投資，形成一種「良性循環」的發展模式。相對的則是惡性循環，當總體的國家競爭力大幅下滑，旅遊產業的投資吸引力有限，則只能淪為選擇性投資、甚至是縮減性投資，如此旅遊產業的競爭優勢不再復見。因此，當大幅開放陸客來台旅遊，則台灣旅遊產業的吸引力勢必大幅增加，若我國國家競爭力也能同步提昇，必能增加企業對於台灣旅遊產業的投資，甚至是滲透性投資，則對於我國經濟發展將產生正面意義。

　　誠如上述，企業投資所產生之影響不僅是該企業的獲利程度，從宏觀的角度來看其對於一個產業的發展，更扮演著舉足輕重的角色，包括策略管理大師哈佛大學教授波特（Michel E. Porter）與卡特勒都強調「投資」對於國家產業發展的重要性，特別是對於開發中國家而言。

　　但過去的產業發展條件理論，多藉由比較利益（comparative advantage）法則來進行分析，例如哈克斯（Eli F. Heckscher）與歐林（Bertil Ohlin）就認為每個國家在與其他國家相較後，會根據自己在生產要素上的優勢而去發展成功機會較大的產業，但愈來愈多實例證明此說的瑕疵，因為這種研究法則是完全靜態的。因此史考特（Bruce R. Scott）發展出了「比較利益的動態理論」，他曾經比較日本、台灣等開發中國家在產業發展上的差異，這些國家在二次大戰後，產業發展之所以突飛猛進，在於能夠突破靜態比較利益的觀點，而從「創新、外銷、增加生產規模」等方式來著手。[37]

　　波特一方面認同史考特的動態觀點，認為單純的以生產要素作為分析依據，已難以解釋多元的產業發展態勢，而必須改採以國家為基礎的競爭優勢理論。在「動態與不斷發展中的競爭」前提下，波特提出了國家產業「鑽石體系」（diamond）理論，如圖5-5所示，一個國家的產業發展牽涉下列六大因素；另一方面，波特也贊同史考特的「創新」觀點，因此鑽石體系最重要的核心概

---

[37] 請參考 Robert Dorfman, Paul A.Samuelson and Robert M. Solow, *Linear Programming and Economic Analysis* (New York: McGraw-Hill, 1958), pp.31-32.楊沐，*產業政策研究*（上海：三聯書店，1989 年），頁 166-167。George J. Stigler, "A Theory of Oligopoly", *Journal of Political Economy*, vol.72 (1964), pp.44-61.

念就是「創新」（innovation）與「投資」（investment），因為其可以提高產業的變革速度。[38]

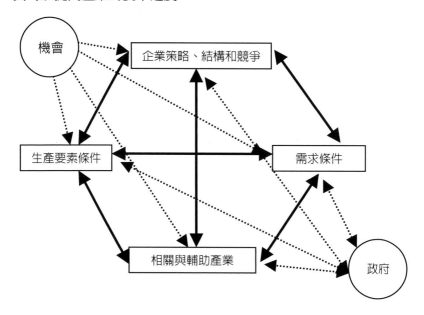

圖 5-5　波特的產業國際競爭力「菱形圖」

資料來源：Michel E. Porter, *The Competitive Advantage of Nations* (New York: The Free Press, 1990), p.127.

如圖5-5所示，波特明確指出政府在產業發展中的重要角色，就是刺激產業競爭來發展創新的角色，[39]因此如何引導新企業加入市場競爭就相當重要。其中，外資進入對於本國產業的競爭效果會比本國投資更顯著，因為所帶來新的觀念與技術將使本國企業感到威脅，進而形成競爭的態勢；而卡特勒等也認為外資進入

---

[38] Michel E. Porter, *The Competitive Advantage of Nations* (New York: The Free Press, 1990), pp.173-174.

[39] Michel E. Porter, *The Competitive Advantage of Nations*, p.70.

會帶來先進的管理技術與創新資訊，可提高本土企業的國際競爭力。[40]所以，當政府大量開放陸客來台旅遊，也會刺激外資進入台灣旅遊市場的意願，而當外資投入台灣旅遊相關產業後，將促使台灣的旅遊企業加快進行轉型與國際化，體質不佳的企業雖然可能遭致淘汰，但長期來說將使得台灣的旅遊產業更具有全球的競爭優勢。

　　誠如波特所言，政府的角色應該是要去積極引導新企業進入市場來參與競爭，因此，政府必須建立良好的投資環境，以成為新企業進入的平台。[41]基本上，一個國家若旅遊產業具有發展潛力，才能引導業者大舉投資，進而增加該國旅遊產業內部的競爭程度，使得旅遊業的整體優勢提昇，而能吸引更多的投資，形成一種「良性循環」的發展模式。此一看法與第二章「混合經濟」的論點不謀而合，本研究認為這也正是我國政府開放陸客來台旅遊，最重要而影響層面最大之政策效益。

二、增加台灣民眾就業機會

　　誠如第二章所述，旅遊產業對於吸納剩餘勞動力有以下特點，第一，當地勞動力受青睞，許多旅遊區都在鄉村，業者也多會僱用當地民眾；第二，進入門檻甚低，工作並沒有學歷、年齡與性別的限制；第三，小額資本即可創業，旅遊景點的攤販或商家多數是小本經營；第四，民眾獲利快速，只要觀光客蒞臨就有生意可做，不似農業生產往往曠日廢時。因此，陸客來台可直接有助於台灣近年來居高不下的失業率，特別是對於中壯年人口的

---

[40] Philip Kotler, Somkid Jatusripitak and Suvit Maesincee, *The Marketing of Nations*, p.48.

[41] Michel E. Porter, *The Competitive Advantage of Nation*, pp.681-682.

再就業、中南部民眾從農業轉向服務業、原住民的在鄉就業，而對於近年來蓬勃增加的觀光科系學生而言，更增加了未來出路。因此，根據前述行政院在2009年4月所公布「觀光拔尖領航計畫」，預估在陸客大量來台的情況下，從2009年到2012年，將可創造40萬人次的就業機會，包括直接就業人口13萬人次，間接就業人口27萬人次。[42]

三、團體旅遊外部利益有限

由於陸客來台是採取團體旅遊，所以所有的消費都在與旅行社有合作關係的商店，其他業者無法受惠於此一外部利益。因此即使是旅遊景點，當地業者也不一定受益，例如阿里山當地的許多飯店或商店根本接不到陸客的生意。至於陸客赴香港、澳門自由行，其吃、喝、玩、樂都直接在當地任一店家消費，外部利益與乘數效果甚為明顯，這也就是前行政院院長劉兆玄在2009年5月19日宣告將積極規劃開放陸客來台「自由行」的原因。[43]

四、台灣土地範圍較大效果不足

許多人認為若陸客來台，將造成如2003年香港與澳門在SARS疫情爆發後，開放陸客自由行的經濟效果，因為其成功在短期內提昇了港澳的經濟。但由於香港與澳門的土地面積遠遠小於台灣，並且屬於城市型經濟，因此陸客的經濟效果容易展現與凸顯。而台灣的土地範圍較大，經濟發展類型多元，使得陸客對台灣經濟來說或許有帶動信心的效應，但實質上的效果則較為有限。

---

[42] 林修全、黃國樑，「拔尖啟動，炒熱觀光」，聯合晚報網站，2009 年 5 月 1 日，請參考 http://udn.com/NEWS/NATIONAL/NATS1/4838311.shtml。

[43] 林安妮、蘇秀慧，「陸客自由行兩人成行」，經濟日報網站，2009 年 8 月 12 日，請參考 http://udn.com/NEWS/MAINLAND/MAI1/4915467.shtml。

五、台灣對於大陸的經濟依賴更嚴重

　　北京已瞭解到若陸客來台，除可有效提昇台灣經濟外，亦可使台灣對於大陸的經濟依賴更為密切。以香港為例，2003年的SARS疫情，造成各國觀光客赴港裹足不前，但陸客前往香港卻是不減反增，並進一步開放自由行，使其占來港觀光客總數之比例首次突破50%，顯示香港對於大陸客源的依賴程度大幅增加。

六、陸客來台人數起伏過大

　　如第三章所述，陸客從2009年4月在大陸官方的積極推動下人數快速增加後，4月15日曾達到開放陸客來台有史以來6,828人的單日最高紀錄，但是從6月份開始卻銳減七成，每天入境陸客從4月份的3,439人，跌破至6月平均每天只有939人，[44]接團飯店的住房率也降到三、四成，許多導遊甚至無團可帶，陸客人數的暴起暴落讓台灣業者深感焦慮，而戲謔指出是「餓死─撐死─餓死」三階段論，甚至許多的投資都可能血本無歸。其主要原因眾說紛紜，其中之一是因為受到H1N1新流感疫情的影響，加上6月是大陸的考季，以及台灣夏天氣候過於炎熱，使得陸客來台意願不高；而8月8日台灣南部因「莫拉克颱風」造成嚴重災情，使得包括嘉義阿里山、台東知本等遊覽地區的交通受阻與設施受損。另一方面，也有人認為是大陸發現台灣的接待能力相當有限，各種軟硬體配套措施仍有所不足，旅遊資源的規劃也未盡完善，為了未來長期的健康發展，因此希望暫時降溫，讓台灣儘快進行修正與改進。

---

[44] 中央社，「開放陸客週年每天來台千人，業者寄望下半年」，中央通訊社網站，2009年8月18日，請參考 http://udn.com/NEWS/MAINLAND/BREAKINGNEWS4/4998598.shtml。

肆、旅遊產業發展的影響與問題

陸客大量來台，看似對於台灣的旅遊產業助益甚大，但其背後卻也引發相當多的問題而必須加以正視。

一、兩岸旅遊產業的互動與爭議

陸客來台看似對於兩岸旅遊產業都是有利可圖，但事實上由於兩岸業者在近年來的消長日益明顯，大陸積極走向集團化與大型化發展，但台灣依舊是中小企業經營，加上陸客來台的談判籌碼是在大陸，以及兩岸的經營理念與模式有所差異，都使得台灣業者蒙受極大的經營壓力。

（一）台灣接待業者由對岸指定

在陸客來台的首發團中，是由台灣廈航、北航、台灣中國、假日、中國時報、康福、天海、鳳凰八家業者負責接待首發團，但其他旅行社則無緣分食此一大餅。事實上，根據2006年4月大陸所發布的「赴台旅遊管理辦法」中第四條規定「台灣地區接待大陸居民赴台旅遊的旅行社，經大陸有關部門會同國家旅遊局確認後，由海峽兩岸旅遊交流協會公布」，[45]因此台灣的接待旅行社名單是必須由大陸國家旅遊局來認定的。而在之後的陸客旅遊團，似乎也是少數台灣之旅行社有權接待，使得其他業者私下紛紛抱怨，特別是上述接待社多數是長期經營台灣民眾的出境旅遊，而非入境旅遊，因此在旅客接待與業務處理上的專業性不足。而雖

---

[45]「大陸居民赴台灣地區旅遊管理辦法」，華夏經緯網，2008 年 7 月 23 日，請參考 http://big5.huaxia.com/xw/dl/2006/00445735.html。

然我國交通部觀光局公開否認，強調絕不允許黑箱作業，希望受到不公平對待的旅行社能夠出面檢舉，政府絕對會維護合法業者的權益，但業者的疑慮似乎並未化解。甚至據聞，過去曾經接待過「第二類陸客」的旅行社，[46]因為是該政策在民進黨執政時期的單方面開放而未經兩岸協商，因此迄今大陸仍視為非法，故在此次陸客直接來台的政策中，將這些曾經經營過第二類陸客的旅行社視為「黑名單」，排除在台灣接待社的名單外。[47]

（二）一條龍經營模式與陸資入台

大陸旅遊業者為分食出境旅遊的龐大市場，就在許多國家投資相關行業，這種情形以東南亞最為普遍，使得陸客從一出國門就搭乘本國的航空公司，到了目的地包括接待的旅行社與導遊、搭乘的遊覽車、住宿的飯店、用餐的餐廳、購物的商場等，都是大陸旅遊業者在當地投資的產業。這種所謂「一條龍」的接待模式，除了能使大陸業者獲利外，更重要的是可以減少大陸外匯的損耗，而且也可方便對於出境旅遊人員的掌控，避免跳機與逾期不歸的情事發生。[48]但結果卻是國外當地旅遊業者的獲利受到壓縮，利潤完全被大陸業者所壟斷。當前隨著陸客來台，在有利可圖的情況下，陸資勢必會積極佈局台灣，是否也會在台灣形成所謂「一條龍」的經營方式值得後續加以觀察。

---

[46] 即大陸民眾經第三地來台觀光者。

[47] 黃如萍，「旅行社搶陸客，藉停業換牌除污名」，中時電子報網站，2008年 8 月 28 日，請參考 http://news.chinatimes.com/Chinatimes/ExteriorContent/Life/Life-Main/0,4381,news-content+11051801+112008082800159,00.html。

[48] 范世平，「中資旅遊業搞一條龍搶灘入台」，中國通財經月刊，2003 年 6 月（第 108 期），頁 76-79。

　　而若陸資進入台灣的旅遊相關產業後，受到影響最大的行業是旅行社，由於台灣之旅行社多屬於中小企業，根據我國「旅行社管理條例」第十一條的規定，即使成立經營範圍與規模最大之「綜合旅行社」其資本總額也僅需新台幣2,500萬元，至於甲種與乙種旅行社的資本額甚至只要新台幣600萬與300萬元。當前，台灣地區旅行社總公司約2千餘家，其中綜合旅行社僅有80餘家、甲種旅行社1,900餘家、乙種旅行社130餘家，顯示旅行社中規模較大之綜合旅行社居於少數；[49]此外，目前全台旅行社中也只有一家股票上櫃，可見台灣旅行社多屬中小企業。因此其對抗風險性甚低，每當出現天災人禍或週轉不靈時，倒閉與合併之情事時有所聞。

　　相對來說，大陸之旅行社長期以來由國營企業所壟斷，特別是中國旅行社、中國國際旅行社、中國青年旅行社等三大體系，不但分公司遍佈大陸各省市，甚至佈局於全球，所屬或合作的飯店、車隊、導遊人員、景點等配套行業陣容龐大。因此除了完全掌控大陸本地旅遊業的操作方式與門道外，近年來隨著大陸出境旅遊的興盛，其影響力更直接進入其他國家，加上接客量大甚至可以左右市場價格。

　　目前，我國透過排除條款是完全禁止大陸來台設置陸資旅行社，即使是外國旅行社根據「旅行社管理條例」第十七與十八條之規定，也僅能在台成立「分公司」，且只能從事推廣活動而無法營業。然而當大陸於2003年6月12日發布「設立外商控股、外商

---

[49] 范世平，**大陸出境旅遊與兩岸關係之政治分析**，頁 262-263。
交通部觀光局，「2009 年 5 月旅行業家數統計」，交通部觀光局網站，2009 年 7 月 23 日，請參考 http://admin.taiwan.net.tw/statistics/month_show.asp?selno=27&selyear=2009&selmonth=5&sikey=1。

獨資旅行社暫行規定」，允許台商開設控股或獨資旅行社並可經營各項業務後，也有可能會在世貿組織架構下反要求台灣開放陸資獨資旅行社，加上政府從2009年7月1日公告開放192項陸資可來台投資項目，其中包括住宿服務業、餐飲業等「旅遊觀光業」，[50]因此未來開放陸資投資旅行社恐怕難以避免。若大陸國營旅行社來台設立獨資旅行社，由於資金雄厚與同文同種，加上掌握交流密切的兩岸市場，台灣旅行社將難以與其匹敵。或者是來台以合資方式購併經營不善的台灣旅行社，由於目前台灣若干表面上出團甚多的綜合旅行社其實財務狀況都隱藏著危機，財務吃緊的耳語更在業界流傳，而數量最多的甲種旅行社則在長期惡性競爭下搖搖欲墜，都急需資金的挹注，此時陸資的進入將產生直接效果；即使是採取合資模式也可使大陸的旅行社在短時間內，瞭解台灣旅遊產業上下游市場的操作模式。

　　另一方面，由於大陸國營旅行社多是政府機關所成立，誠如第三章所述中國國際旅行社隸屬國家旅遊局，中國青年旅行社隸屬共青團，海峽旅行社隸屬國台辦。雖然大陸從90年代以來積極推動所謂「政企分開」，但實際上這些旅行社在大陸的政商關係均十分良好，甚至其幕後老闆都掌握著相當之行政裁量權。由於台灣旅行社所經營之出境旅遊業務中，大陸占了相當大的比重，加上大陸民眾來台旅遊，也都是透過這些國營旅行社來選擇台灣的接待社，因此在此政治力的影響下，台灣旅行業者若不與其合作或合併，未來在出境至大陸的旅遊市場，或是大陸民眾來台旅遊市場，都會受到相當程度的阻礙。

---

[50] 朱婉寧、陳俍任，「192項陸資，即起開放來台」，聯合報網站，2009年7月23日，請參考 http://udn.com/NEWS/NATIONAL/NAT3/4992816.shtml。

（三）低價策略是殺雞取卵

過去以來，台灣旅行業者總是採取低價策略來進行行銷，結果不但影響產品品質而且獲利日薄，形成殺雞取卵的現象。當前陸客來台，台灣旅行業者在欠缺市場價格的自我管理情況下，也出現了若干低於市場行情的低價團，根據交通部觀光局發布之「大陸人民來台觀光品質事項」規定，台灣旅行業應謹守每位陸客每日60元美金的接待費下限，但業者卻寧可以低於此價來吸引顧客，市場上甚至傳出有一天20多美元的行程，因而必須藉由觀光客的購物來彌補業者的利潤，如此不但使得業者獲利有限與旅遊品質欠佳，旅遊糾紛也層出不窮。更重要的是原本將大陸「第一類」觀光客視為台灣旅遊業再創榮景的期待，可能事與願違。然而台灣業者採取低價競爭的行為，兩岸政府目前卻未加以重視，進而形成一種惡性循環的現象：

1. 大陸官方視而不見

台灣業者對於陸客來台採取低價競爭的經營模式，固然與台灣業者過去長期以來的經營陋習有關，但是大陸業者事實上也有其責任。許多大陸業者由於掌握台灣接待社的選擇權，因此為了增加自身收益，刻意選擇報價較低的台灣旅行社作為接待社，使得台灣業者之間的低價競爭，也造成台灣的旅遊服務品質不佳。所以，大陸官方一方面指責台灣旅遊業者服務品質欠佳，另一方面又縱容大陸業者選擇低價台灣旅行社，讓人覺得似乎是兩面手法。特別是大陸旅行社多為國營，因此若要加以管理並非難事，如此顯示大陸官方似乎是對此情況視而不見。

2. 大陸旅行社獲利頗豐

　　大陸旅行社一方面刻意壓低台灣接待社的費用，讓台灣業者獲利空間有限，但另一方面卻不一定將此降低的成本回饋給陸客，使得若干旅行社既向大陸民眾收取高額旅費，卻又壓低台灣旅行社的應付費用，造成陸客在大陸繳交一流的費用，卻在台灣接受三流的服務，因而抱怨不斷。誠如第三章所述，雖然組團社從原本的33家增加到146家，但以開放的25個省級行政區來說，平均一省市不到6家，加上依規定組團來台不得跨省市，使得這些組團社形同市場的寡佔，由於缺乏競爭者自然費用居高不下。所以，當陸客在大陸向居住省市的旅行社付出高價團費，許多旅客被當地旅行社先賺一手，倘若有併團之情況，還可能被其他旅行社再賺一手，使得陸客還沒來台前就被剝了多層皮，等到轉交到台灣業者手上獲利空間就相當有限。而台灣業者為了爭食此一薄利，只能以低價來競爭。這使得陸客與台灣業者都成為受害者，而僅有大陸業者從中牟取龐大利益。

3. 我國政府難以解決

　　由於兩岸關係甚為敏感，而陸客來台剛剛發展仍處於「蜜月期」，加上我國將陸客來台寄予經濟發展的厚望，使得交通部觀光局將上述問題定位為是兩岸旅遊業者間的商業糾紛，而不願意過度介入；台灣業者也擔心若得罪大陸業者恐將無團可接，因此也刻意隱瞞這些問題，造成政府的介入相當困難。因此，政府應該由海基會與大陸的海協會，針對陸客來台之後兩岸業者間的問題進行協商，從制度面維護台灣業者的利益，如此台灣的旅遊品質才能獲得保障。

（四）兩岸業者債務問題

　　當前大陸的旅行團到世界各國旅遊，團費多是在出發前就已經結清給當地的接待社，但大陸旅行業者對於來台旅遊，卻刻意拖欠團費而讓台灣業者代墊，儘管台灣業者不斷要求大陸業者將團費隨團帶進或出團前結清，但卻未獲正面回應。也就是說當大陸旅行社在收取陸客團費之後，遲遲不將應付給台灣業者的食宿與旅遊等費用交付，使得台灣業者墊付大量資金，甚至造成周轉上的困難而引發經營困境。而大陸業者仗恃其擁有大量的出團數量，台灣業者擔心倘若催討，則恐怕難以繼續接團，造成台灣業者敢怒而不敢言，形成大陸業者累積債務不斷增加的惡性循環現象。誠如第四章所述，90年代當台灣民眾前往大陸旅遊人數快速增加之時，台灣旅行社虧欠大陸旅行社團費的情事甚為嚴重，而大陸旅行社為了台灣觀光客的生意也只好忍氣吞聲，如今風水輪流轉，台灣旅行社也嘗到此一苦果。

二、台灣旅遊資源與管理的欠佳

　　雖然開放陸客來台旅遊從2002年就開始發展，台灣旅遊業者也一直期盼能夠全面性開放，但事實上不論政府或是民間業者，並沒有真正做好準備，造成若干旅遊資源與管理上的問題。

（一）環島旅遊無法發展精緻觀光

　　目前陸客來台均採環島旅遊，時間為8至10天，結果不但淪為走馬看花而無法深入體會台灣之美，更造成陸客來台的經濟效益過於集中某些特定景點。由於大陸民眾來台一趟所費不貲而機會難得，加上主觀上認為台灣面積不大，因此環島旅遊被視為理所

當然。但長期來說，此一蜻蜓點水式的旅遊無法提昇台灣觀光的深度與永續發展，因此政府應該協調業者，積極規劃與宣傳區域性的深度旅遊產品，以增加陸客的重遊意願。

（二）旅遊資源與服務不佳反成負面宣傳

　　許多來過台灣參訪或旅遊之大陸民眾都有一種感覺，就是「不到台灣終身遺憾，到了台灣遺憾終身」，由於沒來台灣之前的期待太高，到了之後才發現實際情況並非如此，因而產生相當大的落差感。這尤其以日月潭、阿里山最為明顯，這兩個景點對於大陸民眾而言可說是耳熟能詳，因此花費鉅資來到台灣後必然要前往造訪，但當他們到達日月潭後卻往往發現不如預期中廣闊，而阿里山更難與大陸的大山大水相較，加上這些觀光景點攤販林立而缺乏規劃管理，因此感到失望。

　　另一方面，台灣業者因惡性競爭而不斷壓低價格，在缺乏合理利潤的情況下，業者僅能藉由購物來增加收益，這使得導遊人員往往只會拼命鼓勵陸客購買特產與紀念品，而對於介紹景物意興闌珊；加上台灣導遊對於景點的歷史背景瞭解不足，與大陸「地陪」之素質有如天壤之別，故大陸民眾往往抱怨台灣導遊的專業能力與敬業態度不足。所以，台灣若不能在旅遊景點的設計上有所改善，無法強化導遊人員的品質與提昇合理利潤，則開放陸客來台旅遊，恐怕只是負面宣傳而已。

（三）形成國際觀光客的排擠效應

　　香港在開放大量陸客進入後，雖然提昇了總體經濟與旅遊產業，但許多香港學者也擔憂在充斥陸客後，香港會逐漸走向「內地化」，進而可能失去其過去以來的國際都會形象，而成為大陸

眾多城市之一，這會降低非大陸籍觀光客的吸引力；而陸客的許多非文明現象，也可能讓其他國家的觀光客卻步。而台灣若開放大量陸客進入後，是否也會有「內地化」之虞，除阻礙旅遊產業的國際化發展外，是否會影響過去以來入台旅遊最大客源的日本觀光客，值得後續觀察。2008年全台灣入境旅遊人數共計384萬人次，其中日本觀光客為108萬人次而居於首位。[51]然而如表5-1所述，日本觀光客從2008年7月陸客大幅來台之後，每個月與前一年同時期相較，都呈現負成長的數字。

表 5-1　2008～2009 年日本觀光客來台人數統計表

時間	人數	增長率	時間	人數	增長率
2008 年 6 月	86,022	-6.63%	2009 年 1～3 月	274,893	-7.54%
2008 年 7 月	80,201	-1.13%	2009 年 4 月	79,311	-3.44%
2008 年 8 月	84,168	-13.93%	2009 年 5 月	69,022	-18.46%
2008 年 9 月	90,716	-10.70%	2009 年 6 月	61,728	-28.24
2008 年 10 月	95,234	-4.21%	2009 年 7 月	72,655	-9.41
2008 年 11 月	96,327	-9.87%	2009 年 8 月	80,533	-4.32
2008 年 12 月	89,938	-10.74%			

資料來源：交通部觀光局，「觀光市場概況概要」，交通部觀光局網站，2009 年 10 月 23 日，請參考 http://admin.taiwan.net.tw/indexc.asp。

事實上，從2008年1月開始，在陸客尚未全面開放之前，日本觀光客來台人數就已經呈現負成長的趨勢，之後也未見好轉。原因除了因日本國內經濟環境不佳，造成中小企業倒閉增加，許多大企業也大幅裁員，使得民眾出國旅遊意願降低；加上日本也受

---

[51]　交通部觀光局，「97 年 12 月暨全年觀光市場概況」，交通部觀光局網站，2009 年 7 月 23 日，請參考 http://admin.taiwan.net.tw/statistics/release_show.asp?selno=1931。

到「H1N1」新型流感疫情的影響,許多旅遊團體取消海外旅遊計畫,造成除了台灣之外的其他國家,日本觀光客前往的數量也是負成長。因此,究竟是否與陸客大量來台,造成日本觀光客的排擠效果,目前並無直接證據,必須持續加以觀察。

(四)衝擊景點之遊憩承載量

　　台灣假日期間許多旅遊景點往往人滿為患、交通擁塞、廁所不足、垃圾暴增,因此當大批陸客進入後,使得此一情況雪上加霜,對於許多景點的遊憩承載量形成相當大的壓力,也影響當地的旅遊休閒品質,甚至直接衝擊台灣民眾的休閒活動。例如在2009年4月陸客人數創下新高,其中日月潭國家風景區該月湧進有8萬餘人次,平均一天有4,000至5,000人次;[52]阿里山平均一天有2,000至3,000人次,同年3月22日單日竟有27,000餘人次,創下開放60多年以來的最高紀錄,[53]如此使得日月潭與阿里山等風景區不但停車位一位難求與交通壅塞,更造成人滿為患的現象,如此使得台灣民眾不願意前往這些地區進行旅遊。然而,當2009年6月陸客人數大幅減少之後,這些旅遊景點卻因台灣民眾餘悸猶存而不敢前往,造成生意一落千丈。

　　此外,由於2009年4月開始陸客來台人數過多,造成遊覽車的供給嚴重不足,甚至排擠到台灣民眾租車的機會,價格更是水漲船高。例如在2008年7月,一天的遊覽車的車資約為5,000元新台

---

[52] 余麗姿,「日月潭陸客 4 月創新高,約 8 萬多人」,聯合報網站,2009年 4 月 29 日,請參考 http://udn.com/NEWS/MAINLAND/BREAKINGNEWS4/4867569.shtml。

[53] 張朝欣,「陸客加持阿里山客量破 60 年紀錄」,中時電子報網站,2009年 4 月 29 日,請參考 http://news.chinatimes.com/2007Cti/2007Cti-News/2007Cti-News-Content/0,4521,5050373+112009042100066,00.html。

幣，但2009年4月已經漲至8,000至10,000元，[54]甚至有大陸旅遊團在旅遊過程中發生無車可坐的窘況。[55]這使得台灣觀光局不得不宣布從2009年5月1日開始，將接待陸客遊覽車的車齡，由原本的7年放寬至出廠的7至10年。[56]此外，包括飯店、餐廳、導遊人員也都呈現嚴重不足的狀況。

（五）台灣觀光產業國際化受限

相關產業若以陸客為主要服務對象，其服務標準也會以大陸民眾為依歸，由於大陸除北京、天津、上海、廣州等一線城市外，其他地區的平均生活水平均較國際標準為低，加上在兩岸旅遊業者的低價策略下使得消費品質下降，無形中會阻礙台灣旅遊產業服務品質的提昇，也會減少朝國際化發展的機會。這種情形會隨著台灣依賴大陸市場的程度增加而日益嚴重，甚至成為一種惡性循環。

三、專業參訪團體並未減少

從2008年7月陸客正式來台之後，原本外界認為如此必將使得大陸專業人士參訪團體的人數減少，因為過去是我方片面開放「第二類」陸客來台，而大陸並不承認，因此若要合法來台旅

---

[54] 羅建怡，「遊業者：遊覽車租金，半年漲一倍」，聯合報網站，2009 年 4 月 29 日，請參考 http://udn.com/NEWS/NATIONAL/NATS3/4873049.shtml。

[55] 在 2009 年 4 月 23-24 日由三華旅行社承辦的 8 團 282 名陸客，在旅遊過程中發生無車可坐的窘況，黃如萍，「三華緊急調車，八團如期來台」，中時電子報網站，2009 年 4 月 29 日，請參考 http://news.chinatimes.com/2007Cti/2007Cti-News/2007Cti-News-Content/0,4521,5050400+112009042600138,00.html。

[56] 蔡惠萍，「車齡 10 年內遊覽車，可接陸客」，聯合報網站，2009 年 4 月 29 日，請參考 http://udn.com/NEWS/NATIONAL/NATS3/4870833.shtml。

遊，就只能參加參訪團，這也使得台灣許多旅行社專門承攬大陸
參訪團的業務，甚至成為「假參訪，真旅遊」的特殊現象。然而
當陸客正式來台而人數激增後，如表5-2所述，來台參訪的大陸專
業人士人數卻不減反增，參訪團仍然在行程中安排各種旅遊活
動。事實上，由於大陸專業人士參訪團的成員均以「公差」方式
來台，所有費用是由單位負責，因此在免費旅遊的情況下，大家
自然趨之若鶩。這也使得許多旅行社在開放陸客之後，仍然繼續
辦理專業人士的參訪業務；此外，由於參訪團是由政府單位出
資，因此各種消費對於品質的要求較高，這使得台灣業者的獲利
空間也較大。

表 5-2　2008～2009 年大陸專業人士來台參訪人數統計表

時間	人數	時間	人數
2008 年 6 月	5,314	2009 年 2 月	7,903
2008 年 7 月	6,064	2009 年 3 月	9,325
2008 年 8 月	4,606	2009 年 4 月	12,036
2008 年 9 月	8,115	2009 年 5 月	12,733
2008 年 10 月	8,935	2009 年 6 月	12,889
2008 年 11 月	10,379	2009 年 7 月	10,940
2008 年 12 月	11.168	2009 年 8 月	14,758
2009 年 1 月	4,032	2009 年 9 月	14,306

資料來源：內政部入出境及移民署，「98 年度大陸地區專業人士（文教、經
　　　　　濟）進入台灣地區統計表」，內政部入出境及移民署網站，2009 年
　　　　　10 月 23 日，請參考 http://www.immigration.gov.tw/aspcode/9809/98 年
　　　　　度大陸地區專業人士(文教經濟)進入台灣地區統計表統計表.xls。
　　　　　內政部入出境及移民署，「97 年度大陸地區專業人士（文教、經
　　　　　濟）進入台灣地區統計表」，內政部移民署網站，2009 年 7 月
　　　　　23 日，請參考 http://www.immigration.gov.tw/aspcode/9712/97 年度
　　　　　大陸地區專業人士(文教、經濟)進入台灣地區統計表.doc。

第三節　陸客來台對台灣宣揚民主與促進中國大陸民主化之影響

　　大陸固然希望藉由其觀光客來台的經濟效果達到政治上的目的，甚至進一步達到統戰的成果，但台灣也並非完全居於劣勢，從台灣的角度來說，藉由台灣民主、自由與法治的社會，可以「反守為攻」的對陸客進行「和平演變」的反統戰。[57]

壹、陸客來台對大陸民主化影響之背景：全球化下的和平演變

　　誠如前述，在全球化下兩岸共同開啟了陸客來台旅遊，然而另一方面透過全球化與陸客來台旅遊，也可能對於大陸產生和平演變。所謂「和平演變」根據中共的定義是「國際反動勢力利用世界形勢出現和平發展趨勢和社會主義國家實行改革開放的時機，通過經濟的、政治的、思想的、文化的、宗教的等各種渠道，運用資產階級的民主、自由、人權等口號，向社會主義的各個領域進行滲透與侵蝕，支持、收買所謂『持不同意見者』，培養對於西方的盲目崇拜，傳播西方的資本主義政治模式、經濟模式、價值觀念以及腐朽思想和生活方式。使社會主義國家逐步在經濟上私有化，政治上多元化，文化和價值觀念上西方化」。[58]因此，中共認為和平演變具有的特質如下：

---

[57]　范世平，「中國大陸出境旅遊對於民主化可能影響之研究」，**遠景基金會季刊**，第 9 卷第 1 期（2008 年 1 月），頁 161-201。

[58]　馮國建，「中共反和平演變之研究」，政治大學東亞研究所碩士論文（1997 年），頁 3。中共北京市委辦公室，**談反和平演變問題**（北京：中國人民公安大學出版社，1991 年），頁 3。

一、全方位性

　　和平演變必須藉由政治、經濟、技術、文化、思想、意識形態、宗教、人員往來等多種手段，而與社會主義國家進行多方面的接觸與聯繫。

二、緩慢的過程

　　和平演變是透過緩慢的量變，逐步引起演進性的變化，進而形成所謂的質變，使整個社會最終產生根本而全面性的改變。

三、從內部裂解

　　和平演變是從社會主義國家的內部開始崩解，而非透過外力。

四、不戰而能勝

　　和平演變強調是透過非暴力、非軍事的和平方式進行，強調「不戰而屈人之兵」，特別重視心理戰、思想戰與精神戰，因此和平演變又被稱之為「無硝煙的戰爭」。

五、接觸促演變

　　和平演變強調將社會主義國家融入國際社會，使他們與其他國家進行更廣泛而深入的接觸。

　　大陸始終認為，美國從冷戰時期，就積極進行對於中國的和平演變，其具體作為包括：經濟援助與重大投資；擴大各類人員之交往，例如進行國際互訪、學術研討、文化交流等形式，以尋找、物色與培植大陸內部的親西方人員；於大陸各地成立「文化中心」，以傳播西方自由民主思想；擴大傳播媒體的傳播範圍；

鼓吹宗教自由；鼓勵不同意見者成立各種異議性組織；煽動內部不滿情緒，製造內部摩擦；吸引留學生前來進修，以吸收年輕與頂尖族群，使其學成歸國後成為西方自由思想的傳播者。

因此，當前對於陸客所進行之各種宣傳、接觸、滲透、影響，自然也包括在上述之範圍內。事實上許多歐洲國家願意開放大陸民眾前往旅遊，除了經濟上的誘因外，也有政治上的考量，希望藉此使大陸民眾親自體驗西方民主政治的生活方式，假以時日將會是一個「由下而上」的和平演變過程，而陸客來台亦可達此效果。

貳、陸客來台對大陸民主化影響之途徑：政治社會化

當陸客來台成為政治社會化的重要途徑與機制時，其具體而實際的渠道分述如下：

一、陸客與台灣民眾的互動

當前陸客到達台灣，雖然是屬於團體旅遊而無法單獨自由的前往各地，但仍然有與台灣民眾接觸的機會，這包括直接性接觸的對話交談與間接性接觸的實地觀察。在直接性的對話交談中的政治性話題，就具有強烈的政治訊息互動，包括陸客與台灣民眾討論有關台灣的民主政治運作方式、選舉過程與結果、政黨發展與消長、司法審判案件與統獨爭議等；而即使是社會性與私人性話題，包括陸客詢問台灣的社會問題與新聞事件、民眾收入與經濟情況、家庭與生活模式等，也可使陸客從中了解背後的政治性意義，例如透過對話陸客可以了解台灣是否與大陸一樣存在著嚴重的貧富差距、三農與區域失衡發展等問題，以及台灣政府的政

策作為與大陸的差異。[59]而在間接性接觸的實地觀察方面,雖然不是雙向的直接互動,但透過陸客的雙眼也可以實際了解台灣民眾的生活情況、公共建設、城市規劃等,同樣也具有傳遞政治訊息的效果,例如台灣的農村建設相對進步、城鄉與區域差距有限、法治完備、文化多元包容、民主政治活力等。

二、參與台灣民眾生活

　　一般民眾的日常生活雖然看似枝微末節而微不足道,但對於觀光客來說,其背後卻也展現豐富的政治意涵,成為觀光客政治社會化的途徑之一。例如陸客在台灣購物時較少遇到假冒偽劣商品,價格也不會如在大陸般被恣意哄抬,顯示台灣政府對於消費者保障的用心,人們能夠安心而具有尊嚴的生活與購物;此外,台灣的公共交通與大陸相較,更為準時、安全、方便與服務周到,代表政府重視民眾行的權益與品質,這與大陸大眾交通的脫班、意外頻傳、擁擠、混亂形成強烈對比;台灣民眾在日常生活處處必須守法,政府官員亦然,顯示政府對於法治的態度,這與大陸當前特權當道有如天壤之別;在台灣搭乘捷運發現民眾均能自動自發排隊,除顯示政府社會教育的成功外,也代表台灣已經邁入進步文明國家之林。上述種種,台灣民眾或許司空見慣,但對於陸客來說卻是極大的震撼,他們會思考為何台灣政府可以提供人民尊嚴而有品質的生活,但大陸政府不能。

　　2009年8月大陸中央電視台駐台記者遲明泉,在他的部落格中,描述台灣民眾的文明素質與公共建設的人性化硬體設計,充分展現對人的關懷。他指出:「在高峰時間進入北京地鐵,是需

---

[59] 所謂三農問題,即是指農業、農民與農村。

要勇氣的，那簡直是一場戰鬥，樓梯上永遠有不趕時間的閒散人士，著急就必須不停地借過，當然借不借，全憑人高興了；月台上擁擠不堪的人群，永遠都是『圖盲』，個個爭先恐後，上下車都得殺出一條血路，體弱者光榮負傷，是常有的事」，對於台北地鐵，他指出：「我所到過的台灣捷運站，都設有殘疾人士專用通道，一些站口還設有升降梯（電梯），服務行動不便者，公共電話和洗手間，也兼顧到這類人群」，「台北捷運站在高峰時，也可以用人潮洶湧來形容，但即便如此，不會讓人感到心慌。人潮的移動是井然有序的，人們都會嚴守靠右原則，自覺地留出左道，讓著急的人快速通過；再繁忙，也會按照地上箭頭指示分成兩列等候；規定飲料和食品進站後必須放入包囊內，每個人都會照章執行」，他不禁感嘆的說「這些細節的設置，處處體現建造管理者對『人』的關懷、用心和重視。毫不誇張地說，在台灣搭乘捷運，真是一種享受」。[60]由此可見，台灣捷運的人性化設施與民眾的搭乘文化，成為大陸民眾進行兩岸比較的標的。

此外，台灣民眾的言行也會影響陸客對於台灣的觀感，2008年3月，從大陸移民到美國的美籍華人作家沈寧，在經歷台北六日遊之後所發表的一篇文章指出，在赴台之前由於台灣正值選舉，他透過報紙和電視接收到的台灣資訊多屬負面，認為台灣官員品格拙劣與人民素質低下，但在實際來到台灣後，才發現「台灣人的素質文明，已達到就中國人而言的最高度」，此篇文章隨即引發華人社會的熱烈討論。同年10月間，大陸網路上也流傳一篇有關「中國各省」民眾素質優劣的排行榜，台灣被列為素質最高的地方。2009年1月一位名叫王冉的陸客在經歷四天的台北之旅後，

---

[60] 陳東旭，「央視記者：在台搭捷運真是享受」，聯合報網站，2009 年 8 月 24 日，請參考 http://udn.com/NEWS/MAINLAND/MAI2/5063527.shtml。

於網路上發表一篇名為「善良需要GDP嗎？」的文章，他讚揚台灣人「淳樸善良」，認為大陸一味追求高經濟成長，人民素質卻未隨之提昇；他並指出，「台北的計程車司機無論遠近，從不抱怨，更不會有意繞路。無論是問他們問題，還是簡單地付錢找錢，他們都彬彬有禮」，「台北民眾的『素質』比中國的民眾要高一些」，「在台北不會看到有人排隊插隊、公共場所大聲喧譁、電影院裡接聽手機的現象，更不用說當街吵架和隨地吐痰了，而這些在中國是常見的」，「你接觸完這裡（台灣）的人再回到中國走一圈，會覺得中國到處都是『刁民』」，此文一出，立即引起大陸網民的議論與激辯，短短幾天就吸引20幾萬人的點閱，[61]固然正反意見均有，但足以充分顯示台灣與大陸社會的差異性。

三、與台灣政府部門或公務員的接觸

陸客在台旅遊時也有相當多機會與台灣各級政府及公務人員接觸，可以使陸客直接了解台灣政府部門的運作方式、工作效率、服務態度。例如陸客可能因遺失物品而需報警時，可以發現台灣警察人員的親切態度與效率，與大陸公安的冷漠專橫差距甚大；或者在政府所設的旅遊服務中心詢問或請求服務時，當地公務人員的親和與友善，又與大陸公務員的官僚氣息難以相較。舉例來說，2009年2月28日馬英九總統夜宿嘉義市某飯店，同一飯店就有9個大陸旅遊團160多名陸客同住，隔日早晨馬英九在未經特別安排下於飯店巧遇陸客，他們紛紛要求能與馬英九合照，馬英九則欣然同意，這使得其中來自蘇州市的溫州商會會長李堅說：

---

[61] 黃淑熔，「台灣人素質比較優？網民舌戰」，中時電子報網站，2009 年 3 月 25 日，請參考 http://tw.news.yahoo.com/article/url/d/a/090111/4/1crve.html。

「台灣的領導人很平易近人、很親切！」。[62]同年4月27日，台中市警察局一位警員陳建章在巡邏時，發現一位女陸客因迷路而神情緊張的在街頭徘徊，由於該名陸客已忘記居住飯店的名稱，在員警細心的探詢查訪下終於將其順利送回飯店，該名陸客高興的致謝說：「你們這兒公安真親切！」。[63]因此，當陸客有機會接觸到台灣的政府官員或公務人員，他們的一言一行都會影響陸客對於台灣政治的印象。

四、與台灣導遊人員的互動

　　陸客在旅台行程當中，接觸最多時間者莫過於是台灣的導遊，而觀光客獲得資訊最多之來源也是他們，因此導遊的一言一行都會直接影響陸客，這當然包括導遊人員的政治態度與立場。因此，導遊並非只是介紹當地的風光而已，其也會將自己的政治價值觀與主觀看法融入解說之中，成為陸客政治社會化的途徑之一。例如某些導遊可能因不滿大陸對於宗教與人權的壓制，有意無意在公開或私下場合透露對於中共政權的不滿；而陸客也可能私下與導遊人員進行政治資訊的交換，或是委託導遊人員購買在大陸被查禁的政治性、歷史性書籍雜誌與影片。

五、接收台灣的新聞媒體

　　陸客來台可以購買與閱讀台灣發行的各種報章雜誌或書籍，事實上許多陸客對於台灣出版的雜誌書籍充滿興趣，因為多數內容與

---

[62] 陳信利，「大陸旅客讚馬總統平易近人」，聯合報網站，2009 年 3 月 25 日，請參考 http://udn.com/NEWS/NATIONAL/BREAKINGNEWS1/4763 232.shtml。

[63] 黃宏璣，「陸客迷路，警協助找到飯店」，聯合報網站，2009 年 4 月 29 日，請參考 http://udn.com/NEWS/NATIONAL/NATS3/4872635.shtml。

資訊是他們在大陸無法獲得的，包括對於過去中共領導人的評價、當前時局的批判、政治人物的小道消息、法輪功與六四事件的真相等。例如曾任毛澤東御醫的李志綏於1994年所出版的「毛澤東私人醫師回憶錄」，因為對於中共建政之後的諸多密辛加以揭露，其中特別是有關文化大革命的始末與毛澤東腐敗的私生活，因此一直被大陸列為禁書；[64]而趙紫陽於2009年所出版的「國家的囚徒：趙紫陽的秘密錄音」，更在六四事件20週年的時候揭開八九天安門事件的內幕，[65]因此也被大陸當局禁止進口，然而這些書籍卻是在台灣一般書店可以輕易購買，也成為陸客最感興趣的東西。

當他們於晚上回到飯店後，也可以在飯店內收看台灣或是國際性的電視節目，特別是新聞性節目，可藉此了解國外的政治情況、國際對於中共政權的看法、大陸內部發生而他們永遠不知的事件等。由於大陸對於傳播媒體仍採取嚴格控制，在沒有新聞自由的情況下民眾對於非官方資訊具有高度興趣，因此來台旅遊時留在飯店看電視成為受歡迎的夜間活動。例如許多陸客就非常喜愛收看五花八門的政論性call in節目，藉此體會台灣獨有的多元開放政治氛圍。陸委會於2008年10月所發布的一份問卷調查顯示，來台進行參訪的大陸文教人士中，約39%看過台灣的政論節目，其中有高達81%認為這是民主政治的表現，有助於民意的表達；而約有76%的大陸來台人士曾收看台灣的新聞節目，其中87%認為比大陸同性質節目活潑。[66]

---

[64] 請參考李志綏，**毛澤東私人醫生回憶錄**（台北：時報文化公司，1994年）。

[65] 請參考趙紫陽，**國家的囚徒：趙紫陽的秘密錄音**（台北：時報文化公司，2009年）。

[66] 中央社，「陸委會：近四成來訪陸人看過台灣政論節目」，中央通訊社網站，2009年3月24日，請參考 http://udn.com/NEWS/MAINLAND/MAI1/4547038.shtml。

　　而陸客在看到台灣電視新聞所報導的社會事件，也會發現台灣民眾對於人權的觀念，對於社會弱勢者的照顧、尊重與慷慨解囊，都與大陸社會的冷漠形成強烈對比；特別是如佛教慈濟功德會等宗教慈善團體，在台灣社會濟弱扶傾所扮演的積極角色，與大陸寺廟的「營利」形象與政治宣傳功能大相逕庭。

六、參觀具政治意義景點

　　許多觀光景點表面上看來僅是提供遊憩參觀之用，但實際上其背後亦含有政府刻意包裹的政治意義，希望藉由「潛移默化」的柔性方式來對於參觀者產生政治觀念與態度的影響，進而形成一種政治社會化的效果。例如在大陸的南京大屠殺紀念館、上海抗戰紀念館、雨花台革命烈士墓，都是日本觀光客到大陸旅遊時官方刻意強調的重要景點，希望藉此一遊讓日本民眾「前事不忘、後事之師、以史為鑑、開創未來」。同樣的，陸客前來台灣旅遊時，也有機會前往這些具有政治意義的景點，例如中正紀念堂、國父紀念館、忠烈祠等必遊景點，其背後的政治訴求多是與中共意識形態相左的民主憲政思維，或是長久以來因政治立場歧異而產生的對立史觀，這也會使得陸客在進行參觀時可能產生不同的思維。隨著陸客的大量入台，近年來連歷史上曾與共產黨勢不兩立的國民黨，其中央黨部及黨史館也吸引許多陸客前往參觀，甚至有陸客脫隊自行前往；由於兩岸民情與政治氛圍不同，共產黨給人一種威權而難以親近的感受，因此當陸客踏入同為執政黨的國民黨時，就有種「進入權力核心」的特殊感受；然而台灣在民主化與政黨輪替後，國民黨也不過是一個社團法人，早已褪去過去神秘與警衛森嚴的意象，無怪乎陸客感到「原來共產黨跟國民黨的差別就在這裡」；此外，由於歷史因素，陸客對毛澤

東的相關史料特別具有親切感與興趣，因為在大陸較不易接觸到毛澤東早期於國民黨任職時的文物史料，所以到了國民黨方才了解到不同歷史詮釋的毛主席。[67]

七、實際參與政治活動

2005年根據香港文匯報報導，調查詢問大陸數千名網民「你去台灣旅遊，最主要的目的是什麼？」，其中39%網民選擇「欣賞阿里山等美景」，28%希望了解台灣民俗文化，25%想要感受台灣政治生態，約7.5%選擇飲食購物，因此約四分之一大陸網民赴台旅遊是為了感受台灣政治生態，甚至有大陸旅遊業者規劃要在選戰期間舉辦「選舉旅遊團」，讓大陸民眾來體驗一直很好奇的「台灣選舉文化」，領略搖旗吶喊、瓦斯喇叭的政治氛圍。[68]由於台灣幾乎年年皆有選舉，因此陸客來台旅遊時，也有機會實地參與台灣的選舉活動與民主生活方式。此外，平時台灣也有許多政治性的群眾集會活動，陸客也可能有機會參與或觀察，例如2009年5月17日民進黨在台北所舉行的大遊行，就首次設置了「陸客專區」，讓陸客有機會實際體驗台灣的政治性遊行。[69]

---

[67] 陳亮諭，「國民黨黨史館，陸客朝聖熱點」，經濟日報網站，2009 年 3 月 28 日，請參考 http://udn.com/NEWS/MAINLAND/MAI2/4749503.shtml。

[68] 周慧盈，「大陸旅遊業者著手」，中央通訊社網站，2005 年 5 月 24 日，請參考 http://tw.news.yahoo.com/050524/43/1vcqr.html。

[69] 劉屏，「517 民進黨將設陸客專區」，中時電子報網站，2009 年 5 月 9 日，請參考 http://news.chinatimes.com/2007Cti/2007Cti-News/2007Cti-News-Content/0,4521,5050479+112009050900154,00.html。

參、陸客來台對大陸民主化影響之效果：
　　台灣的象徵意義與軟實力

　　每當大陸民眾到國外旅遊，接觸到民主的資訊與信息時，民族主義與愛國主義就有如鐵箍箍與過濾器般的限制自身思維，最常見的說詞就是中外「國情不同」。事實上，大陸官方對於西方民主化發展最多的反應也是「國情不同」，許多贊同「新權威主義」學者的說法亦是如此。但台灣在同為華人社會的基礎上成功從威權政體走向民主，除了推翻前述大陸官方的說詞外，對於大陸民眾與觀光客來說更具有說服力。例如台灣的政黨領袖如連戰、宋楚瑜等在2005年紛紛前往大陸訪問，他們不論是公開演講、言行舉止、穿著打扮，都掀起陣陣波瀾，因為在經過民主化洗禮過的台灣政治人物，其風趣親切、生動活潑與中國大陸政治人物的刻板教條形成強烈對比。

　　尤其，台灣在民主化的過程中曾經問題叢生，包括立法院的暴力相向、黑金政治、派系分贓、負面文宣、賄選買票、族群分化、民粹主義、經濟下滑等，這也成為大陸當局嘲諷揶揄的對象，以及大陸民眾認同支持有所保留的原因。但隨著台灣民主化的逐漸前進，政黨的起起落落成為常態，台灣的民主政治也逐漸從激情走向理性，民主素養與風度大幅提昇，包括負面競選手法、激進政治訴求、賄選買票、族群分化開始遭到選民唾棄，中間選民的比例與重要性不斷增加；儘管選前如何激烈，選後即迅速恢復平靜。因此，台灣民主政治已經逐漸走出陣痛期而邁向成熟，而政治改革、尊重民意、官員清廉、政策透明、尊重人權、公平正義，不但是全民要求與政黨訴求，而且成為逐漸實現的目標。特別是台灣成功完成了「兩次政黨輪替」，使政黨輪流執政

成為常態，這使得台灣幾乎已經是全球華人社會的民主政治典
範。例如戴門（Larry Diamond）等學者就認為，由於台灣在社會
結構、政治歷史與地緣政治上的特殊性，使得台灣此一個案對於
大陸未來的民主化發展來說，是一個非常好的指引；而包括吉力
（Bruce Gilley）等學者也認為雖然大陸未來民主化的時程仍不確
定，但由於大陸必須面對強大的社會壓力，因此比較適合台灣這
種較為和平且由上而下式的民主化。[70]

　　美國著名的非政府組織「自由之家」（Freedom House）針對
全球193個國家的「政治權利」及「公民自由」程度，每年均會進
行評比分析，他們將評比等級分成1至7，1代表自由度最高，7代
表最低，而共分為「自由」、「部分自由」與「不自由」三個層
級。2009年1月13日所發布的「2009年世界自由度」（Freedom in
the World 2009）調查報告中，中國大陸被列為「不自由」的國
家，其「政治權利」被評為最低的7，「公民自由」被評為次低的
6，大陸與北韓、緬甸與寮國並列為亞洲地區評比最低的國家；台
灣的「政治權利」則被評為2，「公民自由」被評為1，與日本與
南韓同列為「自由」的層級。[71]因此，誠如奈伊對於軟實力的詮
釋，「是一國在文化與意識形態上的吸引力，並使得其他國家願
意跟隨，這使得當該國行使權力時更具有正當性，因此其他國家
的反對相對較少」，[72]臺灣在硬實力上或許無法與大陸相抗衡，
但在軟實力方面特別是「政治力」，卻可以超越與影響大陸。

[70] Bruce Gilley, "Taiwan's Democratic Transition:A Model for Taiwan？", in
Bruce Gilley and Larry Diamond eds., *Political Change in China: Comparisons
With Taiwan* (Colorato: Lynne Rienner Publishers, Inc., 2008), pp.215-241.

[71] Freedom House，「Freedom in the World」，Freedom House 網站，2009 年
8 月 23 日，請參考 http://www.freedomhouse.org/template.cfm?page=363
&year=2009。

[72] Joseph S. Nye, *Bound to Lead: The Changing Nature of American Power* (New
York: Basic Books, 1990), pp167-168.

　　因此，當陸客能夠直接瞭解與接觸台灣的民主，就能發現其中的可貴，進而產生認同與珍惜，讓台灣這個華人社會唯一成功發展民主政治的地方繼續存在，成為未來大陸民主化的督促與借鏡。所以，若大陸貿然對台採取非和平手段，這些來過台灣的中產階級相信也會提出較為理性與和緩的意見，而不是讓大陸官方傳媒一手遮天，這不但有助於兩岸關係的和平與穩定，更能避免因彼此誤解而產生的情勢誤判。

　　對於大陸來說，過去台灣的民主化是與「本土化」甚至是「台獨化」劃上等號，台灣民主與政黨輪替的目的之一是要與大陸產生更明確的切割，這在民進黨首次執政後使此一目的達到了最高潮。但當支持「九二共識」的國民黨再度藉由同一民主機制重新執政後，民主化與台獨化得以脫鉤，這使得台灣的民主化對於大陸民眾來說，更具說服力與正當性。

　　另一方面，當陸客來台時會發現台灣已經逐漸邁向「市民社會」，並發展出與大陸迥異的社會型態，台灣的民主生活方式更形塑出不同於大陸的文化，這一方面會讓陸客稱羨，另一方面倘若大陸意圖藉由「硬實力」來施壓台灣也不會為陸客所接受，這正是台灣軟實力中「社會力」與「文化力」的展現。

肆、陸客來台對於台灣宣揚民主與促進大陸民主化的限制

　　誠如第二章所述，本研究認為在全球化架構下，隨著大陸第三產業的迅速發展使其中產階級迅速增加，他們透過來台旅遊的參與，藉由政治社會化途徑來接觸台灣民主、自由與法治的生活方式後，將有利於未來大陸民主化的發展，但本研究亦需指出，這必須經過長時期的發展才會產生明顯效果，短期來說不但難以看到具體成果，甚至有助於鞏固中共威權統治的正當性，其原因如下：

一、中產階級的保守性

在杭廷頓早期著作中認為在現代化的發展過程中，真正的革命階級是中產階級，是反對政府的主要力量，其中特別是知識分子；然而他也指出隨著經濟發展與都市化，中產階級逐漸擴大後，包括工商界人士、官僚機構人士、教師、律師、工程師的加入，中產階級滿足了經濟自由與政治參與的需要，他們的態度也就日趨保守，而成為現代政體穩定的支柱與緩和力量。[73]基本上，當專制政治能夠為中產階級的事業發展提供適當的經濟自由與和平秩序時，中產階級反而成為專制制度的擁護者。[74]而戴蒙（Larry Jay Diamond）也認為若勞工運動過於激進而社會經濟有脫序的疑慮時，中產階級的態度便會趨於保守，他們會為了維持社會秩序，而減少支持民主化，並傾向於維持現狀。[75]

裴敏欣（Minxin Pei）批評西方社會素樸的認為經濟發展會使得威權國家之中產階級，為確保其私有財產權而致力於政治體系的民主化，但事實上要達到民主化的過程非常漫長，而威權政體在此進程中為延續民眾的支持，為使有限資源進行更經濟的使用，對於制度會產生更大的依賴，以增加效率、穩定性與可靠性，這包括加強法治、設置在政權控制下具象徵意義的代議機關、擴大地方自主權、舉辦半自由化的地方選舉等，他認為大陸

---

[73] Samuel P. Huntington, *Political Order in Changing Societies* (New Haven: Yale University Press, 1969), pp. 288-290.

[74] 毛壽龍，政治社會學（北京：中國社會科學出版社，2001 年），頁 285。

[75] 戴蒙（Larry Jay Diamond），「民主鞏固的追求」，田宏茂、朱雲漢、Larry Diamond、Marc Plattner 主編，鞏固第三波民主（台北：業強出版社，1997 年），頁 1-45。

在改革開放之後的法制建設、全國人民代表大會的改革與農村之實驗性草根自治均屬此類。[76]

　　顏真則是不支持大陸立即民主化的海外大陸學者，但他的說法卻也指出了當前大陸中產階級的保守性，他認為大陸不能搞民主浪漫主義與激進主義，因為大陸的問題比一般人想像的要複雜而危險，大陸民主化的道路也比東歐、蘇聯更為困難而漫長。他直指八九民運「雖然悲壯但並不偉大」，因為當時大家只想到「破」，卻沒想到更困難的「立」，努力想推翻專制主義的牆，卻沒考慮牆倒後會發生怎樣的情況，「我們也許沒有條件、沒有機會選擇最好的東西，但我們至少應該避免最壞的東西」，他認為當舊秩序瓦解而新秩序未建立時，對於有13億人口的大陸來說，比舊的秩序沒有瓦解更加可怕。另一方面，他認為大陸不是民主的試驗地，西方的民主制度、自由概念與人權標準，對今天的大陸人民來說是「窮人的假上帝」，因此大陸最需要的「不是最徹底、最完美、最普適於世界的東西，而是最穩妥、最現實、最切合中國的東西」。從大陸的現狀看，大多數人希望安定而能「繼續過好小日子」，他們或許有牢騷與怨言，但卻沒有行動，因為不願因動亂而付出太沈重的代價。當改革開放使很多人的生活得到較大的改善，「不少人是一輩子才過了幾年像樣的生活」，對一般百姓來說，「生活秩序比民主更重要，動亂比專制更可怕」。因此顏真認為，在這一點上大陸民眾的心態與海外民運人士產生了很大差別，共產黨所宣稱「沒有共產黨中國就會陷

---

[76] 裴敏欣（Minxin Pei），「匍匐前行的中國民主」，田宏茂、朱雲漢、Larry Diamond、Marc Plattner 主編，**新興民主的機遇與挑戰**（台北：業強出版社，1997 年），頁 374-377。

入大動亂」的論調，對一般民眾是的確具有說服力，而不是他們真的愚蠢而容易被欺騙。[77]

　　因此就目前而言，中產階級在大陸「穩定壓倒一切」的前提下多數認為，倘若中共政權真的垮台，取而代之的可能是社會混亂，則改革開放迄今的成果將成為泡影。他們之中多數在大學時經歷過八九民運，如今有了事業與家庭，回想過去政治激情已不存在，「安定」與「秩序」才是最重要的，加上中共政權也進行若干的政治改革，雖然緩慢但仍有希望，特別是在胡錦濤、溫家寶第四代接班人上台後，強調「科學發展觀」與建設「小康社會」、「和諧社會」，並提出了所謂「新三民主義」，即「權為民所用、情為民所繫、利為民所謀」，藉由所謂「民本思想」來替代「民主思想」；因此，中產階級來台旅遊後，固然會對台灣的民主政治心嚮往之，但在短期內並不會積極支持將此轉移至大陸以進行民主化的發展。

二、中產階級為改革開放的既得利益者

　　古德曼（David A. Goodman）認為大陸改革開放之後出現的「新富階級」（new rich），這些企業家與經理人享受著奢華生活與經濟管理階層的工作，他們並未試圖提出新的政治訴求與尋求新的意見表達管道，因為一方面他們只關心利潤的追求，另一方面則是國家對於經濟發展所扮演的角色日益重要。在此情況下所採取的「東亞路線」，其社會與政治具有威權色彩而較少發生衝突，內部聲音較為一致。[78]

---

[77] 顏真，「第三條道路：中華民族的理性選擇──中國民主化問題的新思維」，齊墨主編，新權威主義──對中國大陸未來命運的論爭（台北：唐山出版社，1991年），頁198-218。

[78] 古德曼（David A. Goodman），「大陸系統下的政治變遷：中華人民共和國民主化的展望」，田宏茂、朱雲漢、Larry Diamond、Marc Plattner主編，新興民主的機遇與挑戰，頁432-443。

　　事實上，當前大陸的中產階級多數受過高等教育，甚至曾經出國留學，目前則多從事高科技與服務業，居住在城鎮地區或是直轄市，他們是改革開放之後的既得利益者，中產階級與國家形成了休戚與共的「利益共同體」，破壞現狀就是等於傷害自身利益。

三、大陸政府的管制與損害控管

　　從大陸開放出境旅遊的歷程來看，其在不同階段會權衡當時的國際情勢、國內環境與開放效益而採取循序漸進的開放幅度，也會隨時觀察此一開放對於大陸政治、經濟與社會的影響，以便隨時進行「損害控管」，誠如前述的大陸緊縮陸客赴澳門旅遊就是一例。目前，大陸政府認為發展來台旅遊在對台工作與統戰上是利大於弊的，觀光客輸出成為其政治操作上的籌碼，但若開放到一定幅度而產生負面效應，根據大陸目前之相關法令與統治模式是可以隨時終止的。

四、中產階級從未有過的享受與尊嚴

　　改革開放後中國大陸只有入境旅遊，僅有台灣觀光客來大陸旅遊，為了賺取台灣人的錢有時也必須忍受頤指氣使，如今大陸民眾終於能夠揚眉吐氣，憑藉驚人消費能力前來台灣，「從下而上」的重建其自豪與自信。因此當陸客之高消費力成為台灣媒體報導的焦點，大陸國力強盛與「人民幣淹腳目」形象快速向台灣傳達，代表大陸綜合國力已經明顯提昇。當這些中產階級享受著父執輩都未曾享受過的歡樂，並能夠到達祖先朝思暮想的寶島台灣時，能不對黨與國家心懷感念嗎？這恐怕會使得這些中產階級更加支持中共政權的「德政」，也將更不利於民主化的推展。

五、中國大陸改革開放的成功

　　杭廷頓曾經指出，在民主化的過程中都曾經發生「逆流」，也就是走回原先威權體制道路的現象，第一波民主化逆流是發生在1922至1942年，包括義大利、德國、阿根廷等國；第二波民主化逆流則發生在1958至1975年，包括巴西、阿根廷與智利等國；至於第三波民主化的逆流，杭廷頓坦誠指出在90年代開始出現，使得原本對於第三波民主化甚為樂觀的態度也趨於保守與理智，許多民主化國家發生嚴重的族群衝突、對外戰爭與社會脫序，若干東歐國家原本的共黨透過選舉重掌政權。[79]隨著中國大陸安然度過1997年的亞洲金融風暴與2008年的全球金融風暴而經濟持續增長，民眾生活獲得具體改善，與其他共產政權民主化後所帶來的經濟與社會失序形成強烈對比，加上台灣近年來經濟發展趨緩，這使得大陸民眾除了感到自豪外，也強化了他們對於中共政權的認同與肯定。

六、新權威主義的發展

　　就目前來看，以中產階級為來台旅遊主要客群的情況下，短期恐怕對於中國大陸民主化的幫助有限，中產階級暫時沒有要求民主化的急迫性，但對於自由化、法治化與公平化的要求卻會更為殷切，這種發展似乎與「新權威主義」（New Authoritarianism）的觀點不謀而合。

　　新權威主義又被稱之為「精英統治」、「開明專制」，強調處於經濟發展階段的國家，穩定的社會是必備條件，因此權威主義是

---

[79] 杭廷頓（Samuel P. Huntington），「民主的千秋大業」，田宏茂、朱雲漢、Larry Diamond、Marc Plattner 主編，鞏固第三波民主，頁 48-64。

必要的。[80]透過若干精英對於政治權力的壟斷，可以排除因為政治權力的公開角逐所產生之政局不穩與社會動盪現象，甚至不惜犧牲個人與社會的若干權利來發展經濟，如此將可增強國家的實力。[81]

新權威主義之所以受到重視，肇因於1970年代末期以來，在東亞和拉丁美洲的許多國家，透過專制政體大力發展資本主義的自由經濟，其中以亞洲四小龍的表現最受矚目。而此對應著90年代東歐民主化所帶來的政治混亂、經濟蕭條與社會動盪，以及大陸舉世矚目的經濟發展成果，似乎又呼應了杭廷頓的早期思維，因此新權威主義的思潮方興未艾。

包括馬來西亞總理馬哈迪（Mahathir）與新加坡資政李光耀均提出所謂「亞洲價值」（Asia values）的觀點，他們認為亞洲文化所強調的群體價值、秩序、紀律與尊重權威，與強調自由價值、放縱、個人主義與鄙視權威的西方文化存在著明顯差異；李光耀認為亞洲人民所需要的不是民主政府，而是能夠提供經濟福利、政治穩定、社會秩序、族群融合、效率而誠實的好政府。[82]

1985年3月，大陸推出「價格雙軌制」，下半年，中共官僚集團借助權力來操縱黑市或匯市，使得大陸經濟改革出現混亂，通貨膨脹和「官倒」問題日益嚴重。1986年底大陸各地發生了大規模的學潮，鄧小平強行罷免了胡耀邦的總書記職務，並以趙紫陽取而代之，新權威主義就在這樣的形勢下發軔。

---

[80] Samuel P. Huntington, *The Third Wave: Democratization in the Last Twentieth Century* (Norman: University of Oklahoma Press, 1991), pp.301-302.

[81] 丁學良，「共產主義後社會中的主義：從中國的經驗看」，周雪光主編，**當代中國的國家與社會關係**（台北：桂冠圖書公司，1992 年），頁 39-40。

[82] 杭廷頓（Samuel P. Huntington），「民主的千秋大業」，田宏茂、朱雲漢、Larry Diamond、Marc Plattner 主編，**鞏固第三波民主**，頁 48-64。

　　1988年，大陸的經濟改革進入困境，政治改革又無疾而終，加上物價飛漲、官僚腐敗、社會治安混亂，使得老百姓普遍產生一種危機感。[83]同年7月，上海師範大學歷史系副教授蕭功秦，在北戴河舉行的「知識份子問題學術討論會」上首次提出了「新權威主義」一詞。[84]1989年1月吳稼祥的「新權威主義述評」一文，將此一看法首次見諸報端，他認為在邁向民主自由的道路上，往往存在一個專制主義的「調情期」，[85]因此社會發展大約經歷三個階段：傳統專制主義、自由發展、自由和民主相結合。[86]1989年蕭功秦進一步將新權威主義之特徵加以清楚描述，他強調：在經濟上走向市場化；在政治上憑藉龐大的官僚體制和軍事力量實行由上而下的統治；在意識形態上對傳統的價值體系有更多認同；對西方先進的科技、文化實行開放政策。[87]

　　因此總的來說，誠如張炳九的說法「新權威」由兩個觀念合成，「新」即領導人必須是現代意識的產兒，「權威」即領導人必須是社會權力的控制者，他認為在中國大陸當前的國情下，由一些強而有力的國家領導人強制地推進現代化，比馬上實行徹底的民主更為可行，當務之急是使社會生活兩重化，即經濟上實行

---

[83]　齊墨，「新權威主義論戰述評」，齊墨主編，新權威主義——對中國大陸未來命運的論爭，頁234-333。

[84]　齊墨，「新權威主義論戰述評」，齊墨主編，新權威主義——對中國大陸未來命運的論爭，頁234-333。

[85]　轉引自陳雲根，「為中共新權威主義蓋棺」，齊墨主編，新權威主義——對中國大陸未來命運的論爭，頁99-106。

[86]　轉引自于光華，「新權威主義的社會基礎及幻想」，齊墨主編，新權威主義——對中國大陸未來命運的論爭，頁83-92。

[87]　轉引自陳雲根，「為中共新權威主義蓋棺」，齊墨主編，新權威主義——對中國大陸未來命運的論爭，頁99-106。

自由企業制，政治上實行集權制，[88]也就是所謂的「硬政府，軟經濟」模式；此外，顏真認為西方式的民主並不適合中國的國情，中國大陸現在還缺乏實行西方式民主的現實土壤，不論什麼政治力量來治理大陸，都不得不帶有濃厚的專制主義色彩，否則大的社會動亂難以避免；[89]而古德曼也強調民主或許會引導當代中國的發展，但在競爭的模式上會走向東亞路線而非西歐或北美模式，主要原因在於中國大陸是一「大陸系統」（continental system），而並非一單純的與同質的民族國家，由於土地廣大加上各地現代化程度不一，以及各省不同的文化、經濟、社會與政治特色，使得政治變遷也不可能在全國各地一致展開。[90]

　另一方面，新權威主義所強調的是一個過程，是實現民主政治的手段或途徑，故並非反對民主政治；[91]也是一種妥協，顏真就明白指出，既然對專制主義忍無可忍，而民主政治又尚欠火火候，在這兩難的情況下，新權威主義既是值得考慮的出路，也是一種無可奈何的選擇；[92]第三，新權威主義也是一種進步，吳稼祥指出新權威主義之所以稱之為「新」，在於「它不是在剝奪個

---

[88] 轉引自陳雲根，「為中共新權威主義蓋棺」，齊墨主編，**新權威主義——對中國大陸未來命運的論爭**，頁 99-106。

[89] 顏真，「第三條道路：中華民族的理性選擇——中國民主化問題的新思維」，齊墨主編，**新權威主義——對中國大陸未來命運的論爭**，頁 198-218。

[90] 古德曼（David Goodman），「大陸系統下的政治變遷：中華人民共和國民主化的展望」，田宏茂、朱雲漢、Larry Diamond、Marc Plattner 主編，**新興民主的機遇與挑戰**，頁 432-443。

[91] 齊墨，「新權威主義論戰述評」，齊墨主編，**新權威主義——對中國大陸未來命運的論爭**，頁 234-333。

[92] 顏真，「第三條道路：中華民族的理性選擇-中國民主化問題的新思維」，齊墨主編，**新權威主義——對中國大陸未來命運的論爭**，頁 198-218。

人自由基礎上建立專制的權威，而是用權威來粉碎個人自由發展的障礙以保障個人自由」，[93]因此容許人民有較多的自由權，強調所爭取的民主不是馬上進行全國普選，而是爭取在法律保障下人民的「表達權利」，即言論、新聞、出版的自由，並且對於經濟自由給予高度重視。

六四之後，新權威主義遭到海外民運人士的猛烈攻擊，認為中共根本不可能有所讓步，新權威主義只是替中共極權統治尋找合理化藉口。但隨著中國大陸安然度過亞洲金融風暴而經濟持續增長，民眾生活獲得具體改善，與其他共產政權民主化後所帶來的經濟與社會失序形成強烈對比；加上大陸官方也逐漸釋出若干自由權，這當然包括出境旅遊權，使得新權威主義在大陸內部受到保守中產階級的認同，連著名的經濟學家張五常都認為「仁慈而又明智的專政，比任何民主制度都要好的多」。[94]

七、來台的政治社會化時間過短

不可諱言，雖然陸客來台之前可能累積了長達數十年對於台灣的幻想與期待，因此來台之後會希望在最短的時間內一覽台灣之全貌。但由於陸客來台不過7至15天，此一政治社會化之時間無法與其過去數十年在黨國教育下的政治社會化相提並論，因此實際的影響恐怕仍有相當程度的限制。

---

[93] 于光華，「新權威主義的社會基礎及幻想」，齊墨主編，**新權威主義——對中國大陸未來命運的論爭**，頁 83-92。

[94] 轉引自于光華，「新權威主義的社會基礎及幻想」，齊墨主編，**新權威主義——對中國大陸未來命運的論爭**，頁 83-92。

第六章　結論

　　本章將分別針對本研究所運用之相關理論進行回顧，總結所探討議題之發現與評估未來發展，以及對於後續之相關研究提出建議。

第一節　理論的回顧與總結

　　本研究在第二章分別探究了全球化理論、混合經濟理論、旅遊經援理論、軟實力理論、政治社會化理論與民主化理論，在此研究架構下應用於大陸民眾來台旅遊之議題，因此本節針對相關理論進行回顧與檢驗。

壹、全球化下的陸客來台發展

　　在全球化的浪潮下，兩岸的經貿往來非常密切，這使得過去以來對於陸客來台的種種限制與政治阻礙，已經不符合時代的潮流而必須改變。

一、全球化是「開放與漸進」的過程

　　對於全球化的定義與看法，誠如第二章所述，有極度樂觀而認為民族國家將被市場所完全取代的「誇大論」看法，例如福山、大前研一等新自由主義者；但也有對此看法提出批判的「懷疑論」者，包括湯普森、赫斯特與韋斯等強調全球化只是國際化，國家依

舊是經濟的管理者。至於第三種說法,則是紀登司、貝克與羅伯遜等人的「過程論」觀點,他們認為全球化是社會變遷的過程,是推動社會政治、經濟快速改變的力量,並可藉此重塑世界秩序;而國際與國內事務也將更難以分野;此外,強調「多角度」的全球化,以及全球化的動態性、漸進性與不可抗拒性。

本研究經過各章節的論證後,採取過程論之看法,事實上從兩岸開放陸客來台旅遊的相關政策與法令觀之,如表6-1所示,相當符合此一「開放與漸進」的變遷發展模式。此外,大陸官方在不同階段會權衡當時的國際情勢、國內環境與開放效益而採取循序漸進的開放幅度,且隨時觀察監控此一開放對於兩岸政治、經濟與社會的影響,並透過相關法令來進行「損害控管」。目前,大陸藉由全球化來發展旅遊統戰基本上仍然是利大於弊,根據大陸當前之相關法令與統治模式,若開放到一定幅度而產生負面效應,特別是面臨政治上的問題與挑戰時,是可以隨時終止開放的。

表 6-1　陸客來台旅遊政策發展整理表

時間	內容	影響
2001 年 12 月 10 日	內政部發布「大陸人民來台觀光辦法」	此為陸客可以合法來台觀光之首部法令
2002 年 1 月 1 日	開放「第三類」陸客	開放範圍過小,成效有限
2002 年 5 月 10 日	開放「第二類」陸客	大陸將此開放視為「非法旅遊」
2005 年 4 月	連戰訪問大陸後,北京宣布將開放民眾來台旅遊	大陸首次對陸客來台的正面回應
2006 年 4 月 16 日	大陸發布「赴台旅遊管理辦法」	此為大陸開放陸客來台的首部法令
2006 年 8 月 17 日	大陸宣布成立海旅會,作為兩岸旅遊談判的複委託機構	我國在 10 月 13 日亦成立相對應之台旅會

2008年 3月26日	胡錦濤與布希進行電話會談	胡倡議兩岸在「九二共識」基礎下恢復協商談判
2008年 4月11日	蕭萬長前往海南參加博鰲論壇，並與胡錦濤見面	瞭解大陸對兩會復談與開放陸客來台的態度
2008年 4月24日	江丙坤前往上海、昆山、廈門、深圳向台商謝票	再度測試兩岸恢復談判與陸客來台的可能性
2008年 4月29日	連戰訪問大陸並會見胡錦濤	胡提出「建立互信，求同存異，擱置爭議，共創雙贏」
2008年 5月16日	吳伯雄前往南京與北京訪問，並會見胡錦濤	海協會在「吳胡會」後隨即發函海基會確認復談時程
2008年 6月11日	江丙坤前往北京與陳雲林進行首次「江陳會」談判	雙方達成週末包機與陸客來台之協議
2008年 7月4日	週末包機與陸客來台正式展開	每週雙方各飛 18 個來回航班，大陸只開放 5 個航點
2008年 11月4日	陳雲林來台與江丙坤進行第二次「江陳會」談判	平日包機每週增至 108 班，大陸增加開放 21 個航點
2009年 1月20日	大陸宣布再開放 12 個省市居民來台旅遊	可來台之省市達 25 個
2009年 2月16日	大陸公告第二批 113 家獲准經營來台旅遊的旅行社	獲准經營來台旅遊的旅行社共達 146 家
2009年 9月1日	兩岸正式將平日包機轉變為定期航班	每週航班增加為 270 班，大陸新增 6 個航點，總數達到 27 個

資料來源：筆者自行整理

　　當2002年1月我國片面開放陸客來台，但因當時是由傾向台獨立場的民進黨執政，加上兩岸互信基礎薄弱與政治立場歧異，使得大陸在政治因素考量下對於此一政策採取「冷處理」態度，直到2004年民進黨再度連任，使得大陸不得不正視此一政治發展形勢。大陸固然在態度上從消極轉為積極，然而在策略上卻又是步步為營。由於北京深刻瞭解到陸客來台，可有效提昇台灣經濟，

因此一方面透過政治上的理由拖延兩岸之間的協商，另一方面又不斷利用傳媒對外釋放可能開放的訊息，讓台灣民眾與業者充滿期待，並成為統戰宣傳的焦點，如此不但可以形成對台灣政府「以商圍政、以民逼官」的壓力，更成為大陸在對台談判上的有利籌碼。除此之外，大陸也充分利用台灣當時內部的「藍綠矛盾」，藉由「國共經貿論壇」等兩岸政黨交流，來凸顯民進黨在兩岸關係上難以突破的窘境。

　　除了政治上的因素外，由於兩岸旅遊在技術上的若干問題也無法克服，使得民進黨執政的八年間，陸客來台的人數始終甚為有限。因此，當支持「九二共識」的國民黨在2008年贏得總統大選而重新執政後，使得兩岸關係出現了結構性的變化，在海基與海協兩會經過密切談判後，陸客終於得以正式來台。然而由於全球經濟衰退與大陸的循序漸進考量，加上若干技術問題依舊存在，使得陸客來台人數相當有限，如此引發了台灣反對黨的嚴厲批評與民眾強烈不滿。因此從2009年3月開始，大陸透過政治力積極推動來台旅遊，使得人數有了「井噴式」的增加而讓台灣應接不暇，5月份甚至將每天入境之陸客人數，由原本的3,000人上限提高到5,000人。[1]由此可見，大陸對於觀光客來台的問題，並未將其視為單純的經濟與旅遊議題，而是視為政治上的工具來加以操控。

二、全球化下陸客來台的條件與目的

　　當前，全球化與陸客來台旅遊的關係，藉由賀爾德對於全球化的定義與科恩、肯尼迪對於全球化特徵的詮釋，以及大陸的實

---

[1]　林庭瑤、林安妮，「五一前，陸客每天上限 5,000 人」，經濟日報網站，2009 年 4 月 30 日，請參考 http://udn.com/NEWS/MAINLAND/MAIN1/4863845.shtml。

際操作模式，本研究認為在冷戰結束之後，社會交往與關係在空間上進行大幅轉型，而此一轉型過程造成大量的跨國與跨區域活動網絡，[2]中國大陸正逢此一轉型過程而開放出境旅遊，台灣也在同一時期開放民眾前往大陸探親與旅遊，最後導致陸客來台。

台灣從1987年開放國人赴大陸探親後，大陸就成為台灣最重要的出境旅遊地區，人數也不斷攀高。然而直至2008年陸客才得以正式來台，這使得兩岸旅遊有20年呈現極度不平衡的發展。陸客之所以無法來台，主要還是政治的因素，然而當兩岸在全球化的發展下從互不往來到經貿關係密切，大陸已經成為台灣最大貿易伙伴、最大出口市場、第二大進口市場、最大貿易順差來源、對外投資最大地區；同樣的台灣也是大陸的第七大貿易伙伴、第九大出口市場、第五大進口市場、最大貿易逆差來源、第九大外資投資國，這使得兩岸人員往來障礙重重的現象，與此一全球化下的經貿發展不相符合。因此開放陸客來台，是在全球化浪潮下必然的發展方向。基本上，全球化理論與陸客來台的影響，包括了條件與目的兩個層面：

（一）條件層面

誠如第二章所述，全球化是「因」，其促進兩岸政府都必須開放陸客來台旅遊，而來台旅遊則是「果」，因此全球化提供了陸客來台的發展條件：

---

[2] David Held, Anthony McGrew, David Goldblatt and Jonathan Perraton, *Global Transformations: Politics, Economics and Culture* (London: Polity Press, 1999), p.16.

1. 時空概念變化下的兩岸運輸便捷化

由於運輸工具與方式的突飛猛進，使得陸客得以快速而便捷的前來台灣進行旅遊活動，其中特別是從兩岸週末包機、平日包機到正常航班的發展，以及大陸航點的不斷增加，如此不需要再經由港澳轉機，大幅減少時間的耗費。

2. 兩岸面臨共同問題：解除對全球自由移動的擔憂

誠如第二章所述，就跨國旅遊來說，涉及兩個全球共同議題，一是主權自主性的限制，二是認同「全球性自由移動」的基本價值。由於兩岸關係的複雜，開放陸客來台對於大陸來說，儼然就是主權的一種損失，因為過去以來大陸始終宣稱擁有台灣的主權，台灣不是一個國家，而是一個地方政府，因此來台旅遊不是出國，而是到另一個省的國內旅遊。然而陸客來到台灣的第一步，就是必須面對我國的海關與警察人員，並接受其檢查與詢問，這是中華民國主權的彰顯；當他們進入台灣後，發現台灣擁有自己的憲法、國旗、政府部會、邦交國，台灣並非大陸的一省，因此這是對於大陸主權的限制，也是大陸在民進黨執政時期擱置陸客來台旅遊的政治原因之一，擔心其「台灣中國，一邊一國」的政治訴求會被更加渲染與凸顯。對於台灣來說亦然，民進黨執政時期一直希望將兩岸航線定位為國際航線，陸客來台定位為國際跨國旅遊，藉此來宣示主權與獨立性，然而大陸卻無法接受，因此兩岸談判始終無法迅速進展，倘若台灣因為經濟利益而在政治上妥協，對於當時執政黨的保守人士來說，無疑是主權自主性的受限。然而當國民黨再度執政後，由於兩岸政治互信的增

加，使得兩岸對於各自主權自主性的疑慮與防備降低，「全球性自由移動」的基本價值才能獲得彰顯。

3. 跨國行為體的幫助與貢獻

首先，陸客來台必須透過兩岸旅遊業的NGO作為協調平台，以增進彼此在專業領域的互動與瞭解，例如大陸的海旅會與中國旅遊協會、我國的台旅會與全聯會等，這些NGO之間的聯繫，往往比政府部門更加迅速而密切。另一方面，陸客來台必須仰賴兩岸許多跨國公司才得以成行，首先陸客必須搭乘飛機，這使得兩岸的航空公司必須各自在對岸成立分公司；其次，大陸的飯店集團、旅遊集團、餐飲業集團也開始投資與佈局台灣；接著，陸客來台由於必須購物與購買保險，使得兩岸的金融產業、信用卡公司、保險業也必須相互投資設立營業據點。例如在2009年8月分別有大陸的中國南方、中國國際、中國東方、深圳、海南、上海與廈門等航空公司，在台灣將原本成立的辦事處升格為分公司；[3]而中國大陸市占率最高的信用卡及轉帳卡「銀聯卡」，其發卡量超過18億張，可在61個國家或地區刷卡消費，也於2009年8月底開放在台灣的商店刷卡交易，中國銀聯股份有限公司也在台灣成立分支機構，以提供陸客在台灣的相關服務。[4]

---

[3]　梁凱晶，「中國東航來台，兩岸航空競爭暗潮洶湧」，大紀元週報網站，2009 年 8 月 17 日，請參考 http://www.epochtimes.com/b5/9/5/15/n2527 925.htm。

[4]　陳怡慈，「銀聯卡 8 月登台，限刷卡不能 ATM 提款」，中時電子報網站，2009 年 7 月 17 日，請參考 http://tw.news.yahoo.com/article/url/d/a/ 090717/4/1n7g3.html。

4. 兩岸之間全方位的結合互動

首先，兩岸政府都改變了過去的保守心態，接受了全球化價值體系中「存異求同」與「跨國典範」的思維，大陸能夠更充滿自信的開放民眾來台旅遊，而不擔心受到和平演變，台灣也不再擔心因而遭受政治統戰。其次，誠如第二章所述，全球化理論強調「由下而上」的公共事務參與模式，大陸利用上述觀點並確立了以民眾參與為核心的對台工作形式，讓陸客深入台灣的中南部鄉間，而這其中大部分民眾是對大陸不具好感的，如此將有別於過去以來大陸所採取的「菁英交往」與「高層互動」的對台工作模式。

（二）目的層面

除了因全球化促使兩岸政府開放陸客來台旅遊外，兩岸也都希望在全球化下藉由陸客來台達到以下之目的：

1. 兩岸充分進行文化互動

根據遠見雜誌民調中心與大陸零點研究諮詢集團在2009年7月所公布的「兩岸民眾價值觀關鍵調查」中顯示，雖然兩岸人民間的交流從1988年台灣開放大陸探親迄今已經超過20年，但兩岸人民的思維卻仍有相當程度的差異，當問到「兩岸之間最後會變成什麼關係」時，53.6%的台灣人認為大陸人是「生意伙伴」而位居第一，第二則是朋友占13.3%，視為家人與親戚不到10%；而大陸人則有52.7%將台灣人視為家人與親戚而位居第一，僅有16.2%認為台灣人是生意伙伴，顯示兩岸人民彼此間的定位極為不同。至於問到「未來幾年台灣的發展趨勢」，台灣方面有60%認為是維

持現狀，16.1%走向統一，8.9%走向獨立；大陸則有64.2%認為會
走向統一，26.7維持現狀，5.1%走向獨立，兩岸對於統獨的立場
也差距甚大。而台灣人最有好感的國家分別日本、美國、加拿
大、新加坡與澳洲；大陸則是美國、韓國、法國、英國與新加
坡，其中以日本的看法差距最大。[5]因此大陸希望透過來台旅遊，
向台灣傳遞其文化與價值觀，以使兩岸人民與社會藉此產生更多
文化互動，增進彼此的瞭解，台灣也希望藉由文化互動讓大陸民
眾更認識台灣。

2.兩岸聯繫與依存的增加

　　當前陸客來台對於兩岸關係來說，不論政治、經濟、社會等
領域，彼此之間的聯繫與依存都將增加。從政治上來說，兩岸政
府部門勢必要增加接觸與合作，過去大陸不承認台灣政府部門的
稱謂，例如陸委會被稱之為「大陸事務主管部門」，但隨著兩岸
的交往頻繁，大陸也慢慢接受了；且兩岸政府也各有政治上的目
的，從陸客來台的發展過程來看，大陸的確將此列為其對台工作
的重要工具與籌碼，特別是從民進黨執政時期到國民黨再度執政
的此一過程，而台灣也希望藉由陸客來台向大陸傳播民主與兩岸
分治的理念。而就經濟層面來說，誠如第五章所述，大陸的惠台
旅遊措施並非是單向的，而是強調雙向的互惠互利，因此陸客來
台將使得兩岸的經濟呈現更加互賴的情況，雙方依存度更會大幅
增加。至於社會層面，陸客來台將使兩岸人民有機會面對面接
觸，增加彼此之間的聯繫。

---

[5]　林奇伯，「關鍵調查：兩岸民眾互看價值觀」，**遠見**，第 277 期（2009
　　年 7 月），頁 54-62。

貳、「混合經濟」將是未來發展模式

對於兩岸政府來說，陸客來台的政策，都是從政府介入主義逐漸轉向混合經濟，然而雙方的步調仍有若干差異。

一、兩岸都從政府干預主義朝混合經濟發展

大陸官方若要完全掌控陸客來台旅遊的發展，政府干預主義當然是最佳選擇，但卻會犧牲旅遊市場的活潑性，長期看來並不符合旅遊產業的健康發展，也違背世貿組織的精神與規範，故混合經濟模式會是較為適當的政府角色。當前大陸也正逐步朝向此一方向發展，但仍未真正達到混合經濟的標準，因為混合經濟強調市場與政府的作用都應控制在最適當的邊界內，如此可使社會資源分配的交易成本最小化，並可加速國民經濟的發展。然而目前大陸政府的作用並未控制在最適當的邊界內，且介入仍然過多，因此政府的限制與管制必須要進一步放寬才能達到混合經濟的效果。

依據產業經濟學學者海與莫理斯的觀點，政府過度介入的結果，可能造成政府所維護的利益不是公共的，而是特定廠商，[6]誠如前述，大陸官方刻意保護若干國營旅行社或是台灣的旅行社，擁有經營陸客來台之權，形成獨佔的利益而非公共利益。

另一方面誠如第二章所述，發展經濟學學者庫傑爾認為政府干涉市場之前提，必須是政府的目的在於獲致經濟效率，也就是

---

[6]　Donald A. Hay and Derek J. Morris, *Industrial Economics and Organization* (New York: Oxford University Press, 1991), pp.631-637.

政府的真正意願在於發展經濟，否則就反而會出現政府失靈。[7]當前大陸政府對於陸客來台旅遊過多的管制與干涉，其出發點恐怕還是政治的考量而非獲致經濟效率，特別是謀求統戰的效果。

而過去我國對於陸客來台過多的管制與干涉，其出發點也是政治考量而非獲致經濟效率，因此造成政府要完全掌控出現困難，例如陸客脫隊滯留、假參訪真旅遊與大陸官員隱匿身分來台的情況難以遏止，其皆顯示出現政府失靈的現象。然而從2008年7月後的陸客來台政策中可以發現，我國政府擺脫了僵化的政治思維，完全以經濟發展作為目標，已經從政府干預主義走向混合經濟，並且逐漸發揮混合經濟的適當政府角色。由於混合經濟者認為政府具有高於企業的預測與獲得信息能力，因此誠如第二章時所述，布朗與傑克森認為除了市場以外的「最佳配置資源方式」就是公共部門，[8]麥雷斯也強調沒有政府調節的經濟活動不會發生「社會最優結果」，[9]目前看來我國政府對於陸客來台的限制已經大幅減少，業者也從過去對該政策的失望走向充滿期待，基本上已經朝向「社會最優效果」與「最佳配置資源方式」的方向發展。然而不可諱言，當前陸客來台仍有許多問題，包括台灣旅遊產業的體質不佳、旅遊景點軟硬體的建設不足、缺乏更具吸引力的旅遊資源、兩岸旅遊業者間的「三角債」問題等，都需要政府

---

[7] Christer Gunnarsson and Mats Lundabl, "The Good, The Bad and The Wobbly :State Forms and Third World Economic Performance", in Mats Lundahl and Benno J. Ndulu eds., *New Directions in Development Economics* (London: Routledge, 1996), pp.255-256.

[8] Charles V. Brown and Peter M. Jackson, *Public Sector Economics* (U.K.: Blackwell Ltd., 1990), p.3.

[9] Gareth D. Myles, *Public Economics* (New York: Cambridge University Press, 1995), p.5.

從混合經濟的角度來積極規劃，因為這些都不是企業有能力能夠介入與改變的。

此外，混合經濟強調市場與政府的作用，都應控制在最適當的邊界內，如此將可使社會資源分配的交易成本最小化，並可加速國民經濟的發展。目前開放陸客來台基本上已經達到發展經濟的目標，過去申請與查核手續繁雜造成業者與觀光客交易成本過大的現象，已經獲得明顯的改善，顯見政府的作用是控制在最適當的邊界內，並且避免不必要的介入，因此在當前大幅放寬政府限制與管制的情況下，已能逐步達到混合經濟的效果。

因此，海與莫理斯認為若市場競爭的方式可行，就要優先選擇競爭，若無法充分進行市場競爭，應將政府介入的優缺點進行權衡，未來隨著政府介入的技術不斷發展，管制的效益才會提高[10]。故本研究認為，當前兩岸政府對於旅遊市場的介入，都應該從「政府干預主義」的角色轉變為「混合經濟」才是，台灣基本上已經達到，而大陸也正朝此方向快速發展，雖然目前難以一蹴可幾，仍應不斷檢討目前介入之利弊得失，如此才能使政府介入之效能提高。

二、我國應避免「政府失靈」與「市場失靈」的問題

當我國對於陸客來台從政府介入主義轉向混合經濟的時候，政府的角色也出現了混淆的情況，甚至在若干情況下政府的角色過於消極。誠如第五章所述，目前大陸旅行社與台灣旅行社之間「票務欠款、團費欠款、簽證欠款」的三角債問題非常嚴重，很多旅行社的票款被延緩3個月以上；此外，大陸國營旅行社刻意壓低台灣接待社之費用，甚至引發台灣業者之間的低價競爭，造成

---

[10] Donald A. Hay and Derek J. Morris, *Industrial Economics and Organization*, pp.631-637.

台灣的旅遊服務品質不佳。因此政府應該積極介入與瞭解，並由海基會與大陸的海協會進行協商，從制度面維護台灣業者的利益，如此台灣的業者權益與旅遊品質才能獲得保障，這也才是政府應該扮演的角色，否則一昧任由市場運作，或是將此一現象視為兩岸業者間的商業糾紛，則恐怕會產生「市場失靈」的問題。另一方面，目前政府所介入的若干事務，例如觀光局要求台灣接待社在接待陸客時，每人每日不得低於60美元的接待費下限，此一規定卻又成效有限，由於誠如前述因大陸業者的低價要求，使得台灣業者不得不配合，而為了防止觀光局的查緝，兩岸業者在表面上都遵守此一金額下限，但實際上卻遠低於此一價格，業者之間也都心照不宣，形成所謂「政府失靈」的問題。由此可見，在我國對於陸客來台從政府介入主義轉向混合經濟的過程中，仍有許多問題必須加以克服，而非一蹴可幾。

參、台灣「民主化」經驗具不可取代性

　　誠如第五章所述，中國大陸民眾對於西方民主化的發展最多的反應是「國情不同」，新權威主義者的說法也是如此，事實上許多西方學者認為中國的傳統文化並不有利於民主化的發展，例如杭廷頓就認為，中國的儒家文化是強調團體凌駕於個人、權威凌駕於自由、責任凌駕於權利、和諧穩定凌駕於多元變遷，並無對抗國家機關傳統權力的觀念，甚至個人權利是由國家所賦予的；政權的合法性是建立在天命，而天命又是來自於道德。[11]高隸民（Thomas B.Gold）也認為中國民眾依舊相信天命說，甚至即使是政治菁英都

---

[11]　Samuel P. Huntington, *The Third Wave: Democratization in the Last Twentieth Century* (Norman: University of Oklahoma Press, 1991), pp.300-301.

期待「仁君聖主」的出現，因此這些強調忠君愛國的官員，基於本身的道德與義務並不敢反抗領導者；即使是一般民眾，不論家庭、學校或社會都強調「服從天命」與「君主權威」的信念，國家被視為家庭的延伸與擴大，不能挑戰國家所具有的永久權威，因此他認為「中國的歷史傳統絕對沒有民主的內在條件」，即使台灣的民主化改革亦然。[12]白魯恂認為中國的政治文化淵源於儒家與法家思想，由於害怕「混亂」的後果，因此特別重視「秩序」的建立，白魯恂認為中國人的威權人格使他們依賴與信任領導人，對於公開破壞和諧、詆毀領導的行為感到不安。[13]

大陸學者毛壽龍也認為中國人長期以來重人治而輕法治，強調「為政在人」，因此「君仁莫不仁，君義莫不義，君正莫不正，一正君而國定矣」，認為統治者會自覺的根據「德與理」來約束自己的政治行為，也就是聖君賢相、王道修身的觀念；他認為中國沒有民主思想，只有民本思想，強調民心向背是政治興衰的關鍵，君與民的關係是舟與水的關係，「水能載舟，亦能覆舟」，但民眾無法進行政治參與，包括選舉、監督與罷免官員。[14]金耀基也認為中國儒家的政治設計奠基於「內聖外王」的理想上，內聖屬於個人道德範疇，外王屬於政治範疇，儒家強調每個人若修養好則可達到天下大治，因此民眾將心力放在艱難的內聖過程中，外王則完全讓給政治權力的掌握者，這使得君主居於國

---

[12] 高隸民（Thomas B. Gold），「台灣民主化的鞏固」，田宏茂、朱雲漢、Larry Diamond、Marc Plattner主編，**新興民主的機遇與挑戰**（台北：業強出版社，1997年），頁292-342。

[13] 轉引自石之瑜，**政治心理學**（台北：五南圖書出版公司，1999年），頁21。

[14] 毛壽龍，**政治社會學**（北京：中國社會科學出版社，2001年），頁125。

家的中樞位置，人民期望他是一有道德的君主，此即「聖王」，
然後可「作君之主，作之師」。[15]

　　然而上述說法遭到諸多批評，例如余英時就認為杭廷頓將第
三波民主化視為基督教現象甚為不妥當，而其認為儒家文化不適
合民主化的說法，不但具有歧視性也站不住腳，因為十九世紀末
中國最早發現西方民主觀念的就是信奉儒家者，從清末到1919年
五四運動倡導民主者如康有為、梁啟超等也都是信仰儒家思想
者，余英時認為儒家思想可以提供中國一個穩固的基礎，使得民
主憲政得以成功建立。[16]事實上杭廷頓也認為儒家文化不利於民
主政治發展的說法過於武斷，故提出了若干自我批判，例如他指
出文化是一個極為複雜的集合體，必然也會有與民主政治相容的
部分，且文化是動態的發展而並非不會改變。[17]更重要的是本研
究認為，台灣在同為華人社會的基礎上成功從威權政體走向民
主，除了推翻前述對於中國難以民主化的假設外，對於大陸民眾
與觀光客來說更具有說服力，誠如杭廷頓所提出的所謂「示範效
應」（demonstration effects），他認為當一個國家民主化成功之
後，會鼓勵其他國家的民主化，這包括這個國家的社會領袖人物
與社會團體；[18]雖然今天通訊傳播極為發達，但在地理上接近、
文化上類似的國家間，仍會產生強烈的示範效應。[19]因此若陸客

---

[15] 金耀基，**中國社會與文化**（香港：牛津大學出版社，1993 年），頁 113。

[16] 余英時，「從民主的浪潮到民族主義的浪潮」，田宏茂、朱雲漢、Larry
Diamond、Marc Plattner 主編，**新興民主的機遇與挑戰**，頁 444-455。

[17] Samuel P. Huntington, *The Third Wave: Democratization in the Last Twentieth
Century*, pp.310-311.

[18] Samuel P. Huntington, *The Third Wave: Democratization in the Last Twentieth
Century*, pp.100-101.

[19] Samuel P. Huntington, *The Third Wave: Democratization in the Last Twentieth
Century*, p.102.

來台，在同為華人社會與儒家文化的條件下，領略台灣民主、自由與法治之政治文化，對於大陸民主化發展的刺激與鼓勵將更為明顯直接。所以無怪乎曾擔任陸委會副主委的林中斌教授，在2009年3月於英國智庫「皇家國際事務協會」（The Royal Institute of International Affairs）發表演講時指出，陸客來台返回大陸後，可能散播台灣民主的種子，以促進大陸的政治改革[20]。

由此可見，陸客來台固然對於台灣的經濟產生若干的效果，看似中國大陸對台灣進行「旅遊統戰」，但當陸客來到民主、自由與法治的台灣進行旅遊時，台灣事實上亦可「反守為攻」對大陸進行「和平演變」。[21]因為陸客來台感受最強烈的莫過於是台灣的民主政治發展，包括多元的言論、政黨的輪替、法治的要求、國會的監督、貪腐的打擊、自由的生活等等，不論是透過親身體驗或是媒體報導，都讓陸客感受深刻。相對於大陸當前的言論管制、一黨獨大、法治不彰、缺乏監督、貪污腐化、自由受限，均形成強烈對比，甚至對台灣的民主政治稱羨而充滿嚮往。而大陸官方長期以來，對於台灣民主政治的醜化與批判，也因而不攻自破。因此，當陸客能夠直接瞭解台灣的民主，就能進而產生認同與珍惜，讓華人社會唯一成功民主化的台灣繼續存在，成為未來大陸民主化的督促力量與參考借鏡，形成一種「台灣能，大陸為何不能」的輿論氣候。另一方面，如果大陸貿然對台灣採取武力威脅時，這些來過台灣而實地體驗過台灣民主、自由與法治的民眾，相信也會提出較為理性、和緩而友善的意見，而不是

---

[20] 「林中斌：陸客訪台回中，可能散播台民主種子」，中央通訊社網站，2009 年 4 月 6 日，請參考 http://udn.com/NEWS/MAINLAND/BREAKING NEWS4/4815408.shtml。

[21] 范世平，「中國大陸出境旅遊對於民主化可能影響之研究」，**遠景基金會季刊**，第 9 卷第 1 期（2008 年 1 月），頁 161-201。

讓大陸官方傳媒所完全遮蔽與操控，這不但有助於兩岸的和平與穩定，更能避免因誤解所產生的錯估情勢，因此對於我國的國家安全無形中也增加了保障。

當前陸客來台的主要客群是中產階級，隨著大陸第三產業的快速發展，中產階級也將隨之增加，而他們不但是未來來台旅遊的重要客源，根據西方民主化理論的推論，也會是大陸民主化的重要力量。誠如納許所言，在「文化全球化」（Cultural Globalization）的概念下，隨著傳播媒體、移民與跨國旅遊的人口流動，人們之間的文化關聯性持續增加，其他地方的生活也會影響到我們的生活，也使得人們對於文化、民族與自我重新認知，這包括對於公民的定義，如何參與政治、如何進行社會生活等議題的看法。[22]當陸客到台灣旅遊時，舉凡與民眾互動、參與民眾生活、與政府機關接觸、與導遊人員互動、接收新聞媒體、參觀政治意義景點，甚至實際參與政治活動，這種「全方位的結合與互動」都會直接或間接的接觸到政治資訊，感受迴異大陸的政治生活方式，此一「政治社會化」途徑，勢必會衝擊大陸民眾過去以來的政治認知，對於其政治態度與行為也會產生影響。

因此，本研究認為我國政府應該採取以下之積極作為，相信能夠增加陸客對於台灣民主的認識與尊重：

一、強化對於陸客的民主化宣傳

首先，應該在機場、港口等陸客集中之場所設置台灣民主發展的專題展覽，讓陸客在等候機船時能夠利用瑣碎時間了解台灣的民主政治。此外，應該成立一所專門展覽台灣民主發展進程的

---

[22] Kate Nash, *Contemporary Political Sociology* (Massachusetts: Blackwell Publishers Inc.,2000), pp. 52-53.

展覽館，作為陸客來台時可以參訪的景點；並且安排在陸客喜愛參訪的風景區，如阿里山、日月潭與太魯閣等，以不定期的「特展」方式舉辦相關文物的展覽。

二、贈送台灣民主化的書籍影帶

　　政府應以陸客熟悉的簡體字，大量印製台灣民主化發展的宣傳資料與書籍，或者發行相關之紀錄片影碟，在陸客集中之地無償贈送，如此可讓陸客有機會深入瞭解台灣的民主化發展。

三、強化導遊人員的相關知識

　　對於台灣新進導遊人員在進行訓練時，強化有關台灣民主化的相關課程；對於現職導遊人員則透過在職訓練以增加相關知識，使其在解說導覽時著重介紹台灣的民主政治發展。

四、提昇公務人員的服務態度

　　要求各級公務人員或風景區服務人員，對於陸客的各種需求應展現親和態度與服務精神，以使陸客感受台灣民主政治發展的成果。

　　不可諱言的，雖然陸客中的這些中產階級多為改革開放後的既得利益者，根據政治民主化之相關理論顯示，中產階級的政治態度普遍趨於保守；此外，大陸當局對於來台旅遊之嚴格管制與損害控管，以及長期藉由民族主義與愛國主義的政治宣傳，都使得這些中產階級短期內會傾向支持中共政權以維持社會穩定，並認為「以人為本」、「新三民主義」、「小康社會」、「和諧社會」等「民本」思想足以解決大陸的問題。他們對於自由化、法治化與公平化的要求或許會更為殷切，但短期內對於民主化的要

求將較為有限。但誠如西方自由主義學者的看法，民主政治不但是一種政治形式、一種解決權力分配與政治衝突的手段，更是一種「安排政治生活的方式」。[23]林茲（Juan J. Linz）與史德本（Alfred C. Stepan）就指出，民主與「生活品質」（quality of life）具有密切的關係，民主政治可以提昇一般民眾的生活品質，包括廉能的警察與法官、為病人奉獻的醫師等，[24]這些對於大陸中產階級是極具吸引力。當台灣民眾能夠享受自由出國、無限制上網、言論自由、政府重視民意、特權受到限制、人身不受侵害、公務員便民服務等高品質的政治生活方式但大陸不行時，當自由化、法治化與公平化雖能解決大陸部分問題但無法根本解決時，民主化的要求也就會自然產生。

誠如杭廷頓的看法，新權威政體只是過渡階段的產物，將來仍必須要民主化，因為這種政體往往會人亡政息，加上缺乏公共辯論、新聞自由、抗議運動與反對黨競爭，弊端勢必叢生，因此權威政體或許在短期內會有良好的作為，但要真正長治久安仍有賴於經由民主程序所產生的政府。[25]杭廷頓認為在某些情況下，權威主義會促成經濟的高速增長，但權威主義只能是一個很短暫的現象，政治制度的改進和擴大政治參與是很必要的，如果這樣的改革不發生，後果將是災難性的。[26]

---

[23] 江宜樺，民族主義與民主政治（台北：時報出版公司，2003 年），頁 188-189。

[24] 林茲（Juan J. Linz）與史德本（Alfred C. Stepan），「邁向鞏固的民主體制」，田宏茂、朱雲漢、Larry Diamond、Marc Plattner 主編，鞏固第三波民主（台北：業強出版社，1997 年），頁 65-96。

[25] 杭廷頓（Samuel P. Huntington），「民主的千秋大業」，田宏茂、朱雲漢、Larry Diamond、Marc Plattner 主編，鞏固第三波民主，頁 48-64。

[26] 轉引自裴敏欣，「亨廷頓談新權威主義」，齊墨主編，新權威主義——對中國大陸未來命運的爭論（台北：唐山出版社，1991 年），頁 50-56。

　　因此在開發中國家，新興中產階級在短期內可能是專制制度的擁護者，但就長期趨勢來說，則是現代民主的建設者與穩定力量。隨著越來越多大陸中產階級參與出境與來台旅遊，在政治社會化與全球化和平演變的帶動下，「量變轉化成質變」的民主化發展恐怕是難以避免的，所以本研究認為就長期而言，陸客來台對於大陸民主化的發展仍具有實際效果，將使得他們對於大陸統治當局當前以「民本」思想為主的統治模式感到質疑，並且認清民主與民本的差異。最後，陸客來台感受到台灣的民主價值並加以傳播，更是台灣軟實力的充分展現，除可使台灣能藉此與大陸的硬實力相互競爭外，更是台灣確保主權與安全的重要力量。

第二節　研究發現與未來發展評估

　　針對本研究所探討之陸客來台主題，本節將總結前述各章節研究之發現，並針對未來之可能發展方向提出評估，以下將針對宏觀的政策面與微觀的產業面進行探討。

壹、陸客來台之宏觀政策方面

　　當前陸客來台對於台灣政治、經濟、社會與旅遊產業等，都產生了相當程度的正面與負面影響，因此兩岸都應該從長遠與客觀的角度，來面對此一兩岸關係發展中的機遇與挑戰，並提出具體可行的解決方法，如此才能使兩岸關係朝向更為健康的方向發展。未來，陸客來台在宏觀之政策層面上的可能發展如下：

一、陸客來台旅遊成長空間仍大

　　根據旅遊經濟學的理論，當一個國家的人均國民生產總值
（GDP）超過1,000美元時，才會產生出境旅遊消費的動機，中國大
陸的人均GDP在1997年為715美元，2003年才達到1,000美元，[27]顯示
以大陸的人均GDP來看，正屬於出境旅遊消費動機的初始期。隨著
大陸民眾生活水平的提昇，人們對於休閒生活的重視程度也與日俱
增，這使得出境旅遊的需求具有相當大之潛力。2007年時大陸的人
均GDP達到了2,492美元（人民幣18,934元），[28]加上大陸已成為全
球增長最快速的旅客輸出國之一，因此未來出境與來台旅遊市場必
然會有更大發展空間，特別是在政治的考量下大陸刻意推動赴台旅
遊，如此進行對台旅遊統戰的籌碼將有增無減。根據世界銀行的報
告，人均GDP達到3,000美元時是一個地區現代化的門檻，如表6-2所
示相關省市已邁入現代化社會，並且成為來台旅遊的主要客源地。

表 6-2　2007 年中國大陸各省市人均 GDP 前十名排序表

排名	地區	人均 GDP（美元）	人均 GDP（人民幣）	排名	地區	人均 GDP（美元）	人均 GDP（人民幣）
1	上海	8,733	66,367	6	廣東	4,362	33,151
2	北京	7,658	58,204	7	山東	3,659	27,807
3	天津	6,069	46,122	8	福建	3,409	25,908
4	浙江	4,923	37,411	9	遼寧	3,385	25,729
5	江蘇	4,464	33,928	10	內蒙古	3,341	25,393

資料來源：中華人民共和國國家統計局編，**中國統計年鑑 2008**（北京：中國
統計出版社，2008 年），頁 52。

---

[27]　張廣瑞、魏小安、劉德謙主編，**2003-2005 年中國旅遊發展分析與預測**
　　（北京：社會科學文獻出版社，2004 年），頁 234。
[28]　中華人民共和國國家統計局編，**中國統計年鑑 2008**（北京：中國統計出
　　版社，2008 年），頁 37。

　　根據國際知名的「安永會計師事務所」（Ernst and Young）
於2005年發表之「中國：新的奢華風潮」報告中指出，每年中國
大陸消費名牌化妝品、珠寶、時裝等奢侈品約20億美元以上，占
全球銷售額的12%，僅次於日本之41%與美國之17%，成為全球第
三大奢侈品消費國，目前約有1.7億人有能力消費奢侈品，年齡在
20至40歲，比歐美地區的40至70歲年輕許多。該報告指出，2015
年時大陸奢侈品之消費總量將占全球銷售額的29.1%，成為全球第
二大奢侈品消費國。[29]

　　因此，中國大陸這些居住在長江三角洲經濟圈的中產階級、
新興的富人金字塔頂端階級、喜愛奢侈品的年輕族群，都是未來
來台旅遊的重要客群，而且其數量與影響力均不斷擴大。特別值
得注意的是中年婦女，根據「中國青年報」於2005年針對北京、
上海等八大城市女性的調查顯示，31至40歲的女性最具購買力，
遠遠超過其他年齡層女性，而且是家庭購物上的「決策者」；他
們在個人開支的排序中，旅遊居於第一位，其次依序是購買電
腦、手機、學習和購買化粧品，[30]由此可見中年婦女也成為來台
旅遊的重要客源。當他們到台灣旅遊時，大量採購奢華商品，就
代表大陸發展旅遊統戰的雄厚實力。

　　事實上，2009年6月根據尼爾森公司所公布的「中國旅遊監測
報告」指出，近八成受訪大陸民眾有意在未來進行出境旅遊，而
首選目的地是香港，其次是澳門，台灣排名第三，有27%的受訪

---

[29]　陳致中，「中國奢侈品消費全球第三」，《遠見》，第 232 期（2005 年
　　　10 月），頁 1142。

[30]　中央社，「中國八大城市調查，31 至 40 歲女性購買力最強」，中央通訊
　　　社網站，2009 年 4 月 8 日，請參考 http://tw.news.yahoo.com/051207/43/
　　　2m5zu.html。

者想造訪。因此該報告認為，大陸消費者對於來台旅遊充滿期待，在未來幾年來台旅遊市場仍有增長空間。[31]

二、大陸是全球唯一可將旅遊政治化的國家

基本上，大陸之所以能將旅遊作為其對台統戰與政治操作上的工具，是因為如表6-3所示其具備兩個條件，一是嚴格的出境管制，另一是高數量的觀光客輸出。就前者來說，由於大陸屬於威權獨裁政體故仍能嚴格而有效的進行出境旅遊管制，而就後者而言隨著大陸民眾消費能力躍升，使其成為全球新興而潛力無限的旅客輸出國，因此目前具備這兩項條件的國家僅有大陸。

表 6-3　觀光客輸出量與出入境管制矩陣表

	高量觀光客輸出	低量觀光客輸出
嚴格出境管制 （共產或威權政體）	中國大陸	北韓、越南、古巴等
寬鬆出境管制 （民主政體）	1. 經濟大國： 　美國、歐盟、日本等 2. 亞洲新興國家 　（四小龍）	一般開發中或低度開發國家

資料來源：筆者自行整理

三、大陸面對台灣將更有自信

中國大陸自90年代大幅開放民眾出境參與旅遊，甚至允許前往歐洲國家，以及2008年開放民眾前往台灣旅遊，都顯示大陸領

---

[31] 陶泰山，「陸人境外遊前三名：香港、澳門、台灣」，中時電子報網站，2009 年 4 月 4 日，請參考 http://news.chinatimes.com/2007Cti/2007Cti-News/2007Cti-News-Content/0,4521,130505+132009062100431,00.html。

導階層已經不再如過去般的畏懼和平演變的政治社會化，也不擔憂民主化對大陸所產生之政治層面影響，代表大陸當局具有相當之自信心來迎接全球化時代的到來，這股自信心來自於大陸改革開放以來經濟的持續發展與綜合國力的大幅提昇。未來，倘若大陸能如許多經濟學家預言的，將從2008年因美國次貸風暴中所引發的全球經濟危機中率先復甦，則隨著大陸經濟與民眾所得繼續增長，當前觀光客非法滯留不歸之情況勢必降低，這將使得大陸當局對外開放的信心更為增進。

　　另一方面，近年來大陸因出境或來台旅遊而非法滯留不歸之情況雖然層出不窮，但其理由多是經濟因素，因為政治因素而滯留不歸者案例甚少。目前公諸於媒體者僅有2005年2月時，大陸公安人員郝鳳軍攜帶有關大陸祕密迫害法輪功與民運人士之資料，以及大陸海外間諜活動情況，在持觀光簽証至澳洲旅遊時申請政治庇護，並且到澳洲參議院作證。但澳洲政府最後僅依國際難民身分發給簽証，性質和政治庇護不同。[32]因此大陸當局認為目前來台旅遊的政治負面效應相當有限，總的來說仍然是利大於弊，故相信未來將更有信心的持續開放。

四、兩岸和平發展有賴旅遊交流

　　對於台灣的認識與台獨問題，在長時期中共的政令宣傳下，已經成為一種大陸主政者和民眾間相互影響的關係，難以分辨到底是誰在影響誰，也因而形成一種從上而下對於台灣問題「口徑一致、認識不足」的特殊現象。不可諱言，當前大陸民眾反對台獨者占了絕大多數，而大陸當局在透過輿論塑造民意的同時，也

---

[32] 中央社，「澳洲發給中國公安人員郝鳳軍保護性簽證」，中央通訊社網站，2009 年 4 月 8 日，請參考 http://tw.news.yahoo.com/050802/43/24qg3.html。

受到民意的制約。根據陸委會歷年的民意調查顯示，台灣有八成
民眾反對「一國兩制」，八成以上主張廣義的維持現狀。但這種
資訊，卻很少能透過大陸的台商、台籍幹部、台屬或台灣學生傳
達給大陸民眾。而中共管控下的大陸媒體，也總是報喜不報憂的
認為台獨問題只是台灣「一小撮偏激分子」製造出來的。在這種
「資訊不對稱」的情況下，根據大陸「零點調查公司」在2005年7
月間的一項民意調查顯示，大陸超過六成（61.7%）的民眾認為台
灣民眾支持「一國兩制」模式的統一，而認為台灣民眾主張「維
持現狀」者，只占14.1%。這種結果，既說明了大陸民眾對台灣民
意的不了解，也說明了大陸輿論報導的偏差。[33]

　　從政治社會化的角度來看，雖然開放大陸民眾來台旅遊，對
於台灣會產生若干統戰的效果，但對於大陸民眾來說也可能產生
和平演變，甚至進一步促使其民主化。更重要的是，可以使大陸
民眾真正看到與聽到台灣民眾的看法，減少因為大陸媒體錯誤報
導所形成的偏差認知。在這種兩岸民眾互相瞭解、包容與諒解的
情況下，兩岸真正的和平穩定才有可能。

貳、陸客來台之微觀產業發展面

　　從微觀的角度來看，陸客來台對於台灣旅遊產業的發展與影
響為何，包括以下幾點：

一、台灣應分散入境旅遊市場

　　當前陸客來台雖然人數不斷增加，但我們更應該未雨綢繆的
思考未來的發展方向，而不是把所有的市場都寄望在大陸，如何

---

[33]　**中國時報**，2005 年 10 月 3 日，第 A13 版。

分散市場與開發新興市場是下一階段必須正視的議題，否則就如同大陸在2008年開始提高前往澳門旅遊的門檻一般，結果是造成當地經濟受到直接的衝擊。事實上，2009年8月8日台灣南部因「莫拉克颱風」造成嚴重災情，民進黨籍的高雄市長陳菊邀請達賴喇嘛於8月底9月初來台針對災民舉行法會，但卻因而造成兩岸關係的緊張與變化，業者及輿論都擔心大陸可能緊縮來台旅遊之人數以作為報復；果然從9月中旬開始，原本預計前來高雄的大陸旅行團，全部取消訂房。其中在9月份時陸客觀光團取消高雄市飯店的訂房總數超過3,000間，根據台灣的旅行社表示，大陸官方有關單位要求旅行社行程「儘量」不要進出高雄市；而在大陸「暫不進高雄」的政策下，客房營收損失超過新台幣600萬元，這還不包括餐飲、交通與購物在內的其他損失。[34]因此高雄飯店業者決定以公會的名義，行文高雄市政府，在10月所舉辦的高雄影展中不要再播放疆獨領袖熱比婭的影片，以免繼續衝擊高雄的旅遊商機。[35]因此，我國應特別注意入境旅遊市場的分散問題。

二、陸客自由行尚未成熟

由於當前陸客來台是採取團體旅遊，誠如第五章所述，其外部利益與乘數效果較為不足，這也就是前行政院院長劉兆玄在2009年5月19日宣告將積極規劃開放陸客來台「自由行」的原因。但事實上目前陸客自由行的時機仍然尚未成熟，其理由如下：

---

[34] 林秀麗，「抵制高雄，陸客取消訂房逾3000間」，中時電子報，2009年9月17日，請參考 http://news.chinatimes.com/2007Cti/2007Cti-News/2007Cti-News-Content/0,4521,50201607+112009091700137,00.html。

[35] 董媛瑜，「中國旅行團取消高雄訂房，業者：別再播熱比婭！」，中廣新聞網，2009年9月17日，請參考 http://news.chinatimes.com/2007Cti/2007Cti-News/2007Cti-News-Content/0,4521,130502+132009091601264,00,focus.html。

（一）國家安全的問題

　　目前所有陸客來台，在國安及治安單位的要求下，都是由旅行社出面「具保」，一旦發生脫隊問題，旅行社都必須面對罰款、記點，甚至撤銷帶團資格的處分。然而若一旦開放自由行之後，旅行社在缺乏資訊掌握的情況下，自然不敢也不願意協助陸客繼續擔保。事實上當前各國也因為擔心陸客可能跳機，因此都不敢開放自由行。除了港澳地區的自由行，因其仍屬於大陸領土，加上土地範圍較小，因此在防範與查緝上較為容易。而日本為了增加陸客的經濟效果，專門針對上海、廣州、北京等「富裕階層」，於2009年7月開放了個人自由行遊旅，不過為了防止陸客非法滯留，日本規定了「年收入25萬元人民幣以上」的簽證條件，且須由大陸領隊與日本導遊隨行，[36]然而由於保證金門檻太高而使得此一政策實施不得不延後。所以，陸客若來台自由行，由於兩岸同文同種，加上外貌不易辨認，跳機的機率恐會更高，除非比照日本採取高簽證標準，否則國安問題難以克服。

（二）兩岸旅遊業者無利可圖

　　目前團進團出的做法，所有陸客來台，都必須透過旅行社，然而若開放自由行，對於兩岸的旅行社來說勢必無利可圖，因此業者並不支持。

---

[36] 中廣新聞網，「吸引大陸有錢人遊日本，日本開放自由行」，中廣新聞網，2009 年 7 月 23 日，請參考 http://news.chinatimes.com/2007Cti/2007Cti-News/2007Cti-News-Content/0,4521,50401136+132009070701110,00.html。

（三）大陸的反對態度

誠如第三章所述，大陸始終認為陸客來台旅遊應該循序漸進的發展，因此自由行對大陸來說開放幅度過大。此外，由於陸客來台仍被大陸視為政治工具，因此擔心若發生滯留不歸的情況，可能引發兩岸關係的問題與台灣民眾的不良反應。

三、陸客來台觀光應朝精緻化發展

台灣入境觀光產業在停滯了近20年後，終於因為陸客來台而出現曙光，台灣旅遊業者無不將陸客來台視為觀光產業發展的契機，然而政府卻任憑業者採取過去以來一貫的低價競爭方式，使得事實上的獲利相當有限，形成殺雞取卵的現象；加上政府一昧著重於陸客來台的人數，而非旅遊品質的提昇，使得陸客抱怨連連，因而提出來台之後「起得比雞早、吃得比豬差、跑得比馬快」的順口溜。根據各國資料分析看出，日本在2000年開放陸客前來觀光，5年後才達到65萬2千人，韓國則在開放7年後才突破70萬人，而馬來西亞則在開放陸客18年後，在2007年陸客才到68萬9千人，新加坡也是在開放13年後，陸客才達到67萬人。然而陸客從2008年7月開放後，一年後已經累積至66萬人次，[37]可見各國所採取仍是穩步前進的策略。

因此，政府應該在混合經濟的精神下進行積極的主導作為，將目前「粗放式」的旅遊模式予以精緻化。首先，應該將環島旅遊予以深度旅遊化，如此可使陸客深入的瞭解台灣，並增加其回遊率。其次，應該由政府出面與其他產業進行結合，增加旅遊產

---

[37] 陳俍任，「放陸客周年，提昇觀光競爭力」，聯合報網站，2009 年 7 月 19 日，請參考 http://udn.com/NEWS/MAINLAND/MAI1/5025880.shtml。

品的附加價值，包括醫療旅遊、健檢旅遊、美容旅遊、婚紗攝影
旅遊、銀髮族旅遊與親子旅遊等，例如台灣的醫療水準甚高，對
大陸民眾具有吸引力，因此未來會有許多結合旅遊與健檢的旅行
團來台，國內醫界樂觀預測來自大陸的健檢市場，將從剛開始的
每年近億元新台幣開始發展，三、五年後可望大幅成長到每年2、
30億元的規模，成為台灣醫療與旅遊產業不能忽視的大餅。[38]第
三，應發揮台灣旅遊產業的特色，例如台灣發展相當成功的民
宿、配合流行音樂演唱會的青少年旅遊、電視劇與電影的主題旅
遊。最後，應積極強化旅遊地區的軟硬體建設、停車車位、交通
路線等。

四、台灣旅行社產業應儘快因應挑戰

　　針對陸資進入台灣旅遊產業之問題，本研究認為對於台灣旅行
社的影響最大，由於大陸旅行社多為大型集團化之國營企業，在其
集團化、大型化與跨域化的發展下，資金若進入台灣後，以目前台
灣旅行社多為中小企業的情況下，將直接衝擊本地的旅行社經營。
因此本研究認為最重要與最根本的解決方法是促使台灣旅行社，朝
向「大者恆大、小者恆小」的「水平合併」（horizontal mergers）
模式，也就是一方面使旅行社走向大型化、集團化、合併化的發
展，藉由大型的綜合旅行社，以規模經濟的方式透過數量增加來
降低成本，類似批發商模式而使價格能夠降低，進而增加收益與
市場力量（market power）；並可藉由更豐富的資金，充分發揮財
務槓桿原理，增強舉債與募股能力來降低資金成本；以及減少重
複投資與人事浪費，提高組織管理上的效率。另一方面，小型旅

---

[38] 林進修，「陸客健檢大餅，5 年 30 億」，聯合報網站，2009 年 8 月 1
日，請參考 http://udn.com/NEWS/MAINLAND/MAI1/4976333.shtml。

行社因為經營成本低，若能掌握固定客源，或以個性化服務取勝，則也有生存空間。當前，企業合併已經是不同產業的發展趨勢，例如台灣的金融業、資訊業、民航業等，所以中、小型旅行社若能合併為大型旅行社，並由資本雄厚、組織健全的財團進行資金挹注，方可擺脫過去以來的中小企業經營層次，並跨越大陸設立外商獨資或控股旅行社的門檻，如此也將無畏於陸資大型旅行社的進入台灣。

五、我國發展博奕產業必須考慮大陸規定

目前，國內的離島地區正積極規劃博奕產業的發展，希望可以藉此提昇地區觀光產業的發展，各種博奕相關培訓課程也不斷在大學或補習班出現。然而台灣要發展博奕業，主要市場應該還是在大陸，因為以台灣入境觀光客的主要客源日本、香港與東南亞人士來說，若要參與博奕活動，均可就近前往韓國、澳門與即將開幕的新加坡，不需要刻意來到台灣。然而誠如第四章所述，「赴台旅遊注意事項」第一條第二項規定：「組團社應當與接待社約定……不得安排涉及賭博、色情、毒品等內容和有損兩岸關係的旅遊活動。接待社違反合同約定的，組團社及其領隊須及時予以糾正」，第二條第六項規定「大陸居民赴台旅遊應當規範個人行為，……不得參加涉及賭博、色情、毒品等內容的活動」，第十項規定「對組團社、領隊或接待社誘導和組織旅遊者參與涉及賭博、色情、毒品等內容和有損兩岸關係的活動，旅遊者應當向海旅會和有關部門舉報」；「赴台領隊管理辦法」第六條第四項也規定「不得誘導和組織旅遊者參與涉及色情、賭博、毒品等內容和有損兩岸關係的活動，也不得為旅遊者參與上述活動提供便利條件」。因此，倘若大陸不修改相關法令，陸客來台就不可

能進入博奕相關場所消費，那麼我國設立博奕特區的實際意義也就相當有限，如此業者的投資意願恐怕就會因而降低。事實上，大陸國家旅遊局長邵琪偉2009年2月在金門訪問時就公開指出：「旅遊肯定可以，遊客還會增加，但是賭博不行」，由此可見大陸對於台灣發展博奕產業的態度。[39]

六、我國對於陸客來台缺乏戰略性思維

　　當前陸客來台，除了在2009年4月達到平均一天3,000人的目標外，其他月份都讓人覺得此一市場是「溫而不熱」，由於「外部利益」有限，因此對於台灣一般民眾來說經濟助益感受不大，而實質對於台灣整體的經濟與就業幫助亦甚為有限。究竟台灣認為一天需要多少陸客才能產生經濟效果，似乎必須進行全盤性的戰略思考。如果認為平均一天3,000人甚至更多，才能產生明顯的外部利益，以及實際有助於增進經濟增長與就業機會，則政府應該以此為目標來積極準備，包括鼓勵外商與企業投資旅館、開拓新形態的旅遊資源、強化旅遊風景區特別是阿里山與日月潭的交通、增加陸客的再次來台意願、與地方政府緊密合作等。否則對於台灣希望增加陸客人數的要求，大陸往往就是指責台灣缺乏接待的能力。如此下去，大陸以2009年4月陸客爆滿時為例，以台灣沒準備好為理由不增加組團社，則來台旅遊就永遠是寡佔市場，陸客繳了高額旅費就只能享受低品質服務，台灣業者也只能在受制於大陸業者的情況下，繼續以低價方式競爭而賺取微薄利潤，陸客在品質不佳的情況下自然批評不斷，則台灣旅遊的形象也就

[39] 中央社，「陸客遊離島，邵琪偉：旅遊可以，賭博不行」，中央通訊社網站，2009年2月28日，請參考 http://udn.com/NEWS/MAINLAND/BREAKINGNEWS4/4761945.shtml。

每況愈下,如此將形成一種惡性循環的現象。因此政府主管單位應該扮演「領頭羊」的角色,進行宏觀而長遠的戰略性規劃,提昇自身的競爭優勢,而不是總是被動的指望大陸多放陸客。

七、地方政府應避免政治影響旅遊

誠如前述,因2009年8月高雄市長陳菊邀請達賴喇嘛於來台,加上10月所舉辦的高雄影展中播放了疆獨領袖熱比婭的影片,使得原本預計前來高雄的大陸旅行團與參訪團,紛紛取消訂房。由於大陸官方從未公開證實透過公權力限制陸客前往高雄,因此相關說法都僅限於媒體臆測。然而2009年10月14日中共國台辦發言人范麗青,卻公開在記者會上針對陸客減少前往高雄旅遊一事指出「高雄市一些勢力與藏獨、疆獨分裂勢力合流,製造事端,衝撞大陸核心利益、傷害大陸同胞感情」,「大陸民眾對此表達不滿是很自然的,解鈴還須繫鈴人。我們繼續關注事態的發展」。[40]誠如前述,雖然大陸對於赴台旅遊是朝向混合經濟的方向發展,但目前政府干預主義的色彩仍然存在,加上旅行社多屬國營,使得中共國台辦的說法等於是「間接」證實限制陸客前往高雄旅遊。誠如第三章所述,大陸早已將出境旅遊作為其外交上的籌碼,如今則將此運用在對台工作上。然而我國各地方政府,是否有必要因為政治因素而影響地方旅遊的發展,則應該從不同層面來思考。

---

[40] 中央社,「陸客旅遊繞過高雄,國台辦:解鈴需繫鈴人」,中時電子報網站,2009 年 10 月 14 日,請參考 http://news.chinatimes.com/2007Cti/2007Cti-News/2007Cti-News-Content/0,4521,130505+132009101400917,00.html。

第三節　後續研究建議

　　誠如第一章所述，有關大陸人士來台旅遊之議題探討，目前不論國內外之研究成果均甚為有限；尤其是此一開放對於大陸政治發展與兩岸關係影響之探究，更是屈指可數。因此本研究具有相當之「開創性」，可以提供日後相關研究之參考。

　　在可預見的未來，兩岸旅遊交流將日形密切，特別是在全球化的浪潮下，開放「第一類」大陸民眾來台旅遊後此一情況更為明顯。當陸客大量進入台灣後，對於兩岸關係影響必將深遠。因此，相關法令遞嬗與對兩岸政治、經濟、社會影響之後續研究有其必要，其中尤其是可能發生的走私偷渡、檢疫衛生、疾病傳播、金融匯兌、經濟犯罪、國家安全、治安事件、政治庇護、旅遊糾紛、意外處理、消費權益、人身安全等實務性問題，都會隨著開放幅度的擴大而逐漸浮現，成為兩岸交流的新興課題，因此具有繼續探究的價值。

　　此外，對於陸客來台旅遊，所可能對於大陸政治民主化的影響，以及是否影響大陸人士對於台灣的觀感，在後續的探討上，可以透過量化研究之問卷調查，或是質化研究之深度訪談與焦點團體訪談，來獲得第一手資料，以彌補目前透過次級資料進行研究之缺憾。

參考書目

壹、中文部分

一、專書

Maurice Duverger 著，黃一鳴譯，**政治社會學**（台北：五南圖書公司，
　　1997 年）。

Robert Lanquar 著，黃發典譯，**觀光旅遊社會學**（台北：遠流出版公司，
　　1993 年）。

中共北京市委辦公室，**談反和平演變問題**（北京：中國人民公安大學出
　　版社，1991 年）。

中國年鑑編輯部主編，**中國年鑑 1988**（北京：中國年鑑社，1988 年）。

中華人民共和國國家旅遊局，**中國旅遊年鑑 1992**（北京：中國旅遊出版
　　社，1992 年）。

中華人民共和國國家旅遊局，**中國旅遊年鑑 1994**（北京：中國旅遊出版
　　社，1994 年）。

中華人民共和國國家旅遊局，**中國旅遊年鑑 1995**（北京：中國旅遊出版
　　社，1995 年）。

中華人民共和國國家旅遊局，**中國旅遊年鑑 1996**（北京：中國旅遊出版
　　社，1996 年）。

中華人民共和國國家旅遊局，**中國旅遊年鑑 2004**（北京：中國旅遊出版
　　社，2004 年）。

中華人民共和國國家旅遊局，**中國旅遊年鑑 2007**（北京：中國旅遊出版
　　社，2007 年）。

中華人民共和國國家旅遊局，**中國旅遊年鑑 2008**（北京：中國旅遊出版
　　社，2008 年）。

中華人民共和國國家旅遊局，**2004 中國旅遊統計年鑑**（北京：中國旅遊
　　出版社，2004 年）。

中華人民共和國國家旅遊局，**2005 中國旅遊統計年鑑**（北京：中國旅遊
　　出版社，2005 年）。

中華人民共和國國家旅遊局，**2006 中國旅遊統計年鑑**（北京：中國旅遊
　　出版社，2006 年）。

中華人民共和國國家旅遊局，**2008 中國旅遊統計年鑑**（北京：中國旅遊
　　出版社，2008 年）。

中華人民共和國年鑑編輯部主編，**中華人民共和國年鑑 1998**（北京：中
　　華人民共和國年鑑社，1998 年）。

中華人民共和國年鑑編輯部主編，**中華人民共和國年鑑 1999**（北京：中
　　華人民共和國年鑑社，1999 年）。

中華人民共和國國家統計局，**國際統計年鑑 2008**（北京：中國統計出版
　　社，2008 年）。

中華人民共和國國家統計局編，**中國統計年鑑 2008**（北京：中國統計出
　　版社，2008 年）。

毛壽龍，**政治社會學**（北京：中國社會科學出版社，2001 年）。

王壽椿，**中國對外經濟關係**（北京：對外貿易教育出版社，1988 年）。

白俊男，**國際經濟學**（台北：三民書局，1980 年）。

石之瑜，**政治心理學**（台北：五南圖書出版公司，1999 年）。

朱邦寧，**國際經濟學**（北京：中共中央黨校出版社，1999 年）。

朱浤源，**撰寫博碩士論文實戰手冊**（台北：正中書局，2004 年）。

江宜樺，**民族主義與民主政治**（台北：時報出版公司，2003 年）。

江東銘，**旅行業管理與經營**（台北：五南圖書公司，2002 年）。

呂亞力，**政治學**（台北：三民書局，1987 年）。

李凡，**中國基層民主發展報告**（北京：東方出版社，2002 年）。

李志綏，**毛澤東私人醫生回憶錄**（台北：時報文化公司，1994 年）。

李秋鳳，**論台灣觀光事業的經濟效益**（台北：震古出版社，1978 年）。

李英明，**全球化下的後殖民省思**（台北：生智文化公司，2003 年）。

李景鵬，**中國政治發展的理論研究綱要**（哈爾濱：黑龍江人民出版社，
　　2003 年）。

易君博，**政治理論與研究方法**（台北：三民書局，1984 年）。

林佳龍主編，**未來中國：退化的極權主義**（台北：時報文化出版公司，
　　2004 年）。

邱澤奇，**中國大陸社會分層狀況的變化**（台北：大屯出版社，2000
年）。

金耀基，**中國社會與文化**（香港：牛津大學出版社，1993 年）。

胡汝銀，**競爭與壟斷：社會主義微觀經濟分析**（上海：三聯書店，1988
年）。

范世平、吳武忠，**中國大陸觀光旅遊總論**（台北：揚智圖書公司，2004
年）。

范世平、王士維，**中國大陸出境旅遊政策**（台北：秀威資訊科技公司，
2005 年）。

徐汎，**中國旅遊市場概論**（北京：中國旅遊出版社，2004 年）。

烏杰主編，**中國政府與機構改革**（北京：國家行政學院出版社，1998
年）。

國防部交通部大陸交通研究組觀光小組彙編，**大陸地區交通旅遊研究專
輯第五輯**（台北：交通部，1989 年）。

張玉璣主編，**旅遊經濟工作手冊**（北京：中國大百科全書出版社，1990
年）。

張成福，倪文傑主編，**現代政府管理大辭典**（北京：中國經濟出版社
年，1991 年）。

張廣瑞、魏小安、劉德謙主編，**2000-2002 年中國旅遊發展分析與預測**
（北京：社會科學文獻出版社，2002 年）。

張廣瑞、魏小安、劉德謙主編，**2001-2003 年中國旅遊發展分析與預測**
（北京：社會科學文獻出版社，2002 年）。

張廣瑞、魏小安、劉德謙主編，**2002-2004 年中國旅遊發展分析與預測**
（北京：社會科學文獻出版社，2003 年）。

張廣瑞、魏小安、劉德謙主編，**2003-2005 年中國旅遊發展分析與預測**
（北京：社會科學文獻出版社，2004 年）。

莫童，**加入世貿意味什麼**（北京：中國城市出版社，1999 年）。

陳思倫、宋秉明、林連聰，**觀光學概論**（台北：國立空中大學，1998
年）。

陳荷夫，**論中國民主政治**（北京：社會科學文獻出版社，1995 年）。

陳進廣，**八九民運與中國民主化的省思**（台北：致良出版社，1993
年）。

陳嘉隆，**旅行業經營與管理**（台北：自印，2004 年）。

陸學藝，**社會結構的變遷**（北京：中國社會科學出版社，1997 年）。

景杉主編，**中國共產黨大辭典**（北京：中國國際廣播出版社，1991 年）。

程光泉，**全球化與價值衝突**（長沙：湖南人民出版社，2003 年）。

程寶庫，**世界貿易組織法律問題研究**（天津：天津人民出版社，2000 年）。

楊正寬，**觀光政策、行政與法規**（台北：揚智圖書公司，2000 年）。

楊沐，**產業政策研究**（上海：三聯書店，1989 年）。

趙渭榮，**轉型期的中國政治社會化研究**（上海：復旦大學出版社，2001 年）。

趙紫陽，**國家的囚徒：趙紫陽的秘密錄音**（台北：時報文化公司，2009 年）。

劉創楚、楊慶昆，**中國社會：從不變到萬變**（香港：中文大學出版社，2001 年）。

劉傳、朱玉槐，**旅遊學**（廣州：廣東旅遊出版社，1999 年）。

蔣敬一，**現代國際經濟**（台北：幼獅書店，1973 年）。

鄧偉根，**產業經濟學研究**（北京：經濟管理出版社，2001 年）。

閻淮，**中共政治結構與民主化論綱**（台北：行政院大陸委員會，1991 年）。

二、學術期刊論文及書籍專章

丁學良，「共產主義後社會中的主義：從中國的經驗看」，周雪光主編，**當代中國的國家與社會關係**（台北：桂冠圖書公司，1992 年），頁 39-40。

于光華，「新權威主義的社會基礎及幻想」，齊墨主編，**新權威主義——對中國大陸未來命運的論爭**（台北：唐山出版社，1991 年），頁 83-92。

中華人民共和國國務院，「旅行社管理條例實施細則」，**中華人民共和國國務院公報第 851 號**（北京：中華人民共和國國務院，1997 年 1 月 7 日），頁 1523-1534。

毛澤東，「關於正確處理人民內部矛盾的問題」，**毛澤東選集第五卷**（上海：人民出版社，1977 年），頁 363-366。

古德曼(David A. Goodman)，「大陸系統下的政治變遷：中華人民共和國民主化的展望」，田宏茂、朱雲漢、Larry Diamond、Marc Plattner 主編，**新興民主的機遇與挑戰**（台北：業強出版社，1997 年），頁 432-443。

余英時，「從民主的浪潮到民族主義的浪潮」，田宏茂、朱雲漢、Larry Diamond、Marc Plattner 主編，**新興民主的機遇與挑戰**（台北：業強出版社，1997 年），頁 444-455。

杭廷頓（Samuel P. Huntington），「民主的千秋大業」，田宏茂、朱雲漢、Larry Diamond、Marc Plattner 主編，**鞏固第三波民主**（台北：業強出版社，1997 年），頁 48-64。

林茲（Juan J. Linz）與史德本（Alfred C. Stepan），「邁向鞏固的民主體制」，田宏茂、朱雲漢、Larry Diamond、Marc Plattner 主編，**鞏固第三波民主**（台北：業強出版社，1997 年），頁 65-96。

林奇伯，「關鍵調查：兩岸民眾互看價值觀」，**遠見**，2009 年 7 月（第 277 期），頁 54-62。

邵宗海，「中共中央工作領導小組的組織定位」，**中國大陸研究**，第 48 卷第 3 期（2005 年 9 月），頁 1-24。

胡鍵，「中國軟力量：要素、資源、能力」，劉杰主編，**國際體系與中國的軟力量**（北京：時事出版社，2006 年），頁 116-133。

范世平，「中資旅遊業搞一條龍搶灘入台」，**中國通財經月刊**，2003 年 6 月（第 108 期），頁 76-79。

范世平，「中國大陸旅遊外交政策之研究：以出境旅遊發展為例」，**中國大陸研究**，第 48 卷第 2 期（2005 年 6 月），頁 61-97。

范世平，「開放大陸民眾來台旅遊法令規範之研究」，**展望與探索**，第 3 卷第 12 期（2005 年 12 月），頁 76-95。

范世平，「開放中國大陸民眾來台旅遊法制遞嬗與影響之研究」，**遠景基金會季刊**，第 7 卷第 2 期（2006 年 3 月），頁 217-267。

范世平、陳建民，「從大陸擴大開放民眾來金旅遊看胡錦濤對台政策之嬗變」，**中共研究**，第 40 卷第 6 期（2006 年 6 月），頁 77-91。

范世平，「中國大陸發布大陸居民赴台灣地區旅遊管理辦法影響之研究」，**展望與探索**，第 4 卷第 7 期（2006 年 7 月），頁 76-92。

范世平，「中國大陸出境旅遊對於民主化可能影響之研究」，**遠景基金會季刊**，第 9 卷第 1 期（2008 年 1 月），頁 161-201。

范世平，「論陸客來台與包機直航」，**澳門九鼎月刊**（澳門），第 11 期（2008 年 9 月），頁 68-71。

范世平，「開放大陸觀光客來台對當前兩岸關係發展之研究」，**展望與探索**，第 7 卷第 1 期（2009 年 1 月），頁 60-74。

范世平，「上海世博會開創兩岸政經契機」，**國際商情**，第 269 期（2009 年 6 月），頁 12-15。

馬立誠，「對日關係新思維」，**戰略與管理**（北京），第 6 期（2002 年 12 月），頁 88-95。

高隸民（Thomas B.Gold），「台灣民主化的鞏固」，田宏茂、朱雲漢、Larry Diamond、Marc Plattner 主編，**新興民主的機遇與挑戰**（台北：業強出版社，1997 年），頁 292-342。

陳雲根，「為中共新權威主義蓋棺」，齊墨主編，**新權威主義——對中國大陸未來命運的論爭**（台北：唐山出版社，1991 年），頁 99-106。

陳光華、容繼業、陳怡如，「大陸地區來台觀光團體旅遊滿意度與重遊意願之研究」，**觀光研究學報**，第 10 卷第 2 期（2004 年），頁 95-110。

陳致中，「中國奢侈品消費全球第三」，**遠見**，第 232 期（2005 年 10 月），頁 1142。

裴敏欣，「亨廷頓談新權威主義」，齊墨主編，**新權威主義——對中國大陸未來命運的爭論**（台北：唐山出版社，1991 年），頁 50-56。

裴敏欣，「匍匐前行的中國民主」，田宏茂、朱雲漢、Larry Diamond、Marc Plattner 主編，**新興民主的機遇與挑戰**（台北：業強出版社，1997 年），頁 374-398。

齊墨，「新權威主義論戰述評」，齊墨主編，**新權威主義——對中國大陸未來命運的論爭**（台北：唐山出版社，1991 年），頁 234-333。

黎安友（Andrew Nathan），「中國立憲主義者的選擇」，田宏茂、朱雲漢、Larry Diamond、Marc Plattner 主編，**新興民主的機遇與挑戰**（台北：業強出版社，1997 年），頁 399-431。

戴蒙(Larry Jay Diamond)，「民主鞏固的追求」，田宏茂、朱雲漢、Larry Diamond、Marc Plattner 主編，**鞏固第三波民主**（台北：業強出版社，1997 年），頁 1-45。

顏真，「第三條道路：中華民族的理性選擇——中國民主化問題的新思維」，齊墨主編，**新權威主義——對中國大陸未來命運的論爭**（台北：唐山出版社，1991 年），頁 198-218。

三、研討會論文

楊文珍、鍾海生，「規範旅遊交流開拓兩岸旅遊合作新階段」，發表於1992 年海峽兩岸旅遊研討會（河北，1992 年 3 月 12 日），頁 68。

四、未出版之學位論文

王嘉州，「台灣民主化與大陸民主前景：從菁英策略互動之觀點分析」，政治大學東亞研究所碩士論文（1997 年）。

吳挺毓，「中國大陸私營經濟發展之政治影響」，中國文化大學中國大陸研究所碩士論文（1996 年）。

林國賢，「大陸民眾來台旅遊態度與動機之研究」，朝陽科技大學休閒事業管理研究所碩士論文（2003 年）。

林智勝，「大陸民主化機制之研究：以村民自治為例」，東華大學大陸研究所碩士論文（2001 年）。

林鴻偉，「大陸來台旅客之旅遊參與型態、觀光形象滿意度與重遊意願關係之研究」，世新大學觀光事業研究所碩士論文（2002 年）。

郎士進，「民主化與大陸基層自治制度發展之研究」，中興大學國際政治研究所碩士論文（2004 年）。

康榮，「中國大陸民主化運動之研究：一二九新民主運動的個案研究」，政治大學東亞研究所碩士論文（1989 年）。

曾拓穎，「派系政治與中國大陸政治民主化之關連：1976 至 1989」，政治大學東亞研究所碩士論文（2004 年）。

馮國建，「中共反和平演變之研究」，政治大學東亞研究所碩士論文（1997 年）。

楊仲源，「中共經濟改革對大陸民主化之影響」，政治大學政治研究所碩士論文（1992 年）。

董天傑，「中國大陸多黨合作制與民主化的研究」，中國文化大學中國大陸研究所碩士論文（2000 年）。

貳、外文部分

一、專書

Almond, Gabriel A. and James S. Coleman, *The Politics of the Developing Areas* (N.J.: Princeton University Press, 1960).

Almond, Gabriel A. and Sidney Verba, *The Civic Culture: Political Attitudes and Democracy in Five Nations*(N.J.: Princeton University Press, 1963).

Almond, Gabriel A., *Comparative Politics Today : A World View*(Boston: Little,Brown,1974).

Bauman, Zygmunt, *Globalization: The Human Consequences* (London: Polity Press, 1998).

Beck, Ulrich, *What is Globalization?* (London: Polity Press, 2000).

Boadway, Robin W. and David E. Wildasin, *Public Sector Economics* (Boston: Little, Brown, 1984).

Brown, Charles V. and Peter M. Jackson, *Public Sector Economics* (U.K.: Blackwell Ltd., 1990).

Castells, Manuel, *The Rise of the Network Society* (Oxford: Blackwell, 1996).

Cohen, Robin and Paul Kennedy, *Global Sociology* (London: Macmillan Press Ltd., 2000).

Dahl, Robert A., *Polyarchy: Participation and Opposition* (New Haven: Yale University Press, 1971).

Dahl, Robert A., *Democracy and its Critics* (New Haven: Yale University Press, 1989).

Dawson, Richard E. and Kenneth Prewitt, *Political Socialization* (Boston: Little. Brown and Company, 1969).

Dorfman, Robert, Paul A. Samuelson and Robert M. Solow, *Linear Programming and Economic Analysis* (New York: McGraw-Hill, 1958).

Easton, David and Jack Dennis, *Children in the Political System: Origins of Political Legitimacy* (New York: McGraw-Hill, 1969).

Friedman, Janathan, *Culture Identity and Global Process* (London: Sage, 1994).

Fukuyama, Francis, *The End of History and the Last Man* (London: Hamish Hamilton, 1992).

Ghatak, Subrata, *Development Economics* (New York: Longman Inc., 1978).

Giddens, Anthony, *The Consequences of Modernity* (London: Polity Press, 1990).

Go, Frank M. and Carson L. Jenkins, *Tourism and Economic Development in Asia and Australasia* (London: Pinter,1997).

Greenstein, Fred I., *Children and Politics* (New Haven: Yale University Press, 1969).

Grieco, Joseph M. and John Ikenberry, *State Power and World Markets: The International Political Economy* (New York: W. W. Norton and Company, Inc., 2003).

Hay, Donald A. and Derek J. Morris, *Industrial Economics and Organization* (New York: Oxford University Press, 1991).

Held, David, Anthony McGrew, David Goldblatt and Jonathan Perraton, *Global Transformations: Politics, Economics and Culture* (London: Polity Press, 1999).

Hess, Robert D. and Judith Torney-Purta, *The Development of Political Attitudes in Children* (New York: Doubleday, 1967).

Hirst, Paul and Grahame Thompson, *Globalization in Question: The International Economy and the Possibilities of Governance* (London: Polity Press, 1996).

Huntington, Samuel P., *Political Order in Changing Societies* (New Haven: Yale University Press, 1969).

Huntington, Samuel P. *The Third Wave: Democratization in the Last Twentieth Century* (Norman: University of Oklahoma Press, 1991).

Huntington, Samuel P., *The Clash of Civilizations and the Remaking of World Order* (New York: Simon and Schuster, 1996).

Hyman, Herbert H., *Political Socialization: A Study in the Psychology of Political Behavior* (New York: Free Press, 1959).

Keohane, Robert O. and Joseph S. Nye, *Power and Interdependence* (New York: Harper Collins, 1989).

Kotler, Philip, Somkid Jatusripitak and Suvit Maesincee, *The Marketing of Nations* (New York: The Free Press, 1997).

Lanfant, Marie-Francoise, John B. Allcock and Edward M. Bruner, *International Tourism: Identity and Change* (London: Sage, 1995).

Lipset, Seymour M., *Political Man* (London: Heinemann, 1960).

Mcluhan, Marshall, *Understanding Media* (London: Rouledge, 2001).

Myles, Gareth D., *Public Economics* (New York: Cambridge University Press, 1995).

Nash, Kate, *Contemporary Political Sociology* (Massachusetts: Blackwell Publishers Inc., 2000).

Nathan, Andrew J., *Chinese Democracy* (New York: Alfred A. Knopf Inc., 1985).

Nathan, Andrew J., *China's Transition* (New York: Columbia University Press, 1997).

Niemi, Richard G., *The Politics of Future Citizens* (San Francisco: Jossey-Bass, 1974).

Nye, Joseph S., *Bound to Lead: The Changing Nature of American Power* (New York: Basic Books, 1990).

Oakes, Tim, *Tourism and Modernity in China* (New York: Routledge, 1998).

Ohmae, Kenichi, *The End of Nation State: The Rise of Regional Economies* (New York: The Free Press, 1995).

Orum, Anthony M., *Introduction to Political Sociology: The Social Anatomy of the Body Politic* (New Jersey: Prentice-Hall Inc., 1978).

Pearce, Philip L., *The Social Psychology of Tourist Behaviour* (Oxford: Pergamon, 1982).

Porter, Michel E., *The Competitive Advantage of Nations* (New York: The Free Press, 1990).

Robertson, Roland, *Globalization: Social Theory and Global Culture* (London: Sage, 1992).

Rostow, Walt W., *The Stages of Economic Growth: A Non-Communist Manifesto* (U.K.: The University Press, 1963).

Rueschemeyer, Dietrich, Evelyne H. Stephens and John D. Stephens, *Capitalist Development and Democracy* (Cambridge: Polity Press, 1992).

Sorensen, George, *Democracy and Democratization Processes and Prospects in A Changing World*（Colorado: Westview Press, 1998）．

Steiner, George A., *Strategic Planning* (London: Collier Macmillan Publishers, 1979).

Stewart, David W., *Secondary Research: Information Sources and Methods* (Newbury Park: Sage Publications, 1993).

Weiss, Linda, *The Myth of the Powerless State* (New York: Cornell University Press, 1998).

Weissberg, Robert, *Political Learning, Political Choice, and Democratic Citizenship* (New Jersey: Prentice-Hall, 1974).

World Tourism Organization, *Tourism Highlights Edition 2003* (Spain: World Tourism Organization, 2003).

World Tourism Organization, *Tourism Highlights Edition 2004* (Spain: World Tourism Organization, 2004).

World Tourism Organization, *Tourism Highlights Edition 2008* (Spain: World Tourism Organization, 2008).

Yang, Xiaokai and Yew-Kwang Ng, *Contributions to Economic Analysis: Specialization and Economic Organization* (Amsterdam: North-Holland Press, 1993).

Young, Gillian, *International Relations in a Global Age: A Conceptual Challenge* (London: Polity Press, 1999).

二、學術期刊論文及書籍專章

Barzel, Yoram, "Measurement Cost and The Organization of Markets", *The Journal of Law and Economics,* vol.25 (1982), pp.27-48.

Cai, Liping A., Carl Boger and Joseph O'Leary, "The Chinese Travelers to Singapore, Malaysia, and Thailand: A unique Chinese Outbound Market", *Asia Pacific Journal of Tourism Research*, vol.3, issue 2 (1999), pp.2-13.

Cai, Liping A., Carl Boger and Joseph O'Leary, "Chinese Travellers to the United States—An Emerging Market", *Journal of Vacation Marketing*, vol.6, no.2 (2000), pp.131-144.

Dahlman, Cral, J. "The Problem of Externality", *Journal of Legal Studies*, vol.1 (1979), pp.903-910.

Easton, David and Robert D. Hess, "The Chuld's Political World", *Midwest Journal of Political Science*, vol.6 (1962), pp.229-246.

Gilley, Bruce, "Taiwan's Democratic Transition: A Model for Taiwan？", in Bruce Gilley and Larry Diamond eds., *Political Change in China: Comparisons With Taiwan* (Colorado: Lynne Rienner Publishers, Inc., 2008), pp.215-241.

Greenstein, Fred I., "Political Socialization" in David L. Sills ed., *International Encyclopedia of the Social Sciences* (New York: Macmillan, 1968), pp.551-552.

Gullahorn, Jeanne E., "An Extension of the U-curve Hypothesis", *Journal of Social Issues*, vol.19 (1963), pp.33-47.

Gunnarsson, Christer and Mats Lundabl, "The Good, The Bad and The Wobbly: State Forms and Third World Economic Performance", in Mats Lundahl and Benno J.Ndulu eds., *New Directions in Development Economics* (London: Routledge, 1996), pp.255-256.

Guo, Yingzhi, Samuel Seongseop Kim and Dallen J. Timothy, "Development Characteristics and Implications of Mainland Chinese Outbound Tourism", *Asia Pacific Journal of Tourism Research*, vol.12, issue 4 (2007), pp. 313 -332.

Haass, Richard N. and Meghan L. O'Sullivan, "Conclusion", in Richard N.Haass and Meghan L. O'Sullivan eds., *Honey and Vinegar: Incentives, Sanctions and Foreign Policy* (Washington, D.C.: Brookings Institution Press, 2000), pp.162-176.

Jin, Jang C. and W. Douglas McMillin, "The Macroeconomic Effects of Government Debt in Korea", *Applied Economics, Taylor and Francis Journals*, vol. 25:1 (1993), pp. 35-42.

Kim, Woo Gon, Liping A. Cai and Kwangsuk Jung, "A Profile of the Chinese Casino Vacationer to South Korea", *Journal of Hospitality Marketing and Management*, vol.11, issue 2 & 3 (2004), pp. 65-79.

Klein, Benjamin, "Transaction Cost Determinants of Unfair Contractual Arrangements", *The American Economic Review*, vol.2 (1980), pp.356-362.

Matthews, Harry G. "Radicals and Third World Tourism: A Caribbean Focus", *Annals of Tourism Research*, vol.5 (1977), pp.20-29.

Martinez-Alier, Joan, "Environmental Justice(Local and Global)", in Fredric Jameson and Masao Miyoshi eds., *The Cultures of Globalization* (Durham: Duke University Press, 1998), pp.314-319.

Matthews, Robert Charles O., "The Economics of Institutions and the Sources of Growth", *Economic Journal*, vol.12 (1986), pp.902-910.

Nye, Joseph S., "Soft Power", *Foreign Policy*, issue 80 (Fall 1990), pp.153-171.

Nye, Joseph S., "The Changing Nature of World Power", *Political Science Quarterly*, vol.105, no.2 (1990), pp.177-192.

Oberg, Kalervo, "Cultural Shock: Adjustment to New Cultural Environments", *Practical Anthropology*, vol.7 (1960), pp.177-182.

Potter, David ,"Explaining Democratization", in David Potter, David Goldbalt, Margaret Kiloh and Paul Lewis eds., *Democratization* (Cambridge: Polity Press, 1997), pp. 1-40.

Qu, Hailin and Sophia Lam, "A travel demand model for Mainland Chinese tourists to Hong Kong", *Tourism Management*, vol.18, issue 8 (1997), pp.593-597.

Sinclair, M.Thea and Asrat Tsegaye, "International Tourism and Export Instability", in Clement A. Tisdell ed., *The Economics of Tourism* (U.K.: Edward Elgar Pub., 2000), pp.253-270.

Sterner, Thomas, "Environmental Tax Reform: Theory, Industrialized Country Experience and Relevance in LDC_S", in Mats Lundahl and Benno J. Ndulu eds., *New Directions in Development Economics* (London: Routledge, 1996), pp.224-248.

Stigler, George J., "A Theory of Oligopoly", *Journal of Political Economy*, vol.72 (1964), pp.44-61.

Suettinger,Robert Lee, "The United States and China:Tough Engagement", in Richard N. Haass and Meghan L. O'Sullivan eds., *Honey and Vinegar: Incentives, Sanctions and Foreign Policy*, pp.12-32.

Weihrich, Heinz, "The SWOT Matrix–A Tool for Situational Analysis", *Long Range Planning*, vol.2-5 (1982), p.60.

Williamson, Oliver E., "Transaction-Cost Economics: The Governance of Contractual Relations", *The Journal of Law and Economics*, vol.2 (1979), pp.233-261.

Yu, Larry, "Travel between Politically Divided China and Taiwan", *Asia Pacific Journal of Tourism Research*, vol.2, issue 1 (1997), pp.19-30.

Zhang, Hanqin Qiu, "The Emergence of the Mainland Chinese Outbound Travel Market and its Implications for Tourism Marketing", *Journal of Vacation Marketing*, vol.8, no.1 (2002), pp.7-12.

Zhou, Li, "The China Outbound Market: An Evaluation of Key Constraints and Opportunities", *Journal of Vacation Marketing*, vol.4, no.2 (1998), pp.109-119.

三、研討會論文

Chai, Pui Phin, "China's Economy and Tourism in Australia" presented for the International Conference on China and the Asia Pacific Economy (Brisbane: 14-16 July 1996).

Sigel, Roberta S., "Political Socialization: Some Reflection on Current Approaches and Conceptualization", presented for the 1966 Annual Meeting of the American Political Science Association (New York: American Political Science Association, September 6~10, 1966), pp.17-18.

附錄

一、大陸地區人民來台從事觀光活動許可辦法

中華民國90年12月10日內政部(90)台內警字第9088021號令、交通部(90)交路發字第00091號令會銜訂定發布全文31條

中華民國90月12月11日內政部(90)台內警字第9088027號令發布自90年12月20日施行

中華民國91年5月8日內政部(91)台內警字第0910078041號令、交通部(91)交路發字第091B000027號令會銜訂定發布第3、6〜8、14、19條條文

中華民國91月5月8日內政部(91)台內警字第0910078044號令發布自91年5月10日施行

中華民國94年2月23日內政部台內警字第0940126134號令、交通部交路發字第0940085006號令會銜修正發布全文34條；並自94年2月25日施行

中華民國96年3月2日內政部台內移字第0960922907號令、交通部交路字第0960085014號令會銜修正發布全文31條；並自96年3月2日施行

中華民國97年6月20日內政部台內移字第0971035601號令、交通部交陸字第0970085041號令會銜修正發布全文31條；並自97年6月23日施行

中華民國98年1月17日內政部台內移字第0980957121號令、交通部交路字第0980085001號令會銜修正發布第3、5、9、11、17、25條條文；並自98年1月17日施行

第　一　條　本辦法依臺灣地區與大陸地區人民關係條例第十六
　　　　　　條第一項規定訂定之。本辦法未規定者，適用其他
　　　　　　有關法令之規定。

第　二　條　本辦法之主管機關為內政部，其業務分別由各該目
　　　　　　的事業主管機關執行之。

第　三　條　大陸地區人民符合下列情形之一者，得由經交通部觀
　　　　　　光局核准之旅行業代為申請許可來臺從事觀光活動：

　　　　　　一、有固定正當職業者或學生。

　　　　　　二、有等值新臺幣二十萬元以上之存款，並備有大
　　　　　　　　陸地區金融機構出具之證明。

　　　　　　三、赴國外留學、旅居國外取得當地永久居留權或
　　　　　　　　旅居國外四年以上且領有工作證明者及其隨行
　　　　　　　　之旅居國外配偶或直系血親。

　　　　　　四、赴香港、澳門留學、旅居香港、澳門取得當地
　　　　　　　　永久居留權或旅居香港、澳門四年以上且領有
　　　　　　　　工作證明者及其隨行之旅居香港、澳門配偶或
　　　　　　　　直系血親。

　　　　　　五、其他經大陸地區機關出具之證明文件。

第　四　條　大陸地區人民來臺從事觀光活動，其數額得予限
　　　　　　制，並由主管機關公告之。

　　　　　　　　前項公告之數額，由內政部入出國及移民署
　　　　　　（以下簡稱入出國及移民署）依申請案次，依序核
　　　　　　發予經交通部觀光局核准且已依第十一條規定繳納
　　　　　　保證金之旅行業。

　　　　　　　　旅行業辦理大陸地區人民來臺從事觀光活動業
　　　　　　務配合政策，或經交通部觀光局調查來臺大陸旅客

整體滿意度高且接待品質優良者，主管機關得依據交通部觀光局出具之數額建議文件，於第一項公告數額之百分之十範圍內，予以酌增數額，不受第一項公告數額之限制。

第　五　條　大陸地區人民來臺從事觀光活動，應由旅行業組團辦理，並以團進團出方式為之，每團人數限五人以上四十人以下。

　　　　　　經國外轉來臺灣地區觀光之大陸地區人民，每團人數限七人以上。但符合第三條第三款或第四款規定之大陸地區人民，來臺從事觀光活動，得不以組團方式為之，其以組團方式為之者，得分批入出境。

第　六　條　大陸地區人民符合第三條第一款或第二款規定者，申請來臺從事觀光活動，應由經交通部觀光局核准之旅行業代申請，並檢附下列文件，向入出國及移民署申請許可，並由旅行業負責人擔任保證人：

一、團體名冊，並標明大陸地區帶團領隊。

二、行程表。

三、入出境許可證申請書。

四、固定正當職業（任職公司執照、員工證件）、在職、在學或財力證明文件等，必要時，應經財團法人海峽交流基金會驗證。大陸地區帶團領隊，應加附大陸地區核發之領隊執照影本。

五、大陸地區所發有效證件影本：大陸地區居民身分證、大陸地區所發尚餘六個月以上效期之往來臺灣地區通行證或護照影本。

　　六、我方旅行業與大陸地區具組團資格之旅行社簽
　　　　訂之組團契約。

　　七、其他相關證明文件。

　　　　大陸地區人民符合第三條第三款或第四款規定
　　者，申請來臺從事觀光活動，應檢附下列第三款至
　　第五款文件，送駐外使領館、代表處、辦事處或其
　　他經政府授權機構（以下簡稱駐外館處）審查後，
　　交由經交通部觀光局核准之旅行業檢附下列文件，
　　依前項規定程序辦理；駐外館處有入出國及移民署
　　派駐入國審理人員者，由其審查；未派駐入國審理
　　人員者，由駐外館處指派人員審查：

　　一、團體名冊或旅客名單。

　　二、旅遊計畫或行程表。

　　三、入出境許可證申請書。

　　四、大陸地區所發尚餘六個月以上效期之護照影本。

　　五、國外、香港或澳門在學證明及再入國簽證影
　　　　本、現住地永久居留權證明、現住地居住證明
　　　　及工作證明或親屬關係證明。

　　六、其他相關證明文件。

　　　　旅行業未依前二項規定檢附文件，經限期補
　　正，屆期未補正者，應予退件。

第　七　條　大陸地區人民依前條規定申請經審查許可者，由入
　　　　　　出國及移民署發給臺灣地區入出境許可證（以下簡
　　　　　　稱入出境許可證），交由接待之旅行業轉發申請
　　　　　　人；申請人應持憑該證，連同大陸地區往來臺灣地

區通行證或大陸地區所發護照正本,經機場、港口查驗入出境。

經許可自國外轉來臺灣地區觀光之大陸地區人民及符合第三條第三款或第四款規定之大陸地區人民經審查許可者,由入出國及移民署發給入出境許可證,交由接待之旅行業轉發申請人;申請人應持憑連同大陸地區所發六個月以上效期之護照正本,經機場、港口查驗入出境。

第　八　條　依前條第一項規定發給之入出境許可證,其有效期間,自核發日起一個月。但大陸地區帶團領隊,得發給一年多次入出境許可證;依前條第二項規定發給之入出境許可證,其有效期間,自核發日起二個月。

大陸地區人民未於前項入出境許可證有效期間入境者,不得申請延期。

第　九　條　大陸地區人民經許可來臺從事觀光活動之停留期間,自入境之次日起,不得逾十五日;逾期停留者,治安機關得依法逕行強制出境。

前項大陸地區人民,因疾病住院、災變或其他特殊事故,未能依限出境者,應於停留期間屆滿前,由代申請之旅行業代向入出國及移民署申請延期,每次不得逾七日。

旅行業應就前項大陸地區人民延期之在臺行蹤及出境,負監督管理責任,如發現有違法、違規、逾期停留、行方不明、提前出境、從事與許可目的不符之活動或違常等情事,應立即向交通部觀光局通報舉發,並協助調查處理。

第　十　條　旅行業辦理大陸地區人民來臺從事觀光活動業務，
　　　　　　應具備下列要件，並經交通部觀光局申請核准：
　　　　　　一、成立五年以上之綜合或甲種旅行業。
　　　　　　二、為省市級旅行業同業公會會員或於交通部觀光
　　　　　　　　局登記之金門、馬祖旅行業。
　　　　　　三、最近五年未曾發生依發展觀光條例規定繳納之
　　　　　　　　保證金被依法強制執行、受停業處分、拒絕往
　　　　　　　　來戶或無故自行停業等情事。
　　　　　　四、向交通部觀光局申請赴大陸地區旅行服務許可
　　　　　　　　獲准，經營滿一年以上年資者、最近一年經營
　　　　　　　　接待來臺旅客外匯實績達新臺幣一百萬元以上
　　　　　　　　或最近五年曾配合政策積極參與觀光活動對促
　　　　　　　　進觀光活動有重大貢獻者。
　　　　　　　　旅行業經依前項規定核准辦理大陸地區人民來
　　　　　　臺從事觀光活動業務，有下列情形之一者，由交通
　　　　　　部觀光局廢止其核准：
　　　　　　一、喪失前項第一款或第二款規定之資格。
　　　　　　二、依發展觀光條例規定繳納之保證金被依法強制
　　　　　　　　執行，或受停業處分。
　　　　　　三、經票據交換所公告為拒絕往來戶。
　　　　　　四、無正當理由自行停業。
　　　　　　　　旅行業停止辦理大陸地區人民來臺從事觀光活
　　　　　　動業務，應向交通部觀光局報備。
第十一條　　旅行業經依前條規定向交通部觀光局申請核准，並自
　　　　　　核准之日起三個月內向交通部觀光局或其委託之團體
　　　　　　繳納新臺幣一百萬元保證金後，始得辦理接待大陸地

區人民來臺從事觀光活動業務。旅行業未於三個月內繳納保證金者，由交通部觀光局廢止其核准。

　　本辦法中華民國九十七年六月二十日修正發布前，旅行業已依規定向中華民國旅行商業同業公會全國聯合會(以下簡稱旅行業全聯會)繳納保證金者，由旅行業全聯會自本辦法修正發布之日起一個月內，將其原保管之保證金移交予交通部觀光局。

　　本辦法中華民國九十八年一月十七日修正施行前，旅行業已依規定繳納新臺幣二百萬元保證金者，由交通部觀光局自本辦法修正施行之日起三個月內，發還保證金新臺幣一百萬元。

第 十二 條　前條第一項有關保證金繳納之收取、保管、支付等相關事宜之作業要點，由交通部觀光局定之。

第 十三 條　旅行業依第六條第一項規定辦理大陸地區人民來臺從事觀光活動業務，應與大陸地區具組團資格之旅行社簽訂組團契約。

　　旅行業應請大陸地區組團旅行社協助確認經許可來臺從事觀光活動之大陸地區人民確係本人，如發現虛偽不實情事，應通報交通部觀光局並移送治安機關依法強制出境。

　　大陸地區組團旅行社應協同辦理確認大陸地區人民身分，並協助辦理強制出境事宜。

第 十四 條　旅行業辦理大陸地區人民來臺從事觀光活動業務，應投保責任保險，其最低投保金額及範圍如下：

一、每一大陸地區旅客因意外事故死亡：新臺幣二百萬元。

　　二、每一大陸地區旅客因意外事故所致體傷之醫療
　　　　費用：新臺幣三萬元。

　　三、每一大陸地區旅客家屬來臺處理善後所必需支
　　　　出之費用：新臺幣十萬元。

　　四、每一大陸地區旅客證件遺失之損害賠償費用：
　　　　新臺幣二千元。

第 十五 條　旅行業辦理大陸地區人民來臺從事觀光活動業務，
　　　　　　行程之擬訂，應排除下列地區：

　　一、軍事國防地區。

　　二、國家實驗室、生物科技、研發或其他重要單
　　　　位。

第 十六 條　大陸地區人民申請來臺從事觀光活動，有下列情形
　　　　　　之一者，得不予許可；已許可者，得撤銷或廢止其
　　　　　　許可，並註銷其入出境許可證：

　　一、有事實足認為有危害國家安全之虞。

　　二、曾有違背對等尊嚴之言行。

　　三、現中共行政、軍事、黨務或其他公務機關任職。

　　四、患有足以妨害公共衛生或社會安寧之傳染病、
　　　　精神疾病或其他疾病。

　　五、最近五年曾有犯罪紀錄。

　　六、最近五年曾未經許可入境。

　　七、最近五年曾在臺灣地區從事與許可目的不符之
　　　　活動或工作。

　　八、最近三年曾逾期停留。

　　九、最近三年曾依其他事由申請來臺，經不予許可
　　　　或撤銷、廢止許可。

十、最近五年曾來臺從事觀光活動，有脫團或行方
　　不明之情事。

十一、申請資料有隱匿或虛偽不實。

十二、申請來臺案件尚未許可或許可之證件尚有效。

十三、團體申請許可人數不足第五條之最低限額或
　　　未指派大陸地區帶團領隊。

十四、符合第三條第一款或第二款規定，經許可來
　　　臺從事觀光活動，或經許可自國外轉來臺灣
　　　地區觀光之大陸地區人民未隨團入境。

　　　前項第一款至第三款情形，主管機關得會同國
家安全局、交通部、行政院大陸委員會及其他相關
機關、團體組成審查會審核之。

第 十七 條　大陸地區人民經許可來臺從事觀光活動，於抵達機
　　　　　　場、港口之際，入出國及移民署應查驗入出境許可
　　　　　　證及相關文件，有下列情形之一者，得禁止其入
　　　　　　境；並廢止其許可及註銷其入出境許可證：

一、未帶有效證照或拒不繳驗。

二、持用不法取得、偽造、變造之證照。

三、冒用證照或持用冒領之證照。

四、申請來臺之目的作虛偽之陳述或隱瞞重要事實。

五、攜帶違禁物。

六、患有足以妨害公共衛生或社會安寧之傳染病、
　　精神疾病或其他疾病。

七、有違反公共秩序或善良風俗之言行。

八、經許可自國外轉來臺灣地區從事觀光活動之大
　　陸地區人民，未經入境第三國直接來臺。

入出國及移民署依前項規定進行查驗，如經許可來臺從事觀光活動之大陸地區人民，其團體來臺人數不足五人者，禁止整團入境；經許可自國外轉來臺灣地區觀光之大陸地區人民，其團體來臺人數不足五人者，禁止整團入境。但符合第三條第三款或第四款規定之大陸地區人民，不在此限。

第 十八 條　大陸地區人民經許可來臺從事觀光活動，應由大陸地區帶團領隊協助填具入境旅客申報單，據實填報健康狀況。通關時大陸地區人民如有不適或疑似感染傳染病時，應由大陸地區帶團領隊主動通報檢疫單位，實施檢疫措施。入境後大陸地區帶團領隊及臺灣地區旅行業負責人或導遊人員，如發現大陸地區人民有不適或疑似感染傳染病者，除應就近通報當地衛生主管機關處理，協助就醫，並應向交通部觀光局通報。

機場、港口人員發現大陸地區人民有不適或疑似感染傳染病時，應協助通知檢疫單位，實施相關檢疫措施及醫療照護。必要時，得請入出國及移民署提供大陸地區人民入境資料，以供防疫需要。

主動向衛生主管機關通報大陸地區人民疑似傳染病病例並經證實者，得依傳染病防治獎勵辦法之規定獎勵之。

第 十九 條　大陸地區人民來臺從事觀光活動，應依旅行業安排之行程旅遊，不得擅自脫團。但因傷病、探訪親友或其他緊急事故需離團者，除應符合交通部觀光局所定離團天數及人數外，並應向隨團導遊人員申報

及陳述原因，填妥就醫醫療機構或拜訪人姓名、電話、地址、歸團時間等資料申報書，由導遊人員向交通部觀光局通報。

違反前項規定，治安機關得依法逕行強制出境。

符合第三條第三款或第四款規定之大陸地區人民來臺從事觀光活動，不受前二項規定之限制。

第 二十 條　交通部觀光局接獲大陸地區人民擅自脫團之通報者，應即聯繫目的事業主管機關及治安機關，並告知接待之旅行業或導遊轉知其同團成員，接受治安機關實施必要之清查詢問，並應協助處理該團之後續行程及活動。必要時，得依相關機關會商結果，由主管機關廢止同團成員之入境許可。

第二十一條　旅行業辦理接待大陸地區人民來臺從事觀光活動業務，應指派或僱用領取有導遊執業證之人員，執行導遊業務。

前項導遊人員以經考試主管機關或其委託之有關機關考試及訓練合格，領取導遊執業證者為限。

中華民國九十二年七月一日前已經交通部觀光局或其委託之有關機關測驗及訓練合格，領取導遊執業證者，得執行接待大陸地區旅客業務。但於九十年三月二十二日導遊人員管理規則修正發布前，已測驗訓練合格之導遊人員，未參加交通部觀光局或其委託團體舉辦之接待或引導大陸地區旅客訓練結業者，不得執行接待大陸地區旅客業務。

第二十二條　旅行業及導遊人員辦理接待符合第三條第一款或第二款規定經許可來臺從事觀光活動業務，或辦理接

待經許可自國外轉來臺灣地區觀光之大陸地區人民
業務，應遵守下列規定：

一、應詳實填具團體入境資料（含旅客名單、行程
　　表、入境航班、責任保險單、遊覽車、派遣之
　　導遊人員等），並於團體入境前一日十五時前
　　傳送交通部觀光局。團體入境前一日應向大陸
　　地區組團旅行社確認來臺旅客人數，如旅客人
　　數未達第十七條第二項規定之入境最低限額
　　時，應立即通報。

二、應於團體入境後二個小時內，詳實填具接待報
　　告表；其內容包含入境及未入境團員名單、接
　　待大陸地區旅客車輛、隨團導遊人員及原申請
　　書異動項目等資料，傳送或持送交通部觀光
　　局，並由導遊人員隨身攜帶接待報告表影本一
　　份。團體入境後，應向交通部觀光局領取旅客
　　意見反映表，並發給每位團員填寫。

三、每一團體應派遣至少一名導遊人員。如有急迫
　　需要須於旅遊途中更換導遊人員，旅行業應立
　　即通報。

四、行程之遊覽景點及住宿地點變更時，應立即
　　通報。

五、發現團體團員有違法、違規、逾期停留、違規
　　脫團、行方不明、提前出境、從事與許可目的
　　不符之活動或違常等情事時，應立即通報舉
　　發，並協助調查處理。

六、團員因傷病、探訪親友或其他緊急事故，需離
　　團者，除應符合交通部觀光局所定離團天數及
　　人數外，並應立即通報。

七、發生緊急事故、治安案件或旅遊糾紛，除應就
　　近通報警察、消防、醫療等機關處理，應立即
　　通報。

八、應於團體出境二個小時內，通報出境人數及未
　　出境人員名單。

　　旅行業及導遊人員辦理接待符合第三條第三款
或第四款規定之大陸地區人民來臺從事觀光活動業
務，應遵守下列規定：

一、應依前項第一款、第五款、第七款規定辦理。
　　但接待之大陸地區人民非以組團方式來臺者，
　　其旅客入境資料，得免除行程表、接待車輛、
　　隨團導遊人員等資料。

二、發現大陸地區人民有逾期停留之情事時，應立
　　即通報舉發，並協助調查處理。

　　前二項通報事項，由交通部觀光局受理之。旅行
業或導遊人員應詳實填報，並於通報後，以電話確
認。但於通報事件發生地無電子傳真設備，致無法立
即通報者，得先以電話通報後，再補送通報書。

第二十三條　旅行業及導遊人員辦理接待大陸地區人民來臺從事
　　　　　　觀光活動業務，其團費品質、租用遊覽車、安排購
　　　　　　物及其他與旅遊品質有關事項，應遵守交通部觀光
　　　　　　局訂定之旅行業接待大陸地區人民來臺觀光旅遊團
　　　　　　品質注意事項。

第二十四條　主管機關或交通部觀光局對於旅行業辦理大陸地區
人民來臺從事觀光活動業務，得視需要會同各相關
機關實施檢查或訪查。

旅行業對前項檢查或訪查，應提供必要之協
助，不得規避、妨礙或拒絕。

第二十五條　旅行業辦理大陸地區人民來臺從事觀光活動業務，
有大陸地區人民逾期停留且行方不明者，每一人扣
繳第十一條保證金新臺幣十萬元，每團次最多扣至
新臺幣一百萬元；逾期停留且行方不明情節重大，
致損害國家利益者，並由交通部觀光局依發展觀光
條例相關規定廢止其營業執照。

旅行業辦理大陸地區人民來臺從事觀光活動業
務，未依約完成接待者，交通部觀光局或旅行業全
聯會得協調委託其他旅行業代為履行；其所需費
用，由第十一條之保證金支應。

第一項保證金之扣繳，由交通部觀光局或其委
託之團體繳交國庫。

第一項及第二項保證金扣繳或支應後，由交通
部觀光局通知旅行業應自收受通知之日起十五日內
依第十一條第一項規定金額繳足保證金，屆期未繳
足者，廢止其辦理接待大陸地區人民來臺從事觀光
活動業務之核准，並通知該旅行業向交通部觀光局
或其委託之團體申請發還其賸餘保證金。

旅行業經向交通部觀光局報備停止辦理大陸地
區人民來臺從事觀光活動業務者，其依第十一條第
一項所繳保證金，交通部觀光局或其委託之團體應

予發還；其有第一項及第二項應扣繳或支應之金額者，應予扣除後發還。

　　旅行業全聯會依第十一條第二項規定移交保證金予交通部觀光局前，如有第一項或第二項應扣繳或支應保證金情事時，旅行業全聯會應配合支付。

第二十六條　旅行業違反第五條、第十三條第一項、第二項、第十五條、第十八條第一項、第二十二條、第二十三條或第二十四條第二項規定者，每違規一次，由交通部觀光局記點一點，按季計算。累計四點者，交通部觀光局停止其辦理大陸地區人民來臺從事觀光活動業務一個月；累計五點者，停止其辦理大陸地區人民來臺從事觀光活動業務三個月；累計六點者，停止其辦理大陸地區人民來臺從事觀光活動業務六個月；累計七點以上者，停止其辦理大陸地區人民來臺從事觀光活動業務一年。

　　旅行業辦理大陸地區人民來臺從事觀光活動業務，有下列情形之一者，停止其辦理大陸地區人民來臺從事觀光活動業務一個月至三個月：

一、接待團費平均每人每日費用，違反第二十三條交通部觀光局訂定之旅行業接待大陸地區人民來臺觀光旅遊團品質注意事項所定最低接待費用。

二、最近一年辦理大陸地區人民來臺觀光業務，經大陸旅客申訴次數達五次以上，且經交通部觀光局調查來臺大陸旅客整體滿意度低。

三、於團體已啟程來臺入境前無故取消接待，或於行程中因故意或重大過失棄置旅客，未予接待。

　　　　　　導遊人員違反第十九條第一項、第二十二條第一項第一款、第二款、第四款至第八款、第二項或第三項、第二十三條規定者，每違規一次，由交通部觀光局記點一點，按季計算。累計三點者，交通部觀光局停止其執行接待大陸地區人民來臺觀光團體業務一個月；累計四點者，停止其執行接待大陸地區人民來臺觀光團體業務三個月；累計五點者，停止其執行接待大陸地區人民來臺觀光團體業務六個月；累計六點以上者，停止其執行接待大陸地區人民來臺觀光團體業務一年。

　　　　　　旅行業及導遊人員違反發展觀光條例或旅行業管理規則或導遊人員管理規則等法令規定者，應由交通部觀光局依相關法律處罰。

第二十七條　依第十條、第十一條規定經交通部觀光局核准接待大陸地區人民來臺從事觀光活動之旅行業，不得包庇未經核准或被停止辦理接待業務之旅行業經營大陸地區人民來臺觀光業務。未經交通部觀光局核准接待或被停止辦理接待大陸地區人民來臺觀光之旅行業，亦不得經營大陸地區人民來臺觀光業務。

　　　　　　旅行業經營大陸地區人民來臺觀光業務，應自行接待，不得將該旅行業務或其分配數額轉讓其他旅行業辦理。

　　　　　　旅行業違反第一項前段或前項規定者，停止其辦理接待大陸地區人民來臺觀光團體業務一年；違反第一項後段規定，未經核准經營或被停止辦理接待業務之旅行業，依發展觀光條例相關規定處罰。

第二十八條　接待大陸地區人民來臺觀光之導遊人員，不得包庇
　　　　　　未具第二十一條接待資格者執行接待大陸地區人民
　　　　　　來臺觀光團體業務。

　　　　　　　　違反前項規定者，停止其執行接待大陸地區人
　　　　　　民來臺觀光團體業務一年。

第二十九條　有關旅行業辦理大陸地區人民來臺從事觀光活動業務
　　　　　　應行注意事項及作業流程，由交通部觀光局定之。

第 三十 條　第三條規定之實施範圍及其實施方式，得由主管機
　　　　　　關視情況調整。

第三十一條　本辦法施行日期，由主管機關定之。

二、大陸地區人民申請來台從事觀光活動作業規定

中華民國九十年十二月十一日入出境管理局（九十）境行君字第119190號令
中華民國九十一年五月十日入出境管理局境行君字第0910055004號令修正
中華民國九十三年十月十三日入出境管理局境仁叡字第09320188420號令修正
中華民國九十八年四月二十四日內政部入出國及移民署移署出陸能字第0980057440號函修正發布；自即日生效
中華民國九十八年七月九日內政部入出國及移民署移署出陸嘉字第0980100641號書函修正發布；自九十八年七月一日起生效

一、為辦理大陸地區人民來臺從事觀光活動許可辦法（以下簡稱本辦法）規定之申請案件，特訂定本作業規定。

二、旅行業代申請大陸地區人民來臺從事觀光活動，應備下列文件：

（一）大陸地區人民來臺觀光申請書（以下簡稱申請書）：

　　1、每一位旅客一份申請書，格式如附件一，請自行以A4白紙影印或自網站（http://www.immigration.gov.tw）下載，並詳實填寫。

　　2、最近六個月內二吋半身正面脫帽照片（直四點五公分，橫三點五公分，人像自頭頂至下顎之長度不得小於三點二公分或超過三點六公分，白色背景正面半身彩色照片），應與所持大陸地區居民身分證、大陸地區所發往

　　來臺灣通行證或護照（以下簡稱居民身分證、通行證或
　　護照）能辨識為同一人，未依規定檢附者，不予受理。

3、通行證或護照影本貼於申請書正面，居民身分證影本貼
　　於申請書背面。

4、中文姓名如係簡體字，由代申請之經交通部觀光局核准
　　辦理大陸地區人民來臺從事觀光活動業務之旅行業（以
　　下簡稱旅行業），依據其通行證、護照或居民身分證影
　　本上姓名，於中文姓名欄代填正體字。

5、申請人簽章欄，由申請來臺從事觀光活動之大陸地區人
　　民親自簽名或蓋章。

6、代申請之旅行業應蓋旅行社及負責人章，以該旅行業為
　　代申請人及保證人。

(二) 大陸地區人民申請來臺觀光團體名冊（以下簡稱團體名二
　　份（須先經交通部觀光局大陸人士來臺觀光通報系統審核
　　通過，並由系統列印團體名冊後，始得向本署提出送件申
　　請，未附通過證明不予受理）：

1、團體名冊格式如附件二，請自行以A4白紙影印或自網站
　　（http://www.immigration.gov.tw）下載，並詳實填寫。

2、申請日期為送件當日。

3、團號：共九碼，前三碼為民國年度，由內政部入出國及移
　　民署（以下簡稱移民署）電腦自動處理，不需編出。第四
　　碼至第九碼為該年度之流水編號，由電腦自行給序。

4、旅遊計畫（須經交通部觀光局大陸人士來臺觀光通報系
　　統審查通過，未附通過證明不予受理）填預定來臺起迄
　　年月日。

5、帶團之領隊請填序號第一位，備註欄填領隊，申請書附大陸地區核發之領隊執照影本或大陸地區旅行社從業人員在職證明。依本辦法第三條第三款或第四款規定申請者，得自行指定領隊，免附領隊證明。

6、代申請旅行社戳記應經交通部觀光局核備。

7、每團人數下限為五人，上限為四十人。不足五人之團體，不得送件，超過四十人之團體，請分成二團。經國外轉來臺灣地區之團體，每團人數為七人以上。

(三) 附有效居民身分證影本及效期尚餘六個月以上之通行證或護照影本；自國外、香港或澳門來臺觀光者，附效期尚餘六個月以上之大陸地區所發護照影本。

(四) 與大陸地區旅行社簽訂之合作契約影本。但依本辦法第三條第三款或第四款規定申請者，免附。

(五) 附繳證明文件：

1、以有固定正當職業資格申請者，應檢附下列文件之一：

(1) 員工證件影本。

(2) 在職證明影本。

(3) 薪資所得證明影本。

2、以在大陸地區學生身分申請者，應檢附國小以上各級學校有效學生證影本或在學證明影本。

3、以有等值新臺幣二十萬元以上存款資格申請者，應檢附下列文件之一：

(1) 等值新臺幣二十萬元（相當人民幣五萬元）以上之銀行或金融機構存款證明影本或存摺影本，數筆存款可合併計算。家庭成員同時申請者，得以成員其中一人之存款證明影本或存摺影本代替。

　　　　　但存款總額應達每人等值新臺幣二十萬元（相當
　　　人民幣五萬元）以上。家庭成員指配偶、直系血親或
　　　居住同一戶籍具有親屬關係者。家庭成員應檢附親屬
　　　關係證明影本或常住人口登記卡影本。

（2）基金或股票逾等值新臺幣二十萬元以上，檢附存摺影
　　　本或金融機構開立一個月內之證明影本。股票價值以
　　　面額計算。

（3）不動產估價逾等值新臺幣二十萬元以上，開立一個月
　　　內之證明影本。

（4）具退休身分申請者，得以退休證明影本代替。

4、以在國外、香港或澳門留學生資格申請者：附有效之學
　　生簽證影本或國外當地教育主管機關立案之正式學歷學
　　校在學證明正本，以及再入國簽證影本。其隨行之配偶
　　或直系血親附親屬關係證明。

5、以旅居國外取得當地永久居留權資格申請者：附現住地
　　永久居留權證明影本。其隨行之配偶或直系血親附親屬
　　關係證明。

6、以旅居國外四年以上且領有工作證明資格申請者：附蓋
　　有大陸、外國出入國查驗章之護照影本及國外、香港或
　　澳門工作入出境許可證明影本。其隨行之配偶或直系血
　　親附親屬關係證明。

7、以旅居香港、澳門取得當地永久居留權資格申請者：

（1）符合香港澳門關係條例第四條資格者，請依香港、澳
　　　門居民身分申請。有隨行之旅居香港、澳門配偶或直
　　　系血親者（尚未取得當地永久居留權者）則檢附本人
　　　之港澳身分證及親屬關係證明。

（2）未符合香港澳門關係條例第四條資格者（如現尚持有中國護照者），檢附本人香港、澳門永久居民身分證影本或效期尚餘六個月以上之香港、澳門護照影本。有隨行之旅居香港、澳門配偶或直系血親者，檢附本人香港、澳門居民身分證影本及親屬關係證明。

8、大陸地區帶團領隊加附大陸地區核發之領隊執照影本或大陸地區旅行社從業人員在職證明。但依本辦法第三條第三款或第四款規定申請者，得自行指定領隊，免附之。

9、臨時改派領隊者，應檢附重大事由說明書及切結書（註明「原領隊在原團同時段內不得再帶他團」等文字）。

１０、其他經大陸地區機關出具之證明文件。

(六) 證件費：每一人新臺幣四百元，得以現金或支票繳納。

三、自國外來臺或經國外轉來臺灣地區觀光之團體，申請方式如下：

(一) 經國外轉來臺灣地區觀光之大陸地區人民，應附第二點第五款第一目至第三目證明文件之一，逕交由接待旅行社代為申請。

(二) 赴國外、香港或澳門留學、取得當地永久居留權或四年以上且領有工作證明之大陸地區人民及其隨行旅居之配偶或直系血親，應將申請書及相關證明文件先送現住地駐外使領館、代表處、辦事處或其他經政府授權機構（以下簡稱駐外館處）審查。駐外館處於申請書上註記後發還，由申請人寄臺灣地區旅行業代申請。

(三) 大陸地區所發護照及各項證明文件均應繳驗正本及影本，正本驗畢連同申請書發還申請人。但國外在學證明正本應連同申請書寄國內旅行社代為申請。

四、大陸地區人民來臺從事觀光活動案件，由接待旅行業向移民署臺北市、臺中市、高雄市及花蓮縣等四服務站送件，臺灣地區接待旅行業亦可委託中華民國旅行商業同業公會全國聯合會代為向移民署送件。

五、大陸地區人民申請直接或經香港、澳門轉來臺灣地區從事觀光活動案件，移民署辦理事項如下：

(一) 收件程序：

1、以現場掛號方式取得配額：送件當日於移民署臺北市、臺中市、高雄市及花蓮縣四服務站排隊依送達次序取得當日配額。

2、依團體名冊點收申請書，未依前項取得配額者或不足五人之團體，不予受理。

3、收繳證件費，每一人新臺幣四百元，發給收據，其以支票繳納者，不找現金。

4、團體名冊二份均蓋收件章，第一份交還送件之旅行業者，第二份併申請書流程處理。

5、於入出境許可證申請書編收件號，整團分同一承辦人承辦。

6、檢查團體名冊第一位之申請書內有無附大陸地區核發之領隊執照影本或大陸地區旅行社從業人員在職證明。逾期或未附者，請代送件之旅行業者補正，三星期內未依規定補正者，應予退件。

(二) 審查事項如下：

1、核對團體名冊所載姓名與申請書中文姓名正體字欄是否相符。

2、核對照片與居民身分證、通行證或護照之影本是否相符。

　3、審查申請資格與所附證明文件是否相符。

　4、申請人有無簽名、代辦旅行社有無蓋章。

　5、隨行案件於申請書「入出國及移民署審查意見欄」加註被隨行者姓名。

　6、審查合格案件，於申請書「入出國及移民署審查意見欄」蓋「許可」章。

　7、服務站受理案件，立即登錄，審查後之申請書及團體名冊，送移民署移民資訊組做後續光碟處理。

六、大陸地區人民旅居國外、香港、澳門或經國外轉來臺灣地區，從事觀光活動案件，移民署辦理事項如下：

(一) 收件程序：

　1、依團體名冊點收申請書，不足七人之團體，不予受理。但旅居國外、香港或澳門者不在此限。

　2、收繳證件費，每一人新臺幣四百元，發給收據，其以支票繳納者，不找現金。

　3、團體名冊二份均蓋收件章，第一份交還送件之旅行業者，第二份併申請書流程處理。但旅居國外、香港或澳門者不在此限。

　4、於入出境許可證申請書編收件號，整團分同一承辦人承辦。

　5、檢查團體名冊第一位之申請書內有無附大陸地區核發之領隊執照影本或大陸地區旅行社從業人員在職證明。逾期或未附者，請代送件之旅行業者補正，三星期內未依規定補正者，應予退件。但旅居國外、香港或澳門者不在此限。

(二) 審查事項如下：

　　1、經國外轉來臺灣地區觀光之大陸地區人民，應附第二點
　　　　第五款第一目至第三目證明文件之一。

　　2、赴國外、香港、澳門留學或取得當地永久居留權或四年
　　　　以上且領有工作證明之大陸地區人民及其隨行之配偶或
　　　　直系血親，應將申請書及相關證明文件先送現住地駐外
　　　　館處審查。經審查後駐外館處於申請書上註記後發還，
　　　　由申請人寄臺灣地區旅行業代為申請。

七、觀光申請案送件前，已先向移民署提出其他申請案時，依本辦
　　法第十六條第一項第十二款規定，得不予許可其觀光申請案。

八、申請案已完成收件程序者，該團不得再臨時提出申請增加
　　團員。

九、大陸地區人民申請來臺從事觀光活動案件，移民署電腦印證
　　及程式設計事項如下：

　(一) 每一申請書均發一張入出境許可證。入境效期，自大陸地
　　　　區來臺之團體為自發證日起一個月；自國外來臺之團體為
　　　　自發證日起二個月。停留效期均自入境之次日起不得逾十
　　　　五日。

　(二) 領隊入出境許可證之附記欄載「應隨指派帶領之團體入
　　　　境，不得單獨持憑入境及併團」，其他團員入出境許可證
　　　　之附記欄載「入境應備往返機（船）票，應隨（團號）團
　　　　入境，不得單獨持憑入境。未隨團入境及未指派帶團領
　　　　隊，本證即作廢。」領隊之事由欄載「大陸領隊帶團（觀
　　　　光）」，並得核發一年多次入出境許可證。其他團員事由
　　　　欄載「觀光」，隨行者加註「應隨○○○（被隨行者姓
　　　　名）入境」。

十、大陸地區人民申請來臺從事觀光活動案件，移民署發證作業
　　事項如下：

　　(一) 經審查許可，由移民署發給入出境許可證，交由接待之旅
　　　　行業轉發申請人，領證地點同送件時之移民署服務站；惟
　　　　觀光申請案係經由小三通入境而在移民署臺北市服務站送
　　　　件申請者，經臺北市服務站受理審核無訛後，由澎湖、金
　　　　門、馬祖（入境機場、港口）之服務站印證、發證，交由
　　　　該代送件之旅行業轉發申請人。

　　(二) 申請案件縮影存檔。

十一、每日申請數額：

　　(一) 移民署每日核發申請數額四千三百十一人，例假日不受
　　　　理申請。

　　(二) 旅行業辦理大陸地區人民來臺從事觀光活動業務，每家
　　　　旅行業每日申請接待數額不得逾二百人。但當日（以每
　　　　日下午五時，移民署櫃檯收件截止時計）旅行業申請總
　　　　人數未達第一款公告數額者，得就賸餘數額部分依申請
　　　　案送達次序依序核給數額，不受二百人之限制。如當日
　　　　核發後仍尚有賸餘，由主管機關就賸餘數額，累積於適
　　　　當節日分配。

　　(三) 旅行業辦理大陸地區人民來臺從事觀光活動業務，經交
　　　　通部觀光局調查結果，旅客整體滿意度高且接待品質優
　　　　良，或配合政策者，主管機關依據交通部觀光局出具之
　　　　數額建議文件得於第一款公告數額百分之十範圍內酌給
　　　　數額，不受第一款公告數額之限制。

十二、移民署應將未隨團入境之入出境許可證，於次日註銷，並
　　　註記「未隨團入境作廢」於該申請案狀況欄內。

十三、團體來臺人數不足五人者,整團禁止入境。自國外來臺之團體不足五人者,亦同。但團體抵達入境機場、港口人數在最低限額以上,因團員有本辦法第十七條第一項各款情形之一禁止入境,致團體不足最低限額者,其他團員同意入境。

十四、入境觀光之大陸地區人民,因受禁止出境處分、疾病住院、突發或其他特殊事故,未能依限出境者,由代申請或負責接待之旅行社備下列文件,向移民署臺北市、臺中市、高雄市及花蓮縣四服務站申請延期,由受理單位予以延期,每次不得逾七日:

(一) 延期申請書。

(二) 入出境許可證正本。

(三) 相關證明文件。

(四) 證件費新臺幣二百元。

十五、入境觀光之大陸地區人民,因故不再繼續原定之行程者,應依規定填具申報書立即向觀光局通報,並由送機人員送至觀光局機場旅客服務中心再轉交移民署國境事務大隊人員引導出境。

十六、除提前出境及經許可延期停留者外,其他團員應整團出境。

三、中國公民出國旅遊管理辦法

第 一 条　为了规范旅行社组织中国公民出国旅游活动，保障出国旅游者和出国旅游经营者的合法权益，制定本办法。

第 二 条　出国旅游的目的地国家，由国务院旅游行政部门会同国务院有关部门提出，报国务院批准后，由国务院旅游行政部门公布。

　　　　　任何单位和个人不得组织中国公民到国务院旅游行政部门公布的出国旅游的目的地国家以外的国家旅游；组织中国公民到国务院旅游行政部门公布的出国旅游的目的地国家以外的国家进行涉及体育活动、文化活动等临时性专项旅游的，须经国务院旅游行政部门批准。

第 三 条　旅行社经营出国旅游业务，应当具备下列条件：

（一）取得国际旅行社资格满 1 年；

（二）经营入境旅游业务有突出业绩；

（三）经营期间无重大违法行为和重大服务质量问题。

第 四 条　申请经营出国旅游业务的旅行社，应当向省、自治区、直辖市旅游行政部门提出申请。省、自治区、直辖市旅游行政部门应当自受理申请之日起30个工作日内，依据本办法第三条规定的条件对申请审查完毕，经审查同意的，报国务院旅游行政部门批准；经审查不同意的，应当书面通知申请人并说明理由。

　　　　　　国务院旅游行政部门批准旅行社经营出国旅游业务，应当符合旅游业发展规划及合理布局的要求。

　　　　　　未经国务院旅游行政部门批准取得出国旅游业务经营资格的，任何单位和个人不得擅自经营或者以商务、考察、培训等方式变相经营出国旅游业务。

第　五　条　国务院旅游行政部门应当将取得出国旅游业务经营资格的旅行社（以下简称组团社）名单予以公布，并通报国务院有关部门。

第　六条　国务院旅游行政部门根据上年度全国入境旅游的业绩、出国旅游目的地的增加情况和出国旅游的发展趋势，在每年的2月底以前确定本年度组织出国旅游的人数安排总量，并下达省、自治区、直辖市旅游行政部门。

　　　　　　省、自治区、直辖市旅游行政部门根据本行政区域内各组团社上年度经营入境旅游的业绩、经营能力、服务质量，按照公平、公正、公开的原则，在每年的3月底以前核定各组团社本年度组织出国旅游的人数安排。

　　　　　　国务院旅游行政部门应当对省、自治区、直辖市旅游行政部门核定组团社年度出国旅游人数安排及组团社组织公民出国旅游的情况进行监督。

第　七　条　国务院旅游行政部门统一印制《中国公民出国旅游团队名单表》（以下简称《名单表》），在下达本年度出国旅游人数安排时编号发放给省、自治区、直辖市旅游行政部门，由省、自治区、直辖市旅游行政部门核发给组团社。

　　　　　　組團社應當按照核定的出國旅遊人數安排組織
　　　　　出國旅遊團隊，填寫《名單表》。旅遊者及領隊首
　　　　　次出境或者再次出境，均應當填寫在《名單表》
　　　　　中，經審核後的《名單表》不得增添人員。

第　八　條　《名單表》一式四聯，分為：出境邊防檢查專用
　　　　　聯、入境邊防檢查專用聯、旅遊行政部門審驗專用
　　　　　聯、旅行社自留專用聯。

　　　　　　組團社應當按照有關規定，在旅遊團隊出境、
　　　　　入境時及旅遊團隊入境後，將《名單表》分別交有
　　　　　關部門查驗、留存。

　　　　　　出國旅遊兌換外匯，由旅遊者個人按照國家有
　　　　　關規定辦理。

第　九　條　旅遊者持有有效普通護照的，可以直接到組團社辦
　　　　　理出國旅遊手續；沒有有效普通護照的，應當依照
　　　　　《中華人民共和國公民出境入境管理法》的有關規
　　　　　定辦理護照後再辦理出國旅遊手續。

　　　　　　組團社應當為旅遊者辦理前往國簽證等出境
　　　　　手續。

第　十　條　組團社應當為旅遊團隊安排專職領隊。

　　　　　　領隊應當經省、自治區、直轄市旅遊行政部門
　　　　　考核合格，取得領隊證。

　　　　　　領隊在帶團時，應當佩戴領隊證，並遵守本辦
　　　　　法及國務院旅遊行政部門的有關規定。

第　十一　條　旅遊團隊應當從國家開放口岸整團出入境。

　　　　　　旅遊團隊出入境時，應當接受邊防檢查站對護
　　　　　照、簽證、《名單表》的查驗。經國務院有關部門

批准，旅游团队可以到旅游目的地国家按照该国有关规定办理签证或者免签证。

旅游团队出境前已确定分团入境的，组团社应当事先向出入境边防检查总站或者省级公安边防部门备案。

旅游团队出境后因不可抗力或者其他特殊原因确需分团入境的，领队应当及时通知组团社，组团社应当立即向有关出入境边防检查总站或者省级公安边防部门备案。

第 十二 条　组团社应当维护旅游者的合法权益。

组团社向旅游者提供的出国旅游服务信息必须真实可靠，不得作虚假宣传，报价不得低于成本。

第 十三 条　组团社经营出国旅游业务，应当与旅游者订立书面旅游合同。

旅游合同应当包括旅游起止时间、行程路线、价格、食宿、交通以及违约责任等内容。旅游合同由组团社和旅游者各持一份。

第 十四 条　组团社应当按照旅游合同约定的条件，为旅游者提供服务。

组团社应当保证所提供的服务符合保障旅游者人身、财产安全的要求；对可能危及旅游者人身安全的情况，应当向旅游者作出真实说明和明确警示，并采取有效措施，防止危害的发生。

第 十五 条　组团社组织旅游者出国旅游，应当选择在目的地国家依法设立并具有良好信誉的旅行社（以下简称境

外接待社），并与之订立书面合同后，方可委托其承担接待工作。

第 十 六 条 组团社及其旅游团队领队应当要求境外接待社按照约定的团队活动计划安排旅游活动，并要求其不得组织旅游者参与涉及色情、赌博、毒品内容的活动或者危险性活动，不得擅自改变行程、减少旅游项目，不得强迫或者变相强迫旅游者参加额外付费项目。

境外接待社违反组团社及其旅游团队领队根据前款规定提出的要求时，组团社及其旅游团队领队应当予以制止。

第 十 七 条 旅游团队领队应当向旅游者介绍旅游目的地国家的相关法律、风俗习惯以及其他有关注意事项，并尊重旅游者的人格尊严、宗教信仰、民族风俗和生活习惯。

第 十 八 条 旅游团队领队在带领旅游者旅行、游览过程中，应当就可能危及旅游者人身安全的情况，向旅游者作出真实说明和明确警示，并按照组团社的要求采取有效措施，防止危害的发生。

第 十 九 条 旅游团队在境外遇到特殊困难和安全问题时，领队应当及时向组团社和中国驻所在国家使领馆报告；组团社应当及时向旅游行政部门和公安机关报告。

第 二 十 条 旅游团队领队不得与境外接待社、导游及为旅游者提供商品或者服务的其他经营者串通欺骗、胁迫旅游者消费，不得向境外接待社、导游及其他为旅游者提供商品或者服务的经营者索要回扣、提成或者收受其财物。

第二十一条　旅游者应当遵守旅游目的地国家的法律，尊重当地的风俗习惯，并服从旅游团队领队的统一管理。

第二十二条　严禁旅游者在境外滞留不归。

旅游者在境外滞留不归的，旅游团队领队应当及时向组团社和中国驻所在国家使领馆报告，组团社应当及时向公安机关和旅游行政部门报告。有关部门处理有关事项时，组团社有义务予以协助。

第二十三条　旅游者对组团社或者旅游团队领队违反本办法规定的行为，有权向旅游行政部门投诉。

第二十四条　因组团社或者其委托的境外接待社违约，使旅游者合法权益受到损害的，组团社应当依法对旅游者承担赔偿责任。

第二十五条　组团社有下列情形之一的，旅游行政部门可以暂停其经营出国旅游业务；情节严重的，取消其出国旅游业务经营资格：

（一）入境旅游业绩下降的；

（二）因自身原因，在１年内未能正常开展出国旅游业务的；

（三）因出国旅游服务质量问题被投诉并经查实的；

（四）有逃汇、非法套汇行为的；

（五）以旅游名义弄虚作假，骗取护照、签证等出入境证件或者送他人出境的；

（六）国务院旅游行政部门认定的影响中国公民出国旅游秩序的其他行为。

第二十六条　任何单位和个人违反本办法第四条的规定，未经批准擅自经营或者以商务、考察、培训等方式变相经

營出國旅遊業務的，由旅遊行政部門責令停止非法經營，沒收違法所得，並處違法所得2倍以上5倍以下的罰款。

第二十七條　組團社違反本辦法第十條的規定，不為旅遊團隊安排專職領隊的，由旅遊行政部門責令改正，並處5000元以上2萬元以下的罰款，可以暫停其出國旅遊業務經營資格；多次不安排專職領隊的，並取消其出國旅遊業務經營資格。

第二十八條　組團社違反本辦法第十二條的規定，向旅遊者提供虛假服務信息或者低於成本報價的，由工商行政管理部門依照《中華人民共和國消費者權益保護法》、《中華人民共和國反不正當競爭法》的有關規定給予處罰。

第二十九條　組團社或者旅遊團隊領隊違反本辦法第十四條第二款、第十八條的規定，對可能危及人身安全的情況未向旅遊者作出真實說明和明確警示，或者未採取防止危害發生的措施的，由旅遊行政部門責令改正，給予警告；情節嚴重的，對組團社暫停其出國旅遊業務經營資格，並處5000元以上2萬元以下的罰款，對旅遊團隊領隊可以暫扣直至吊銷其領隊證；造成人身傷亡事故的，依法追究刑事責任，並承擔賠償責任。

第 三十 條　組團社或者旅遊團隊領隊違反本辦法第十六條的規定，未要求境外接待社不得組織旅遊者參與涉及色情、賭博、毒品內容的活動或者危險性活動，未要求其不得擅自改變行程、減少旅遊項目、強迫或者

　　　　　　　　变相强迫旅游者参加额外付费项目，或者在境外接
　　　　　　　　待社违反前述要求时未制止的，由旅游行政部门对
　　　　　　　　组团社处组织该旅游团队所收取费用2倍以上5倍以
　　　　　　　　下的罚款，并暂停其出国旅游业务经营资格，对旅
　　　　　　　　游团队领队暂扣其领队证；造成恶劣影响的，对组
　　　　　　　　团社取消其出国旅游业务经营资格，对旅游团队领
　　　　　　　　队吊销其领队证。

第三十一条　旅游团队领队违反本办法第二十条的规定，与境外接
　　　　　　　　待社、导游及为旅游者提供商品或者服务的其他经营
　　　　　　　　者串通欺骗、胁迫旅游者消费或者向境外接待社、导
　　　　　　　　游和其他为旅游者提供商品或者服务的经营者索要回
　　　　　　　　扣、提成或者收受其财物的，由旅游行政部门责令改
　　　　　　　　正，没收索要的回扣、提成或者收受的财物，并处索
　　　　　　　　要的回扣、提成或者收受的财物价值2倍以上5倍以下
　　　　　　　　的罚款；情节严重的，并吊销其领队证。

第三十二条　违反本办法第二十二条的规定，旅游者在境外滞留
　　　　　　　　不归，旅游团队领队不及时向组团社和中国驻所在
　　　　　　　　国家使领馆报告，或者组团社不及时向有关部门报
　　　　　　　　告的，由旅游行政部门给予警告，对旅游团队领队
　　　　　　　　可以暂扣其领队证，对组团社可以暂停其出国旅游
　　　　　　　　业务经营资格。旅游者因滞留不归被遣返回国的，
　　　　　　　　由公安机关吊销其护照。

第三十三条　本办法自2002年7月1日起施行。国务院1997年3月17
　　　　　　　　日批准，国家旅游局、公安部1997年7月1日发布的
　　　　　　　　《中国公民自费出国旅游管理暂行办法》同时废止。

四、出境旅遊領隊人員管理辦法

国家旅游局令第18号
2002.10.28

第 一 条　为了加强对出境旅游领队人员的管理，规范其从业行为，维护出境旅游者的合法权益，促进出境旅游的健康发展，根据《中国公民出国旅游管理办法》和有关规定，制定本办法。

第 二 条　本办法所称出境旅游领队人员（以下简称"领队人员"），是指依照本办法规定取得出境旅游领队证（以下简称"领队证"），接受具有出境旅游业务经营权的国际旅行社（以下简称"组团社"）的委派，从事出境旅游领队业务的人员。

　　　　　本办法所称领队业务，是指为出境旅游团提供旅途全程陪同和有关服务；作为组团社的代表，协同境外接待旅行社（以下简称"接待社"）完成旅游计划安排；以及协调处理旅游过程中相关事务等活动。

第 三 条　申请领队证的人员，应当符合下列条件：
　　　　　(一)有完全民事行为能力的中华人民共和国公民；
　　　　　(二)热爱祖国，遵纪守法；
　　　　　(三)可切实负起领队责任的旅行社人员；
　　　　　(四)掌握旅游目的地国家或地区的有关情况。

第 四 条　组团社要负责做好申请领队证人员的资格审查和业务培训。

業务培训的内容包括：思想道德教育；涉外纪律教育；旅游政策法规；旅游目的地国家的基本情况；领队人员的义务与职责。

对已经领取领队证的人员，组团社要继续加强思想教育和业务培训，建立严格的工作制度和管理制度，并认真贯彻执行。

第 五 条　领队证由组团社向所在地的省级或经授权的地市级以上旅游行政管理部门申领，并提交下列材料：申请领队证人员登记表；组团社出具的胜任领队工作的证明；申请领队证人员业务培训证明。

旅游行政管理部门应当自收到申请材料之日起１５个工作日内，对符合条件的申请领队证人员颁发领队证，并予以登记备案。

旅游行政管理部门要根据组团社的正当业务需求合理发放领队证。

第 六 条　领队证由国家旅游局统一样式并制作，由组团社所在地的省级或经授权的地市级以上旅游行政管理部门发放。

领队证不得伪造、涂改、出借或转让。

领队证的有效期为三年。凡需要在领队证有效期届满后继续从事领队业务的，应当在届满前半年由组团社向旅游行政管理部门申请登记换发领队证。

领队人员遗失领队证的，应当及时报告旅游行政管理部门，并声明作废，然后申请补发；领队证损坏的，应及时申请换发。

被取消领队人员资格的人员，不得再次申请领队登记。

第 七 条　领队人员从事领队业务，必须经组团社正式委派。

　　　　　　领队人员从事领队业务时，必须佩带领队证。

　　　　　　未取得领队证的人员，不得从事出境旅游领队业务。

第 八 条　领队人员应当履行下列职责：

　　　　　　(一)遵守《中国公民出国旅游管理办法》中的有关规定，维护旅游者的合法权益；

　　　　　　(二)协同接待社实施旅游行程计划，协助处理旅游行程中的突发事件、纠纷及其它问题；

　　　　　　(三)为旅游者提供旅游行程服务；

　　　　　　(四)自觉维护国家利益和民族尊严，并提醒旅游者抵制任何有损国家利益和民族尊严的言行。

第 九 条　违反本办法第四条，对申请领队证人员不进行资格审查或业务培训，或审查不严，或对领队人员、领队业务疏于管理，造成领队人员或领队业务发生问题的，由旅游行政管理部门视情节轻重，分别给予组团社警告、取消申领领队证资格、取消组团社资格等处罚。

第 十 条　违反本办法第七条第三款规定，未取得领队证从事领队业务的，由旅游行政管理部门责令改正，有违法所得的，没收违法所得，并可处违法所得3倍以下不超过人民币3万元的罚款；没有违法所得的，可处人民币1万元以下罚款。

第十一条　违反本办法第六条第二款和第七条第二款规定，领队人员伪造、涂改、出借或转让领队证，或者在从事领队业务时未佩带领队证的，由旅游行政管理部门责令改正，处人民币1万元以下的罚款；情节严重的，由旅

　　　　　游行政管理部门暂扣领队证3个月至1年，并不得重新
　　　　　换发领队证。

第十二条　违反本办法第八条第一项规定的，按《中国公民出国
　　　　　旅游管理办法》的有关规定处罚。

第十三条　违反本办法第八条第二、三、四项规定的，由旅游行
　　　　　政管理部门责令改正，并可暂扣领队证3个月至1
　　　　　年；造成重大影响或产生严重后果的，由旅游行政管
　　　　　理部门撤消其领队登记，并不得再次申请领队登记，
　　　　　同时要追究组团社责任。

第十四条　旅游行政管理部门工作人员玩忽职守、滥用职权、徇
　　　　　私舞弊，构成犯罪的，依法追究刑事责任；未构成犯
　　　　　罪的，依法给予行政处分。

第十五条　本办法由国家旅游局负责解释。

第十六条　本办法自发布之日起施行。

五、大陸居民赴台灣地區旅遊管理辦法

国　家　旅　游　局
公　安　部　令
国务院台湾事务办公室
第26号

　　现公布《大陆居民赴台湾地区旅游管理办法》，自发布之日起施行。

国家旅游局　局长　邵琪伟
公安部　部长　周永康
国务院台湾事务办公室　主任　陈云林
二〇〇六年四月十六日

大陆居民赴台湾地区旅游管理办法

第一条 为规范大陆居民赴台湾地区旅游，依据《中国公民往来台湾地区管理办法》和《旅行社管理条例》，特制定本办法。

第二条 大陆居民赴台湾地区旅游（以下简称赴台旅游），须由指定经营大陆居民赴台旅游业务的旅行社（以下简称组团社）组织，以团队形式整团往返。参游人员在台湾期间须集体活动。

第三条 组团社由国家旅游局会同有关部门，从已批准的特许经营出境旅游业务的旅行社范围内指定，由海峡两岸旅游交流协会公布。除被指定的组团社外，任何单位和个人不得经营大陆居民赴台旅游业务。

第四条 台湾地区接待大陆居民赴台旅游的旅行社（以下简称接待社），经大陆有关部门会同国家旅游局确认后，由海峡两岸旅游交流协会公布。

第五条 大陆居民赴台旅游实行配额管理。配额由国家旅游局会同有关部门确认后，下达给组团社。

第六条 组团社在开展组织大陆居民赴台旅游业务前，须与接待社签订合同、建立合作关系。

第七条 组团社须为每个团队选派领队。领队经培训、考核合格后，由地方旅游局向国家旅游局申领赴台旅游领队证。组团社须要求接待社派人全程陪同。

第八条 组团社须要求接待社不得引导和组织参游人员参与涉及赌博、色情、毒品等内容的活动。

第九条 组团社须要求接待社严格按照合同规定的团队日程

安排活动;未经双方旅行社及参游人员同意,不得变更日程。

第十条　大陆居民须持有效《大陆居民往来台湾通行证》(以下简称《通行证》)及旅游签注(签注字头为 L,以下简称签注)赴台旅游。

第十一条　大陆居民赴台旅游须向指定的组团社报名,并向其户口所在地公安机关出入境管理部门申请办理《通行证》及签注。

第十二条　赴台旅游团须凭《大陆居民赴台湾地区旅游团名单表》,从大陆对外开放口岸整团出入境。

第十三条　旅游团出境前已确定分团入境大陆的,组团社应事先向有关出入境边防检查总站或省级公安边防部门备案。

旅游团成员因紧急情况不能随团入境大陆或不能按期返回大陆的,组团社应及时向有关出入境边防检查总站或省级公安边防部门报告。

第十四条　参游人员应按期返回,不得非法滞留。当发生参游人员非法滞留时,组团社须及时向公安机关及旅游行政主管部门报告,并协助做好有关滞留者的遣返和审查工作。

第十五条　违反本办法之规定的旅行社,旅游行政主管部门将根据《旅行社管理条例》予以处罚。对组团单位和参游人员违反国家其他有关法律、法规的,由有关部门依法予以处理。

第十六条　本办法由国家旅游局、公安部、国务院台湾事务办公室负责解释。

第十七条　本办法自发布之日起施行。

六、大陸居民赴台灣地區旅遊領隊人員管理辦法

2008年06月23日

第 一 条 根据《大陆居民赴台湾地区旅游管理办法》的有关规定，制定本办法。

第 二 条 申领赴台湾地区旅游（以下简称赴台旅游）领队证的人员（以下简称领队人员）应当符合下列条件：

(一)爱祖国，遵纪守法，掌握对台政策；

(二)已与经指定经营赴台旅游业务的旅行社（以下简称组团社）签订了正式劳动合同；

(三)已取得导游证。

第 三 条 大陆居民赴台旅游领队证（以下简称领队证）由组团社向所在地的省、自治区、直辖市旅游行政部门申领，并提交申请《赴台旅游领队证人员登记表》；省、自治区、直辖市旅游行政部门应当对申领人员进行资格审查、业务培训和考核。

业务培训和考核内容包括：相关法规政策教育；思想道德教育；台湾地区的基本情况；领队人员的义务与职责；领队人员业务等。

经考核合格的领队人员，由省、自治区、直辖市旅游行政部门向海峡两岸旅游交流协会（以下简称海旅会）申请办理领队证。

第 四 条　领队证由海旅会统一样式并制作，由组团社所在的省、自治区、直辖市旅游行政部门发放。

第 五 条　组团社所在的省、自治区、直辖市旅游行政部门及组团社，应定期对已经领取领队证的人员加强相关法规政策培训，并建立相应的管理制度和责任制度，认真贯彻执行。

第 六 条　领队人员应当履行下列职责并遵守下列规定：

(一)遵守《大陆居民赴台湾地区旅游管理办法》的相关规定，维护大陆赴台旅游者（以下简称旅游者）的合法权益；

(二)协同接待社实施旅游行程计划，协助处理旅游行程中的突发事件及其它问题；

(三)对旅游过程中，可能危及旅游者人身、财物等方面的安全问题，应及时向旅游者作出明确告知，或提出劝导，并相机采取有效措施防止事故的发生；如遇到特殊问题，应及时向组团社报告；对旅游者不文明的言行举止，应予以提醒和劝阻；

(四)不得诱导和组织旅游者参与涉及色情、赌博、毒品等内容和有损两岸关系的活动，也不得为旅游者参与上述活动提供便利条件；

(五)不得与接待社、导游及为旅游者提供商品或者服务的其它经营者串通欺骗、胁迫旅游者消费，不得向接待社、导游及其它为旅游者提供商品或者服务的经营者索要回扣、提成或者收受其财物。

第 七 条　违反本办法规定的，参照《出境旅游领队人员管理办法》的有关规定进行处罚。

第八条　对赴台旅游领队人员的其它管理事项，参照《出境旅游
　　　　领队人员管理办法》办理。

第 九 条　本办法自发布之日起实行。

第 十 条　本办法由海旅会负责解释。

第十一条　本办法在在实施过程中，海旅会将根据赴台旅游的实
　　　　　际运行情况的变化，适时予以修订。

國家圖書館出版品預行編目

大陸觀光客來台對兩岸關係影響的政治經濟分析
／范世平著. -- 一版. -- 臺北市：秀威資
訊科技, 2010.01
　　面；　公分. -- (社會科學類；AF0129)
BOD 版
參考書目：面
ISBN 978-986-221-374-2(平裝)

1. 兩岸關係　2. 觀光行政 3. 政治經濟分析
4. 中國

573.09　　　　　　　　　　　98023499

 社會科學類　　AF0129

大陸觀光客來台對兩岸關係
影響的政治經濟分析

作　　者／范世平
發 行 人／宋政坤
執行編輯／林泰宏
圖文排版／蘇書蓉
封面設計／陳佩蓉
數位轉譯／徐真玉　沈裕閔
圖書銷售／林怡君
法律顧問／毛國樑　律師
出版印製／秀威資訊科技股份有限公司
　　　　　台北市內湖區瑞光路 583 巷 25 號 1 樓
　　　　　電話：02-2657-9211　　傳真：02-2657-9106
　　　　　E-mail：service@showwe.com.tw
經 銷 商／紅螞蟻圖書有限公司
　　　　　台北市內湖區舊宗路二段 121 巷 28、32 號 4 樓
　　　　　電話：02-2795-3656　　傳真：02-2795-4100
　　　　　http://www.e-redant.com

2010 年 1 月 BOD 一版
定價：510 元

讀　者　回　函　卡

感謝您購買本書，為提升服務品質，煩請填寫以下問卷，收到您的寶貴意見後，我們會仔細收藏記錄並回贈紀念品，謝謝！

1.您購買的書名：＿＿＿＿＿＿＿＿＿＿＿＿＿＿＿＿＿＿

2.您從何得知本書的消息？

　□網路書店　□部落格　□資料庫搜尋　□書訊　□電子報　□書店

　□平面媒體　□ 朋友推薦　□網站推薦　□其他＿＿＿＿＿＿

3.您對本書的評價：(請填代號　1.非常滿意 2.滿意 3.尚可 4.再改進)

　封面設計＿＿＿　版面編排＿＿＿　內容＿＿＿　文/譯筆＿＿＿　價格＿＿＿

4.讀完書後您覺得：

　□很有收獲　□有收獲　□收獲不多　□沒收獲

5.您會推薦本書給朋友嗎？

　□會　□不會，為什麼？＿＿＿＿＿＿＿＿＿＿＿＿＿＿＿＿＿

6.其他寶貴的意見：＿＿＿＿＿＿＿＿＿＿＿＿＿＿＿＿＿＿＿

＿＿＿＿＿＿＿＿＿＿＿＿＿＿＿＿＿＿＿＿＿＿＿＿＿＿＿＿

＿＿＿＿＿＿＿＿＿＿＿＿＿＿＿＿＿＿＿＿＿＿＿＿＿＿＿＿

＿＿＿＿＿＿＿＿＿＿＿＿＿＿＿＿＿＿＿＿＿＿＿＿＿＿＿＿

讀者基本資料

姓名：＿＿＿＿＿＿＿＿＿＿　年齡：＿＿＿＿　性別：□女 □男

聯絡電話：＿＿＿＿＿＿＿＿　E-mail：＿＿＿＿＿＿＿＿＿＿

地址：＿＿＿＿＿＿＿＿＿＿＿＿＿＿＿＿＿＿＿＿＿＿＿＿＿

學歷：□高中(含)以下　□高中　□專科學校　□大學

　　　□研究所(含)以上 □其他＿＿＿＿＿＿＿＿＿

職業：□製造業 □金融業 □資訊業 □軍警 □傳播業 □自由業

　　　□服務業 □公務員 □教職　□學生 □其他＿＿＿＿＿＿

To：114

台北市內湖區瑞光路 583 巷 25 號 1 樓

秀威資訊科技股份有限公司　　　收

寄件人姓名：

寄件人地址：□□□

(請沿線對摺寄回,謝謝!)

秀威與 BOD

BOD（Books On Demand）是數位出版的大趨勢，秀威資訊率先運用 POD 數位印刷設備來生產書籍，並提供作者全程數位出版服務，致使書籍產銷零庫存，知識傳承不絕版，目前已開闢以下書系：

一、BOD 學術著作—專業論述的閱讀延伸
二、BOD 個人著作—分享生命的心路歷程
三、BOD 旅遊著作—個人深度旅遊文學創作
四、BOD 大陸學者—大陸專業學者學術出版
五、POD 獨家經銷—數位產製的代發行書籍

BOD 秀威網路書店：www.showwe.com.tw
政府出版品網路書店：www.govbooks.com.tw

永不絕版的故事・自己寫・永不休止的音符・自己唱